# 동아시아한국학의 분화와 계보

## 복수의 한국학들

**글쓴이**

**류준필**(柳浚弼, Ryu, Jun-pil) 인하대학교 한국학연구소 HK교수
**김종준**(金鍾俊, Kim, Jong-jun) 인하대학교 한국학연구소 HK연구교수
**미쓰이 다카시**(三ッ井崇, Mitsui, Takashi) 도쿄대학교 대학원 총합문화연구과 준교수
**임경화**(林慶花, Lim, Kyoung-hwa) 인하대학교 한국학연구소 HK연구교수
**김춘선**(金春善, Jin, Chun-shan) 연변대학교 민족역사연구소 소장
**염인호**(廉仁鎬, Yeom, In-ho) 서울시립대학교 국사학과 교수
**안종철**(安鍾哲, An, Jong-chol) (전)인하대학교 한국학연구소 HK연구교수
**남미혜**(南美惠, Nam, Mi-hye) 이화여자대학교 사학과 강사
**양지선**(楊智善, Yang, Ji-sun) 달랏국립대학교 한국어학과 객원교수
**박동희**(朴東熙, Park, Dong-hee) (전)한국국제협력단(KOICA) 단원
**박벨라 보리소브나**(Pak, Vella Borisovna) 러시아과학아카데미 동방학연구소 책임연구원
**장세진**(張世眞, Chang, Sei-jin) 한림대학교 한림과학원 HK교수, (전)인하대학교 한국학연구소 HK연구교수

동아시아한국학연구총서 14

동아시아한국학의 분화와 계보—복수의 한국학들

**초판 인쇄** 2013년 5월 15일 **초판 발행** 2013년 5월 25일
**엮은이** 인하대학교 한국학연구소 **펴낸이** 박성모 **펴낸곳** 소명출판 **출판등록** 제13-522호
**주소** 서울시 서초구 서초동 1621-18 란빌딩 1층
**전화** 02-585-7840 **팩스** 02-585-7848 **전자우편** somyong@korea.com **홈페이지** www.somyong.co.kr

값 31,000원

ISBN 978-89-5626-865-1 93910
ISBN 978-89-5626-835-4 (세트)



이 책은 2007년 정부(교육과학기술부)의 재원으로 한국연구재단의 지원을 받아 수행된 연구임(KRF-2007-361-AM0013).

동아시아한국학연구총서 14

# 동아시아한국학의 분화와 계보

복수의 한국학들

*The Differentiation and Genealogy of East Asian Koreanology*

인하대학교 한국학연구소 편

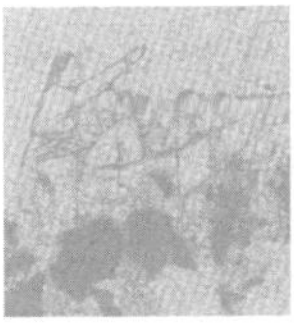 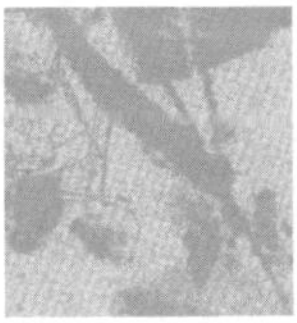 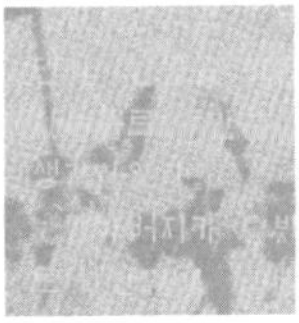 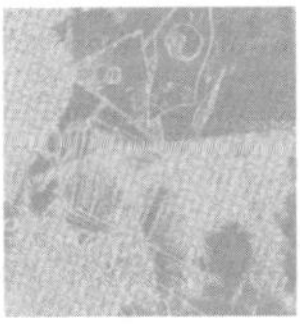 

소명출판

| 간행사 |

인하대학교 한국학연구소는 2007년부터 '동아시아 상생과 소통의 한국학'을 의제로 삼아 인문한국(HK) 사업을 수행하고 있다. 상생과 소통을 꾀하는 동아시아한국학이란, 우선 동아시아 각 지역과 국가의 연구자들이 자국의 고유한 환경 속에서 축적해 온 '한국학(들)'을 각기 독자적인 한국학으로 재인식하게 하고, 다음으로 그렇게 재인식된 복수의 한국학(들)이 서로 생산적으로 소통할 수 있는 방법을 구성해내는 한국학이다. 우리는 바로 이를 '동아시아한국학'이라는 고유명사로 명명하고 있다. 따라서 동아시아한국학은 하나의 중심으로 수렴된 한국학을 지양하고, 상이한 시선들이 교직해 화성(和聲)을 창출하는 복수의 한국학을 지향한다.

이런 목표의식하에 한국학연구소는 한국학이 지닌 서구주의와 민족주의적 편향성을 극복하기 위한 방법으로 근대전환기 각국에서 이뤄진 한국학(들)의 계보학적 재구성을 시도하고 있다. 주지하듯이 한국에서 자국학으로 발전해온 한국학은 물론이고, 구미에서 지역학으로 구조화된 한국학, 중국·러시아 등지에서 민족학의 일환으로 형성된 조선학과 고려학, 일본에서 동양학의 하위 범주로 형성된 한국학 등 이미 한국학은 단성적(單聲的)인 방식이 아니라 다성적(多聲的)인 방식으로 존재하고 있다. 우리는 그 계보를 탐색하고 이들을 서로 교통시키고자 한다. 다시 말해 본 연구소는 동아시아적 사유와 담론의 허브로서 동아시아 한국학의 방법론을 정립하기 위해 학문적 모색을 거듭하고 있다.

더욱이 다시금 동아시아 각국의 특수한 사정들을 헤아리면서도 국경을 넘어서는 보편적 가치를 모색할 필요성이 절실해지는 이즈음, 상생과 소통을 위한 사유와 그 실천의 모색에 있어 그간의 학문적 성과를 가름하고 공유하는 것은 여러 모로 의미가 있으리라 여겨진다. 이에 우리는 복수의 한국학에 대한 계보학적 탐색, 상생과 소통을 위한 동아시아한국학의 방법론 정립, 연구 성과의 대중적 공유라는 세 가지 지향점을 중심으로 지속적으로 축적되고 있는 연구 성과를 세 방향으로 갈무리하고자 한다.

본 연구소에서는 상생과 소통을 위한 동아시아한국학 연구에 있어 연구자들에게 자료와 토대를 정리해 연구의 기초를 제공하고, 또한 현재 동아시아한국학 연구의 범위와 향방을 보여줄 뿐만 아니라 그 연구 성과들을 시민들과 공유하는 것까지 고려하는 방향으로 총서를 발행하고 있다. 모쪼록 이 총서가 동아시아에서 갈등의 피로를 해소하고 새로운 상생의 방법을 모색하는 데 일조할 수 있기를 기대한다.

인하대학교 한국학연구소

| 차례 |

# 총설
# 동아시아한국학의 분화와 계보

류준필 · 김종준

## 기본 시각

'동아시아한국학'은 인하대학교 한국학연구소가 인문한국(HK) 사업을 추진하는 학술 활동을 지칭하고자 마련한 용어이다. 부연하자면, 그것은 '동아시아 상생과 소통의 한 방법'으로서 한국학의 학문적 위상과 의의를 설정하고 이에 부응하는 연구를 수행하는 학문적 노력 일반을 포괄한다. 곧 동아시아 각 지역의 연구자들이 한국학을 연구하는 시선들에 대하여 독자적인 한국학으로 재인식하고, 그 복수(複數)의 한국학 시선들이 서로 생산적으로 소통하는 방법을 구성해내는 한국학이다. '한국학과 동아시아의 소통'이라는 한국학의 역할 증진에 기여하고자 인하대학교 한국학연구소는, 근 몇 년간 근대전환기 이후 20세기까지 각국에서 이루어진 한국학의 계보학적 재구성을 지향해 왔다. 아래에 제시하는 네 가지 경향은 이전 시기 한국학의 기본 성격을 규정해온 요건들로서, 이에 대한 비판적 재구성을 통하여 동아시아한국학의 정립 방향을 확보하고자 하였다. 미리 말하거니와, 당연하게도 이 네 가지 측면은 문제설정의 편의상 범주적으로 구분하였을 뿐 실상에 있어서는 긴밀한 복합체로서 존재한다.

첫째, '자국학'으로서의 한국학이다. 식민지시기를 포함하여 근대 이후 한국(북한)이 추구해온 한국학은 다른 동아시아 여러 국가들과 마찬가지로 자기 인식으로서의 자국학이다. 자국학의 측면에서 상생과 소통의 한국학이란, 동아시아 자국학의 상호 영향과 비교 과정을 통해 그 학문적 재구조화를 이루는 과제를 뜻한다. 둘째, '식민학'으로서의 한국학이다. 식민학으로서의 한국학(혹은 조선학)은 주로 일본을 중심으로 진행되었다. 일본에서의 자국학(화한학) 성립은 동양학의 성립과 동시적으로 진행되었고, 이 과정에서 서구 동양학의 식민주의적 성격에 영향을 받았다. 나아가 한국의 식민지화 이후에는 식민정책학과 깊은 관련을 맺으며 한국학(조선학)을 형성해 왔다. 이것은 식민지기 이후에도 지속되어 왔고, 한국의 자국학 형성에도 적잖은 영향을 미쳤다. 셋째, '민족학'으로서의 한국학이다. '민족학'이란 국가와 민족의 불일치 상태에서 형성된 한국학을 뜻한다. 즉 민족 = 국가의 동일시로 귀결되지 않는 상태에서의 한국학이다. 중국과 같은 다민족국가의 일원으로 존재하는 (소수)민족의 한국(조선)학은 민족학으로서의 한국학이고, 일본의 재일한국(조선)인의 한국학 또한 그렇다. 더 나아가 남북한이 스스로를 분단국가로 인정하는 것을 바탕으로 할 때, 북한학 역시 남한의 한국학과는 구분되는 민족학이라 할 수 있다. 재외동포들의 한국학도 민족학의 범주에 포함시킬 수 있겠다. 넷째, '지역학'으로서의 한국학이다. 지역학은 기본적으로 비서구 지역에 대한 서구의 지식 체계에 입각해 구성된 동양학과 관련이 깊다. 비서구지역의 지배와 관리를 목적으로 해서 형성된 지역학(지역연구)의 전통은 지금까지도 지속되고 있다. 서구의 동양학이나 미국의 동아시아 지역학 혹은 지역연구도 마찬가지이다. 이러한 지역학적 시각에 형성되어 온 한국학 또한 상당한 비중과 영향력을 지니고 있다.

이들 네 가지 성격은 당연히 긴밀하게 연관되어 있다. 자국학으로서의 한국학에도 식민학 · 민족학 · 지역학의 계기가 포함되어 있었으며, 때로는 상호 대립하고 배제하기도 하였다. 그러므로 자국학 · 식민학 · 민족학 · 지역학으로서의 한국학은 명징하게 구분되는 실체들이라기보다는, '한국학과 동아시아의 소통'에 기여하기 위해 필수적으로 고려해야 하는 한국학의 역사적 구성 층위들이라 하겠다. 뿐만 아니라 이 네 가지 측면에 대한 적극적 고려는, 한국학의 세계화라는 증대되는 경향성 속에서 한국학이 다른 나라의 학문들과 긴밀하게 상호 소통할 수 있는 가능성을 그 출발에서부터 염두에 둔 것이다. 기실 그 네 가지 성격은 한국학뿐만 아니라 외국의 학문적 경향 속에서도 일반적으로 확인되는 측면이기 때문이다. 다만 '동아시아한국학'을 그 학문적 방법이자 지향처로 설정할 경우, 그 네 가지 측면과 연계되는 방식만은 비교적 독자성을 띠게 마련이다. 일본의 식민지 경험과 분단 현실 등과 같은 역사적 변동을 겪으면서 내적인 구조 변동은 물론이고 민족의 이산 등 외적 관련 또한 훨씬 다기화될 수밖에 없었음을 감안할 경우, 다음과 같은 분류가 상대적으로 유용한 방편적 준거로 활용될 수는 있다.

| 한국학 | 자국학=한국학 | 식민학=한국학 | 민족학=한국학 | 지역학=한국학 |
|---|---|---|---|---|
| 거점지역 | 한국(북한) | 일본 | 중국 · 러시아 | 구미 |

위에서 보인 네 가지 측면 각각의 특성을 잘 분별하는 안목은 필수적이다. 무엇보다 이 넷의 경향은 복수의 한국학을 구성하는 핵심 요소들이면서 동시에 한국학의 생성 지역에 따라 무게중심을 달리한다. 따라서 자국학은 한국(북한), 식민학은 일본, 민족학은 중국・러시아, 지역학은 구미를 중심으로 접근하는 편이 방법론적으로 적절하다. 다만 이들 각각에 따라 그 네 가지 측면의 상대적 비중이 어떻게 달라지는지 또 왜 그렇게 되었는지 파악하는 것이 핵심적 과제가 될 것이다.[1]

## 연구방법

인하대학교 한국학연구소(인문한국)는 이러한 기본적 문제의식을 두 가지 방향에서 구체화하였다. 그 하나가, 특정한 한 가지 측면을 중심으로 다른 여러 가지 요인들이 어떻게 서로 얽혀듦으로써 그 나름의 맥락과 특성을 형성하게 되었는지 살피는 방식이다. 다른 하나는, 다양한 측면들을 지역적으로 구분하고 그것들이 어떻게 분화되어 갔고 또 그 과정 속에서 어떤 계보와 흐름이 만들어졌는지 비교하는 방식이다. 이 책은 후자의 방향, 즉 '동아시아한국학의 분화와 계보'를 다룬 성과들을 모아서 이루어진 결과물이다. 전자의 방향 즉 '동아시아한국학의 형성' 문제는 이미 독자적인 성과들로 학계에 보고하였다.

동아시아한국학의 견지에서 복수의 한국학들을 검토하려고 할 때,

1 이상에서 서술된 '기본시각'의 내용은 『동아시아한국학의 형성－근대성과 식민성의 착종』과 동일하다. 동일한 학문적 문제의식에서 이루어진 성과들이기 때문에, 그 공유하는 전제들을 다시 확인하려는 의도에서 같은 내용을 제시한다.

다양한 한국학들의 분화와 그 계보 형성은 한국학의 발흥 시기부터 진행된 것이었다. 서구의 지역학적 시각에 따른 '조선' 인식은 19세기 이전부터 본격화되었고 동아시아 내부에서도 특히 일본의 '동양학'을 중심으로 한국(조선)학은 주요한 문제영역으로 부상되었던 터였다. 하지만 일본의 침략과 식민지배, 그리고 장기간에 걸친 전쟁으로 말미암아 한국학의 위상과 성격은 쉼없는 요동과 부침을 겪을 수밖에 없었다. 이와 관련된 논의들은 주로 '동아시아한국학의 형성'이라는 연구과제 속에서 다루었거니와, 여기서는 탈식민・분단・전쟁 등의 격동 속에서 형성되었던 분단 및 냉전 체제를 관건적 시기로 설정하고 한국학들의 분화 양상을 다루려 하였다.

한편으로는 탈식민을 통해 마련된 풍성한 자국학적 충동과 계기들이 본격적으로 발화되기 시작하는 한편, 분단으로 인해 자국학적 자기표상에 커다란 혼동이 새겨진 시기였다. 뿐만 아니라 20세기 전반기의 역사적 변동으로 인해 자국학의 내부로 수렴되지 못하고 한반도 바깥에서 독특한 한국학의 구성 노력이 진행된 시기이기도 하였다. 이러한 지역적 분화는 그 나름의 조건에 따라 이루어졌고, 기존에 축적되어 온 한국학 또한 역사적・정치적으로 연속과 불연속의 굴절을 겪을 수밖에 없었다. 이 과정에서 상호 간에 이질적 시선들이 침투하기도 하고 새로운 파생들이 생겨나기도 함으로써, 한국학들의 다양한 분화와 독자적인 계보화가 펼쳐질 수 있게 되었던 것이다.

거듭 말하지만 '자국학・식민학・민족학・지역학'의 구도는 임의적이고 방편적인 효과를 위함이지 그들 각각으로 명징하게 구분되는 실체들은 아니다. 단적으로 패전 이후 일본에서 한국학이 재정립 과정을 염두에 두면, 자국학과 식민학의 측면들이 불편하게 중첩된 형상을 출발점으로 삼을 수밖에 없었고 더 나아가 지역학 혹은 외국학으로서 한국학을 재조정하는 과제 또한 본격적으로 제기되는 형편이었다. 그 시기 일본의 한국학이 지역적으로 다양한 한국학들 가운데 가장 핵심적인 위상을 지녔던 것도, 지리적 인접성 때문이기도 하지만 무엇보다 식민지배라는 역사적 경험으로 말미암은 바가 결정적이었다. 그것은 역사이자 현실이었다.

일본의 한국학은 그 자체로 엄청나게 방대한 역사와 규모를 갖추고 있다. 그 전모를 다루는 작업은 특정 분야나 소수 인력이 감당하기에는 벅차다. 그래서 일본의 한국학에 내재된 관건적 문제성을 포착하고 제한된 주제라 할지라도 그 문제성이 잘 환기되도록 하는 시각이 절실하다. 패전 이후 일본의 한국학이라면, 제국의 경험이 동반된 트랜스내셔널한 경험이 자국학적 구도로 한정될 때 벌어지는 복잡한 문제를 어떻게 포착할 것인지 하는 과제라고 할 수 있다.

동아시아한국학적 시각에서는 다음과 같은 문제를, 일본의 한국학의 내적 구조를 파악하는 핵심 요건으로 이해하고자 하였다. 즉 패전과 탈식민 직후 일본의 한국학이 당면한 근본적인 난제 가운데 하나는, 식민지배로 인해 일본에 내재화된 조선과 탈식민 이후 현실적으로 외재적인 한국(조선)의 (불)연속과 단절을 어떻게 처리할 수 있는가 하는 것이었다. 이것은 일본에 내재하는 한국과 일본 바깥에 외재적인 한국의 상호 관계를 파악하는 것이라 하겠는데, 좀더 현실적으로는 '조선인'의 부재와 현존의 문제로 늘 등장하였다. 여기에 남・북 분단이 초래한 이중적 시선까지 보태어져서 문제의 복잡성은 훨씬 증대되었다.

전후 일본의 한국학 재건에 내포된 식민지 시기 조선학과의 (불)연속 문제는 학문적 대상으로서의 한국을 어떻게 인식할 것인가 하는 과제이면서, 지금 일본에 현존하는 조선인과 부재하는 조선인의 관계를 어떻게 설정할 것인가 하는 과제와 연결되어 나타났다. 그러므로 일본의 한국학을 인식하는 방법으로 일본 아카데미즘의 맥락에서 한국학이 전후 재정립되는 과정에 주목하는 것과 더불어, 기층의 문화운동적 맥락에서 조선인의 현존과 부재가 문제화되는 방식에도 주목해야 하였다. 이 책의 제1부를 구성하는 사례연구적 개별 논의는 바로 이러한 문제의식에서부터 선택된 것이다.

이 책의 2부는 "연변의 한국학과 조선족"인바 연변 조선족의 독특한 역사적 · 정치적 위상을 최대한 존중하는 방식에서 연변의 한국학을 복수의 한국학들 중에서도 대표적인 한국학으로 이해하는 길을 모색하였다. 무엇보다 중국을 구성하는 일원이면서 한국의 바깥으로 자명하게 처리하기 어려운 연변 한국학의 내적 문제성을 포착하고자 하였다는 뜻이다. 그러므로 연변 한국학의 내부자적 감각과 자기 표상 방식을 이해하는 노력이 우선되어야 하였다. 조선족의 역사와 정체성 인식을 중심으로 구성된 연변의 한국학은, 중국 조선족의 기원이나 국적의 이중성 문제, 이로부터 비롯된 사회주의적 보편과 민족해방의 특수성 등이 문제적이라 할 수 있다. 특히 식민지 시기 조선족들의 '이중사명론'은 중국혁명(사회주의)과 조선독립 사이의 관계 설정과 관련될 뿐만 아니라 현재 조선족의 정체성 인식 문제와도 구분되지 않는 측면이 강하다. 2부의 개별 연구가 조선족 내부의 자기 인식 논리와 함께 한국의 한국학연구자가 제시한 인식 논리를 나란히 드러내고 있는 것도, 바로 이런 문제의식에서 마련된 구도이다.

복수의 한국학들이라고 했지만 하나하나의 한국학은 서로 그 규모와 역사, 그리고 그 해당 지역의 사회 · 역사적 맥락에 따라 농도를 달리 한다. 일본의 한국학 역사가 보여주는 방대함에 견주어 다른 지역의 한국학을 선판단하는 것도 어쩌면 억압적 시선의 연장일지도 모른다. 가령 베트남의 경우 한국과의 독특한 관계와 베트남 내부의 역사적 사정으로 인해 아직 본격적인 한국학을 거론하기는 시기상조일 수 있다. 그렇다고는 하더라도 그 지역적 맥락을 적극 고려해서 독자성을 인정하고 다음 단계를 예비하는 편이 온당하다. 이를 위해 베트남학이 한국 역사의 내적 맥락에서 형성되는 과정에 먼저 눈을 기울이는 방식을 선택하였다. 한국학연구소에서는 이미 김영건이라는 인물을 발굴하여 한국의 베트남학 형성을 새로이 조명하는 작업을 상당히 진행하였다. 3부 "한국학과 베트남, 베트남의 한국학"은 한국과 베트남의 상호 시선 교차를 우선시하는 태도를 취하였다. 베트남학과 한국학(대외관계)이 중첩되는 사례 연구를 먼저 보인 다음, 베트남의 한국학이 처한 특성상 근래에 들어 발흥하기 시작한 베트남의 한국학 양상들을 확인하고 그 전망을 그려보는 구도를 마련한 것도, 이런 이유에서였다.

4부 "러시아와 중앙아시아의 한국학"도 사정은 거의 유사하지만 그 역사적 맥락은 훨씬 복잡하다. 러시아라고는 했지만 연해주나 중앙아시아 지역까지도 포괄되어 마땅하기 때문이다. 구 소련 시절의 흐름이 이어진 측면도 강하기 때문에 현재의 지역 구도로 이 지역의 한국학을 설명하는 데에 다소 무리가 따르기 때문이다. 그럼에도 불구하고 '러시아의 한국학' 또한 그 성격상에서는 중국 조선족의 한국학과 거의 동질적이라 할 수 있다. 그런 만큼 민족학적 계기가 풍부하게 내포되어 있다. 구 소련 시대에 표방된 국제주의와 보편주의 속에서 조선족의 민족적 자기 인식이 이루어지는 방식을 확인하는 작업이야말로 이 지역 한국학의 구조적 특성을 잘 해명하는 경로라고 판단하였다. 아울러 러시아 내부와 러시아 외부를 지정학적으로 잘 분별하는 연구자의 감각이 필요하다는 믿음에서 중앙아시아 지역과 대비되는 러시아 지역의 한국학 전통도 상호 대비가 가능하도록 구성하였다.

5부는 "구미의 동아시아 인식과 한국학"으로 설정하였다. 구미지역의 한국학은 그 기본 성격에 있어서 (동)아시아라는 전체상 속의 한국이라는 방식으로 이해할 필요가 있다. 그 과정에서 개입하는 지역학적 시선과 한국 인식의 상관성을 파악하는 것이 이 지역 한국학을 이해하는 관건으로 설정하였다. 이것은 두 가지 시각을 교차시킬 때 그 내적 구조와 함의가 훨씬 잘 부각될 수 있다는 판단에 따라, 문명론적 동아시아 인식 속에서 한국학이 구성되는 방식과 더불어 '구미-일본(동아시아)-한국'이라는 지정학적 연쇄 구조 속에서 한국학의 위상과 성격이 드러나는 경로를 대비시키고자 하였다. 특히 후자의 경우 전후 일본의 한국학이 재정립되는 과정과 구미의 지역학이 다시 조우하는 과정을 통해 한국학들의 상호 연쇄 구조가 어떻게 본격적으로 형성되기 시작하였는지 드러내고자 하였다.

## 개별 논의들

### 1부. 전후 일본의 한국학과 자이니치〔在日〕

미쓰이 다카시[三ツ井崇]의 「전후(戰後) 일본에서의 조선사학의 개시와 사학사(史學史)상(像) — 1950～60년대를 중심으로」는 전후 일본에서의 한국사(조선사학) 연구의 흐름을 면밀하게 분석한 글이다. 저자는 1950～60년대 사학사 서술을 단순한 연구사 서술이 아니라 그 시대의 학지(學知)의 성격을 표시하는 하나의 담론으로 본다고 밝히고 있다. 그런 점에서 하타다 다카시[旗田巍]의 『조선사(朝鮮史)』가 간행되고, 조선사연구회가 창설되었으며, 조선사학사에 대한 비판적 검토가 본격화된 이 시기가 적당하다는 것이다.

하타다는 '비인간적인 학문'으로서의 조선사를 비판했다는 점에서 이전 연구자들과 구분된다. 하지만 아카데미즘 조선사학에 기반해 있다는 측면에서는 '계승'의 부면도 존재한다. 하타다가 근대 역사학의 제도나 방법론 자체는 전혀 비판하지 못했기 때문이다. 반면 저자 등 현재의 연구자들이 그러한 하타다의 성향을 인식하게 된 것은 근대 역사학을 자성적으로 볼 수 있게 되었기 때문일 것이다. 그러나 저자가 이 글에서 보다 중시하는 것은 현재의 일본 연구자들이 여전히 1950~60년대 조선사학사 수준에 머물고 있다는 점이다. 즉 조선인 부재의 사학사가 갖는 문제점인데, 저자가 지적하고 있듯이 1970년대 이후의 상황에 대한 후속 연구가 뒤따라야 할 것으로 보인다.

임경화의 「목소리로 쇄신되는 '조선'－1945~1955년의 일본 좌파운동과 조선 이미지」는 패전 이후 동아시아의 국제공산주의운동과 연동하며 반미민족독립을 목표로 일본공산당과 좌파 재일조선인 사이에서 전개된 연대투쟁 속에서 식민지기에 형성된 조선의 이미지가 어떻게 쇄신되어 갔는가를 고찰한 글이다. 전전(戰前)에 탄압과 착취 속에서 침묵을 강요당했던 투쟁의 주체들은 패전 / 해방과 함께 목소리를 분출시키며 전후의 사회운동을 추동해 갔고, 이들의 연대투쟁은 종종 목소리의 교류로 표상되었다. 저자는 양자의 구체적인 교류로서, 조선민족이라는 서벌턴의 역사를 발견하고자 했던 전후 일본사학계의 국민적 역사학 운동의 시도나 그 주변에서 있었던 우타고에 운동을 비롯한 다양한 민중문화운동 등에 주목하고 있다.

이 글에서 특히 흥미로운 것은 소수자들의 연대 가능성이다. 그곳은 좌파 재일조선인과 일본공산당이 포함되며, 남북한의 교차도 가능한 지점이기도 하다. 저자는 말 그대로 이들의 '목소리'에 주목하고 있다. 투쟁 주체들의 목소리의 교류를 통한 운동들이 식민사관에 규정되었던 기존의 조선 이미지를 민족저항사 중심으로 전환하는 데에 다대한 영향을 미쳤다는 것이다. 하지만 양자의 연대투쟁은 성공하지 못했다. 일본공산당은 식민지주의를 온존시키고 있는 일본민족을 수용하고, 재일조선인들은 북한 지향의 배타적 내셔널리즘을 강화하게 되자, 이 연대투쟁도 구종주국과 구식민지 민족 간의 지배종속의 구도 속에 일본사회내의 머조리티와 마이너리티의 연대투쟁으로 점차 성격을 바꾸게 되었다. 조선, 한국에 대한 이미지를 둘러싸고, 내셔널리즘을 넘어선 연대의 가능성은 현시점에서도 여전히 진행형인 셈이다.

## 2부. 연변의 한국학과 조선족

김춘선의 「연변에서의 조선족 역사 연구동향」은 중국 길림성 연변지역에서의 조선족 역사 연구를 총괄적으로 정리한 것이다. 크게 20세기 후반과 21세기 초, 두 시기로 나누어 연구사를 정리하고 있다. 크게 논쟁이 된 사안들로 저자는 중국 조선족 역사의 상한선 문제, 조선족의 "이중국적"과 "이중사명" 문제, 민족주의자들의 반일투쟁에 관한 성격문제, 조선공산주의자들의 중국공산당 가입과 "조선인민혁명군" 문제 등을 꼽고 있다.

일단 이같은 연구사 정리가 현재 조선족 역사학계에서 가장 권위를 인정받고 있는 저자에 의해 이루어졌다는 점에서 그 가치가 인정된다. 연변이라는 특수한 지역에서 조선인이라는 정체성을 가지고 살아가는 이들의 입장에서, 한국학이란 무엇인가에 대한 진지한 성찰을 엿볼 수 있기 때문이다. 저자는 중국 조선족 역사 연구가 중국 소수민족사의 일환이자 동시에 남・북조선을 중심한 조선민족의 통일역사를 엮어 가는데 일조하기를 바란다고 밝히고 있다. '복수의 한국학'이란 결국 다양한 정체성의 문제이자 미래에 대한 전망을 내포한 문제라는 점을 잘 보여준다.

염인호의 「재만조선인 항일투쟁사 서술과 '중국 조선족'의 탄생」은 만주 조선인 항일투쟁사를 통해 조선족의 문제를 살핀 글이다. 저자는

『五千年間의 中朝友好關係』(1951), 『朝鮮族簡史』 초고본(1964), 『朝鮮族簡史』 완성본(1986), 『中國朝鮮族 革命鬪爭史』(2007) 등의 4개의 저서를 분석 대상으로 삼고 있다. 이 책들은 중국학자들이 펴낸 대표적인 연구성과들이다.

만주 항일투쟁 역사에 대해 방대한 연구성과를 가지고 있는 저자답게 먼저 정밀한 자료분석이 돋보이는 글이다. 저자에 따르면 1951년 책에서는 항일투쟁 참가자를 '조선인'으로 표기하였는데, 1964년 '조선족'으로 표기가 바뀌었으며, 1986년에는 아예 '조선인'이 등장하지 않는다. 그렇지만 이때까지도 조선인이 언제부터 조선족이 되었는가에 대해서는 밝히지 못하고 있다가 2007년 발간된 책에서 조선족이 19세기 말 20세기 초에 탄생했다고 정리하였다. 또한 이 책에는 이른바 만주 조선족들의 '이중사명'에 대한 문제도 언급되고 있다. 이들이 중국혁명만을 자신들의 임무로 생각했을 뿐 조선독립은 자기들의 임무라고 생각하지 않았다는 것이다. 논란이 되고 있는 '이중사명' 문제에 대해서는 별도의 정리가 필요할 것이다.

### 3부. 한국학과 베트남, 베트남의 한국학

안종철의 「김영건(金永鍵)의 한국대외관계사에 대한 인식과 해방 직후 활동」에서 다루고 있는 김영건은 1927~31년 동안 고등교육을 받은 후 1931~40년에 베트남의 '원동학원'이라는 프랑스의 식민지 연구기관에서 사서(司書)로 있으면서 베트남을 중심으로 동남아시아와 일본의 관계를 연구한 인물이다. 해방 후에는 '진보적' 혹은 좌파문학단체와 언론기관을 중심으로 활동한 문학가이자 언론인이기도 하다. 그러한 그가 한국학과 관련해서 다양한 업적들을 남겼다는 점은 잘 알려져 있지 않았다.

저자는 베트남 연구에서 출발한 김영건이 어떻게 한국대외관계사로 관심을 옮기게 되는지 추적하고 있다. 일단 김영건은 식민지 조선에서 보기 드물게 다른 지역사, 특히 동남아시아의 역사와 문화를 연구한 인물이라는 점에서 특이하다. 김영건의 중요한 학술적 업적은 프랑스를 중심으로 한 서구의 조선에 관한 연구성과를 조선인 독자들에게 자세히 소개해준 것이다. 또한 저자는 해방 이후 그의 활동도 상세하게 조사했는데 민전 등 좌익단체에서의 활동이 눈에 띄지만 '자유주의자'로의 전향 가능성도 있다고 파악한다. 아무튼 김영건은 러시아의 계봉우와 함께 해외에서의 한국학 연구의 선구자로 학술적 · 사회적 관심이 더욱 필요하다고 생각된다.

남미혜의 「베트남의 한국학 연구 현황과 한국학 교육」은 베트남 내 한국학 연구 현황과 한국학 교육에 대해 정리한 글이다. 비교적 현재와 가까운 시기만을 다룬다는 점에서 아래 양지선 · 박동희의 글과 함께 본 저서의 다른 논문들과는 약간 성격을 달리한다. 저자는 3년간 베트남 대학에서 한국학 교수로 한국역사와 문화 등을 강의한 경험을 바탕으로 이 글을 작성하였다.

각종 현황 등을 도표 등으로 정리한 후 저자는 베트남의 한국학 발전을 위해 세 가지 과제를 제시한다. 첫째, 한국어와 한국학 교재의 개발이 필요하다는 점, 둘째, 한국학 전공 교원의 파견 확대가 필요하다는 점, 셋째, 한국학 전공 현지 교원의 양성이 필요하다는 점이다. 현재 베트남 학계에 한국학이 확고히 정립되어 있지 못하고, 한국(어)학과가 설치된 대학에서는 한국어 기능교육에만 치중하기 때문에 한국학 연구자 양성이 매우 어렵다는 진단에서 나온 제안이다. 다음 양지선 · 박동희의 글과 함께 읽으면 도움이 될 것이다.

양지선 · 박동희의 「베트남의 한국어 교육 현황과 발전방향」은 베트남 한국어 교육의 현황과 그 실태를 파악하고 앞으로 베트남에서 한국어

교육의 발전을 모색하기 위한 연구방안을 제안하려는 목적에서 작성된 글이다. 앞의 남미혜의 논문이 베트남의 한국학을 전반적으로 다루고 있다면, 본 논문은 한국어 교육 분야를 집중적으로 분석하고 있다.

이를 위해 저자는 베트남 대 대학의 한국어(학) 전공 현황, 사용하고 있는 교재, 교사진, 교육과정, 학생 수 등 전반적인 부분에 대해 상세히 살폈다. 남미혜 논문과 마찬가지로 몇 가지 제언도 있는데, 베트남에서 올바른 한국어 교육의 긍정적인 발전을 위한 통합교육 중심의 교재편찬, 교육 목적에 적합한 현지 및 한국인 교사 양성을 위한 정부와 단체의 노력, 한국어 및 한국학 전문 용어 사전 편찬의 필요성, 베트남 내 한국학의 발전을 위한 연구가 진행되고 수업 준비에 철저할 수 있도록 현지 교사들의 처우 개선을 위한 방안 마련의 필요성 등을 언급하고 있다.

## 4부. 러시아와 중앙아시아의 한국학

임경화의 「계봉우의 조선학과 시가 연구－소련 시대 민족문화 창출 과정 분석을 중심으로」는 재소 고려인 사회주의자 계봉우가 소련의 민족정책 하에서 소비에트 문화와 결합한 민족문화를 창출해 가는 과정을 밝히기 위해, 1920년대 후반에 공시적 예술운동의 일환으로 시도된 조선 시가 연구와 해방 후 조선학의 통시적 체계화의 일환으로 완성된 조선문학사 기술의 관련성을 규명한 글이다.

본래 계봉우는 연해주, 북간도 및 구소련에서 활약했던 독립운동가 겸 역사학자로 학계에 소개되고 주목되었다. 본 한국학연구소에서도 계봉우 관련 학술회의를 몇 차례 개최한 바 있다. 그런데 저자는 계봉우를 민족주의자로서의 측면으로만 분석하는 태도는 그가 소련 땅에서 살면서 겪었던 다양한 고뇌의 흔적들의 리얼리티를 상당부분 상실하는 것이라고 문제제기한다. 그렇다고 소련 정착 이후 계봉우가 민족의 문제에서 멀어졌던 것은 아니다. 소비에트 문화(정책)와 민족문화는 결코 이원론적인 대립관계에 있었던 것은 아닐 뿐만 아니라, 계봉우는 사회주의자가 된 이후 오히려 더 첨예하게 민족(문화)의 문제와 마주했다. 그것은 소련 내 다른 소수민족과는 달리 고려인들이, 소련과 대치하고 있는 일본의 식민지인 조선에서 망명한 디아스포라였다는 사실 때문에 더욱더 긴장상태에 놓인 것이기도 했다. 저자의 일관된 관심사인 경계인, 망명인들에 대한 정체성 탐구의 연장선상에서 본고를 보아야 할 것이다.

박벨라 보리소브나의 「박보리스의 생애와 한국학 연구」는 러시아 한국학의 전문가이고 권위자인 박보리스의 딸이 직접 아버지의 학문 궤적을 정리했다는 점에서 매우 특별한 글이다. 박보리스는 79세의 나이로 2012년 사망하였는데, 한러 관계, 러시아의 대외정책, 러시아 한인(고려인)에 대한 그의 연구물들은 고전으로 인정받고, 여러 나라의 언어로 번역되었다고 한다.

저자는 아버지의 학문적 성과를 차분하게 정리하고 있을 뿐 아니라, 친가족만이 행할 수 있는 방식으로, 그의 성품 및 인생 역정 등을 담담히게 서술하고 있다. 평가의 객관성 확보 문제와는 별개로 대단히 흥미로운 방식이 아닐 수 없다. 앞의 연변의 한국학도 마찬가지이지만, 그들의 한국학을 우리가 객관적으로 인식하고 우리 기준에 맞추어 평가하는 것만이 능사는 아니기 때문이다. 그 전에 그들의 입장을 이해하는 것이 '매우 어려운 일'임을 인정하는 데서부터 출발해야 한다. 그러한 전제 아래 '복수의 한국학'의 공존이 가능할 것이며, 우리 자신이 정립시켜온 한국학에 대한 자성적 고찰도 가능할 것이다.

## 5부. 구미의 동아시아 인식과 한국학

안종철의 「윌리엄 그리피스(William E. Griffis)의 일본과 한국인식, 1876~1910」에서 다루고 있는 그리피스는 19세기 말부터 20세기 초엽, 아시아 특히 일본과 한국에 관한 서구사회의 지식 형성에 막강한 영향력을 행사한 인물이다. 그러한 관심에 비해 그의 한국관련 저작에 대한 치밀한 분석이 부족하다는 문제의식에서 이 글은 출발하고 있다. 특히 그리피스의 일본사회와의 조우와 그것이 일본과 한국의 이해에 미친 영향력을 살피고, 그의 인식의 기저에 있는 앵글로색슨 중심주의의 특징, 그 중에서도 종교와 문명에 대한 인식을 이해해야만 한다는 것이 저자의 생각이다.

저자는 그리피스의 문명관을 앵글로색슨의 우월성에 기초한 것으로 보았다. 이는 그의 개인적 성향, 즉 모험심, 자본추구, 선교에 대한 열정과 관련된다. 또한 그가 조선사회의 근대사회로의 발전은 서양을 대리한 일본과 기독교 선교사들에 의해서만 이루어질 수 있다고 보았다며 정체론적 인식을 지적한 점에서는 기존 연구들의 결론과 대동소이하다. 그러나 저자는 한 가지 새로운 관점을 요구하는데, 그리피스의 문명관과 기독교가 매우 긴밀하게 연결되어 있었다는 점이다. 따라서 일본에서 개신교 선교가 더 이상 진행되지 않을 때 그의 논리는 일관성을 유지할 수 없었는데 한국의 기독교가 일본의 물질문명의 한계를 보완하리라는 기대도 있었다고 한다. 서구인들의 조선 인식의 문제점을 비판하기에 앞서 그 인식의 총체상을 규명할 필요가 있음을 보여주는 글이다.

장세진의 「라이샤워의 동아시아론과 전후 한국학의 배치」는 전후 미국에서 한국학이 제도적으로 성립되어 가는 과정을 기술하고 그 핵심적인 특징들을 밝힌 글이다. 특히 하버드 대학 동아시아학과 일본사

교수이자 하버드 내 한국학 과정의 제도적 기틀을 마련했던 에드윈 라이샤워에 주목하고, 그가 동아시아학과 동료들과 함께 주도적으로 집필한 동양사 교재 『동양문화사』의 한국 편을 전체 서사와의 관련 속에서 분석하였다.

분석 결과 저자는 전후 동아시아학이 특히 일본학을 서사의 구심점으로 삼고 있었다는 점을 지적한다. 특히 라이샤워의 『동양문화사』 안의 한국 편이 일본인 사학자 하타다 다카시[旗田巍]의 문제작 『조선사』(1951)의 대대적인 참조 위에 덧쓰였다는 점을 문제삼고 있다. 하타다의 작업은 패전 이후 일본의 식민주의를 반성하려는 기획 위에서 생산된 반성적인 텍스트이기도 하지만, 한편으로 고대 일본의 한반도 지배설, 이조 왕조의 당파성 등등을 전전 사학의 '성과'라는 입장에서 강조하고 있기 때문이다. 앞의 안종철의 글과 마찬가지로 서구의 동아시아 인식과 한국학이 서로 연계되어 있음을, 다시 말해 서구가 일본의 학술을 통해 한국을 인식하고 있었음을 단계적으로 규명해 나갈 필요가 있음을 말해준다.

제 1 부

# 전후 일본의 한국학과 자이니치[在日]

# 전후(戰後) 일본에서의 조선사학의 개시와 사학사(史學史)상(像)*

1950~60년대를 중심으로

미쓰이 다카시

## 1. 머리말

'시민사관'이란 무엇인가? 정체론(停滯論), 타율성(他律性) 사관, 일선동조론(日鮮同祖論), 만선사(滿鮮史) 등 한일 양쪽에서 어떤 정해진 '사관'이 열거되고 있지만, 각각의 내실이나 성립배경에 대해서는 얼마나 깊이 고찰되고 있는 것일까? 바꿔 말하자면 각각의 '사관'이 가진 문제점은 무엇 때문에 문제이며, 또한 각각의 '사관'을 지탱한 메커니즘은 무엇일까?

일단 본고에서는 전후 일본에서의 조선(사)연구[1]가 시작된 양상과

* 이 글은 『한국사연구』 153집(2011)에 실린 것을 수정한 것임.

1 여기에서는 원래 한국 학계에서 말하는 조선시대사라는 의미에서의 '조선사'가 아니라, 한국에서 말하는 한국(사)학을 가리키는 말로 '조선(사)학'이라는 명칭을 사용

그 과정에서 이루어진 전전(戰前≒식민지 시기)[2] 사학사에 대한 사고방식이라는 문제에서부터 원래의 과제로 접근해 들어가려고 한다. 말할 나위도 없이 사학사의 중요성은 특정 시점에서의 역사학이 자기(= 역사학)의 현주소를 과거와의 연속과 단절을 규정하면서 현재의 자기를 성격 짓는 데 있다. 본 논문은 1950~60년대의 사학사 서술을 단순한 연구사 서술이 아니라, 그 시대의 학지(學知)의 성격을 표시하는 하나의 담론으로 보는 것에 주안을 둔다. 그러므로 본고는 사학사 그 자체를 기술하는 것이 아니라, 사학사 서술에 반영된 의식이나 성격, 한계들을 고찰하게 될 것이다.

되풀이하지만, 여기에서 다루는 시대는 1950~60년대로 한정지었다. 필자의 준비 부족에 의한 면도 크지만, 몇 가지 의미를 부여한다면 전후 조선사학의 획기적인 하나의 계기로서 하타다 다카시[旗田巍]의 『조선사(朝鮮史)』 간행(1951)을 들 수 있다. 동시에 조선학회, 조선사연구회의 창설도 1950년대이다. 게다가 1960년부터 조선사학사의 비판적 검토가 본격적으로 시작되었다는 점 등의 사정을 고려하면, 이 시기를 대상으로 삼는 것은 큰 의미가 있을 것이다.

아울러 본고는 결코 완성된 논의가 아니고, 다만 일본의 전전과 전후의 조선사학사를 연결하여 생각하기 위한 시론에 불과하다는 것을 미리 밝혀 두고자 한다. 또 대상을 전후 일본의 조선사학계에 한정하기 때문에 전전 조선사학의 동향에 관해서는 도면회, 미쓰이 다카시[三

---

한다. 그 의도는 일본의 관례에 따르는 동시에 일본의 연구동향의 특성을 명확하게 하는 데 있으며, 다른 정치적인 의도에 기초한 것은 아니다. 주지하다시피 일본에서 관용적으로 쓰이는 '조센[朝鮮]'이란 호칭은 한반도(조선반도) 전체를 가리키는 것으로 되어 있다. 일본에서 '간코쿠[韓國]'라고 하면 한반도 남부만을 지칭하게 된다는 문제가 있다.

2 '전전'이라는 말은 일본에서 일반적으로는 1945년 이전 시대를 가리킬 때가 많다. 물론 엄밀한 의미에서는 검토가 필요하지만, 사료 중에서도 자주 나오는 표현이기 때문에 그대로 쓰고자 한다.

ツ井崇], 박광현, 나가시마 히로키[永島廣紀], 나가모리 미쓰노부[長森美信], 이노우에 나오키[井上直樹] 등의 연구를 참조하기를 바란다.[3]

## 2. '전후 조선사학'의 기반

### 1) '비인간적인 학문'으로서의 조선사 비판과 조선사의 '새로운 재출발'

전후 일본의 조선사학의 개시를 상징하는 것으로 먼저 하타다 다카시의 『조선사』(1951)의 간행을 들 수 있을 것이다. 이 책이 간행되자 많은 조선인학생들은 하타다에 대해 존경의 마음을 안게 되었을 뿐만 아니라, "『조선사』가 한국 역시학계에도 큰 영향을 끼쳤다"고 한다.[4] 여기서는 하타다의 개인사를 추적(혹은 규명)하는 것을 목적으로 하는 것이 아니기 때문에 『조선사』 간행에 이르기까지의 그의 생애나 사상에 관한 분석은 다음 기회로 미루기로 한다. 하타다는 전전의 조선사연구

---

3 도면회, 「국사는 어떻게 구성되었는가?－한국 근대역사학의 창출과 통사체계의 확립」, 『역사학의 세기－20세기 한국과 일본의 역사학』(도면회, 윤해동 편), 휴머니스트, 2009; 미쓰이 다카시, 「일본의 동양사학은 어떻게 형성되었는가?－시라토리 구라키치(白鳥庫吉)의 역사학」, 위의 책; 박광현, 「식민지 조선에서 동양사학은 어떻게 형성되었는가?－경성제국대학 안의 '동양사학'」, 위의 책; 永島廣紀, 「日本統治期の朝鮮における'史學'と'史料'の位相」, 『歷史學研究』 795, 歷史學研究會, 2004; 長森美信, 「戰後日本における朝鮮中近世史研究：一九七〇年代までの高麗・朝鮮時代史研究を中心に」, 『朝鮮史研究會論文集』 48, 朝鮮史研究會, 2010; 井上直樹, 「戰後日本の朝鮮古代史研究と末松保和・旗田巍」, 위의 책.

4 高吉嬉, 「'在朝日本人二世'旗田巍における內なる朝鮮」, 『季刊日本思想史』 76, 日本思想史懇話會, 2010, 229～230쪽.

를 "어떠한 사회에 어떠한 인간이 살고 무엇을 기뻐하고 무엇을 고민했는가 하는 것을 무시하고 그저 하나의 사건이 일어난 위치와 연대를 정확하게 기술하는 것"만 하는 "비인간적인 학문이었다"고 하면서 조선사연구의 "새로운 재출발"을 위해 "조선의 인간이 걸어 온 조선인의 역사를 연구하지 않으면 안 된다. 지금 고난의 철화(鐵火)에 휘말리고 있는 조선인의 고난을 자기 고난으로 받아들이는 것이 조선사연구의 기점일 것이다"라고 했다.[5] 전체 기술은 선사시대부터 이 책이 간행된 시기인 1951년에 동시대적으로 일어나고 있던 한국전쟁까지가 그 범위이며, 남북 분단이 고착화되어가는 현실이 하타다 속에서 강하게 의식되었다는 것은 말할 필요도 없다. 그러나 각 장 각 절의 주석, 또는 권말의 「문헌 해제(文獻解題)」에서 소개된 선행연구, 자료의 대부분이 전전의 연구서, 조사 자료와 같은 '식민지 유산'이었다는 것은 전후 조선사학을 이 시점에서 내세우려는 것이 얼마나 곤란한 상황이었는지를 상상하기는 어렵지 않다. 나중에 살펴보겠지만 무엇을 계승하고 무엇을 계승하지 말아야 하는가라는 논의는 1960년대에 되어서야 본격적으로 제기된 것이었다.

이 『조선사』의 특징은 식민지 시기를 포함한 근현대사를 역사서술로 다루었다는 점에 있을 것이다. 필자(= 미쓰이) 자신의 전공분야이기도 한 식민지 시기의 기술에 관해 살펴보면, 통치권력 측의 사료를 사용하면서도 거기에서 사실만을 추출하고 되도록 조선인 측의 동향을 밝혀낸 후 지배에 대한 조선인의 저항을 긍정적으로 보는 것처럼 평가를 고쳐 읽어가는 시도가 이루어져 있다. 고길희의 분석에 따르면 이 시점에서의 하타다의 역사관은 전전 일본의 '정체론'이나 '타율사관'에서 결코 자유롭지는 않았다고 한다.[6] 이후 70년대에 그가 스스로 『조선사』를 절판

5 旗田巍, 『朝鮮史』, 東京 : 岩波書店, 1951, ⅴ쪽.

시켰고, 그 내용적 결함에 대해 반성하기에 이르렀다.[7] 이러한 사실들이 오늘날까지 그가 '양심'을 보인 행동이라는 평가를 받게 된 이유이기도 하다. 하지만 본고에서 주목하고자 하는 것은 그러한 하타다의 '공적'이 아니라, 오히려 전후 조선사학의 개시가 전전의 기반 위에 이루어질 수밖에 없었다는 한계이며, 그런 의미에서 이 시기에 있어서의 전전 조선사학에 대한 총괄이 어떤 것이었는지를 살필 필요가 있는 것이다.

일단 여기서는 전후 조선사학의 출발이 학문적으로는 식민지 시기의 유산을 기반으로 하지 않으면 안 되는 상황에서 극복의 길을 모색하지 않을 수 없었다는 딜레마가 존재했었다는 사실만을 확인해 둔다.

### 2) 연구기관의 창설 - 조선학회, 조선사연구회를 중심으로

앞에서 말한 학문적으로는 식민지 시기의 유산을 기반으로 할 수밖에 없는 상황에서 그 극복의 길을 모색하지 않으면 안 된다는 딜레마는 연구기관의 창설에서도 드러났다. 1950년 10월에 발족한 조선학회는 덴리교(天理教) 관계자, 구 경성제국대학 교원 경험자, 그 외 조선연구자, 구조선총독부 관료 등 많은 멤버가 참여하여 역사학을 포함한 인문사회계의 모든 분야를 대상으로 하는 형태로 발족한 학회였다. 덴리 대학을 모체로 발족했으며 덴리교로부터 지원을 받아 학회가 운영되었다. 덴리교는 1922년에 덴리 외국어학교를 설립하여 조선어교육을 행하고 조선 포교를 적극적으로 실천했다.[8] 1950년 봄 덴리 대학 내에 조선어학과가 설치된 것

---

6 高吉嬉, 『'在朝日本人二世'のアイデンティティ形成 : 旗田巍と朝鮮・日本』, 東京 : 桐書房, 2001, 124~126쪽.

7 旗田巍, 「朝鮮史研究をかえりみて」, 『朝鮮史研究會論文集』 15, 朝鮮史研究會, 1978.

8 그러한 덴리교의 움직임에 관해 식민지 통치와의 관계를 함께 생각해 볼 필요도 있지만, 본고의 주제는 전후 일본의 동향이기 때문에 여기서는 다루지 않고, 별고를

도 조선학회 설립의 큰 계기가 되었다. 1951년 5월 창간된 기관지 『조선학보(朝鮮學報)』 제1집에 실린 덴리교 제2대 신바시라(眞柱 = 대표) 나카야마 쇼젠[中山正善]의 권두언의 다음과 같은 기술에 주목하고자 한다.

> 조선학계는 객랍(客臘, '작년 12월') 공교롭게도 이 조선내란 중에 발족했다. 유래(由來), 조선은 우리나라와 대륙과의 가교로서 예부터 문화, 경제, 외교 등 각 부문에서 빈번한 교섭이 행해져 왔다는 것은 말할 것도 없다. 특히 우리나라의 근세외교사는 대부분 조선, 중국을 무대로서 쌓여 왔을 뿐만 아니라 조선은 과거 35년간 같은 한 나라로서 역사의 궤도를 밟아왔음에도 불구하고 그 사실을 깊이 연구하고 이웃의 마음을 알려고 하는 점에 대해서는 노력이 부족했다는 안타까움이 있지는 않을까?
>
> 우리나라와는 일위대수(一葦帶水)인 민족, 문화, 풍습 및 이 지역에 대한 포교에 관해서는 이전부터 깊은 관심을 가지고 있었으나, 다이쇼 14년 덴리 외국어학교 설립을 맞이하여 외국어학교라는 명칭에 얽매이지 않고 지나, 말레이, 러시아의 외국어와 함께 조선어를 가르치게 된 것도 이러한 목적의 구현을 향하여 한 발 전진하고자 하는 염원에서 나온 것이다.
>
> 우연히 이것과 근접한 시기인 다이쇼 15년도부터 경성제국대학 개설(예과는 다이쇼 13년도부터 개설)을 맞이하게 되고, 둘 다 함께 조선문화의 연구를 위해 발족하게 되었다. 종래에 덴리 외국어학교는 그 명칭이나 조직에 몇 번의 변천을 거듭했으나, 당초의 정신과 전통은 먼저 생긴 덴리 대학에서 그대로 이어받아 오늘에 이르게 되었다. 그런데 경성제국대학은 전쟁이 끝남과 더불어 우리나라의 손을 떠나고 그 일본인 교수진은 일본에 돌아온 후 사방으로 흩어지게 되었으나, 이번에 이들은 스스로 조선에서, 조선문화의 연구 발전에 훌륭한 공적을 남긴 많은 분들의 협력을 얻어 조

---

준비하기로 한다.

선학회를 설립하게 되어 앞으로 덴리 대학을 그 터전으로 하여 계속해서 조선문화를 연구하고 일선(日鮮)문화의 교류발전에 기여하고 공헌할 수 있게 되었다. 생각하면 기묘한 인연이라 할 수 있으며 또한 하나의 작은 길에서 큰 길로 나왔다고도 할 수 있어 마음속으로 기쁨을 느낀다.[9]

즉 덴리 외국어학교, 경성제대의 조선학의 전통을 이어받았다는 스스로의 위치 정립에서 이 학회는 시작된 것이다. 한편 한국전쟁의 참극('내란'이라는 표현이 마음에 걸리기는 하지만), '이웃'에 대한 동정과 이해 부족에 대한 반성이 표명되어 있다. 또한 "조선은 우리나라와 가장 근접해 있는 이웃나라이며 또한 두 민족이 문화계통을 같이하고 동종동문(同種同文)이라는 지리적, 혈연적, 문화적 관계에서 생각해도 세계의 평화는 먼저 양국의 영원히 변함없는 굳건한 우의에서 출발하지 않으면 안 된다"[10]고 하는 점 등은 오래된 역사관에 의거하는 것일 뿐만 아니라, "조선은 우리나라와는 가장 근접해 있는 이웃나라이며 또한 두 민족이 문화계통을 같이하고 동종동문이라는 지리적, 혈연적, 문화적 관계"라는 담화가 한국병합을 지탱했다는 점은 완전히 망각되었다.[11] 또한 "조선은 과거 35년간 같은 한 나라로서 역사의 궤도를 걸어 온" 식민지로서 지배를 받았다는 사실에 대한 비판은 대단히 약하다. 어쨌든 일본의 조선(사)연구가 인적으로도 식민지유산을 이어받아 개시될 수밖에 없었다는 것도 드러내고 있다. 다만 나중에는 하타다나 재일조선인연구자들이 가입하는 등, 인적구성에도 다소의 변화가 생기게 되었다.[12]

---

9 中山正善,「卷頭言」,『朝鮮學報』1, 朝鮮學會, 1951.

10 위의 글.

11 한 가지 더 지적한다면 아카데미즘 차원에서는 '만선사'관과 같은 이러한 동조론적 견해를 부정하는 움직임도 강했으며 창립 멤버 중에는 그러한 입장의 연구자도 있었기에 이것을 무비판적으로 사용하는 것은 조선학의 종합을 주장하는 학회로서는 매우 거북한 담화이다.

조선학회의 기관지인 『조선학보』와 『조선학회회보(朝鮮學會會報)』를 읽어 보면, 50년대 당시 건국 이전의 시기부터 한국에서의 연구동향에 대해 파악하려고 했던 것을 알 수 있다.[13] 대회나 창립 직후에 개설된 도쿄 지부에서의 정례회 활동에 자주 한국 연구자를 부르거나 60년대 이후에는 조선학회에 초청된 연구자를 조선사연구회에도 부르는 등의 사례도 자주 보인다.[14] 또한 정례회나 회보에는 한국전쟁의 현 상황에 대해서 보고되기도 했다.[15]

다만 역사학뿐만 아니라 여러 분야를 모아 놓은 것이라는 점과도 연관되어 있겠지만, 전전의 연구를 지탱한 제도나 역사관에 대한 비판적인 검토가 이루어지지 못한 것은 사실이다.

조선사학 수립의 고난은 조선학회뿐만 아니라, 그 당시 학생이었던 미야타 세쓰코[宮田節子]나 강덕상(姜德相) 등이 관여했던 '조선근대사료연구회(朝鮮近代史料硏究會)'가 구 조선총독부 관료들과 같이 조직되지 않을 수 없었다(1958.5)는 사실[16]을 보아도 알 수 있듯이 인적, 사료적 면에서 식민지지배의 '유산' 위에 성립될 수밖에 없었던 것이다. 어찌되었든 이러한 흐름의 존재가 기반이 되어 조선사연구회가 창립되었다.

조선사연구회의 창립까지는 조금 시간이 걸렸다. 1959년 1월 말 아오야마 고료(青山公亮, 초대회장)를 중심으로 3명의 설립 준비인(스에마쓰 야스카즈[末松保和], 다나카 나오키치[田中直吉], 하타다 다카시)이 모여 발회했다. 무라야마 마사오[村山正雄]의 회고에 의하면 하타다가 주도했던 『고려사』 식화지(食

---

12 하타다는 1952년에 가입했던 기록이 있다(『朝鮮學會々報』 13, 朝鮮學會, 1952). 그리고 박경식을 비롯한 재일조선인 역사가들의 가입도 확인된다(『朝鮮學會々報』 24, 朝鮮學會, 1955).

13 『朝鮮學會々報』 각호.

14 『朝鮮史硏究會會報』, 朝鮮史硏究會, 각호.

15 『朝鮮學會々報』 각호.

16 조선근대사료연구회가 조직된 경위에 대해서는 宮田節子, 「解說 : 穗積眞六郎先生と「錄音記錄」(未公開資料 朝鮮總督府關係者 錄音記錄(一) 十五年戰爭下の朝鮮統治)」, 『東洋文化硏究』 2, 學習院大學東洋文化硏究所, 2000에서 언급되고 있다.

貨志)를 읽는 세미나가 종료된 후, 조선학회에 대한 비판 — 연구분야가 전근대사에 치우쳐 있고 덴리 대학이라는 특정 대학의 지원을 받고 남(한국)의 학자만 초청한다, '학회', '학자'라는 명칭이 권위주의적이다 등등 — 이 배경으로 있으며, "전혀 특정한 지원이 없는 조선사의 연구단체, 국적이나 신조를 뛰어넘어 조선사연구라는 공통 목적만으로 연결된 연구자 집단을 가지고, 좋은 의미로서 '조선학회'와 경합하는 것도 필요하다"는 의견으로 전원이 합의했다고 한다.[17] 이 "경합"이 무엇인지는 구체적으로 알 수 없지만, 앞에서 인용한 조선학회의 '결점'을 극복하면서 조선학회와 함께 조선사학을 융성하게 하려는 의도가 아니었을까 추측이 된다.

조선사연구회에는 재일조선인 연구자도 참가하여 남북한의 학계 동향에 관한 기사도 초기에는 나왔다.[18] 또한 당시의 명부를 보면 대학원생도 많이 포함되어 있다는 것을 알 수 있다.[19] 이후 1960년대의 연구동향(정례회)의 구성을 봐도 근대사연구가 증가하여, 하타다가 『조선사』를 간행한 이후 10년 사이에 환경이 많이 달라졌다는 것을 알 수 있나. 여기에는 스에미쓰, 후지타 료사쿠(藤田亮策) 등 "'조선학회'의 중진"도 관여하고 있다.[20] 덧붙여서 말하자면 발족 당시에는 관동(關東)지역만이었고 관서(關西)부회가 발족한 것은 1965년 4월이다.[21]

---

17 村山正雄, 「「朝鮮史研究會」の創立」, 『朝鮮史研究會會報』 100, 朝鮮史研究會, 1990, 3쪽. 구체적인 경위에 관해서는 旗田巍, 「朝鮮史研究會の步み」, 『朝鮮史研究會論文集』 1, 朝鮮史研究會, 1965; 宮田節子, 「朝鮮史研究會のあゆみ : 朝鮮史研究會の創設から一九七〇年まで」, 『朝鮮史研究會論文集』 48, 朝鮮史研究會, 2010을 참조했음.

18 『朝鮮史研究會會報』 각호.

19 『朝鮮史研究會會報』 2, 朝鮮史研究會, 1962, 20쪽.

20 村山正雄, 앞의 글, 3쪽. 초기의 조선학회에 대한 '경성제국 출신자의 동창회'식인 이미지에 비해서 조선사연구회에 대한 이미지는 하타다에 대한 이미지와 겹쳐서 '양심'을 대표하는 것으로 보는 경향이 있다. 하지만, 인적 구성을 볼 때, 차이가 있더라도 두 단체의 성격이 명확히 갈라지는 것은 아니다.

21 中塚明, 「關西部會草創のころ」, 『朝鮮史研究會會報』 100, 朝鮮史研究會, 1990, 5쪽. 또한 그 전신이 되는 '근대일조관계사연구회(近代日朝關係史研究會)'가 1963년 8월 13일에 발족했다(같은 글, 4쪽).

## 3. 아카데미즘 조선사학의 기반–'계승'이라는 과제

### 1) 사학사 비판의 초점 - 다시 하타다의 『조선사』에서

하타다는 『조선사』 서문에서 다음과 같이 말한다.

> 조선사 연구는 일본의 대륙정책의 발전에 대응하여 성장하였으나 동양사연구 전체 속에서 차지하는 조선사연구의 비중은 오히려 쇠퇴하여 갔다. 국가적 기관의 연구자를 제외하면 조선사연구자는 얼마 되지 않고 특히 젊은 세대의 동양사가는 조선사에 대한 흥미도 관심도 점점 줄어들었다. (…중략…) 또한 조선사연구를 저해한 원인은 현실 속의 정치적인 면뿐만 아니라 학문 내용 그 자체에도 있다. 일본인의 조선사연구의 주력은 고대사에 힘을 쏟고 근대사에는 모자란 데다가 그 고대사연구는 문헌비판·연대학·지명고증을 특색으로 하는 것이었다. 그것은 낡은 도그마를 타파하는 무기이며 예전에는 커다란 진보적 역할을 가진 것이었으나 새로운 고뇌의 시대에는 너무나 비인간적인 학문이었다.[22]

이 지적이 과거에 대한 반성을 바탕으로 한 것임은 말할 것도 없지만, 여기에서 하타다는 전전의 조선사연구의 조선관이 아니라, 조선사학에 내재한 시각, 방법론의 문제에 주목했던 것을 알 수 있다. 다시 말하면 "일본의 패퇴에 의해 조선에 대한 지배가 소멸되고 조선사연구자는 국가의 힘을 얻을 수 없었다"는 제도적인 보증의 유무를 문제로 삼고 있는 것이었다.

22 旗田巍, 앞의 책, ⅳ쪽. 인용문 중의 [ ]는 인용자에 의한 것임, 이하 같음.

하타다는 조선사연구의 융성과 국가적 뒷받침 문제에 대해 언급하고 있는데, 그것은 아마도 집필 당시 일본에서의 조선사교육과 연구가 대학이라는 제도를 기반으로 거의 보증되지 않았던 현 상황에 대한 인식을 반영하고 있는 것으로 추측된다. 그러나 "[전전에]국가적 기관 속에서의 연구자를 제외하면 조선사연구자는 얼마 되지 않고", "일본의 패퇴에 의해 조선에 대한 지배가 소멸하고 조선사연구자는 국가의 힘을 얻지 못하게 되었다" 등의 표현에서 알 수 있듯이, 제도적 존재로서의 조선사학을 직접적으로 비판한 것은 아니다. 즉 제도적 아카데미즘이야말로 '비인간적인 학문'으로서의 조선사학을 낳았다는 점에 대해 하타다는 그다지 깨닫지 못하고 있다. 이것은 학문에 내재한 시각이나 방법론이 '비인간적인 학문'이었다고 지적했음에도 불구하고 그 성립기반에 대해서도 의심해 보는 눈을 가지고 있지 않았다는 것을 의미하며 오늘날의 입장에서 보면 한계였다고 볼 수밖에 없다. 전전의 일본인 역사가 등과 달리 하타다는 그들과 세대도 다른 '양심적' 지식인으로 파악되지만, 그는 도쿄제국대학 출신이고 지도교수가 이케우치 히로시[池內宏]였다는 것을 감안하면, 그도 역시 전전의 동양사학계가 낳은 역사가였다. 그는 1940년대 남만주철도주식회사(南滿洲鐵道株式會社)가 주도한 중국농촌조사에 종사하기도 했지만, 이 경력에 대한 공식적인 자기비판은 그가 죽을 때까지 이루어지지는 않았다. 위에서 말한 전전 아카데미즘 제도에 대한 비판의식이 희박했다는 사실과 관련해서 중요한 문제일 것이다. 게다가 이것은 또 하나의 문제와도 관련된다. 그것은,

> 국가적 배경을 가진 조선사 연구가 진행되는 속에서 무엇보다도 주의해야 할 것은 조선인의 손으로 이루어진 조선사 연구가 거의 성장하지 않았다는 것이다. 일본의 통치정책은 조선인의 조선사학가를 키우는 방향을 취하지 않았다. 조선이라는 말이 조선인에게 있어 매우 불유쾌한 느낌을

주었던 시기에는 조선사를 연구할 의욕도 일어나지 않았다고 생각한다.[23]

라는 발언에 있다. 일본이 조선인에게 차별적인 대우를 강요했다는 일반론적인 해석으로서는 이해되지만, 민족주의적인 관점에 입각한 조선인의 역사학은 조선학 진흥운동의 과정에서도 상당수 생겨났을 것이다. 물론 근대사 연구의 축적이 별로 없는 가운데서 우물가에서 숭늉 찾는 듯인 비판을 해도 소용이 없지만, 여기에서 말하는 '조선사 연구'라는 것이 매우 한정된 범위 외에는 상정되지 않았던 것만은 지적할 수 있을 것이다.

여기서 두 가지 논점을 확인해 두고자 한다. 첫째는 전전 조선사학의 기반과 성과, 그리고 그것의 '계승' 여부라는 문제이고, 둘째는 전전 조선사연구의 담당자라는 문제이다. 본 장에서는 먼저 전자에 관해 검토하고, 다음 장에서 후자의 문제에 대해 생각하고자 한다.

### 2) '계승'이라는 과제 - '근대사학'이라는 정체성

조선사연구회는 회보 제4호부터 수회에 걸쳐 「나의 조선사연구」라는 제목으로 에세이를 게재하였는데, 제1회의 집필자는 회장인 아오야마였다. 아오야마는 "우리나라[= 일본]의 조선사학의 기원은 동양사학의 그것과 때를 같이 한다"고 하고,

> 일본의 동양사학이 오늘날의 성황을 초래할 수 있었던 것은 많은 학자의 다년간에 걸친 노력에 의한 것은 물론이다. 그러나 동양의 제국(諸國), 제

23 위의 책.

> 민족(諸民族)에 관한 정확한 역사적 식견이 우리나라에 매우 필요하다는 인식이, 이 학문이 발전하는 데 큰 힘을 가졌었다는 것도 또한 잊어서는 안 된다. 이러한 국민적 요망과 유럽에서 일어난 근대사학의 영향을 배경으로 발족한 것이 일본의 동양사학이며 조선사학이다.[24]

라고 하였다. 그리고 "어떠한 정세 속에서 전개되었다 하더라도, 학문은 결코 정치에 예속되는 것은 아니다. 그것은 진정한 학문 연구에 의해 행해진 조선사연구가 악명 높은 대한(對韓)정책의 강행에 어느 정도의 공헌 또는 기여를 했는가" 하면 "거의 전혀 없는 것에 가깝다"고 논하고 있다.[25] 게다가 거기에 그치지 않고 "이 나라에서의 조선사학 연구는 메이지 말년 즉 제(第)20세기 초두부터 다이쇼[大正]를 거쳐 쇼와[昭和]로 이어지면서 장족의 발전을 보이고 있다"[26]고, 그 연속성을 긍정적으로 주장하기까지 한다. '일본의 동양사학'과 '조선사학'이 어떤 성격을 띤 '국민적 요망'을 배경으로 존립하고 있었는지에 대한 의식은 하나도 확인할 수 없나. 물론 그렇디고 해서 회원 전부가 이것에 동의했다고 생각하지는 않지만 1960년대 초기는 아직 사학사를 비판적으로 검토하기가 아주 어려운 시기였다는 것만은 추측할 수 있다.

그런데 위에서 아오야미의 말을 인용한 것은, 근대사학사의 정치적 성격에 대한 연구자들의 무자각적인 자세를 규탄하려는 것은 아니다. 필자는 오히려 동양사학이나 조선사학의 학문적 정통성을 보증하려고 할 때 자주 나오는, "유럽에서 일어난 근대사학의 영향을 배경으로 발족한……"과 같은 담론의 의미에 주목하고 싶은 것이다.

---

24 青山公亮, 「日本に於ける朝鮮史學の今昔(私の朝鮮史研究－第一回)」, 『朝鮮史研究會會報』 4, 朝鮮史研究會, 1962, 9쪽.

25 위의 글.

26 위의 글.

사학사연구를 하는 데 자주 참고가 되는 것으로 일본조선연구소가 1962년부터 64년에 걸쳐 개최한 심포지엄 「일본에서의 조선연구의 축적을 어떻게 계승할 것인가(日本における朝鮮研究の蓄積をいかに繼承するか)」(전10회)가 있다.[27] 역사연구뿐만 아니라 총독부의 조사사업, 문학, 언어학 영역에 걸친 조선연구에 대해서 그 "축적에서 무엇을 배울 것인가, 무엇을 배워서는 안 되는가를 오늘날의 관점에 서서 정리하는 것"[28]을 의도한 것이다. 강사를 담당한 이는 식민지 시기에 연구나 창작활동에 관여한 일본인학자・문학자, 재일조선인 문학자 등이다. 각 심포지엄 내용의 검토는 여기에서는 하지 않겠으나, 이 심포지엄의 중심적 주제가 된 것은 "일본인의 조선관이나 조선에 대한 자세라는 것"[29]이었다. 한일회담 반대투쟁의 분위기 속에서 (주로 하타다에 의해 주도되었던) 전전 조선사학의 비판적 검토도 이러한 틀에 의해 본격화된 것은 주지하는 바와 같다. 일본인의 조선관을 문제로 삼는 이상, 근대

27 그 내용은 기관지 『조선연구월보朝鮮研究月報』(후에 『조선연구(朝鮮研究)』)에 게재되어 있다. 내역은 다음과 같다. (괄호 안의 숫자는 수록 호수)
제1회 메이지기의 역사학을 중심으로(明治期の歷史學を中心として)(5・6합병) / 제2회 조선인의 일본관(朝鮮人の日本觀)(7・8합병) / 제3회 일본문학에 나타난 조선관(日本文學にあらわれた朝鮮觀)(11) / 제4회 '경성제대'에서의 사회경제사연구(「京城帝大」における社會經濟史研究)(12) / 제5회 조선총독부의 조사사업에 대해서(朝鮮總督府の調査事業について)(13) / 제6회 조선사편수회의 사업을 중심으로(朝鮮史編修會の事業を中心に)(14) / 제7회 일본의 조선어연구에 대해서(日本の朝鮮語研究について)(22) / 제8회 아시아사회경제사연구에 대해 : 조선사회경제사를 중심으로(アジア社會經濟史研究について : 朝鮮社會經濟史を中心に)(23) / 제9회 메이지이후의 조선교육연구에 대해서(明治以後の朝鮮教育研究について)(28・29합병) / 제10회 총괄토론(30), 이후 1965년 10월에 「조선의 미술사연구(朝鮮の美術史研究)」, 1968년 3월에 「조선의 고고학연구(朝鮮の考古學研究)」에 대한 심포지엄이 개최되었다.

28 「明治期の歷史學を中心として」(심포지엄 제1회), 『朝鮮研究月報』 5・6合併號, 日本朝鮮研究所, 1962, 1쪽. 안도 히코타로(安藤彦太郎, 사회)의 발언.

29 「總括討論」(심포지엄 제10회), 『朝鮮研究』 30, 日本朝鮮研究所, 1964, 41쪽. 미야타 세쓰코(사회)의 발언.

(또는 식민지 시기) 부(負)의 유산으로서의 역사상(관), 연구사에 대한 비판이 전면에 나온 것은 필연적인 것이었다. 오늘날에 있어서도 그러한 근대사학사의 이미지가 정착되었거나 또는 전제로서 논의가 전개되는 만큼 그 영향력이 컸었다. 하지만 이 심포지엄의 또 하나의 키워드가 된 것은 심포지엄 주제 이름에도 나타나 있는 '계승'이었다. 이 심포지엄의 내용을 포함하여 편집된 『심포지엄 일본과 조선(シンポジウム 日本と朝鮮)』(1969)에 하타다가 썼던 「일본에서의 조선사연구의 전통(日本における朝鮮史研究の傳統)」이라는 글에서는 일본인에 의한 동양/조선연구가 얼마나 일그러진 것이었는지를 비난하면서도, 메이지 중·후기에 조선사연구, 동양사연구가 "실증적·합리주의적 역사학의 성장", "전통적인 도그마를 파괴했"다는 점, "문헌비판이나 사실고증의 점에서는 극도로 엄밀했고, 거기에 우리가 계승할 만한 점이 있다는 것은 명확하다"고, 긍정적인 평가를 내리고 있다.[30] 그러나 하타다 자신도 그러한 연구경향이 "사회적·경제적 측면에 대한 관심이 거의 보이지 않"는 "민중부재의 역사학"이었다고 비판하는 것이다.[31] 오해를 피하기 위해서 말해 두겠지만. 그는 "실증적·합리주의적 역사학"의 결과 나왔던 중국인, 조선인을 모멸, 차별하는 역사관 그 자체는 부정한다. 따라서 동양사계통의 '만선사'나 일본사계통의 '일선동조론' 등의 역사관을 크게 비판한다.[32]

하타다가 비판의 중점을 둔 영역은 주로 역사관, 조선관의 문제였다. 하지만 그것을 낳은 제도나 방법론에 관한 비판은 거의 보이지 않았다. 이 논문의 토대가 된 것으로 추측되는 제1회 심포지엄 때 그는

30 旗田巍, 「日本における朝鮮史研究の傳統」, 『シンポジウム 日本と朝鮮』, 東京 : 勁草書房, 1969, 7~9쪽.

31 위의 글, 9쪽

32 위의 글, 10~15쪽.

"메이지 시기 역사학의 이어받아야 할 유산은 고대사의 문헌비판, 우상파괴이며, 이들은 살릴 만한 것이 있다고 생각한다"고 발언했다.[33] 여기서 그의 비판적 사학사가 자가당착에 이르렀던 것을 엿볼 수 있다. 이미 인용한 바와 같이 "문헌비판 · 연대학 · 지명고증"은 "낡은 도그마를 타파하는 무기이"면서도 "새로운 고뇌의 시대에는 너무나 비인간적인 학문이었다"고 하타다 자신이 인정했었던 것이다. 되풀이하지만 이러한 인식을 토대로 한 조선관 비판은 그것을 낳은 제도나 정치구조에 대한 비판을 막아버린다. 참고로 1953년 7월에 발표된 재일조선인사학자 이달헌(李達憲)의 「일본의 조선사연구에 대한 소감(日本に於ける朝鮮史研究についての所感)」[34]의 서술을 보면, 하타다와 마찬가지로 전전의 조선연구가 조선인의 역사를 밝혀내는 것이 아니었음을 비판하고 있지만, 연구자나 총독부에 의한 '성과'에 대해 그 내용은 말할 것도 없고, 일부 그 성립기반의 문제도 포함하여 비판하고 있다. 거기에는 총독부의 정책문제도 의식되어 있고 전전의 연구의 문제점을 종합적이면서도 구체적으로 지적하려고 한다.[35]

"문헌비판 · 연대학 · 지명고증" 등의 기초가 됐던 서양 '근대사학'을 계승하는 것 자체는 비난 대상이 안 되었다는 셈이다. 그것은 바로 서양 근대사학을 일본에 도입한 리스(Ludwig Riess)와 그 스승인 랑케(Leopold von Ranke)로 대표되는 '실증사학'의 권위를 지키는 것을 의미했다. 위에서 인용한 아오야마와 하타다의 말은 전전의 조선사학에 대한 비판의식의 유무라는 점에서는 대조를 이루기는 했지만, 둘 다 '근대사학'의 계승을 부정하지 않았다는 점에서 공통된다. 하지만 1966년에

33 「明治期の歷史學を中心として」, 앞의 책, 18쪽.

34 『역사학연구(歷史學硏究)』 특집호(1953.7) 「조선사의 제문제(朝鮮史の諸問題)」에 게재되었다.

35 李達憲, 「日本に於ける朝鮮史硏究についての所感」, 『歷史學硏究』 특집호, 역사학연구회, 1953.

발표된 김용섭에 의한 다음과 같은 지적은 일본의 조선사학자들과의 거리를 느끼게 하는 말이다.

「랑케」의 歷史學은 歷史主義의 立場에서 歷史的現實의 個性化的把握을 基本的인 認識志向으로 삼고 있었던 것이다. 그런데 日本에 輸入된 「랑케」 史學은 上原教授에 依해서 指摘되고 있듯이 『主로 硏究方法의 精緻性 確實性을 배움으로서 歷史硏究의 合理化를 꾀하는 것이었다. 「랑케」나「리-스」 歷史學의 形而上學的 基礎로서의 歷史主義는 이를 注目하거나 消化하려고 하지않았다』하나의 歷史觀으로서의 歷史主義는 그 自體의 缺陷 때문에 이미 「마르크스」 史學이나 「람프레히트」 史學으로부터의 批判을 받았고, 歷史學派內部에 있어서도 그것에 對한 反省과 檢討가 있어서 여러 學派가 派生하고 있었지만, 日本의 東洋史學은 그와같은 「랑케」 史學이나 歷史主義의 問題조차도 제대로 받아드리지 못하고 있었다.[36]

김용섭의 이러한 비판은 "韓國史學은 日本의 東洋史學에서 方法論을 배웠고, 日本의 東洋史學은 「랑케」 史學의 方法論을 導入한 데서 이루어졌으므로, 韓國史學의 理論的인 基盤은 「랑케」史學과 그 基盤으로서의 歷史主義에 있는 것이라 하겠다"[37]는, 한국의 한국사학의 성격을 생각하는 맥락에서 나타난 말이다. 그는 게다가 한국에 일본의 랑케 사학이 수용되었으며, "우리는 이러한 貧弱한 理論的인 基盤 위에서 實證主義에 滿足하고 있"으나, "實證은 歷史學 一般의 基礎條件이며 「랑케」史學의 專有物은 아닌 것이다"라고 비판하는 것이다.[38] 실

36 金容燮, 「日本・韓國에 있어서의 韓國史敍述」, 『歷史學報』 31, 역사학회, 1966, 147쪽. 인용문 중의 "上原教授"는 독일사학자 우에하라 센로쿠[上原專祿]이다.

37 위의 글.

38 위의 글.

은 「日本·韓國에 있어서의 韓國史 敍述」로 이름 지은 이 글은 일본의 『조선사연구회회보』에도 번역, 게재되기도 했는데,[39] 김용섭에 의해 제시된 이러한 사학사 인식이나 비판은 일본에서 어느 정도 받아들였을까. 이 문제는 또 하나의 논점인 전전 조선사학의 담당자라는 문제와 연결시켜 다음 절에서 살펴보기로 한다.

## 4. 역사를 말하는 주체라는 문제–조선인 부재의 사학사

위에서 확인한 김용섭의 비판의식은, 말할 나위도 없이 "日本의 東洋史學에서 그 方法論을" 배운 한국사학에 대한 것이었다. 필자가 여기에서 주목하고 싶은 것은 조선인 역사가에 관한 기술이다. 그는 "민족사학"자로 박은식(朴殷植), 최남선(崔南善), 신채호(申采浩), 정인보(鄭寅普), 안재홍(安在鴻) 등을 들었으며,[40] "실증사학"의 수용에 관해서도 다음과 같이 서술한다.

> 專門的인 歷史敎育을 받은 史學徒는 1910年代의 末期부터 나오기 始作하였다. 20年代 後半期부터는 硏究와 敍述活動에도 從事하였다. 그들은 日本에 留學하여 그곳 大學에서 東洋史學을 專攻하고 돌아왔다. 國內에서도 20年代의 末期부터는 京城大學에서 史學科의 卒業生이 나오게 되었다. 日本이나 國內에서 史學을 專攻한 이들은 大學課程에서 文獻考證的인 實

39 『朝鮮史研究會會報』 17, 朝鮮史研究會, 1967. 노마 스스무(のますすむ)에 의해 번역되었음.

40 김용섭, 앞의 글, 137~138쪽.

> 證史學을 배웠고 史料取扱에 關한 徹底한 訓練을 받았다. 그들의 스승은 日本人으로서 「官學아카데미즘」의 學風을 세운 東洋史學의 開拓者들이었다. 그리고 그 日本官學者들의 學問的인 系譜는 白鳥[庫吉]를 通해서 「리-스」의 史學과 連結되고 있었다. 韓國史學界의 開拓者들은 이들 日本人을 通해서 「랑케」史學의 方法을 배운 것이라 하겠다. 여기에 「民族史學」과는 달리 近代史學의 訓練을 받은 이들을 中心으로 「랑케流의 實證史學」의 學風이 成立되기에 이르렀다.[41]

'민족사학'과 '실증사학'의 질적 차이의 문제는 여기에서는 문제삼지는 않고자 한다. 오늘 이 시점에서는 적어도 한국에서는 별 위화감은 없겠지만, 1960년대의 일본의 사학사 인식과 대조하면, 두 나라의 사학사 서술 사이에 넘을 수 없는 벽이 있었던 것을 확인할 수 있다. 하타다는 앞에서 언급한 일본조선연구소의 심포지엄에서,

> 그것[=일본인에 의한 조선연구 · 조사가 매우 한정되어 있다는 것]과 동시에 조선인 자신의 조선연구가 보이지 않는다. 백남운, 이북만 등이 있기는 하나, 공부할 마음이 생기지 않았던 것이죠. 물론 할 수 없는 상황이었다는 것도 있지만.[42]

이라고 발언했고, 시카타 히로시[四方博]도,

> 조선인의 근대적 연구자로서는 그때에는 백남운 씨 정도였습니다. (…중략…) 그 외에 조선 역사를 쓴 사람으로서는 최남선 씨가 있습니다만, 이

41 위의 글, 139쪽.

42 「明治期の歷史學を中心として」(심포지엄 제1회), 앞의 책, 17쪽.

것은 단군기원설의 주장자라는 점에서 대강 상상이 될 것입니다. 그리고 일본에 유학했던 이의 몇 가지 새로운 연구는 있었습니다만 직접적인 접촉은 없었습니다.[43]

고 발언했던 것을 확인할 수 있다. 그런데 신경이 쓰이는 것은 조선인의 (역사)연구에 대해서 그다지 언급하고 있지 않다는 점이다. 물론 경성제대 관계자나 인정식(印貞植), 백남운(白南雲) 등의 연구자에 대한 언급은 있으나, 1930년대 전후의 조선학진흥운동 등에 대해서는 그다지 시야에 넣지 않았다고 생각된다. 이러한 인식의 원형은 하타다가 『조선사』에서 "조선인의 손으로 이루어진 조선사 연구가 거의 성장하지 않았다"고 했던 글에도 나타나 있다. 위에서 언급한 김용섭의 논문을 번역, 게재했던 『조선사연구회회보』에 실린 「해제」에서는 먼저 "일본 독점이 남조선에 나날이 진출하여 가는 현재, '새로운 조선사의 상(像)'을 체계화하는 의의는 중요하다"고 한다. 그리고 "일본인의 조선사연구를 다시 출발할 수 있었던 것은 기본적으로 지난 식민지지배와 조선사연구에 대한 반성과 비판을 했던 일본인의 주체적 노력에 의한 것이었지만, [조선민주주의인민]공화국의 연구도 큰 계기를 준 것도 사실일 것이다"라고 하면서, "다른 한편, 현재 일본 독점에 침범을 당하고 있는 남조선(南朝鮮)[= 남한]이 어떠한 상황에 있으며, 그것에 어떻게 대응해 가는가, 또 그들의 역사학 연구가 이런 상황에 응해서 어느 방향을 지향하고 있는지를 언제나 근거로 해서 조선사연구도 진행해 가야 하는 것도 사실일 것이다"라고 했다. 게다가 "남조선에서 일본 독점에 대해 [반항의] 불길이 일어났을 때 어떻게 일본인이 응하는가에 따라 그

43 「「京城帝大」における社會經濟史研究」(심포지엄 제4회), 『朝鮮研究月報』 12, 日本朝鮮研究所, 1962, 2쪽.

때까지 구축해 왔던 일본인의 사상이 어떠한 것이었는지가 추측될 때이기도 하고 일본의 운명을 결정할 때이기도 하기 때문이다"라고 하는 것이다.[44] 이 「해제」를 보는 한 과거 일본의 역사학이 조선의 역사학계에 미친 영향 등에 관한 기술이나 소감이 한마디도 쓰여 있지 않다. 앞에서 언급한 하타다나 시카타와 같이 일본의 아카데미즘 사학의 정당성은 의심을 품을 여지도 없을 정도로 자명한 것으로 여겨져 있는 것이다.

물론 경험에 따라 평가도 달라질 수 있다. 이노우에 나오키[井上直樹]에 따르면 하타다가 『조선사』에서 "비인간적 학문"이라고 했던 것에 대해 스에마쓰가 비판했다고 한다.[45] 이노우에는 그 이유에 관해, 첫째는 실제로 조선에 살았고, 조선인 학생을 가르친 그에게는 조선인 부재의 조선사연구라는 것을 상정하기 어려웠던 것으로 추측되며, 둘째로 그는 조선사연구와 조선인이 불가분한 관계라고 인식했었다고 생각해야 한다고 지적한다.[46] 이 점에 관련해 스에마쓰에 의한 다음과 같은 발언에 주목해 보자.

> 또 하나 경성[제국]대학에 대해 말씀드리고 싶은 것은 학생의 문제인데요. 조선에 내학 학생들이 조선사를 어떻게 봤는가 하는 것입니다. 확실한 숫자는 생각이 나지 않지만, 조선사를 전공한 조선인 학생은 전체 중의 3분의 2였으며, 3분의 1은 일본인이었다고 생각합니다. 조선인으로서 조선사를 하면 취직은 못해서요.
>
> (…중략…)
>
> 경성[제국]대학이 개설이 된지 10년이나 지나서 제가 [거기에] 부임하게

44 のますすむ, 「解題」, 『朝鮮史研究會會報』 17, 朝鮮史研究會, 1967, 17쪽.
45 井上直樹, 앞의 글, 29쪽.
46 위의 글.

> 되었는데요, 그때쯤에는 이미 명백한 일이었는데요. 그런데도 조선사 [연구로] 들어갔으니까 그건 아주 순수한 마음이었다고 생각해요. 따라서 사상적으로는 민족의식이 누구보다 강했던 것으로 저는 생각합니다.[47]

스에마쓰는 조선인에 의한 조선사연구의 성격을 위와 같이 민족의식에 기초한 것으로 이해했다. 미야타의 "역사관 문제 때문에 특히 민족문제를 둘러싸고 학생과 부딪친 적은 없었습니까?"라는 질문에 대해, 그는 "그 정도로 깊이 학생과 접촉하지는 않았습니다. 민족문제라는 것은 금기시되어 있었습니다"라고 대답한 것[48]을 보면, 스에마쓰 자신도 그다지 조선인 학생들과 깊은 관계를 맺었었다고 보기는 어렵다.

하타다와 스에마쓰 사이에 생긴 견해의 차이는 조선경험의 차이로 인한 것이었지만, 다른 한편에서 이 두 명(과 시카타)에 공통되는 것은 '볼 만한' 조선인 역사가를 아카데미즘의 틀 안에서만 파악했었을 가능성이 아주 크다는 점이다.

50년대 하타다의 조선인 역사가 부재론은 같은 시기의 '국민적 역사학 운동'의 동향과 함께 생각해도 재미있을 것이다. '국민적 역사학 운동'은 나리타 류이치[成田龍一]의 지적에 따르면 "역사의 당사자, 즉 계급적인 입장에 서는 노동자나 농민과 그들의 역사를 쓰는 주체가 일치되어야 한다고 제창한 운동이었다."[49] 그와 동시에 "당사자주의가 되면서 계급문제가 무매개적으로 '민족'과 겹쳐"졌다는 문제점도 안게 되었다.[50] 운동의 주창자였던 고대사가 이시모다 쇼[石母田正]는 그의

---

47 「朝鮮史編修會の事業を中心に」(심포지엄 제6회), 『朝鮮研究月報』 14, 日本朝鮮研究所, 1962, 30쪽.

48 위의 글, 31쪽.

49 成田龍一・道場親信・鳥羽耕史・池田雅人, 「戰後民衆精神史」, 『現代思想』 35-17, 青土社, 2007, 219쪽.

50 위의 글.

책 『역사와 민족의 발견(歷史と民族の發見)』(1952)에서 "마을의 역사, 공장의 역사"를 쓰자고, 민중의 손으로 그들의 역사를 쓸 것을 주창했고, 지식인은 그 작업을 도와주는 사람으로 위치지웠다.[51] "마을"과 "공장"으로 표상되는 민중의 역사를 쓰자는 제안은 물론 일본 역사만의 이야기가 아니었다. 이시모다는 3·1 독립운동의 역사적 기억의 문제에 대해 역사를 말하는 주체로서의 조선민중(= 조선민족)을 조정(措定)했는데, 그 소재는 그의 조선인 친구가 말하고 불렀던 이야기나 민중가요, 그리고 허남기(許南麒) 시(『화승총의 노래(火繩銃のうた)』) 등 이었다.[52]

1953년 역사학연구회가 기획했던 특집 「조선사의 제문제(朝鮮史の諸問題)」는 허남기의 글이나 재일조선인학교 학생의 작문을 실었던 것을 볼 때, 이러한 '국민적 역사학 운동'의 흐름을 의식한 것으로 추측된다.[53] 이 특집호에 실린 하타다의 글 「조선사에 있어서의 외압과 저항(朝鮮史における外壓と抵抗)」에서 그는 외압에 대한 저항 세력으로 조선민족을 조정하여, 그 '민족'을 동시에 지배계급에 대항하는 주체인 '조선민중'으로 보고 있다. 이러한 도식은 같은 특집호에 실린 박경식(朴慶植), 야마베 겐타로(山邊健太郎)의 글들에도 보인 것이었다.[54] '민중'을 역사의 주체로 이해하는 입장에서는 '국민적 역사학 운동'과도 공통점이 있지만, 외압 혹은 지배계급에 '민중' 즉 '민족'을 대치해 버리는 구도 속에서는 근대에 있어서 식민지배 당국자와 민중 사이에서 여러 모습을 보였던 지식인들의 동향은 거의 무시되어 버렸던 것이다. 그래서 역사를 말하는 조선 지식인까지는 사학사의 시야에 들어오지 않았던 것으로 추측이 된다. 물론

51 石母田正, 『歷史と民族の發見 : 歷史學の課題と方法』, 東京 : 岩波書店, 1952, 279~294쪽.

52 위의 책, 257~274, 346~370쪽.

53 許南麒, 「朝鮮の民謠と民話」; 「祖國はどこ : 在日朝鮮人學童の作文」. 모두 『歷史學硏究』 特輯號, 歷史學硏究會, 1953에 게재되었음.

54 朴慶植, 「開國と甲午農民戰爭」; 山邊健太郎, 「日本帝國主義の朝鮮侵略と朝鮮人民の反抗闘爭」, 위의 책.

역사를 말하거나 쓰는 주체가 누구인지에 관해 조선사학과 '국민적 역사학 운동' 사이에는 큰 차이가 있었다. 하타다의 경우에는 민중을 조정하지 않았으며, 이후의 사학사도 '아카데미즘 사학'의 '계승'을 문제 삼아야 할 정도였으니까 그 차이는 결정적이었다고 해야 할 것이다. 이러한 사학사상의 문제점은 필자가 아무 근거도 없이 지적하는 것이 아니다. 앞에서부터 자주 언급하고 있는 일본조선연구소의 심포지엄에서 우에하라 센로쿠[上原專祿]가 언급한 다음의 발언을 보자.

> 그리고 젊은이들이 해주기를 바라는 것은 조선사학사입니다. 또는 조선인의 역사의식의 역사와 같은 것. 매우 뛰어난 역사가, 기술(記述)가, 편찬가가 조선에는 있습니다. 그러한 일의 이해・평가라는 것을 현대까지 계속하고 있다. 조선민족의 역사의식이 어떤 상태에서 형성・발달되어 왔는가? 그것과 일본의 역사기술의 역사입니다. 그러한 것을 넓은 통일적 시점에서 잡은 듯한 역사기술 또는 역사의식의 역사를 포함한 듯한 정치와 경제와 문화의 통일적 발전과 같은 통사를 쓴다면, 다른 전공영역을 하고 있는 이에게는 고마운 일이지요.[55]

이것은 하타다가 『조선사』를 집필한 것을 염두에 두고 시카타가 조선사회경제사 측에서의 통사가 필요하다[56]고 한 직후에 우에하라가 발언한 것이다. 이러한 우에하라의 문제제기는 일본에서 즉시 해결되지는 않았으며, 오히려 위에서 본 김용섭과 같은 사학사 정리에서 보이게 된 것이다. 하타다는 1978년에 발표한 「조선사연구를 뒤돌아보면서(朝鮮史研究をかえりみて)」라는 글에서 자서인 『조선사』에 대해 "정체

55 「「京城帝大」における社會經濟史研究」, 앞의 책, 13~14쪽.
56 위의 글, 13쪽.

론에서 벗어나지 못했다는 점, 고대 일본의 조선지배를 그대로 인정했다는 점, 조선인의 문화 창조력을 그려내지 않았다는 점 등 큰 결함이 있었다"고 자기비판했다.[57] 바로 "조선인의 문화 창조력"을 '외압과 저항'의 시각으로 그려내지 못했던 것이 하타다에 의해 지적되기 시작한 사학사 서술의 한계였다. 그러한 의미에서 우에하라의 위의 발언은 대단히 중대하다. 그리고 이 발언이 조선사 전공 연구자한테서 나온 것이 아니라는 점에 필자는 복잡한 마음이 든다. 이러한 문제제기는 이후 일본의 조선사학사에서는 아직까지도 극복하지 못하고 있다. 오늘날 한일 양쪽에서 극복의 움직임은 일어나고 있으나 아직 전반적인 동향이라고 말할 수는 없을 것이다.

## 5. 결론을 대신하여

이상, 아주 조잡하나마 1950~60년대 일본 조선사학사 서술의 성격에 관해 고찰해 왔다. 근대 조선사학의 영역은 다양하고 그 만큼 사학사 서술도 그 다양한 영역을 대상으로 하는 것이었기 때문에 본래 다양한 대로 사학사의 성격을 분석, 이해해야 하는 것은 말할 나위도 없다. 그러나 여기에서는 고찰 대상을 한정했다. 그런 의미에서 본고의 분석은 결코 충분치 못하다.

본고의 의도는 전후 조선사학의 출발에 즈음해서 과거를 어떻게 총괄하려고 했으며, 그것이 어떤 성격(= 한계)을 가질 수밖에 없었던가에

57 旗田巍, 「朝鮮史研究をかえりみて」, 앞의 책, 149쪽.

대해 확인하는 데 있었다. 물론 과거로 거슬러 올라가 그 당시에 존재하지 않았던 것을 요구하는 것은 그 시도 자체가 큰 한계를 가지게 되는 것은 사실이다. 그러나 현재 조선사학사 서술이 대부분 위에서 살펴왔던 1950~60년대 조선사학사의 수준에 머물고 있다는 점을 감안하면, 본고의 시도도 어느 정도 의미가 있는 것으로 보인다.

사학사를 서술하는 방식은 정리하는 주체의 관심에 따라 다를 수가 있다. 본고는 이런 문제제기를 의도한 글이다. 물론 그러기 위해서는 1970년대 이후의 동향이 어땠는지, 한일 양국의 역사학계에서 이슈가 된 구체적 역사상('내재적 발전론' 등)과 영향관계 등에 관한 분석, 기술도 놓치면 안 될 것은 말할 나위도 없다. 그러한 의미에서 본고만으로는 여러 과제가 해결되지 못했음을 인정해야 한다.

그런데 근대, 특히 식민지 시기 조선사학사의 경우에는 필연적으로 그 당시의 정치적 성격을 문제 삼을 수밖에 없다. 그 정치성이란 결과물로서의 조선관뿐만 아니라 그것을 성립시킨 여러 사회적, 정치적 기반의 문제를 반드시 다루어야 한다. 최근 한국에서는 식민지 시기 '학지(學知)'의 형성이라는 주제가 주목받고 있지만, 일본에서는 그러한 관점은 아직 발달하지 못하고 있는 상황이다. 바꿔 말하면 근대 학문 체계의 모든 측면이 역사화 되어야 한다. 위에서 언급한 과제들을 의식하면서, 필자는 일본인 연구자로서 자성의 의미를 담아서 이 점만은 강조해 두고, 이 글을 마무리하고자 한다.

# 목소리로 쇄신되는 '조선'*

## 1945～1955년의 일본 좌파운동과 조선 이미지

임경화

### 1. 석방된 자, 해방된 자

1945년 8월 15일 일본의 패전을 경계로 대개의 일본열도의 주민들이 허탈상태나 공백감에 빠져 가치관의 혼란과 사고정지 상태에 놓여 있을 때, 재빨리 새로운 미래를 향한 재건에 착수한 사람들 중에 공산주의자들과 재일조선인이 있었다. 전자에게 '패전'이란, 천황제 파시즘국가 일본이 붕괴되고 민주화를 거쳐 사회주의혁명으로 이행하기 시작하는 출발점, 후자에게 '패전'이란, 36년간에 걸친 일본제국주의에 의한 식민지 지배에서 해방되어 새로운 민족국가를 건설하고자 움직이기 시작하

* 이 글은 『翰林日本學』 22집(2013)에 동일한 제목으로 실린 것임.

정치범 석방 당일 사진(*Pacific Stars and Stripes*, 1945.10.11)

는 출발점을 의미했기 때문이다. 양자는 동일한 '적'에 의해 오랜 기간에 걸친 혹독한 탄압과 목숨을 건 저항을 반복한 역사를 공유하고 있었다.[1] 실제로 그들은 전전부터 투쟁의 현장에서 연대했으며,[2] 감옥에서 동지애를 돈독히 하기도 했었다. 패전 당시 대개 정치범으로 수감된 상태에 있었던 이들의 석방이 일본에서는 정부의 완강한 반대와 주민들의 무관심으로 지연되었을 때, 그 석방운동에서 큰 역할을 했던 것도 조선인이었다는 사실은 잘 알려져 있다. 정치범 석방을 맞아 1945년 10월 10일에 열린 '자유전사 환영 인민대회'는 참가자의 반 이상이 조선인이었고, 적기와 함께 태극기가 휘날리고 있었다고 한다.[3]

1 이 점은, 패전 이후의 재일조선인과 일본공산당의 연대투쟁 과정에서도 양자의 연대를 뒷받침하는 역사적 기원으로서 자주 강조된다. 도쿠나가 스나오[德永直]의 "조선인한테서 그 독립을 빼앗은 힘은, 일본의 일하는 인민을 착취하고 전사시키고 굶긴 힘과 동일한 것이다"라는 발언이 유명하다(「朝鮮について」, 『民主朝鮮』 1-3, 1946).

2 패전 이전의 조선인과 일본의 무산계급과의 계급적 연대의 양상에 대해서는 吉岡吉典,「日、朝、中三國人民連帶の伝統」,『アジア・アフリカ講座 朝鮮』, 勁草書房, 1964 참조.

하지만, 패전을 진정한 해방으로 전환시키기 위해서는, 합법정당으로 재건된 일본공산당에 결집한 전자는 식민지 지배와 제국주의전쟁으로 점철된 전전과의 완전한 단절과 혁명을 통한 사회주의국가 수립이라는 과제를 완수하지 않으면 안 되었고, 좌익세력에 의해 주도된 재일본조선인연맹(1945년 10월 15일에 결성. 이하, '조련'으로 약칭)에 결집한 후자는 귀국해야 할 완전한 독립국으로서의 인민공화국 건설, 나아가 기존의 친일세력 주도의 지배구조를 바꾸는 혁명을 통한 계급해방을 위해 열정을 불태울 차례였다. 이 출발점이란, 양자가 진정한 해방을 주체적으로 쟁취하기 위해 투쟁을 이어가지 않으면 안 되었던 전후의 시작이었던 것이다. 이와 같이 운동의 목표에서 서로 차이가 있었던 양자였지만, 1946년 8월에 일본공산당에서 결정된 이른바 '8월 방침'을 계기로 재차 그들의 '적'이 동일함을 명확히 하고, 혁명적 대중으로서 손에 손을 맞잡게 된다. 이들은 한편은 패전 국민, 한편은 해방 국민이었지만, 미군이 내린 명령을 일본 정권이 대신 실행하는 간접통치를 실시하여 패전 이전과 연속성이 강한 국가를 준비했던 연합군총사령부(GHQ / SCAP)는, 재일조선인에 대해서 적국인으로도 해방 국민으로도 취급할 수 있다는 이중적인 자세를 취했다. 그것도 1946년 4월에 일본 정부에게 조선인 단속의 완전한 권한이 위임된 이후(「조선인의 불법 행위에 대한 총사령부 각서」)에는 노골적인 억압정책이 취해졌던 것이다.[4] 이에 따라 그때까지 점령하의 평화혁명을 통해 구 군국주의 세력을 타도하고 인민정권을 수립하고자 했던 일본공산당의 투쟁에 재일조선인

---

3 竹前榮治, 『占領戰後史』, 岩波書店, 2002, 168~176쪽. 다케마에[竹前]는 조선인 정치범 석방운동이 전후 재빨리 일어나 정치범 석방운동에서 이니셔티브를 쥘 수 있었던 이유로, 일본제국주의에 의한 가혹한 인종차별에 대한 반발력이 거셌던 점과, 해방 이후 한반도에서 조선공산당 재건위원회가 결성되고 조선인민공화국 수립이 선언되는 등의 상황 전개가 이 운동의 활성화에 영향을 미친 점을 들고 있다.

4 김찬정, 박성태 외역, 『재일 한국인 백년사』, 제이앤씨, 2010, 144~151쪽.

들의 민족적인 해방투쟁을 종속시키는 시대적 배경이 조성되었던 것이다. 주지하는 바와 같이, 이 연대투쟁은 이후에 "민족적 주체성을 상실시키고 조선의 민주민족혁명을 이차적인 것으로 삼았다"[5]거나 "내선일체"의 연장[6]이라는 등의 비판을 받게 된다. 그럼에도 불구하고, 일반적으로 조선과 일본의 근대 이후의 복잡한 관계가 단절되는 시기로 파악되는 패전 직후에 양자가 적극적인 연대의 길을 모색했던 경험은, 일본에서 식민지기에 형성된 조선의 이미지를 허물고 새롭게 재건하는 데에 결정적인 계기가 된다. 본고는 이 양자의 연대투쟁 속에서 그려진 새로운 조선 이미지를 복원하는 것을 목표로 한다.

## 2. 분출하는 피억압자들의 목소리

패전/해방 이후 일본공산당과 재일조선인의 연대투쟁 속에서 배태된 조선 이미지를 복원하고자 하는 본고의 문제관심을 보다 명확히 하기 위해 여기에서는 우선 몇 가지 전제를 확인하고자 한다.

첫 번째는, 이때 이미 재일조선인들이 사실상 구종주국 일본에 남겨져 전후 일본사회의 일부로 편입되어 갔고, 양자 사이의 소통의 매개도 구종주국의 언어인 일본어였던 비대칭적인 관계였음에도 불구하고, 이 이인삼각의 투쟁은 아직은 결코 착취하는 머조리티의 양심적 좌파와 착취받는 마이너리티로서의 재일조선인의 연대라는 측면보다

5 朴慶植, 『解放後在日朝鮮人運動史』, 三一書房, 1989, 90쪽 등.
6 張赫宙, 「朝鮮同胞に告ぐ」, 『讀賣新聞』, 1952.7.15.

는, 앞으로 펼쳐질 세계사의 흐름을 의식하면서 그 속에서 대등한 주체로서 세워진 민족과 민족의 연대임을 전제로 하고 있다는 점이다. 이것은, 패전 후 일본공산당의 재일조선인에 대한 지도방침 결정에 영향을 미쳤던 김두용(金斗鎔)이 "일본에서의 조선인 문제는 하나의 민족 문제이다. 그것은 조선 내 조선민족의 정치적 동향과 연결되어 있고, 한편으로는 일본 내 혁명 상태와 연결되어 있다"[7]고 언급한 것에서 알 수 있듯이, 당시의 재일조선인은 조선인의 특수한 일부가 아니라, 조선과 일본의 민족적 연대를 상징하는 존재이자 민족을 대표하고 대변하는 존재로서 인식되었다.[8]

이와 같은 인식은 예를 들면, 양자의 다음과 같은 대응관계 속에서도 파악할 수 있다. 즉, 패전 직후 프롤레타리아 문학운동에 관여했던 작가들을 중심으로 결성되어 좌파의 문학적 거점이 되었던 신일본문학회(新日本文學會)는 창립대회(1945.12)에서 "일본에서 민주주의적 문학의 창조와 그 보급, 인민대중의 창조적, 문학적 에너지의 발양과 그 결과를 자기의 임무로 자각하고" 있는 이 모임의 "방침의 구체화를 위해 우리들이 헌신함으로써 일본의 전 인민에게 답하고, 동시에 **전 세계의 인민, 특히 중국 및 조선의 인민에게 답하고자 한다**"는 대회선언을 채택하여, 국제공산주의운동의 조류 속에서 일본과 중국, 조선의 인민이 대등하게 연결되어 있음을 천명했다. 한편, 신일본문학회와 깊이 교류했던 재일조선인의 일본어 종합잡지 『민주조선(民主朝鮮)』도 그 「창간사」에서 "진보적 민주주의 혁명 과정에서 조선인은 역사적 사실을 어떠한 각도에 서서 파악하고 어떻게 그 역사적 사명을 완수하고자 하는

7 金斗鎔, 「日本における朝鮮人問題」, 『前衛』 창간호, 1946.

8 재일조선인의 전국조직인 '조련'의 결성 당시의 강령에서도 "신조선 건설에 헌신적 노력을 기한다"가 제1항이고 "재일동포의 생활안정을 기한다"가 제3항으로 되어 있듯이, 마이너리티로서의 생활권 요구는 이차적인 것으로 다루어지고 있다.

가"를 둘러싸고, "우리들의 나아갈 길을 **세계에 표명함과 동시에**, 과거 36년이라는 긴 기간을 왜곡되었던 조선의 역사, 문화, 전통 등에 대한 **일본인의 인식을 수정**하고, 이제부터 전개될 정치, 경제, 사회의 건설에 대한 우리들의 구상을 이 소책자에 담아" 자료로 제공하고자 한다고 천명하고 있듯이,[9] 자신들을 세계 속에서 일본인과 대등하게 연결되는, '재일'이라는 특수성보다 '조선인'으로서의 민족의 보편성으로 환원되는 존재로 규정하고 있음을 알 수 있다. 해방 후 재일조선인은, 억압받고 왜곡되어 왔지만 바르게 수정되어야할 조선민족을 적극적으로 대표함으로써 자기 확립의 기초를 놓았던 것이다.[10]

물론 이때의 민족 간의 연대란, 양자가 민족자결주의 원칙에 철저한 단일민족국가 건설을 목표로 한 반제국주의 국제 연대를 상정한 것이었다. 따라서 한반도 북부와 중국에서 공산주의 정권이 들어서면서 동아시아에 혁명의 기운이 고양되어 갈수록 양자 사이의 연대투쟁은 더욱더 긴밀해졌지만, 혁명 기운의 퇴조기에 이 연계가 느슨해질수록 일본공산당이 국민의 이익을 대변하는 대중 정당으로 변질되어 가고, 총련계 재일조선인들이 '조국지향형 내셔널리즘'[11]을 강화해 갔던 기원은 연대 당초부터 이미 배태되었다고 보아야 할 것이다.

양자의 연대투쟁에서 확인되는 두 번째 특징은, 당시 재일조선인이 조선민족을 대표했다는 위의 사실과 관련하여 이 연대가, 일본어 구사가 가능한 (재일조선인이 아닌)조선인과의 실질적인 목소리의 교류로써

---

9 元容德, 「創刊の辭」, 『民主朝鮮』 창간호, 1946.4.

10 中根隆行, 『"朝鮮"表象の文化誌 : 近代日本と他者をめぐる知の植民地化』, 新曜社, 2004, 269쪽.

11 도노무라 마사루(『재일조선인 사회의 역사학적 연구』, 논형, 2010)가 재일조선인들의 북한으로의 귀속의식을 가리키는 술어로 사용하고 있다. 도노무라에 의하면, 일본사회에서는 한국전쟁을 거치면서 재일조선인을 독자적 국가를 갖는 외국인으로 보는 의식이 일반화되었다. 그로 인해 이때부터 재일조선인들의 일본에서의 연대운동을 내정간섭이나 북한세력의 교란작전 등으로 비난하기 시작했다.

구체적으로 가시화했다는 점이다. 해방의 실감은 무엇보다도 먼저 탄압받은 자들에 의한 집단적인 환희의 합성소리로 확인되었다. 전후를 추동한 힘은 그때까지 억눌리고 통제되었다가 한꺼번에 터져 나온 피억압자들의 목소리였다. 그러므로 '목소리'나 '노래 소리', '합창'은 전후 일본의 좌파운동 혹은 조선인과의 연대를 상징하는 키워드라고 할 수 있다. 그것은 전시중에 검거와 집필금지 등을 반복했던 프롤레타리아문학 작가 미야모토 유리코(宮本百合子, 1899~1951)에 의해서 작품으로 전형적으로 형상화되기도 했다. 그녀는 신일본문학회의 기관지인 『신일본문학(新日本文學)』 창간 준비호에 「노래 소리여, 일어나라(歌聲よ、おこれ)」를 발표한다. 이 글에서 미야모토는 일본의 패전은 "하나의 역사의 문을 통과하여, 보다 넓고 새로운 **세계인류에의 길**을 내디딘" 역사적인 기점인 만큼, 반동적인 '과거의 문학'과 결별한 '신일본문학'은 억압된 인민의 다양한 경험이 사회의 역사 속에서 새로이 창조되는 민주적인 문학이어야 한다고 호소하며 다음과 같이 말했다.

> 민주적인 문학이라는 것은, 우리들 한 사람 한 사람이 사회와 자신의 역사의 보다 사리에 맞는 발전을 위해 헌신하고 세계역사의 필연적인 작용을 숨김없이 비추어내며 살아가는 그 **노래 소리**라는 의미 이외에 어떠한 다른 뜻도 없다고 생각한다.
>
> 그리고 처음에는 어딘가 약하거나 숫자도 적은 그 **노래 소리**가, 이윽고 더 많고 완전히 새로운 사회 각 방면의 사람들의 마음의 **목소리**를 끌어내어, 그 각각의 발성을 연마하고 모든 음이 올바르게 생각을 피력하여, 새로운 일본의 풍요롭고 웅대한 인민의 **합창**으로 만들어 가지 않으면 안 된다.[12]

12 宮本百合子, 「歌聲よ、おこれ : 新日本文學會の由來」, 『新日本文學』 創刊準備号, 1946.1.

여기에는 "세계역사의 필연적인 작용"으로의 지향성을 띠는 인민들의 목소리를 담을 일본의 민주문학의 다채로움이, 다양한 노래 소리와 그것이 자아내는 합창이 울려 퍼지는 모습으로 그려져 있다. 그리고 "새로운 사회 각 방면의 사람들의 마음의 목소리"로서 재일조선인과의 "합창"을 소설 속에서 형상화한 것이 『반슈 평야(播州平野)』(1946년 3월부터 47년 1월까지 『신일본문학』 등에 연재)이다.[13] 주인공 히로코는 패전의 소식을 듣고 군국주의 국가권력과 맞서다가 형무소에 갇힌 남편의 출옥을 맞이하러 아바시리[網走]로 향한다. 도중에 그녀는 전쟁이 끝나고 활기에 차서 고향으로 돌아가는 조선인 병사들과 마주치면서, 질투와 편견에 찬 시선을 보내는 사람들과 달리, 그들의 해방감에 전적인 공감을 느낀다. 소설의 대단원에서도, 이번에는 자신과 같은 방향으로 길을 재촉하는 조선인 젊은이들과 마주치는 장면을 그리고 있다.

> 두 사람 모두 건강하고 치아가 고운 젊은이들이다. 조금씩 농담을 주고받으며 웃는다. **그들의 말은 조선말이었다.** 히로코가 이번 여행 중에 마주친 조선인들은 모두 서쪽으로 해협으로 움직이고 있었다. 하지만, 이 젊은이들은 동으로 향하고 있다.
>
> (…중략…)
>
> 미풍에 빗질하는 가을볕은 반슈의 산들과 밭, 작은 마을과 그 수목을 금빛으로 녹이고, 짐마차는 덜커덩 덜커덩 죽 뻗은 국도 위를 목적지를 향해 달려간다. 덜컹 덜컹 울리는 바퀴 소리는 묘하게 젊은이들의 밝음과 조화를 이루었다. 그리고 히로코의 마음에 충만한 숱한 상념에 가락을 붙였다. 아카시(明石)의 소나무 숲 너머에 녹슨 채로 서 있는 커다란 공장의 폐허. 그것들을 히로코는 지울 수 없는 감명 속에서 바라보았다. 일본 전체가 이

13 朴春日, 『近代日本文學における朝鮮像』, 未來社, 1985(1969), 280~283쪽.

렇게 움직이고 있다. 히로코는 통절히 그것을 느꼈던 것이다.[14]

히로코는 그들이 쓰는 말이 자신과는 소통이 불가능한 조선어임에도 불구하고, 나란히 같은 길을 재촉하는 발길과 젊은이들의 밝음이 자신의 숱한 상념과 조화를 이루며 화음을 만들고 있는 것을 깨닫는다. 석방된 자의 (식민지 지배로부터) 해방된 자에 대한 언어의 차이를 뛰어넘은 내면으로부터의 공명은, 이윽고 폐허가 된 일본에 새로운 생동감을 불어넣는 생명의 숨소리로서 그녀에게 육박해 오면서 소설은 끝난다.

이렇게 조선인에 대한 공감과 연대를, 살아있는 인간이 발하는 목소리에의 관심과 합창으로 표상하려 한 미야모토의 시도는, 실은 전후 일본의 좌파운동가들이 '노래 소리' 혹은 '목소리'를 키워드로 삼아 그 이전과도 이후와도 전혀 다른 조선의 이미지를 구축해 가는 것을 예견하는 것이기도 했다. 그들 사이에 공유된 조선 이미지를 단적으로 표현하자면, 식민지기에는 일제에게, 해방 후에는 미제에게 침략을 당하는 피억압민족으로서의 조선의 운명과 그에 맞선 저항을 핵심으로 하고 있다. 그리고 그것을 시적인 승화를 통해 전형적으로 제시한 것을, 허남기(許南麒, 1918~1988)의 「한밤의 노래 소리(夜中の歌聲)」에서 찾아도 좋을 것이다.

귀를 기울이면
노래 소리가 들린다.
(…중략…)
내 고향의 산이 노래하고

14 宮本百合子, 『播州平野』, 『宮本百合子全集』 第六卷, 新日本出版社, 1979(초출, 『潮流』 1947.1).

내 고향의 강이 노래하고
그리고 저 슬픔에 잠긴 많은 마을사람들이 노래하고
그리고 저 많은 슬픈 역사가 노래하고
오랜 세월을
어둡고 추운 밤 속에서 지내다가
오늘 또 어둠 속으로 쫓겨난
바로 조선의 흙이 부르는 노래 소리다.[15]

허남기는 당시의 연대운동 속에서 열렬히 주목받았던 재일조선인 시인인데, 일본어로 쓰인 이 시는 일찍이 망국민으로서의 차별과 억압 속에 놓였고, 지금도 여전히 한반도의 정세불안에 고통을 받고 신음하는 조선 민족의 저항의 소리를 전하고 있다. 이 노래 소리가 연대의 합창을 촉구하는 것임은, 이 시집의 「발문(跋)」에서 나카노 시게하루(中野重治, 1902~1979)가 전면적인 공감을 표명한 것을 굳이 들지 않더라도 자명하다.

그런데, 양자가 일본어로 소통하고 일본어로 연대투쟁한 것은, 이 시점에서는 그다지 심각하게 받아들여지지는 않았던 것도 지적할 필요가 있다. 물론, 패전 후 조선어로 창작된 작품보다 일본어로 창작된 작품이 더 일반적이었던 상황에서, 재일조선인 작가들에게 어떤 언어로 창작할 것인가는 절실한 문제였다.[16] 하지만, 그러한 문제는 전경화되지 못했고, 오히려 조선인의 일본어 구사에 적극적인 의미를 부여하는 견해가 두드러졌다. 앞에서 인용한 『민주조선』의 「창간사」에서 그 전형을 발견할 수 있는데, 같은 호의 「편집 후기」에서 김달수(金達壽, 1919~1997)는 일본어 잡지를 간행하게 된 이유에 대하여, "저주받은 운

15 許南麒, 『朝鮮冬物語』, 朝日書房, 1949, 11~14쪽.
16 中根隆行, 앞의 책, 제9장 참조.

명 속에 습득된 것이라도, 일본어를 이렇게 구사하여 만들어지는 이런 잡지가 한둘 존재하는 것도, 우리 조선인들에게도 또한 일본인들에게도 꼭 필요한 것이라고 믿고 있다"고 쓰고 있다.[17] 허남기나 김달수 등의 일본어 작품에 대해서도 "조선민족의 문학인 동시에 또한 일본문학의 하나"라고 하거나 "일본의 국민문학의 일환"으로 간주하기 일쑤였고, 그 어느 것에도 속하지 않는 '재일조선인 문학'으로 범주화되는 것은 훨씬 이후의 일이다. 따라서 당시는 양자 사이에 가로놓여 있는 이러한 모순은, 혁명이나 독립과 같은 거대한 역사적 과제에 의해 아슬아슬하게 거의 가려질 수 있었던 시대였던 것이다.

본고에서는 패전 후 '조선인'의 목소리를 재일조선인으로부터 듣고 배우고 기록하고 또 거기에 자신들의 목소리를 겹쳐가면서 새로운 조선상을 구축하고자 했던 전형적인 예로, 일본의 좌파운동 속에서 전개되었던 국민적 역사학 운동, 생활기록운동, 우타고에(うたごえ) 운동 등의 다양한 민중문화운동에 초점을 맞추어, 양자의 연대투쟁 속에서 문헌을 벼나 생생한 '목소리'의 교류를 통해 형성된 조선 이미지를 구체적으로 살펴보고, 이 운동의 의의와 한계를 지적하고자 한다. 본론에서 다루고 있는 자료들은 운동의 현장에서의 생생한 목소리부터 당사자들의 기록, 그 심화로서의 연구자들의 연구까지가 뒤섞여 있다. 하지만, 양자에는 목소리가 기록과 연구를 추동하는 힘이 되고, 반대로 기록과 연구들이 목소리를 살찌우는, 밀접한 상호규정성이 있었고, 이것이야말로 이 시대의 특징이라고 할 수 있다.

17 金達壽, 「編集後記」, 『民主朝鮮』 창간호, 1946.4.

## 3. 목소리를 듣다–조선민족의 저항이라는 오럴 히스토리

제2차 세계대전에서 일본을 패배시킨 미국은 황국사관으로 무장한 군국주의 세력을 해체시키기 위해 '민주화, 비군사화, 전범 처리'를 기조로 한 점령정책을 개시한다. 하지만, '전후개혁'이라 일컬어지는 이 정책 자체는 미국의 국익과 세계전략에 철저하게 입각해 있었고, 따라서 상황이 변하면 언제든지 달라지는 유동적인 것이었다. 미국의 이러한 점령정책의 본질을 무엇보다도 극명하게 보여주는 것은, 전쟁을 일으킨 장본인이었던 군국주의 세력의 추방으로 개시된 점령정책이, 결국에 패전 이전에 일제의 침략전쟁에 저항하고 식민지 지배에 반대한 거의 유일한 세력이었던 공산주의자들의 추방으로 끝났다는 점일 것이다. 6년 반 동안의 점령기를 거치면서 연합군총사령부는 일찍이 친미반공의 아군으로서 구세력들의 복귀를 허용했던 것이다.

그렇긴 해도 대일 점령의 목표를 '군국주의 세력 일소'로 내걸었던 점령초기에는 일본군은 곧바로 해체되었고, 전쟁 추진 세력들도 군사재판에 회부되거나 공직추방령 등에 의해 배제되었으며, 신헌법에는 전쟁포기 조항이 명기되었다. 경제구조도 군사력 강화와 밀접하게 연결되었던 중화학공업은 억제되고 민간 수요 중심으로 재편되었으며, 연합군총사령부 민정국을 중심으로 민주화도 추진되었다. 그들은 그때까지 정치범으로 수감되어 있던 좌파세력들을 석방하고, 남녀평등, 노동운동 장려, 교육 자유화, 비밀경찰 폐지 등의 '민주개혁'을 단행했다. 이러한 '민주개혁'의 수혜자로서 합법화된 일본공산당 등은 점령군을 '해방군'으로 규정하고 그들의 노선을 지지, 협조하면서 정치운동을 개시하게 된다. 일본공산당은 당초 미군정 아래 천황제 타도를 통한 부르주아 민주혁명을 완수한 후에 사회주의혁명으로 이행한다는

'이단계 평화혁명론'을 취하고 있었다.

하지만, 점령군과 좌파세력의 '밀월'은 머지않아 종언을 고한다. 냉전의 개시로 미군의 점령정책이 '전후 개혁'에서 '반공의 방파제로서의 기지국가화'로 전환되었기 때문이다. 미국은 일본의 경제부흥과 재무장화에 적극 나섰고, 그로 인해 패전 이전의 일본의 경제력, 군사력, 사회 리더들의 노하우를 적극 활용할 필요가 생겼다. 이것은 바로 '전후 개혁'의 종료를 의미했음은 말할 필요도 없다. 이제 점령초기의 용공정책으로 과도하게 주체화된 시민들의 정치운동, 노동운동은 탄압받기 시작했고, 조선민주주의인민공화국의 건국(1948), 중화인민공화국의 성립(1949)을 계기로 동아시아에 혁명 열기가 달아오르자 그 강도도 극도로 심해졌으며, 한국전쟁이 발발하자 좌파세력의 추방은 피크에 달했다. 이와 같은 흐름 속에서 일본공산당도 '점령군'으로부터의 민족해방과 사회주의혁명의 연속성을 더욱더 강조하며, 민주혁명과 반미민족독립을 외치며 인민전선을 구성한다.

이러한 선술방침의 영향권 이래 행해진 문화운동의 하나가, 마르크스주의 일본중세사 연구자이자 일본공산당에서 활약했던 이시모다 쇼(石母田正, 1912~1986)가 주도한 '국민적 역사학운동'이었다. 이 운동을 일본의 전후사에 사리매김한 오구마 에이지(小熊英二)의 연구에 따르면, '국민을 위한 역사학의 창출'이라는 슬로건 아래 젊은 역사학도나 대학생들이 공장이나 농촌에서 서클을 결성하여, 이제까지 역사학의 대상에서 제외되었던 민중들의 아래로부터의 역사를 지식인들이 당사자와 함께 서술함으로써 민족이라는 주체 형성을 견인하기 위해서 전개되었던 이 운동에 이념을 제공한 것이 이시모다라고 한다.[18] 왜냐하면 이시모다는 일본이 천황제의 주박에서 벗어나지 못하고 결국에 패전

18 小熊英二, 『'民主'と'愛國' : 戰後日本のナショナリズムと公共性』, 新曜社, 2002.

을 맞이한 것은 좌파 지식인들이 민중으로부터 고립되어 퇴폐와 패배의 길을 걸었다는 역사인식을 갖고 있었기 때문이다. 이 운동의 핵심 이념이 담겨 있는 「마을의 역사, 공장의 역사(村の歷史・工場の歷史)」(『歷史評論』, 1947.12)[19]에서는, 농민들에 의해 입에서 입으로 전해져온 지주에 저항한 민담과, 노동자들이 쟁의 속에서 연대하며 성장해 가는 과정을 기록한 이야기가 지식인들에 의해서 채집된 예를 소개하고, "민중이 스스로의 역사를 기록함으로써 목소리를 획득하고 지식인은 그것에 조력함으로써 기존의 학문을 개혁"[20]해야 한다고 주장했다. 즉 이 운동은 기존의 권위적이고 창조성을 잃은 아카데미즘의 정체 상황을 타파하려는 반권위주의, 종래의 실증주의적인 방법론에 입각한 문헌중심주의에 대한 비판이라는, 기존의 역사연구의 한계를 극복하고자 하는 움직임이기도 했던 것이다.

단, 이시모다를 포함한 당시의 좌파 세력에 있어서의 민족이란, 천황제와 일체가 되어 있던 종래의 개념과는 달리 소수의 지배자들을 제외한 민중을 의미하는 것으로, 이들은 지식인들과의 연대 속에 독립운동의 과정에서 내부의 분열과 대립을 해소하여 이윽고 하나가 되어 가는 "성장하는 주체"였다.[21] 또한 당시 내셔널리즘의 강조는, 아시아의 민족독립운동의 열기를 사회주의혁명에 활용하고자 했던 국제공산주의 운동의 노선과도 합치하는 것으로, 전전과 같은 배타적이고 반동적인 성격을 띠는 것도 아니었다. 실제로 이 국민적 역사학운동은 중국공산당이 대장정의 참가자에게 자신의 체험수기를 기록하게 한 데서 그 전형을 찾기도 했다.[22] 여기에서 이시모다는 민족개념의 좌파적 전유를

---

19 石母田正, 『歷史と民族の發見』, 岩波書店, 1952.

20 小熊英二, 앞의 책, 339쪽.

21 村井淳志, 「國民的歷史學運動と歷史教育」, 『教育科學研究』 4, 1985. 패전 후 일본 좌파운동에서의 민족 개념에 대해서는 위의 책 참조.

22 小熊英二, 앞의 책, 339쪽.

통해 미제국주의에 의해 함께 억압받는 민족으로서의 조선민족을 발견하고 민족적인 연대를 도모하게 된다.[23] 그리고 이시모다에게 그러한 연대감은 조선의 역사에 대한 관심으로 이어진다. 이시모다는 「마을의 역사, 공장의 역사」에서 국민적 역사학운동으로 이어질 이념을 제시한 이후, 곧바로 이 이념을 스스로 실천에 옮기는데, 그것이 1948년에 발표한 「단단한 얼음을 깨는 것 : 조선독립운동사 만세사건 이야기(堅氷をわるもの : 朝鮮獨立運動史万才事件の話」(『歷史評論』 3－5, 1948)[24]라는 글이다.

여기에서 이시모다는 우선, 근대 이후의 일본에 의한 조선민족 억압에 대한 일본인들의 무지와 무관심을 지적하고, 패전 이후에 조선이 해방되자 더욱더 이 경향이 심화되고 있음에도 불구하고, 지식인들이 간단히 세계시민을 자처하며 서구지향적으로 되어 간 것을 비판한다. 그는 이러한 일본 근대사의 암흑의 측면에 대한 무지가 장기간에 걸친 정신적인 과제로 일본인들에게 남겨져 있음을 강조하며, 자신의 조선에 대한 관심의 실천으로 3・1운동에 관해 조선인 친구 최성관(崔聖寬)과 밤새 나눈 이야기를 소개한다. 물론 이 인터뷰조사는, 전전에 대학 재학 무렵 일본노동조합전국협의회의 활동가로 활동을 하면서 도쿄 후카가와(深川)의 조선인 부락 사람들과 친교를 나눴던 이시모다의 개인적인 경험이 바탕에 있었을 것이다. 그는 이 오럴 히스토리를 제시함에 있어, 그것이 최성관의 경험담에 자신의 정리, 보충, 감상이 섞인 공동 작업임을 강조하며, 이 작업이 "일본의 근대사를 가르칠 때의 교재로서, 또한 독립운동에 대하여 아무것도 모르는 많은 일본에 있는

23 국민적 역사학운동에 대한 기존의 연구는 많으나, 당시의 조선 문제, 조선 민족주의 문제와 이 운동을 관련시켜 논한 것은 小熊의 위의 책(제8장)이 본격적인 것이다. 그 외에 패전 후, 일본 내에서 재건되기 시작했던 아카데미즘으로서의 '조선사학'과 이 운동과의 관련성에 대해서 논한 것에 미쓰이 다카시[三ツ井崇] 「전후(戰後) 일본에서의 조선사학의 개시와 사학사(史學史)상(像)」(『韓國史硏究』 153, 2011)이 있다.

24 石母田正, 앞의 책.

조선인들을 위하여 참고가 되"[25]기를 바란다고 하여, 조선인과 일본인 양쪽 모두의 민족의식 형성에 기여할 것을 기대하고 있다. 그가 제시한 3·1독립운동의 오럴 히스토리는 다음과 같다.

3·1독립운동은 그 성질상, 범계층적인 대규모 운동이었지만, 운동을 이끈 지배층 지도자들은 외부의 힘에 의존하여 스스로의 힘을 신뢰하지 못했고, 본래 철저하게 싸울 의사도 용기도 없었기에 스스로 체포되는 길을 택했다. 이에 비해 '단단한 얼음' 같은 일제에 균열을 가한 것은 민중의 저항력이었다. 그리고 민중으로부터 고립된 지배계급들은 운동이 패배하자 곧바로 절망하여, 이번에는 민족운동을 억압하는 퇴폐한 계급으로 전락하고 말았다. 한편, 이 운동을 과학적으로 분석하고 교훈을 얻어 이후의 민족해방운동의 지도자가 된 것은 노동자계급이었다. 그리하여 운동 이후의 식민지정책의 변화를 획기적으로 이끌어낼 수 있었다는 것이다. 여기에 지식인의 민중으로부터의 고립을 가장 경계하는 이시모다의 역사인식이 투영되어 있는 것은 명백하다. 그런데 조선 내부에서의 이와 같은 의미뿐만 아니라, 이시모다는 3·1독립운동이 제국주의의 '단단한 얼음'을 깰 수 있었던 것은, 1917년의 러시아 10월 혁명을 시작으로 18년의 일본의 쌀소동, 19년의 조선의 3·1운동, 중국의 5·4운동과 같이, 세계사적 흐름을 읽어내고 고립하지 않고 연동함으로써 거대한 파동을 형성할 수 있었기 때문이라고 보았다. 즉, 각각의 민족독립운동은 국내적인 고립 상황뿐만 아니라, 세계의 흐름에 뒤쳐지는 고립 상황에서 벗어나 국제적인 연대투쟁을 함으로써 비로소 성공할 수 있었다는 것이다. 이것은 말할 필요도 없이, 동아시아에서의 공산정권 수립 움직임이라는 상황을 과거로 투사하여, 현재의 운동방침을 뒷받침하고자 한 것이다.

25 石母田正, 위의 책, 259~260쪽.

그런데, 여기에서 중요한 것은 이시모다가 오럴 히스토리를 완성해 가는 과정이다. 조선인 친구로부터 3 · 1독립운동에 관한 이야기를 전해들은 그는, 이번에는 그 친구에게 쌀소동 때의 본인의 경험담을 들려주면서, 당시의 다양한 에피소드나 사건을 계획적으로 수집할 필요성을 설파한다. 이것은 오럴 히스토리 형성의 장에서 일본제국주의에 대한 아시아의 저항의 역사가 일본과 조선의 민중에 의해 공동으로 완성되는 장을 피로한 것이기도 하다. 여기에서 일본인 지식인이나 운동의 실천자에게 조선민중은 단순한 계몽의 대상이나 종속적인 관계에 놓여 있는 것이 아니라, 양자가 서로 영향을 미치면서 자기변혁을 꽤하며 성장해 가는 운동의 모델이 제시되었다고 할 수 있다.

그리고 지배계급이 아닌 민중들의 입에서 입으로 전승되어 온 을지문덕, 이순신, 임진왜란 때 싸운 조선민중의 이야기 등은 외적을 격퇴할 수 있었던 민족의 능력에 대한 자신감을 양성할 수 있다고 하며, 노인들의 추억담 같은 그 지방의 옛날 농민폭동의 전설 등의 중요성이나 저항운동으로서의 3 · 1운동을 기록하는 것의 중요성을 강조하며 다음과 같이 말한다.

> 지금 당분간 필요한 것은, 조선민족의 역사를 조선의 소년들이 노인들한테서 들었던 전통적인 정신에 기초하여 편찬하는 것이다. 민족이 독립하기 위해서는 독립의 역사가 필요하다. (…중략…) 조선사의 편찬은 물론 조선 사람들이 자신의 힘과 정신으로 해야 한다. 누구 젊은 일본의 역사가로 이 일을 돕고 싶은 사람이 있다면, 민주주의과학자협회(이하 '민과'로 약칭)의 역사부회로 신청하기 바란다. **우리들에게도 이 일에 참가하는 것은 우리들의 몸에 묻은 흙을 씻어내는 것을 의미한다.** (…중략…) 이제 조선의 역사교육은 이와 같은 좁은 의식(비과학적 애국적 정열)을 넘지 않으면 안 되고, 민족의 역사에서 패배는 치욕이 아니라 싸우지 않은 것이 불명예라

는 것, 일본민족의 몇 배의 고통을 견뎌 온 것이 조선민족의 더할 나위 없는 재산임을 명기하면, 조선민족의 역사는 훌륭한 전통과 명예로 가득차 있는 것이다. 이 정신 위에 서면, 어떠한 진실도 두려워할 필요가 없으며, 일본의 역사가가 조선사연구에 다한 몇 가지 학문적 업적도 비로소 섭취할 수 있을 것이다.[26]

여기에 제시되어 있는 것은, 종래에 일본의 식민지 정책과 호응하여 행해진 국책적이고 관변적인 '조선사학'이 아니라, 지배계급의 역사 서술에 눌린 피지배계급으로서의 '조선민족'의 목소리를 복원하는 아래로부터의 조선사의 구축이자, '일본민족'에게는 속죄로서의 '조선사' 연구였던 것이다. 즉 이시모다가 제시한 것은 문헌실증주의에 입각해서 구축된 식민지지배의 유산으로서의 조선사학으로부터 거리를 둠으로써 일선동조론, 타율성론, 정체성론으로 대표되는 식민사학을 대신하는 것으로서의, **제국주의에 저항하는 조선 역사의 구축**이었던 것이다. 이러한 민족 수난과 저항운동사로서의 조선사의 추구는, 패전 후에 식민지학으로서의 조선사학이 전전과의 제도적 단절 속에서 기능부전에 놓인 상황에서 가장 빨리 조선에 대한 새로운 인식을 제시한 것이었다. 그뿐 아니라, 경성제대나 총독부 관료 등, 식민지기 조선학 담당자들을 중심으로 1950년 10월에 설립된 조선학회가 태생적으로 전전의 식민사학 극복에 한계를 가졌던 반면에, 저변으로부터의 학술적인 관심을 불러일으켜 전후 아카데미즘으로서의 조선학 연구의 재구축에 기여한 시도였음은 부정할 수 없을 것이다. 그 흔적을 더듬어 보자.

26 石母田正, 위의 책, 273~274쪽.

## 4. 목소리를 기록하다—국민적 역사학 운동의 외연

이시모다는 일본인에게 조선역사의 연구가 갖는 의의로서, 구 식민자의 주민으로서의 '속죄'라고 하는 특별한 의미뿐만 아니라, 혁명의 수맥 위에서 연동하는 아시아의 민족적 연대라는 보편적인 의미에서 강조하며, 노신과 함께 허남기의 장편서사시 「화승총의 노래(火縄銃のうた)」 등을 소개하는 글을 쓰기도 했다. 여기에서 그는 어머니의 세계로 표상되는, 혁명적 전통을 보존하는 장소로서의 민족을 읽어내고 일본민중들의 민족적 서정의 모범으로 삼을 것을 주장하여 상당한 반향을 불러일으키기도 했다.[27] 하지만, 지금까지의 필자의 조사에 따르면, '국민적 역사학 운동' 속에서 일본인에 의해 조선 민중들의 오럴 히스토리가 기록된 예는 그다지 발견되지 않는다. 이시모다의 구상과는 달리, 아래로부터의 내셔널리즘 창출을 목표로 했던 이 운동 자체는 공산혁명의 땅 중국을 모범으로 삼으면서 '마을의 역사' '공장의 역사' '어머니의 역사' 등을 주제화하는 데에는 성공했지만, '국민'이 강조되는 만큼 아시아의 이웃으로서의 조선도, 일본 내부의 이웃으로서의 재일조선인의 존재도 점차로 원경화되어 갔다고 보는 것이 사실에 가까울 것이다.

다만, 앞에서도 언급한 바와 같이, 전후 일본의 국민적 역사학 운동과 그 속에서 전개된 조선 민중의 저항을 둘러싼 오럴 히스토리에 대한 최초의 관심이 아카데미즘의 세계와도 연관관계에 있었다는 점은 주목할 만하다. 당시 아카데미즘에 새로운 바람을 불러일으킨 것은 조국 귀환에 대한 애절한 심정을 이제까지 억눌려왔던 조국에 대한 무한한 앎에 대한 추구로 달랬던 재일조선인들의 북한 연구 소개를 포함한

27 石母田正, 「母についての手紙 : 魯迅と許南麒によせて」, 위의 책.

조선 연구였다.[28] 실제로 이 운동의 거점인 민과(民科) 역사학부의 기관지였던 『역사평론(歷史評論)』은 재일조선인 연구자들의 조선사 관련 연구 발표의 장이 되기도 했다.[29] 또한 이시모다가 제국주의에 저항하는 조선민족의 역사 구축을 제창한 것을 전후로, 민족 저항사로서의 조선사를 다룬 서적이 연이어 출간되기도 했다. 그 첫 번째 예가 재일조선인 역사가 임광철(林光澈)의 『조선역사 독본(朝鮮歷史讀本)』(白揚社, 1949)이다. 이것은 백남운(白南雲)이나 이청원(李淸源)에 의해 전전부터 전개되었던 유물사관에 입각한 사회경제사, 특히 1937년에 동일한 출판사에서 간행되어 당시까지도 읽히고 있던 이청원의 『조선역사 독본(朝鮮歷史讀本)』을 전면 개고한 것으로, "조선사학에 오리지널한 것을 제기하려고 한 것은 아니"[30]라고 보아야 할 것이다. 하지만, 근현대에 관한 기술이 절반 가까이를 차지하고 있고 일제 식민지기의 기술도 대폭 늘었을 뿐만 아니라, 내용적으로도 식민지기에 발표할 수 없었던 민족독립 투쟁과 인민혁명에의 준비에 관한 대담한 기술이 두드러진다는 점에서 이전의 예들과는 명확히 구별되는 것이었으며, 새로운 조선역사에 대한 지식에 목말랐던 독자의 요구에 답하는 것이었다. 그로 인해 마르크스주의 논객으로 유명했던 히라노 요시타로(平野義太郎)도 본서에 서문을 썼고 이시모다도 『역사평론』에 서평을 기고하여 본서의 간행에 찬사를 아끼지 않았다. 이시모다에게 조선사란 조선민족의 진정한 독립을 위해서 필요한 것일 뿐만 아니라, "중국혁명의 위대한 달성"과 "사상 처음으로 광범위한 국제적 연대성의 관념"이 급속히 성장하고 있는 일본을 이어주는 "교량 역할"을 하기 때문이었다. 본서는 그

---

28 朝鮮史研究會 編, 『朝鮮史研究入門』, 名古屋大學出版會, 2011, 4쪽.

29 林光澈, 「朝鮮民族解放運動史－1・2」, 『歷史評論』 5-2・3, 1951; 朴慶植, 「朝鮮古代の研究ノート」, 『歷史評論』 5-4, 1951; 申徹浩, 「朝鮮民主主義人民共和國の成立過程」, 『歷史評論』 6-7, 1952.

30 石母田正, 「書評 林光澈著『朝鮮歷史讀本』」, 『歷史評論』 21, 1950.

러한 일본인들의 요구를 채워줄 만한 기존의 진보적인 조선사 연구의 일단의 총괄로서 "현재 최량의 업적"이라고 평가를 했던 것이다.[31]

이러한 토대를 기반으로 보다 학문적인 조선사를 수립하고자 한 노력의 결실이 바로 전후 일본인 역사학자에 의해 쓰인 최초의 통사로서 조선사학의 전후 재건을 상징하는 것으로 여겨지고 있는 하타다 다카시(旗田巍, 1908~1994)의 『조선사(朝鮮史)』(岩波書店, 1951)이다. 하타다는 유물사관에 입각한 고려시대 토지제도 연구로 조선사학계에 입문한 후, 만철(滿鐵) 조사부 등에서 중국의 농촌조사를 행하다가 패전을 맞고 귀국을 하게 된다.[32] 귀국 후에는 마르크스주의 계열 학회지이자 이시모다도 활발히 관여했던 『역사학연구』에서 활동하면서 조선사 연구의 필요성을 절감하게 된다. 그는 당시를 회고하는 글에서 조선사연구를 재개하면서 전전과 다른 자신의 연구 방향을 세 가지로 요약하고 있다.

> 첫째로는 일본의 조선에 대한 식민지 지배를 부당하다고 본 점이다. 패전 이전에도 나는 식민지 지배를 긍정한 적은 없었지만, 식민지 지배에 대한 인식은 약했었다. 이 점을 분명히 하고자 했다. **둘째로는 조선인은 내외의 중압에 대항하여 투쟁한 단련된 민족임을 알고자 했다. 외세나 그와 결탁한 지배지 층에 대한 민중의 투쟁이 조선사를 추진한 힘이었음을 알고자 했다.** 셋째로는 종래의 조선사연구의 결함을 바로잡는 일이었다. 식민지 지배를 지지한 점은 말할 것도 없거니와, '인간 부재'의 연구였던 점을 고쳐야 할 것으로 생각했다.[33]

---

31 위의 글.

32 당시의 그는 만철이라는 "침략기관에 몸을 두고 있다는 의식은 거의 없었고" 패전 이후에 이 기관의 성격에 대한 비판을 접한 후에야 비로소 자신의 의식의 결함을 깨닫게 되었다고 나중에 반성하게 된다. 旗田巍, 「朝鮮史研究をかえりみて」, 『朝鮮史研究會論文集』 15, 1978, 146~147쪽.

33 위의 글, 148쪽.

이러한 연구 방향이 투영된 것이 바로 『조선사』였던 것이다. 물론 하타다 자신도 자성하고 있듯이, 정체론에서 벗어나지 못했고, 고대 일본의 조선 지배를 무비판적으로 옹호하는 등, 아직까지 종래의 식민주의적 연구풍토에서 벗어나지 못한 점도 적지 않지만, 권력에 저항하는 조선민중의 역사를 그려내려 했다는 점에서 일본인에 의한 조선사 연구사를 가르는 획기적인 시도라고 할 수 있으며, 특히 그 서문에 "**조선인의 고난을 자신의 고난으로 받아들이는 것**이 조선사 연구의 기점"[34]이라고 한 부분에서도 국민적 역사학 운동 속에서 싹튼 '속죄'로서의 조선의 민족저항사에 대한 관심을 공유하고 있었음을 확인할 수 있다.

마지막으로 주목해야 하는 것은, 백남운, 박시형, 김광진, 최창익 등 북한 초기 아카데미즘의 설립자들이 공동집필한 김일성대학의 강의록을 공간한 북한 최초의 반제반봉건 인민 투쟁사인 『조선민족해방투쟁사』(조선력사편찬위원회, 1949)의 일역판(『朝鮮民族解放鬪爭史』, 三一書房, 1952)이 간행된 사실이다. 번역은 당시 조선역사연구회를 결성하여 식민사관과 단절된 민족저항투쟁 중심의 근현대사 연구를 시도하고 있던 박경식(朴慶植)과 임광철 등의 재일조선인들이 맡았다. 알려진 바와 같이, 본서는 강화도조약 이후부터 해방까지의 역사를 체계적으로 다루고 있는데, 특히 식민지화 이후의 3·1운동과 일제의 억압과 수탈 및 김일성의 항일무장투쟁을 상세히 기술하여 북한 정권의 정당성을 부여하고자 한 서적으로, 그 일역본은 간행 이후 관련 학회지나 서클지 등에 광고가 실렸으며 간행 1년여 만에 재판이 발행되는 등, 조선 근현대사에 목말라 있던 당시의 국민적 역사학 운동의 활동가들에게 널리 읽혔던 것으로 보인다. 이것은 신생 사회주의국가로서 "미제와 그 괴뢰들에 맞서 위대한 조국해방전쟁"을 전개하고 있는 당시 북한의 "애국적 영웅

34 旗田巍, 『朝鮮史』, 岩波書店, 1951, v쪽.

적 투쟁"의 승리를, 마르크스 레닌주의 노선에 입각한 항일무장투쟁으로 해방을 쟁취한 역사적 경험으로 뒷받침하고자 하는 것이기도 했기 때문이다.[35]

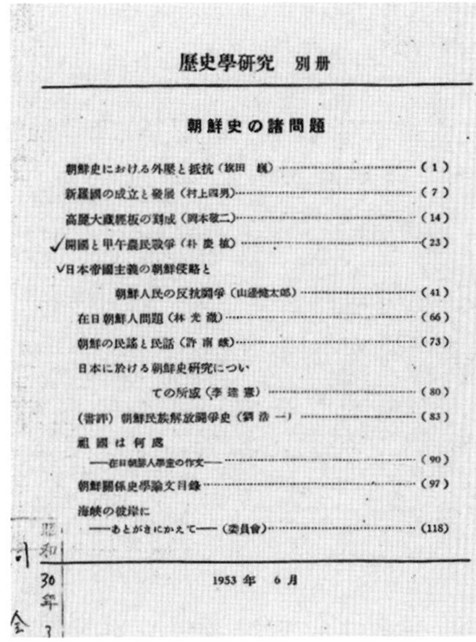
歷史學研究 別册

朝鮮史の諸問題

朝鮮史における外壓と抵抗（旗田 巍）……（1）
新羅國の成立と發展（村上四男）……（7）
高麗大藏經板の雕成（岡本敬二）……（14）
開國と甲午農民戰爭（朴 慶 植）……（23）
日本帝國主義の朝鮮侵略と朝鮮人民の反抗鬪爭（山邊健太郎）……（41）
在日朝鮮人問題（林 光 澈）……（66）
朝鮮の民謠と民話（許 南 麒）……（73）
日本に於ける朝鮮史研究についての所感（李 建 憲）……（80）
（書評）朝鮮民族解放鬪爭史（劉 浩 一）……（83）
祖國は何處 ——在日朝鮮人學童の作文——……（90）
朝鮮關係史學論文目錄……（97）
海峽の彼岸に ——あとがきにかえて——（委員會）……（118）

1953年 6月

이상과 같은, 국민적 역사학 운동 및 그 주변의 일본인 소장파 연구자들과 재일조선인 연구자들의 학술 교류를 쉽게 확인 할 수 있는 사례가 1953년 6월에 『역사학연구』에서 기획된 「조선사의 제문제(朝鮮史の諸問題)」라는 특집이다. 여기에는 위의 하타다와 임광철이 집필자로 이름을 올리고 있고 『조선민족해방투쟁사』에 관한 서평도 게재되어 있다는 점에서, 그때까지의 조선사를 둘러싼 새로운 움직임을 정리하는 차원에서 기획된 것으로 볼 수 있다. 물론 하타다가 『조선사』의 서문에서 "문헌비판, 연대학, 지명고증을 특색으로 하는 너무나 비인간적인 학문"[36]이었다고 비판한 바 있는, 전전의 실증주의사학의 학풍을 잇는 연구(村上四郎와 岡本敬二)도 실려 있지만, 중심을 이루고 있는 것은 역시 외압에 대한 조선민족의 저항의 역사를 테마로 한 논문들이다. 하타다의 「조선사에서의 외압과 저항」, 박경식(朴慶植)의 「개국과 갑오농민전쟁」, 야마베 겐타로(山辺健太郎)의 「일본제국주의의 조선침략과 조선인민의 반항투쟁」, 이달헌(李

35 朝鮮歷史研究會 역, 『朝鮮民族解放鬪爭史』, 三一書房, 1952, 403쪽.
36 旗田巍, 앞의 책, ⅳ쪽.

達憲)의 「일본에서의 조선사 연구에 대한 소감」, 일역판 『조선민족해방투쟁사』의 서평 등이 그것이다. 이것은 이시모다의 조선에 대한 관심이 전후 아카데미즘으로서의 조선사의 재건 움직임과 문제의식을 공유하고 있었음을 추측하게 한다. 특히, 당시 일본 역사학계에서 조선사의 권위자로 알려진 야마베의 경우도 "**조선은 일본의 왜곡을 고치는 거울**"[37]이라고 하며 조선사 연구의 의의를 언급했다는 증언을 참조하면, 일본인에 의한 '속죄'로서의 조선사 연구를 주창한 이시모다와 공통된 정서적 동기를 공유하고 있다고 할 수 있다.

내용면에서 보아도 이달헌의 논고는 식민사관을 뒷받침했던 총독부와 관변 연구자들의 조선사 연구를 명확히 비판하며 백남운이나 이청원 등의 성과를 제외하고는 "앞으로의 조선사 연구상 기초적 업적으로서 도움이 될 만한 것이 대단히 적다"고 했으며, 하타다의 권두논문은 "조선이 고래로 외압을 입었으며, 조선사회가 외압 속에서 성장하지 않으면 안 되었던 것은 조선사의 커다란 특색"이라고 규정하고, 저항의 주체는 지배자들이 아니라 직접피해자이기도 한 민중이었고, "외압으로부터의 저항, 외압으로부터의 해방이, 동시에 조선 내부의 일하는 사람들의 해방과 밀접하게 관련을 맺"었을 때 비로소 외부에 대한 저항의 힘이 커지고 조선사회가 발전을 했다고 하여, 조선 역사의 발전 법칙을 제시하고자 했다.

또한 이 특집에서 주목할 만한 것은 재일조선인 문제를 다룬 연구가 실려 있다는 점이다. 앞에서도 언급한 바와 같이, 일본공산당과 재일조선인과의 연대는 대등한 민족 간의 연대라는 성격을 형식적으로 띠고 있었고, 그들의 공동의 적은 전전의 군국주의세력 및 그들을 이용하여

---

37 小熊英二・姜尚中, 『在日一世の記憶』, 集英社, 2008, 655쪽. 당시 야마베의 영향으로 조선근대사 연구의 길에 들어서게 되었던 조선 근현대사학자인 강덕상(姜德相)의 회고에 따른 것이다.

일본의 재군사화를 획책하는 미제였기 때문에, 천황제 타도를 통한 일본의 민주화는 조선의 독립과도 긴밀히 연결된 공동의 목표라는 인식이 강했다. 하지만, 그런 탓에 일본공산당은 귀국하지 못하고 잔류상태에 놓이게 된 예전의 피지배민족으로서의 재일조선인들의 특수성에 예민하지 못했다. 그로 인해 1948년의 한신(阪神) 교육투쟁이나 1949년의 조련 해산 및 전 재산 몰수에 대해 적극적인 연대투쟁을 벌이지 못했던 것도 사실이다.[38] 하지만 레드퍼지 강행 등 위로부터의 탄압이 일본공산당에도 혹독하게 가해지자, 당은 급진화해 가고, 한국전쟁을 경계로 하여 민족독립을 외치며 반미무장투쟁을 선언하면서, 미국을 상대로 조국방위투쟁을 전개했던 재일조선인과의 연대투쟁은 급속히 강화되어 갔다. 다수의 조선인들은 일본공산당에 입당하게 되었고, 이 과정에서 재일조선인에 대한 관심도 급격히 고조되어, 1950년 3월에 발표된 공산당의 민주민족전선강령에는 "**재일소수민족**에 대한 부당한 차별대우에 반대하여 그 민주적 권리, 직업, 생활, 교육을 보장할 것"을 요구하는 조항이 포함되기에 이른다. 위의 임광철의 「재일조선인 문제」는 이와 같은 혁명운동 세력 내부의 분위기를 반영한 것이라고 할 수 있겠다.

그런데 이 특집에는 '조선사의 제문제'라는 테마에는 걸맞지 않은 글이 2편 존재한다. 허남기의 「조선의 민요와 민담」과 「조국은 어디」라는 재일조선인 학동들의 일본어 작문이 그것이다. 이 두 편은 모두, 실은 이시모다 등의 국민적 역사학 운동의 실천과 밀접하게 관련되어 있다. 우선 허남기가 주목한 민요와 민담은, 당시 소련을 중심으로 한 사회주의권에서 구술로 전승되는 기층의 민중문화로서의 포클로어를 살려 프롤레타리아 문화를 견지한 예술을 창조하는 것이 '형식상 민족적, 내용상

38 文京洙, 「戰後日本社會と在日朝鮮人 3: 日本共産党と在日朝鮮人」, 『ほるもん文化』 9, 新幹社, 2000; 高榮蘭, 『戰後というイデオロギー: 歴史/記憶/文化』, 藤原書店, 2010, 제7장.

사회주의적'이라는 스탈린의 테제를 기반으로 하는 사회주의적 사실주의 창작의 전형으로 여겨졌던 것과 관련이 있다. 이 시기에 일본에서도 민담과 민요가 재평가되어 이시모다도 '민요에서 배우자'고 외쳤고, 『역사평론』에도 「민가 민요는 대중투쟁의 전통적 무기이다(民歌民謠は大衆闘爭の伝統的武器である)」라는 중국의 문화운동을 소개하는 글이 실리는 등,[39] 서클운동에 적극적으로 활용된 것으로 보인다. 당시 북한에서도 40년대 후반부터 진정한 조선문화는 인민성을 지닌 민요와 같은 민족문화의 기초 위에 진보적인 선진 사회주의 문화에서 자양분을 얻어 창조되어야 함이 강조되어 창작활동으로 적극적으로 이어지고 있었다.[40] 『신일본문학』은 북한의 이와 같은 문예정책을 뒷받침했던 포클로어에 관한 김일성의 담화를 일역하여 소개하기도 했고,[41] 당시 조선학교 『국어』 교과서에 실린 민요 등을 소개하는 글을 게재하기도 했다.[42]

허남기도 당시 한국전쟁에 관한 북한 시인들의 시를 편역한 시집 『조선은 지금 투쟁의 한가운데에 있다(朝鮮はいま戰いのさ中にある)』(三一書房, 1952)이나 조기천의 『백두산』(『白頭山 : 長篇叙事詩』, ハト書房, 1952)을 일역하여 소개하는 등, 북한 초기의 문화운동에 민감하게 반응하고 있었다. 그런데 이 글에서 허남기가 "조선민족의 경우는 계승해야 할 민족유산의 중심은 오히려 민요와 민담에 있다"고 보는 그의 시선은 결코 먼 과거로 향하지 않는다. 그는 "민요와 민담은 민중과 함께 변한다"고 하며, "과거 36년간의 일제에 의한 어두운 시대를 버텨낸 그 많은 들판의 노

---

39 野澤豊, 「民歌民謠は大衆闘爭の伝統的武器である」, 『歴史評論』 5-4, 1951.
40 임경화, 「북한 노래의 탄생－사회주의체제 형성기 인민가요 성립 고찰」, 『北韓硏究學會報』 15-2, 2011.
41 김일성, 「우리 문학예술의 몇 가지 문제에 대하여—작가, 예술가들과의 담화(1951.6.30)」, 『김일성 저작집』 6, 조선로동당출판사, 1980. 일역, 金日成, 「祖國解放戰爭と文學芸術の創造」, 『新日本文學』 6-10, 1951.
42 李珍珪, 「朝鮮の教科書の民謠と童謠」, 『新日本文學』 8-4, 1953.

래, 그 배경이 되어 우리들을 감싸 주었던 많은 들의 이야기야말로 제일 먼저 조선의 민족유산으로 우리들의 마음속에 자리잡아야 한다. 그리고 그 마음속의 유산이야말로 앞으로 많은 제국주의 침략자의 손아귀에서 우리들의 조국과 우리들 자신을 견고히 지켜내기 위한 가장 커다란 힘이 될 것이다"라고 하여, 일제 침략에 저항으로 맞섰던 최근의 민중사의 재편을 요청하고 있다. 이것이 미제의 침략에 대항하여 조국방위투쟁을 벌이고 있는 현재를 의식한 견해임은 두말할 필요가 없는데, 여기에서 민요와 민담을 통해 투쟁의 역사를 구성하려는 시선은 역시 국민적 역사학 운동과 명백히 공명하고 있다.

그런데 허남기의 글이 조선민족의 과거의 민중투쟁사를 지향했다면, 「조국은 어디」에 실린 재일조선인 중고등학생들에 의한 3편의 작문은 바로 현재진행중인 민족교육을 둘러싼 재일조선인들의 투쟁사의 기록이라고 할 수 있다. 이 학생들은 모두 조선인이라는 이유로 극심한 차별과 멸시에 노출되었지만, 조선학교에서 민족교육을 받게 되면서 재일조선인 문제의 발생 기원이 일제의 식민지배에 있다는 것을 알게 되고 열등의식을 극복할 수 있었다고 하며 민족교육의 중요성을 강조하고 있다. 이러한 민족교육을 탄압하려는 일본정부에 대해 한 학생은 다음과 같이 쓰고 있다.

> 우리들은 정말로 진지했습니다. / 우리들의 투쟁은 결코 위에서 밀어붙인 것도 강제한 것도 아니었습니다. / 우리들은 국어를 빼앗기고 또 다시 옛날 같은 노예로 돌아가고 싶지 않았습니다. / 우리들은 바보가 되고 싶지 않았습니다. / 나도 그 어느 누구도 모두 훌륭한 조선인이 되고 싶었습니다. / 우리들은 경관의 곤봉에 맞아가면서 열심히 학교를 지키기 위해 싸웠습니다. / 서투른 일본어로 '그림연극'을 하고 아동모임을 만들면서 시민 여러분들께 호소했습니다.[43]

이렇게 투쟁의 현장을 기록하면서 자신들의 활동을 역사화하는 작문운동은 1950년대의 문화운동 속에서 일반화되어 갔는데, 그것은 역시 국민적 역사학운동의 실천의 한 형태이기도 했다.[44] 재일조선인 학생들의 작문들도 분출하는 민중의 소리를 기록하며 투쟁 속에서 성장하는 자신들을 역사화하려는 당시의 운동의 일환으로 시도되었다고 보아야 할 것이다. 그런 의미에서 전자는 조선민중이 전하는 저항의 소리의 역사, 후자는 재일조선인이 전하는 억압과 저항의 소리인 것이다. 더 나아가 이 특집 전체는 이전까지는 철저하게 외면되었던 조선민중들의 소리를 담으려는 시도로 볼 수 있다. 기존의 틀에 포섭되지 않는 당시 아래로부터 분출되는 다양한 소리가 아카데미즘에 적극적으로 관여한 흔적을 읽어낼 수 있다.

이와 관련하여, 조선인 학생들의 작문을 토대로 재일조선영화인집단('총련영화제작소'의 전신), 재일조선인학교 PTA 전국연합회 등에 의해 1955년에 『조선의 아이(朝鮮の子)』라는 기록영화가 제작되기도 했다.[45] 그런데 1948년의 한신 교육투쟁에서부터 도쿄 도 교육위원회로부터 도립조선인학교 폐교를 통고받은 1954년 당시까지의 민족교육 수호를 위한 투쟁사를 학생들의 목소리로 생생하게 전하는 형식으로 되어 있는 이 영화에는, 조선의 할머니가 식민지시대 조선총독부의 토지수탈이나 강제연행 등의 이야기를 하며 왜 조선인이 일본에 오게 되었는지를 손녀에게 들려주는 장면이 나온다. 세대를 관통해서 전해지는 조선 민중이라는 서벌턴의 오럴 히스토리에서 민족의 저항사를 읽어내고자 했던 국민적 역사학 운동의 관심이 이 기록영화에도 투영되어 있음을 여실히 전하는 예라고 할 수 있다.

---

43 「祖國は何處 : 在日朝鮮人學童の作文」, 『歷史學硏究』 別冊, 1953.

44 鳥羽耕史, 『1950年代 : 『記錄』の時代』, 河出書房新社, 2010.

45 日本子供を守る會・平和擁護日本委員會 후원, 荒井英郎・京極高英 연출, 〈ドキュメンタリー 朝鮮の子〉(小川町シネクラブ, 2003, VHS); 高橋俊男, 「映畵〈朝鮮の子〉とその時代」, 『動く繪の作家 荒井英郞』, 講談社出版サービスセンター, 1993 참고.

## 5. 함께 노래하고 함께 싸우고 – 우타고에 운동

그런데 투쟁의 현장으로 더 가까이 다가가면 양자 사이의 목소리의 교류는 구체적인 합창이 되어 울려 퍼졌다. 예를 들면 49년에 일본공산당에 가입하고, 조련의 후신으로 1951년 1월에 결성된 재일조선통일민주전선에서 간사이[關西] 지방의 문화조직자의 임무를 맡고 서클 조직에 주력했던 김시종(金時鐘)은 당시 재일조선인들의 서클에도 일본 젊은이들이 적지 않게 참가해서 자연스럽게 집회나 연극도 같이 했다고 하며 다음과 같이 회고하고 있다.

> 일본인들과는 서클 사이의 교류도 있었다. 합동공연을 하거나 간사이 합창단(關西合唱團)이라는 유명한 세미 프로 사람들이 있었는데, **그들이 하고 있는 우타고에 운동에 우리들 중 많은 가수들이 함께 움직이고 있었다.** 그리고 당시 민중극장이라는 노동자들의 극단이 있었는데, 중심에 있던 사람은 도호 쟁의(東宝争議)에서 레드퍼지를 당한 니시 고이치(西康一)라는 연극인이었는데, 이쪽의 이벤트, 대집회 때에 편성되는 군집극의 작품에 찬조 출연해 주거나, 서클 주요 멤버들이 그쪽으로 공부하러 가거나 또한 일본의 문화단체나 반전 집회(반기지, 반안보)에는 공동 출연 식으로 참가하거나 했다.
>
> 55년도에 조선총련이 생길 때까지의 오사카에는, 각종 서클이나 단체가 있었다. **우리들의 운동에서 불리는 노래는 일본 청년들도 모두 불렀다. 집회를 하면 그런 노래로 시작된다. 일본어로 바꾼 것도 있고 그 중에는 조선어 그대로 된 노래도 있었다.**[46]

46 金時鐘, 「人々のなかで」, 『現代思想』 35-17, 青土社, 2007, 29쪽.

김시종은 각종 정치집회의 문화선전행사에서 일본인 활동가와 재일조선인 활동가들이 활발하게 교류한 것을 전하며, 일본의 우타고에 운동에서도 재일조선인이 함께 공연했고, 재일조선인의 운동에서 불리는 노래도 일본 청년들이 함께 불렀다고 전한다. 우타고에(うたごえ: 노래 소리) 운동이란, 일본공산당의 하부조직인 청년공산동맹에 의하여 1948년에 청공(青共)중앙합창단이 창립되면서 시작된 노래운동으로, '노래는 투쟁과 함께'라는 슬로건 아래 노동가나 혁명가 등을 공연・보급하는 데 진력하는 한편으로, 직장내에 합창서클을 조직하는 활동을 활발히 전개한 단체였다. 김시종의 증언에 따르면 그들은 적어도 투쟁의 현장에서 합창을 할 수 있었다는 것을 알 수 있다. 특히 당시 공산당의 무장투쟁노선이 1952년 7월에 시행된 파괴활동방지법의 영향 등으로 약화되고 52년 가을부터 문화투쟁 강화 방침이 결정되고 나서는 더욱더 활발히 목소리에 의한 연대투쟁이 이루어졌을 것으로 보인다. 패전 이후의 이와 같은 양자의 연대투쟁의 경험이 그때까지 군가를 함께 불렀을 그들에게 새로운 목소리의 연대를 가능하게 한 것인데, 그들은 어떤 노래를 함께 합창했을까.

우타고에 운동의 경우는 해당시기의 텍스트 가집으로는 우선 1948년 5월에 출간된 『청년가집(青年歌集)』 제1편[47]이 있고, 재일조선인의 노래운동 텍스트 가집이라 할 만한 것은 1948년 7월에 재일본조선민주청년동맹 도쿄본부문화부(民青東京本部文化部)에서 간행된 『인민해방가요집(人民解放歌謠集)』[48]이 있다. 이 가요집은 북한의 북조선음악동맹이 1947년에 처음으로 편찬한 인민가요 작품집인 『人民歌謠曲集』(1947)

47 현재 확인되는 것은 1951년에 재간된 『青年歌集』(音樂センター)과 1953년에 간행된 『青年歌集 第一篇』(音樂運動社)이다. 그런데 53년도판에는 〈김일성 장군의 노래〉가 사라진 대신, 〈해방가〉 〈남조선 형제를 잊지 말아라〉 〈인민항쟁가〉가 추가되어 있다.

48 『人民解放歌謠集』의 복각판과 해설은 山根俊郎, 『カラスよ屍を見て啼くな : 朝鮮の人民解放歌謠』, 長征社, 1990.

을 그대로 옮겨온 것에 남한에서 창작된 인민가요와 일본에서 불리는 혁명가가 삽입되어 있는 체제를 취하고 있다. 『청년가집』과 『인민해방가요집』에 모두 게재되어 있는 곡은 〈인터내셔널가(インターナショナル)〉, 〈동지여 굳게 뭉쳐라(同志よ固く結べ)〉, 〈동지는 쓰러지다(同志はたほれぬ)〉와 같은 패전 이전부터 일본어 개사가로 불려온 국제 혁명가와, 〈도시에서 농촌에서 공장에서(町から村から工場から)〉, 〈세계를 잇자 꽃다발에(世界をつなげ花の輪に)〉 같은 우타고에 운동 과정에서 창작된 창작곡 외에, 〈김일성 장군의 노래(金日成將軍の歌)〉(이찬 작사, 김원균 작곡. 1946년작)와 〈농민가(農民歌)〉(박아지 작사, 김순남 작곡. 1945년작)와 같은 조선의 인민가요가 실려 있는 것이 주목된다. 〈농민가〉는 남한에서 창작된 인민가요이다. 〈김일성 장군의 노래〉는, 사회주의 국가들에 일반적으로 존재했던 혁명 지도자 찬가의 북한판으로, 북한에서 〈애국가〉를 대신하거나 병행해서 불렸던 곡이다. 1946년에 김일성에 의해 실시된 토지개혁과 주요 산업 국유화 등의 '민주개혁'의 성과를 찬양하고 있는 이 노래가 우타고에 운동에서 불리게 된 것은, 역시 이 운동에 관여했던 재일조선인들의 존재를 의식한 때문으로 보인다.

그런데 『청년가집』 제1편에는 이 2곡 이외에도 조선에 관한 곡이 2곡 더 수록되어 있다. 〈건설(建設)〉(1948년작)과 〈빛나는 조선(輝く朝鮮)〉(1947년작)이 그것인데,[49] 이 곡들은 북한의 창작곡이 아니라, 악단 카추사(楽団カチューシャ)라는, 구 만주 지역에서 패전을 맞고 소련군에 투항한 관동군 포로로서 시베리아에 억류되었다가 귀환한 음악가들로 구성된 단체에서 연주되었던 곡이다. 47년부터 일본에 귀국하기 시작했던 이들은 시베리아의 매서운 삭풍이 몰아치는 열악한 수용소에서 가혹한

49 곡에 관한 정보는 「シベリア歌曲選」(ソ連における日本人捕虜の生活体験を記録する會編, 『捕虜体験記 1(歴史・總集篇)』, 狛江 : ソ連における日本人捕虜の生活体験を記録する會, 1998)에 의한다.

강제노동에 시달리고, 더군다나 구 일본군의 계급질서가 온존되어 모든 희생이 일반사병에게 집중되는 절망적인 포로생활을 보낸 것은 틀림없지만, 한편으로 직접적으로 소비에트 문화를 접하는, 당시로서는 드문 경험을 쌓은 존재들이기도 했다. 더욱이 그들은 수용소 내에서 '민주운동'이라 불린, 하급병사들을 중심으로 일어난 일본군의 계급질서와 군국주의에 반대하는 반군투쟁 속에서 자주적으로 혹은 소련 당국의 지도하에 악단을 만들어 음악운동을 전개했는데, 이들의 경험은 우타고에 운동의 전사(前史)적인 역할을 했다[50]고 여겨지고 있다. 뿐만 아니라, 이들 억류자 중에는 구 일본군에 동원된 조선인 병사들도 포함되어 있었는데, 대부분이 하급병사였던 그들은 수용소 내 민주운동의 일익을 담당하며 일본인들과 연대투쟁을 벌였었다. 그때 "조일 프롤레타리아트의 철의 연대성"을 고양시킬 목적으로 양자에 의한 혁명가 등의 대합창이 이루어졌는데,[51] 당시 불렸던 노래 중에 위의 〈건설〉이나 〈빛나는 조선〉이 포함되어 있었던 것이다. 즉, 조선과 일본의 민중들에 의한 목소리의 연대는 시베리아 땅을 또 하나의 기원으로 갖고 있었던 것이다. 그 중에 50년대에 재일조선인 투쟁의 장에서 애창되었던[52] 〈건설〉의 가사를 소개하면 다음과 같다.

1. 붉은 저고리 입고 일하는 처녀(赤いチョゴリで働くおとめ)
   한가로운 밭에 노래 소리 넘치네(のどかな畑にうた聲あふれ)
   올해도 풍년 황금의 물결(今年も豊作黄金のうねり)
   후렴)풍요로운 조선 자유로운 조선(豊かな朝鮮自由な朝鮮)
2. 요란한 사이렌 망치는 울리네(うなるサイレンハンマーは響く)

---

50 井上頼豊 편, 『うたごえよ翼ひろげて』, 新日本出版社, 1978, 9쪽.
51 「朝鮮人民共和國の樹立を祝う」, 『日本新聞』 479, 1948.10.5(복각판, 朝日新聞社, 1991).
52 「同胞の心映した愛唱歌(下)」, 『民団新聞』, 2009.8.26.

도라지꽃 피는 우리네 공장(トラヂの花咲く僕等の工場)
어서 받아치라 평화의 강철(それ打ちこたえろ平和のはがね)
3. 도시에서 농촌에서 바다에서 산으로(町から村から海から山へ)
서로를 부르는 동무들의 밝은 미소(よびあう仲間の明るい笑顔)
2개년계획 열심히 완수하자(二ヶ年計畫がんばり抜こう)

이 노래에는 북한에서 1949년부터 실시되는 경제개발 2개년계획을 앞두고 사회주의 경제건설을 힘차게 추진하고자 하는 의지가 담겨 있다. 우타고에 운동의 기원에는 이러한 노래가 조일합작으로 만들어져 문화투쟁의 장에서 합연되었던 역사가 있었던 것이다.

또한 『청년가집』 제1편에는 조선의 민요로 〈아리랑〉과 〈도라지〉가 수록되어 있기도 하다. 민요의 중시는, 앞에서도 언급한 바와 같이, 사회주의 리얼리즘의 원칙에 입각한 사회주의권의 문예정책에 따른 것이라고 할 수 있다. 다만 〈아리랑〉은, 일제 식민지기를 통틀어 내지나 만주 지역에까지 알려져 서의 내일본제국의 판도에 미치는 대중성을 확보한 유행가로 향수되었던 점[53]에 주목한다면, 해방 / 패전 후 어느 지역보다 먼저 〈아리랑〉이 구 내지인 일본의 민중운동 속에서 저항가요로 불린 점은 주목할 만하다. 특히 일본에서는 항일혁명가 김산(장지락)의 일대기를 그린 님 웨일즈(Nym Wales)의 『*Song of Ariran* : a Korean Communist in the Chinese Revolution』(1941)이 이미 1953년에 번역 소개되어 진보적 지식인들에게 널리 읽힌 것도 유행가 〈아리랑〉의 이면에 가려진 저항성을 드러내는 역할을 했을 것으로 보인다.[54]

---

53 E. Taylor Atkins, "The Dual Career of "Arirang" : The Korean Resistance Anthem That Became a Japanese Pop Hit," *The Journal of Asian Studies* vol.66, no.3, 2007.

54 安藤次郎, 『アリランの歌』, 朝日書房, 1953. 번역판 간행 이전의 개괄적인 소개는 金廣志, 「アリランの歌 : 朝鮮の一革命家の生涯」, 『展望』 57, 1950. 참고로, 한국에서 완역이 나온 것은 1984년(조우화 역, 『아리랑』, 동녘)이었다.

지금까지, 패전 후 식민지 정책을 학문적으로 뒷받침했던 조선학이 해체되고, 이윽고 1959년에 조선사연구회 등이 설립되어 전전과는 단절된 전후 조선학이 재건되기까지는, 일본공산당과 재일조선인의 연대투쟁 속에서 침묵과 음성, 음성과 문자 사이의 경계를 뚫고 분출하는 목소리와 그 기록들이 조선에 대한 새로운 이미지, 즉 민족 저항의 서사를 다양한 방식으로 표출해 가며 새로운 움직임을 만들어 갔음을 대략적으로 확인했다. 종래에 소홀히 다루어졌던 전후 일본 조선학의 전사(前史)에는, 당시의 일본 내 소수민족이면서도 조선민족을 대표하고 또 대변하는 존재로서 동아시아의 혁명세력과 널리 교류하는 혁명의 결절점으로서의 재일조선인과 일본 좌파세력이 현실의 투쟁을 고양시킬 목적으로 의식적으로 획득한 조선 이미지가 준비되었던 것이다.

## 6. 좌절된 합창, 포기된 혁명

알려진 바와 같이 한국전쟁이 끝나고 1955년에 조선인 공상당원들은 일본공산당을 탈당하고 북한 공민으로서 조선총련으로 집결하는 한편, 일본공산당은 1955년 제6회 전국협의회에서 무장투쟁노선을 극좌 모험주의로 비난하고, 선거에 의한 의회 다수파 획득을 목표로 하는 의회정책노선으로의 방침전환을 단행하며, 이윽고 의회제 민주주의와 자본주의에 기초한 사회개량을 주장하는 지금의 모습으로 점차 굳어져 갔다. 국제적인 연대투쟁을 통한 민족해방운동은 이로써 정식으로 좌절되었고, 억눌리고 침묵을 강요당했지만 해방 / 패전으로 일거에 분출했던 목소리들과 그 목소리들 사이의 합창은 실질적으로 포기되었다. 물론 많은 연구자들이 지적하는 바와 같이, 일본공산당이 초기에 미군을 해방군으로 인식하는 혼란을 점차 수습하고 점령군으로 규정하여 그 대결색을 명확히 해 감에 따라 일본도 아시아의 여러 민족과 마찬가지로 피억압민족이라고 파악한 것 자체에, 식민지 종주국의 후예로서의 일본과 예전의 식민지민 사이에 성급한 동일시가 있었던 점[55]은 다시 강조할 필요도 없이 이 연대운동의 가장 커다란 맹점임에 틀림없다. 하지만, 더 큰 문제는, 공산당의 평화혁명론이라는 전략상의 전환이 다양한 대립물의 경계를 애매하게 만들어 상호 삼투되는 결과를 초래했다는 점일 것이다.[56] 내부의 대립과 모순을 제국과 피억압민족의 모순과 결합시켜 독립운동 속에서 하나로서 성장해 가는 주체로 파악하고자 했던 민족개념이, 패전 초기의 혁명 열기가 식어가면서 내부의 모순이 사라진 국민으로 수렴되어 갈 때, 그 국민은 일본 내부에 존재하는 식민지 지배가 초래한 부채로서의 재일조선인에 대한 억압자로서밖에 표상되지 않는다. 전후 다수의 일본 국민들은 점령군에 의해 거세되고 여성화된 종속 형태의 모욕을, 과거 식민지민이었으며 지금은 '해방된 민족'으로 '행세'하는 재일조선인들을 향한 일상적인 폭력과 민족적 적대라는 '억압의 이양'으로 해소하고자 했다.[57] 식민지주의는 제국의 판도를 상실한 후에도 왜곡된 형태로 여전히 계속되고 있었던 것이다. 혁명세력들은 이러한 저항성을 상실한 배타적 민족주의가 횡행하는 현실을 끌어안을 수밖에 없었는데, 착취하는 머

---

55 Curtis Anderson Gayle, *Marxist History and Postwar Japanese Nationalism*, Routledge, 2002; 岩崎稔, 「戰後詩と戰後歷史學 : 一九五〇年代の叙事詩的渴望の史學史的文脈」, 『継續する植民地主義』, 靑弓社, 2005, 333~335쪽; 小熊英二, 『民主と愛國』, 新曜社, 2002 등.

56 히라노 겐, 『일본 쇼와문학사』, 동국대 출판부, 2001, 261쪽.

57 최덕효, 「해방의 기쁨과 두려움—재일조선인의 경험으로 본 일본 탈제국의 민족적 불안」, 『경계, 언어, 문화—디아스포라의 언어와 문화』(부산대 인문한국 제5회 국제학술대회 자료집), 2012.10.30.

조리티의 양심적 좌파와 착취받는 마이너리티로서의 재일조선인의 연대라는 70년대 이후에 두드러지는 연대투쟁의 기원에는 일본공산당과 재일조선인을 중심으로 전개되었던 반미 자주독립 민족연대투쟁의 좌절이 있었다고 할 수 있다.

한편, 북한으로의 배타적 귀속의식을 급속히 강화한 재일조선인들은 조선민족을 대표하고 대변하는 존재로서 아시아의 혁명세력과 널리 교류하는 혁명의 결절점으로서의 기능을 상실하고, 구종주국 민족의 억압과 차별에 마주하여, 양자 사이의 차이를 첨예화시키면서 구식민지 민족으로서의 저항을 계속해야 했다. 이때 조선어('국어')는 머조리티로의 동화를 거부하는 민족정신의 정수로 간주되어 소수민족의 내셔널리즘의 핵심에 위치하게 됨으로써, 본고에서 '합창'으로 묘사했던 그때까지의 재일조선인에 의한 일본어 창작은 새로운 국면을 맞이하게 된다. 그간의 사정을 상징적으로 보여주는 사건이 바로 김시종을 중핵으로 한 오사카 조선인 시인집단에 의해 전개된 시운동 기관지 『진달래(ヂンダレ)』가 폐간에 이르기까지의 과정일 것이다. 『진달래』는 본래 1952년 가을에 결정된 일본공산당의 문화투쟁 강화방침에 따라 1953년 2월에 한국전쟁에서 미제와 맞서 싸우고 있는 북한에 대한 성원과 반전평화를 호소할 목적으로 창간되었다.[58] 이 서클은 휴전 후에도 활발한 문학운동을 전개하였지만, 1955년에 좌파 재일조선인 운동이 총련을 매개로 북한에 직결되어 조선인은 조선어로 조국을 노래해야 하는 것으로 노선이 전환되자, 일본어 창작 잡지인 『진달래』는 총련과 북한으로부터 민족적 주체성을 망각하고 식민지 지배의 잔재를 계승한 '유민(流民) 의식'의 발로로 비판받고 1959년에 해산한다. 한편

58 『진달래』에 대한 종합적인 연구 성과의 일단은 ヂンダレ研究會 편, 『「在日」と50年代文化運動 : 幻の詩誌『ヂンダレ』『カリオン』を讀む』(京都 : 人文書院, 2008)에서 확인할 수 있다.

55년에 발족한 조선총련 산하의 재일본조선문학예술가동맹(1959.6 결성)의 기관지 『문학예술』은 조국과의 일체감을 강조하여 창작이나 북한 문예 소개 등이 조선어로 이루어진다.[59] 이렇게 조국과 조직으로부터 배제되어 나온 김시종, 양석일 등은 마치 총탄처럼 몸속에 박힌 일본어표현을 손에 들고 조국으로부터도 조직으로부터도 자립한 재일조선인의 독자적인 민족적 주체성을 추구하는 문학을 시작한다. 일본에도 남한에도 북한에도 어떠한 '국민문학'의 안정적인 틀로도 회수되지 않는 '재일조선인 문학'이라는 범주가 출범하는 순간이다.

59 磯貝治良, 『'在日'文學論』, 新幹社, 2004.

# 제2부

# 연변의 한국학과 조선족

# 연변에서의 조선족 역사 연구동향*

김춘선

## 1. 머리말

현재 중국 조선족의 총 인구는 200여만 명에 달하는데 그중 길림성 연변조선족자치주내에 거주하고 있는 조선족은 약 80만 명에 달한다. 연변조선족자치주는 중국정부의 민족평등, 민족자치 정책의 구체적인 구현과 동시에 조선인 이주민들이 장기간에 걸쳐 이 지역을 개척하여 새로운 삶의 터전, 즉 제2고향으로 가꾸어 간 신근한 노력의 결실이기도 하다. 그러므로 중국 조선족은 중국 동북지역의 개척자이며 보위자이며 건설자로서 무한한 긍지감과 의무감을 가지고 떳떳한 생활을

---

* 이 글은 『한국학연구』 28집(인하대 한국학연구소, 2012)에 실린 것을 수정·보완한 것임.

영위하고 있다. 이러한 측면에서 볼 때, 중국 조선족 역사에 대한 연구는 조선민족의 해외 유이민사, 그리고 그들이 새로운 역사 사회적 환경 속에서 창조한 민족적 정체성과 문화적 전통성을 규명하는데 중요한 의의를 가지고 있을 뿐만 아니라 중국 소수민족으로서의 역사적 위치 규명에 있어서도 중요한 의의를 가지고 있다.

지금까지 중국 조선족 역사에 대한 연구는 중국 국내뿐만 아니라 한국을 비롯한 해외에서도 활발히 이루어졌다. 본문에서는 중화인민공화국 성립 후 연변지역에서의 조선족 역사 연구동향을 21세기를 기준하여 전, 후 두 개 시기로 나누어 살펴본 후 금후 과제와 전망에 대하여 제시해보고자 한다.

## 2. 20세기 후반 조선족 역사 연구 성과와 특징

중화인민공화국 창립 후 중국정부는 다민족 국가로서 민족평등 정책을 구현하기 위하여 민족구역자치제를 실시하였다. 1952년 8월 중국정부는 '중화인민공화국 민족구역자치 실시요강'에 근거하여 '길림성 연변조선민족자치구 인민정부 조직조례'를 의정하고 연변조선족자치구 인민정부를 건립하였다. 그리고 동년 9월 3일 연변조선민족자치구 성립대회를 거행하여 자치구의 성립을 선포하였다.[1] 주지하는바, 중국 조선족은 한반도에서 동북지역으로 이주해 온 천입민족이지만

1 1955년 12월, '중화인민공화국 헌법'에 근거하여 자치구를 자치주로 개칭하였으며, 길림성 장백현에는 조선족자치현을 설치하였다. 그 외 흑룡강성 · 요녕성 · 내몽고 등지의 조선족집거지역에 도합 21개의 조선족자치향을 건립하였다.

동북지역의 개척과 발전에 막대한 공헌을 하였다. 이러한 실정에 근거하여 1958년 국가민족사무위원회의 주최하에 사회과학원 역사연구소, 북경대학, 길림대학, 연변대학 등 부분의 역사학자들이 공동으로 동북조선족집거지역에 대한 전면적인 사회조사를 진행하였으며, 이를 바탕으로 1962년 내부발행으로 된 『조선족약사』를 출간하였다. 『조선족약사』의 출간은 중국 조선족 역사 연구를 체계적으로 진행할 수 있는 기틀을 마련해주었다. 그러나 1966년 '문화대혁명'이 일어나고 과경(跨境)민족인 조선족 역사가 "연구금구(研究禁區)"로 인정되면서 약 10년 동안 아무런 연구 성과도 거두지 못했다. 그 후 1976년 '문화대혁명'이 종결되고 1979년 연변조선족자치주에 연변역사언어연구소가 설립, 1982년에는 연변대학에 민족연구소가 창설됨으로써 조선족 역사 연구는 새로운 전성기를 맞이하게 되었다.

20세기 후반 연변지역에서의 중국 조선족 역사 연구는 주로 동북지역 항일연군사(抗日聯軍史) 일환으로 진행되었다. 1981년부터 길림성사회과학원과 연변대학, 연변박물관, 연변역사연구소에서 공동으로 추진한 동북지역 항일유적지 답사와 항전 당사자들에 대한 인터뷰가 정리되면서 조선족 항일투쟁사와 관련된 약사, 투쟁사, 열사전, 인물전, 회어록, 문물지, 문사자료집 등 각종 연구저서들이 대량 출간되기 시작하였다. 그중 『조선족약사』(조선족약사편사조, 1986), 『중국조선족역사연구』(고영일, 1986), 『남만인민항일투쟁사』(김창국, 연변인민출판사, 1986), 『조선족혁명투쟁사』(황룡국 · 최홍빈 · 문숙동, 1988) 등이 대표적인 연구성과로 볼 수 있다. 『조선족약사』의 공개출간은 조선족 역사 연구의 기틀을 제시해주었다는 점에서 연구사적 의의를 가지고 있다. 왜냐하면 1980년대 중반까지 연변지역에서의 중국 조선족 역사 연구는 대체로 투쟁사 혹은 인물사 연구에 편중되는 경향을 보이고 있었다. 그러나 『조선족약사』의 출간을 계기로 조선족 역사 연구는 연구 영역을 확대해 가면서 전문사 분야에 대한 연구도 활발히 이루어졌다.[2] 그리고 1985년 연변대학에 조선족사 석사연구생 배양기지가 설치되고 같은 시기에 연변역사연구소와 연변대학 민족연구소에서 학술지로서 『연변역사연구』, 『중국조선족역사연구논총』, 『조선족연구논총』 등이 창간됨으로써 조선족 역사 연구는 본격화되었는데, 이 시기 발표된 연구 성과와 특징을 살펴보면 다음과 같다.

### 1) 중국 조선족 역사의 상한선(移住起點) 문제

지금까지 중국 조선족 역사의 상한선 문제에 대하여 여러 가지 견해가 있는데 이를 종합하면 첫째, 토착민족설,[3] 둘째, 원・명시기설,[4] 셋째, 19세기 중엽설,[5] 넷째, 명말・청초설[6] 등이다. 1962년 내부발행으로 된

---

2 이 시기 출간된 대표적인 전문사 저서로는 『연변농업경제사』(연변인민출판사, 1987), 『연변청년운동사』(연변인민출판사, 1988), 『조선족민속사연구』(요녕민족출판사, 1988), 『중국조선족문학사』(연변인민출판사, 1990), 『조선족문화』(길림교육출판사, 1990), 『중국조선족교육사』(동북조선민족교육출판사, 1991), 『연변여성운동사』(연변인민출판사, 1992), 『동북항일근거지사연구』(연변인민출판사, 1992).

3 『朝鮮族簡史』(내부간행), 1962, 제1장 1쪽.

4 高永一, 『中國朝鮮族史研究』, 延邊大學出版社, 1986.

5 王承禮, 「中國朝鮮族史研究中的若干問題」, 『中國朝鮮民族遷入史論文集』, (韓俊光 주편),흑룡강조선민족출판사, 1989, 24~36쪽; 劉鳳翥, 「關於朝鮮民族史研究中的幾个問題」, 위의 책, 44~49쪽; 趙明哲, 「略述明末清初遷入河北省的朴氏朝鮮族的同化問題」, 위의 책, 118~137쪽; 潘龍海, 「關於中國朝鮮族歷史上限問題管見」, 위의 책, 138~145쪽; 安華春, 「略述東北朝鮮族的遷入」, 위의 책, 101~117쪽; 金元石, 「關於朝鮮族歷史上限的幾點思考」, 위의 책, 192~239쪽; 朴京才, 「明末清初遼東地區的朝鮮人與中國朝鮮族歷史上限」, 위의 책, 88~100쪽.

6 朴昌昱, 「試論中國朝鮮族的遷入及其歷史上限問題」, 『朝鮮族研究論叢』 1, 延邊大學出版社, 1987, 1~29쪽; 姜龍範, 「遼寧省盖縣陳屯鄉朴家溝村朝鮮族社會歷史調査」, 위의 책, 30~52쪽; 範日, 「中國朝鮮族歷史上限新探」, 『朝鮮族研究論叢』 2, 延邊大學出版社, 1989, 152~12쪽; 孫春日, 「遼寧省本溪縣朴堡朴氏朝鮮族社會歷史調査」, 『朝鮮族研究論叢』 1, 延邊大學出版社, 1987, 53~76쪽; 「中國 朝鮮族 歷史의 上限과 遼寧・河北의

『조선족약사』에서는 조선족은 고조선과 고구려 시기부터 동북지방에 거주했으며, 고구려 멸망 이후에는 그 후예들이 말갈족과 함께 발해를 건립하였고, 명나라 시기까지도 고구려인들이 기타 민족과 함께 동북지역에 살고 있었으므로 조선족은 천입민족이 아니라 토착민족이라고 주장하였다. 그리고 고영일이 제기한 원·명시기설은 당시 이미 국가들 간에 습관적으로 형성된 계선(국계)이 있었기에 이 시기 조선반도에서 중국으로 이주한 조선인들의 이주시점을 조선족 역사의 상한선으로 보아야 한다는 것이다. 명말·청초설은 첫째, 조선과 후금(청조) 간에 상대적으로 안정된 강역(혹은 국계)이 형성된 것은 명말·청초(조선 인조왕 시기)이며, 둘째, 당시 정묘호란과 병자호란에서 강제로 끌려온 '포로'(대부분은 무고한 조선인 백성들임) 후예들이 현재 조선족의 족적을 가지고 요녕성의 개현과 본계현, 하북성의 청룡현 등지에 거주하고 있다는 점, 다시 말하여 그들의 혈통과 민족속성은 지금의 조선족과 연속성(延續性)을 가지고 있으므로 그들 선조들의 이주시기를 중국 조선족 역사의 기점으로 보아야 한다는 것이다.[7] 그리고 19세기 중엽설은 명말·청초에 이주한 조선인들은 수백 년간의 고립된 생활환경속에서 이미 한족(漢族) 혹은 만주족으로 동화되었으며 지금의 조선족은 대체로 19세기 중반 이후에 이주한 조선인들이라는 주장이다. 이와 같이 명말·청초설과 19세기 중엽설은 주로 정묘, 병자호란 시 요동반도로 끌려온 조선인들의 후예들에 대한 혈통의 연속성과 민족의식을 어떻게 볼 것인가 하는 문제를 둘러싸고 논쟁이 전개되었음을 알 수 있다.

朴氏人들」, 『梨花史學硏究』 20·21合輯, 梨花史學硏究所, 1993; 劉秉虎, 「河北省青龍縣朴氏朝鮮族社會歷史調査」, 『朝鮮族硏究論叢』 1, 延邊大學出版社, 1987, 77~91쪽.

7 박창욱의 이주시기 구분은 다음과 같다. 제1시기 : 1620~1670년대, 제2시기 : 1670~1880년대, 제3시기 : 1885~1910년, 제4시기 : 1910~1930년. 이에 반해 황유복은 고대이민(혹은 전쟁이민)시기 : 17~19세기 중반, 자발적 이민시기 : 19세기 후반~1910년, 정치망명 이주시기 : 1910~1920년, 식민정책 이주시기 : 1920~1945년 등으로 구분하고 있다.

그러나 약 20여 년간의 논쟁을 경과한 지금 과거 정통설로 간주되던 19세기 중엽설보다는 오히려 명말・청초설이 점차 국내외 학자들의 긍정적인 평가를 받고 있다.[8]

### 2) 중국 조선족의 "이중국적(雙重國籍)" 문제

중국 동북지역의 조선족은 19세기 후반, 즉 청정부의 이민실변 시기부터 조・중 양국 간의 국경분쟁으로 말미암아 양국정부의 이중적 지배와 관할을 받아 왔다. 그리고 1910년 일제가 조선을 강점한 후에는 '망국민'으로써 일제와 중국정부의 이중적 지배와 통제를 강요당했다. 이와 같이 중국 조선족은 본인들의 의사와는 관계없이 '이중 국적자'의 위치에 처하게 되었다. 그 후 일제가 대륙침략정책을 추진하는 과정에서 이른바 조선인 '보호'를 구실로 중국내정에 간섭하자 중국정부는 조선인들에 대한 귀화입적 정책을 강화하는 한편 이미 귀화입적한 조선인은 "간민"(즉, 조선족)으로, 미입적자는 "교민"(즉, 조선인)으로 엄격히 구분하였다. 이에 근거하여 일부 학자들은 당시 입적한 조선인들의 역사는 중국 조선족사의 범주로, 그리고 미입적한 조선인들의 역사는 조선사 범주에 귀속시켜야 한다는 견해를 제시하기도 하였다.[9]

한편 이 시기 중국 조선족들의 '이중국적' 문제는 연변지역 조선족

---

8 중국의 유명한 역사학자인 白壽彝도 저서 『중국통사』 1권 서언에서 조선족 역사의 상한선을 명말・청초로 서술하였으며, 근간에 출간된 『중국조선족혁명투쟁사』(길림인민출판사, 2007), 『조선족약사』(수정판, 민족출판사, 2009), 『중국조선족이민사』(중화서국, 2009), 『중국조선족통사』(연변인민출판사, 2010), 『연변조선족사』(연변인민출판사, 2010) 등에서도 모두 명말・청초설로 서술하고 있다.

9 楊昭全, 『關內地區朝鮮人反日獨立運動資料彙編』 상・하, 遼寧民族出版社, 1987; 楊昭全・李哲煥 편, 『東北地區朝鮮人革命鬪爭資料彙編』, 遼寧民族出版社, 1992.

사학계의 주요한 연구과제로 부각되면서 적지 않은 연구 성과들이 발표되었다.[10] 이들 연구 성과들에서는 중국 조선족의 귀화입적 과정을 청조의 "치발역복" 정책과 중화민국의 "귀화입적" 정책 등 두 개 단계로 나누어 살펴보았으며, 치발역복 정책은 전근대적인 민족동화정책이고, 귀화입적 정책은 근대적인 국적취득 문제로서 입적문제와 민족문제는 마땅히 분별해 보아야 한다는 견해를 천명하기도 하였다. 그리고 중국 조선족들의 '이중국적' 문제는 궁극적으로 일제의 대륙침략과 중국정부의 주권보호라는 양국 간의 대립과 충돌의 산물임을 논증하면서 조선족은 본인들의 의사와는 아무런 관계가 없이 이중적 통치와 압박을 받게 되었음을 규명하였다.

### 3) 민족주의 운동과 무장투쟁에 관한 문제

중국 조선족의 반일무장투쟁은 조선민족의 해외 독립운동의 중요한 구성부분임과 동시에 중국 동북지역 반일무장투쟁의 중요한 구성부분이기도 하다. 따라서 중국 조선족의 반일투쟁에 관한 연구는 일찍

---

10 朴吉春, 「從『東三省政略』看近代朝鮮族入籍問題」, 『延邊大學學報』, 1989, 2~3期; 權立, 「試論中國朝鮮族在歷史上的法律地位問題」, 『朝鮮族研究論叢』 2, 延邊人民出版社, 1989; 權立, 「中國朝鮮族在歷史上的法律地位」, 『朝鮮學研究』 2, 1990; 千壽山 · 洪景蓮, 「"九 · 一八"事變前東北三省朝鮮人的入籍情況」, 『朝鮮族研究論叢』 4, 延邊大學民族研究所, 1995; 方香, 「"九 · 一八"事變前在朝鮮族問題上的中日矛盾及其影響」, 『朝鮮族研究論叢』 4, 延邊大學民族研究所, 1995; 姜龍范 · 崔永哲, 「"日韓合幷"与間島朝鮮人的國籍問題－兼論中日兩國在朝鮮人國籍問題上的政策紛爭」, 『東疆學刊』, 1999, 4期; 孫春日, 「民國時期東北朝鮮族"双重國籍"問題的始末」, 『東疆學刊』, 2000, 3期; 孫春日 · 朴興鎭, 「清代越界朝鮮人編入華籍之爭与中國國籍法的制定」, 『延邊大學學報』, 2000, 2期; 孫春日, 「僞滿洲國國籍法的難産与在滿朝鮮人的國籍問題」, 『東疆學刊』, 2001, 2期; 孫春日, 「論僞滿時期日本對无籍朝鮮人的救濟措施」, 『延邊大學學報』, 2001, 4期; 權立 · 李洪錫, 「試論中國朝鮮族在歷史上的社會地位問題」, 『中國朝鮮族史研究』 4, 延邊歷史研究所, 2001; 趙剛, 「解放前東北朝鮮族國籍問題探究」, 『延邊大學學報』, 2001, 1期.

부터 연변지역 사학계의 관심을 받아왔다. 그리하여 "문화대혁명" 직후부터 이미 항일연군사를 포함하여 각종 인물전, 대사기, 회억록 등 많은 연구 성과들이 발표되었다. 그러나 이 시기 반일투쟁에 관한 연구는 시대적 제한성으로 말미암아 주로 중국공산당 영도하의 반일단체의 활동이나 인물, 사건 등에 편중되는 반면 민족주의 계열의 반일투쟁에 대하여서는 소홀히 취급하거나 아예 회피하는 한계를 보였다. 그러나 1980년대에 이르러 동서 화해 무드와 함께 한국을 비롯한 국제문화 교류가 민간차원에서 활발히 추진되면서 거의 공백상태로 남아있던 민족주의 계열에 대한 연구가 본격화되었다.[11] 이 시기 민족주의

11 金東和, 「試論二十世紀初延邊地區的"三・一"運動」, 『延邊大學學報』, 1979, 2期; 王健, 「朝鮮獨立軍史話」, 『延大硏究生論文集』, 1984; 王健, 「1901～1919年間朝鮮獨立軍在中國東北地區的反日武裝活動」, 『朝鮮史硏究』, 1985; 金東和, 「東滿青年義勇軍始末」, 『延邊大學學報』, 1987, 2～3期; 金東和, 「"三・一三"延邊青年學生的反日示威運動」, 『延邊歷史硏究』 3, 延邊歷史硏究所, 1988; 姜龍范, 「東北地區朝鮮族獨立運動史硏究中的几个問題」, 『延邊大學學報』, 1990, 3期; 孫春日, 「論東北朝鮮反日獨立運動基地的創建」, 『延邊大學學報』, 1990, 4期; 崔洪彬, 「二十世紀初中國東北地區的反日民族獨立運動」, 『朝鮮族硏究論叢』 3, 延邊大學民族硏究所, 1991; 黃龍國, 「關于朝鮮革命軍的歷史」, 위의 책; 朴昌昱, 「論國民會 : 以1919～1920年國民會的歷史作用爲主」, 위의 책; 黃龍國, 關于朝鮮革命軍反日根据地問題硏究, 『中國朝鮮族史硏究』 2, 延邊歷史硏究所, 1994; 金東和, 「1920年日帝的"討伐"陰謀与"琿春事件"」, 『延邊大學學報』, 1992, 3期; 玄松, 「間島國民會」, 『中國朝鮮族歷史硏究論叢』2, 延邊歷史硏究所, 1992; 蘇文, 「二十年代之東北"三府"析」, 위의 책; 黃有福, 「正義府硏究」, 『朝鮮學硏究』, 民族出版社, 1992; 車成琶, 「"3・13"義士考証」, 『中國朝鮮族史硏究』 1, 延邊歷史硏究所, 1993; 朴昌昱, 「論20年代東北朝鮮族反日民族主義陣線的統一運動」, 위의 책; 安華春, 「試論"3・13"反日運動的特点」, 위의 책; 朴京才, 「試論延吉道尹公署制止"3・13"反日運動的社會背景」, 『中國朝鮮族史硏究』 2, 延邊歷史硏究所, 1994;朴昌昱, 「論本世紀20年代到30年代東北朝鮮族資産階級民族主義者的反日民族運動」, 『朝鮮族硏究論叢』4, 延邊大學民族硏究所, 1995; 權立, 「朝鮮革命軍和"佃農將軍"梁瑞鳳反日武裝」, 『中國朝鮮族史硏究』 3, 延邊歷史硏究所, 1996; 李成洙, 「論20年代中國東北地區朝鮮反日獨立運動的几个特点」, 『朝鮮學韓國學硏究論叢』 5, 延邊大學朝鮮問題硏究所, 1997; 金春善, 「"15万元奪取事件"硏究」, 『龍井三・一三反日運動八十周年紀念文集』, 延邊人民出版社, 1999; 任熙俊, 「1919～1920年延邊地區朝鮮族民族主義反日武裝斗爭硏究」, 위의 책; 朴今海, 「1919年延邊的三・一三運動和五・四比較硏究」, 위의 책; 朴昌昱・李敬愛, 「再論間島國民會」, 위의 책; 朴京才, 「延吉道尹公署制止

운동에 대한 연구 성과와 주요 관점들을 살펴보면 다음과 같다.

첫째, 민족주의운동에 대한 연구이다. 초기 민족주의운동에 대한 연구는 해외 학자들의 기존연구 성과를 분석, 검토하는 가운데서 미흡한 부분이 있으면 보완하는 방식으로 이루어졌다. 따라서 초기 민족주의운동에 관한 연구는 대체로 전투지점의 확인, 전투성과에 대한 고증, 반일단체들의 역할 등을 규명하는데 그쳤다. 청산리전역은 조선민족의 독립운동사상 하나의 이정비라고 할 수 있다. 그러므로 연변지역 사학계에서는 1989년부터 현지답사와 자료발굴을 통하여 청산리전역의 전투지점, 전투경과 및 전과 등을 구체적으로 논증하는데 주력하였다. 다년간의 연구를 통하여 당시 김좌진의 대한군정서와 홍범도의 대한독립군이 각각 화룡현 이도구와 삼도구 일대로 이동한 것은 피동적인 전이가 아니라 새로운 독립기지 창설을 위한 주동적이고 능동적인 조치였음이 밝혀졌다. 또한 청산리전역에서 김좌진과 홍범도부대 간의 연합작전은 사전에 계획한 것이 아니라 일본군의 추격을 따돌리는 과정에서 이루어진 우연적이면서도 필연적인 결과임을 규명하였다. 이외에도 "경신년 반토벌전"의 일환으로 왕청, 훈춘 등지에서 전개되었던 동부전선에 대한 연구가 이루어짐으로써 청산리전역에 대한 연구를 보다 체계화하였다.

둘째, 민족주의 반일단체 활동에 대한 종합평가 문제이다. 이 시기 발표된 연구 성과들의 주장을 요약정리하면 다음과 같다. ① 1910년대 민족주의 운동의 중심은 북간도지역이며, 그 중에서도 간도대한국민

---

"3・13"反日運動的社會背景」, 위의 책; 安華春・金相國, 「有關三・一三反日運動的性質与特点的研究」, 위의 책; 許永吉・安英南, 「論20世紀10年代中國延邊地區反日民族獨立運動」, 위의 책; 金哲洙・金仲河, 「論日帝的"庚申年大討伐"」, 위의 책; 安將元, 「論龍井三・一三反日運動」, 위의 책; 崔洪彬, 「論有關鳳梧洞戰斗的几个問題」, 위의 책; 許松岩, 「論青山里戰役」, 위의 책; 崔厚擇, 「評東北朝鮮民族主義反日團体的"民族"自治運動」, 『延邊大學學報』, 1999, 4期.

회가 주도적 역할을 하였다. ② 민족주의운동의 지도계층, 투쟁방략, 운동의 중심지 등을 고찰해보면 '삼부정립'시기로 상징되는 1920년대는 민족주의운동의 '전성기'가 아니라 '쇠퇴기'이다. ③ 남만과 북만지역 민족주의 진영에서 실시하였던 '자치'는 진정한 자치가 아니라 독립운동을 전개하기 위한 세력범위 획정(劃定)에 불과한 것이다. ④ 민족주의 단체에서 전개한 계몽운동과 반일교육은 조선족들의 반일의식을 제고시켰을 뿐만 아니라 그 후 사회주의 사상 전파에 인적, 사회적 토대를 마련해주었다는 것 등이다. 이와 같이 민족주의운동에 대한 연구가 심화되자 과거 조선족 반일단체들 간의 모순을 단순히 파벌 간의 대립과 분쟁으로 인식하던 경향에서 벗어나 정치이념에 의한 수구파(복벽주의자)와 공화주의파 간의 모순, 자산계급 민족주의 사상과 사회주의 사상 간의 모순 등으로 파악할 수 있었다. 그리고 이 같은 인식 변화는 민족유일당촉진운동에 대한 객관적인 평가와 그 후 조공당원들의 중공당 가입문제를 규명하는데 상당한 도움을 주었다. 특히 민족주의 반일운동에 대한 연구는 중국 동북지역 항일투쟁의 시점을 1931년 "9·18사변"으로부터 1907년 일제의 간도침입으로 수정하여야 함을 강력히 시사하고 있다는 점에서 중국학계의 주목을 받고 있다.

### 4) 사회주의 사상의 전파와 반제·반봉건 투쟁 문제

1920년대 조선족집거지역에는 사회주의 사상이 전파되기 시작했다. 그러나 이 시기 사회주의 사상의 전파와 그 영향에 대하여 국내외 사학계에서는 여러 가지 견해가 있다. 하나는 사회주의 사상의 전파는 반일민족해방운동의 역량을 양분시키는 후과를 초래하였다는 것이고, 다른 하나는 사회주의 사상을 전파하는 가운데서 초기 공산주의자들의 좌경맹동주의와 사대주의로 말미암아 혁명역량에 막대한 손실을 가져왔다는 것이다. 이런 점에 착안하여 연변지역 사학계에서는 맑스-레닌주의가 조선족집거구역에 전파되는 과정과 특징에 대하여 집중적으로 검토하였다. 우선 전파과정에서 나타난 특징을 요약하면 ① 맑스-레닌주의 전파는 민족해방운동과 결합하였다는 점, ② 농민층으로 구성된 선진분자들이 먼저 맑스-레닌주의를 접수함으로써 맑스-레닌주의와 농민운동이 처음부터 서로 결합하게 되었다는 점, ③ 맑스-레닌주의 전파는 조선의 초기공산주의자들이 전파하였다는 점 등이다. 한계점으로는 ① 당시 조선족집거지역에는 맑스-레닌주의가 전파될 수 있는 계급기초가 박약하였다는 점, ② 초기 사회주의 단체들에는 형형색색의 비무산계급 분자들이 대량 참가함으로써 혁명에 대한 지나친 "열광", 혹은 "맹목적 혁명" 등 경향이 표출되었다는 점 등이다. 이외에도 맑스-레닌주의 전파는 조선공산주의자들을 중심으로 전파되었기에 이 시기 제기된 구호들 대부분은 "조선민족독립"이거나 "조선혁명"등으로 모두 "조선혁명연장론(延長論)"에 바탕을 둔 것이며, 따라서 당시 조선족사회가 시급히 해결하여야 할 반봉건투쟁 강령이 적시적으로 제기되지 못한 한계를 가지고 있었음이 진일보 규명되었다.

한마디로 상술한 연구를 통하여 맑스-레닌주의 전파는 조선족들의 반제・반봉건투쟁에 막대한 공헌을 하였음이 규명되었다. 우선 맑스-레닌주의 전파를 통하여 수많은 공산주의자들이 육성되었으며 1930년대 전후 중국공산당이 동북지역에 기층 당 조직을 건립할 수 있는 사상적 조직적 기반을 마련해주었음이 논증되었다. 다음으로 맑스-레닌주의 전파는 당시 동북지역 중국공산당의 투쟁방략, 즉 도시폭동으로부터 농촌혁명으로 전환하는데 유리한 사상적 사회적 토대를 마련해주었음을 제시하고 있다. 초기 동북 농촌지역의 대부분 당원들은 모두 조선족이었다. 이것은 1931년 "9・18사변" 이후 조선족을 위주로 하는 항일유격대의 건립과 근거지 건설에 조직적 군중적 기초를 닦아 주었다고 평가된다.

### 5) 중공만주성위와 조선족의 민족해방운동 문제

중국 조선족 역사 연구에서 제일 주목되는 분야는 항일무장투쟁사 부분이다. 동북지역 조선족 항일무장투쟁은 1920년대까지 주로 민족주의 진영, 조선공산당 만주총국, 중국공산당 만주성위 등 세 개 정치 집단의 조직, 지도하에 분산적으로 이루어졌다. 그러나 1930년을 전후하여 한편으로는 민족주의 진영이 분열되거나 쇠퇴해지고, 다른 한편으로는 동북지역 조선공산주의자들이 코민테른의 "1국1당" 원칙에 따라 중국공산당에 가입하면서 조선족 항일무장투쟁의 헤게모니는 중공만주성위에로 넘어가게 되었다. 이때로부터 동북지역 조선민중들은 중국공산당의 영도하에 과거의 단순한 반일운동(독립운동)을 민족해방운동으로 승화시키면서 반제・반봉건투쟁을 광범위하게 전개하였다. 그리고 중공당에 가입한 조선공산주의자들도 과거의 "조선혁명연장론"에서 벗어나 "이중사명" 즉, 중국과 조선의 해방을 쟁취하기 위한 투쟁을 벌여나갔다.

1910~1920년대 동북지역 조선족들의 반일무장투쟁과 공산주의운동은 1930년대 중공만주성위가 각 지방 기층당 조직을 설립하고 항일무장부대를 창설하는데 사상적, 조직적 토대를 제공해주었다. 초기 동북지역 중공당원의 절대다수가 조선족 당원이었으며, 중공당영도하의 동북인민혁명군, 동북항일련군 등 대부분 무장부대들도 조선족들이 건립한 반일유격대를 토대로 창설되었다. 이와 같이 1930년대 중공영도하에 진행된 동북지역 항일투쟁에서 조선족들은 중요한 역할은

일으켰다. 그러므로 “문화혁명”이후 연변 사학계에서의 조선족사 연구는 조선족 항일무장투쟁사에 집중되면서 이와 관련된 수많은 논문들이 쏟아져 나왔다.[12] 이들 논문들의 연구 성과와 특징을 종합하면 다

---

12 黃龍國, 「一九三零年延邊紅五月斗爭」, 『延邊大學學報』, 1980, 1~2期; 金東和, 「“五·四”運動在延邊」, 『延邊大學學報』, 1981, 1~2期; 金昌國, 「一支最早的朝鮮族抗日武裝的建立与發展」, 『延邊大學學報』, 1982, 3期; 申鉉武·金鳳珏·崔洪彬, 「東滿抗日軍事游擊根据地發展概況」, 『延邊大學學報』, 1982, 3期; 金万錫·李根全, 「魚浪村十三勇士」, 『吉林革命英烈』, 吉林人民出版社, 1982; 金春善, 「淺談東滿抗日民族統一戰線的特点及其歷史作用」, 『延邊歷史研究』 1, 延邊歷史研究所, 1986; 金昌國, 「“九·一八”事變前后朝鮮族在東北建立抗日武裝中的作用」(1~2), 『延邊大學學報』, 1987; 李云, 「三十年代東滿抗日游擊根据地問題的探討」, 『中國朝鮮族歷史研究論叢』 1, 延邊歷史研究所, 1987; 文虎甲, 「小汪清抗日游擊根据地的始末」, 위의 책; 許慶昌·崔澤仁, 「中共滿洲省委1930年大批吸收朝鮮族共產党員概述」, 『遼宁党史通訊』, 1987, 5期; 權立, 「論朝鮮族人民對于抗戰的貢獻」, 『朝鮮族研究論叢』 1, 延邊大學民族研究所, 1987; 朱永暾, 「抗日戰爭時期和龍縣朝鮮族婦女斗爭簡述」, 『延邊社會科學』, 1987, 2期; 魯德山, 「汪清縣游擊隊略考」, 『中國朝鮮族歷史研究論叢』 1, 延邊歷史研究所, 1987; 李光仁, 「藥水洞人民的革命斗爭」, 위의 책; 李昌役, 「三十年代初在滿朝共党員加入中共情況綜述」, 『延邊社會科學』, 1988, 3期; 李光仁, 「關于東北人民革命軍第二軍第一獨立師創建細考」, 『延邊歷史研究』 3, 延邊歷史研究所, 1988; 黃龍國, 「關于東滿抗日游擊根据地建設的几个問題」, 『延邊大學學報』, 1988, 3期; 崔錦哲, 「抗日時期的中共汪清縣委」, 『延邊歷史研究』 3, 延邊歷史研究所, 1988; 文虎甲, 「汪清縣游擊隊的建立發展及其反日斗爭」, 위의 책; 安華春·田象程, 「略述一九四五年八月蘇軍在延邊對日作戰經過」, 위의 책; 金昌國, 「南滿抗日游擊根据地探討」, 『延邊大學學報』, 1989, 2~3期; 金基鳳, 「三十年代初延邊地區抗日斗爭与延邊戰場上的中日友誼」, 『延邊大學學報』, 1990, 3期; 金東和, 「早期共產主義青年團体在延邊的建立与朝鮮族青年學生的反日斗爭」, 『朝鮮學研究』 2, 1990; 金昌國, 「論東北抗日根据地的建立」, 『延邊大學學報』, 1990, 3期; 權立, 「中國抗日戰爭中朝鮮族的貢獻(1~2)」, 『民族團結』, 1991, 2~3期; 沈平平, 「略述朝鮮族人民對抗日戰爭事業的杰出貢獻」, 『延邊大學學報』, 1991, 4期; 魯德山, 「論三十年代初期東滿的蘇維埃運動」, 『中國朝鮮族歷史研究論叢』 2, 延邊歷史研究所, 1992; 王霖, 「論朝鮮族在東北抗日戰爭中的作用及其歷史地位」, 위의 책; 白哲, 「朝鮮共產党及其滿洲總局的始末」, 위의 책; 朴京才, 「試論朝鮮義勇隊的建立与發展」, 위의 책; 朴美玉, 「淺析琿春事件」, 위의 책; 李圣德, 「三十年代初期東滿反帝反封建運動」, 위의 책; 金昌國, 「長白抗日游擊根据地概述」, 위의 책; 金昌浩, 「朝鮮青年參加广州起義初析」, 위의 책; 金元石, 「魚浪村13勇士」, 『民族團結』, 1992, 5期; 崔鳳春, 「黃埔軍校与朝鮮民族」, 『中國朝鮮族史研究』 1, 延邊歷史研究所, 1993; 朴京才, 「東滿(延邊)地區“紅五月斗爭”的動因初探」, 『中國朝鮮族史研究』 2, 延邊歷史研究所, 1994; 崔鳳春, 「論20年代“義烈團”的革命活動」, 위의 책; 崔峰龍, 「試論“紅五月斗爭”的背景及若干特点」, 위의 책; 崔洪彬, 「淺談中國共產党与朝鮮獨立運動」, 『朝鮮學-韓國學叢書』 2, 中國社

음과 같다. ① 조선족집거지역에서 조직된 반일유격대가 중공영도하의 동북인민혁명군, 동북항일련군 등 항일무장부대의 초석이 되었다는 점; ② 조선족집거지역을 중심으로 항일유격근거지가 창설되어 위만군의 '토벌'을 성공적으로 물리쳤다는 점; ③ 중공만주성위 지방당 조직의 절대 대부분이 조선공산주의자들을 토대로 구성되었다는 점; ④ 중공의 '좌'경 노선으로 말미암아 반만항일민족통일전선의 형성과 발전에 막대한 피해를 주었다는 점; ⑤ 동북지역 항일무장투쟁에서 조선족들이 중요한 역할을 하였다는 점 등이다.

이와 같이 20세기 후반 연변지역에서의 조선족 역사 연구는 관목 할 만한 성과를 거두었다. 그러나 이 시기 발표된 연구 성과들을 살펴보면 인물전, 회억록, 투쟁사 등 몇 권의 조선글로 된 저서를 제외하고는 절대 대부분은 단편적인 논문들임을 알 수 있다. 이로부터 미루어 볼 때 연변지역에서의 조선족 역사 연구는 20세기 후반까지만 하더라도 구체적인 인물, 단체, 전투, 사건 등에 대한 실증연구 수준에 머물러 있었음이 확인된다 하겠다.

## 3. 21세기 초 조선족 역사 연구 성과와 특징

21세기 세계적 범위에서 문화의 다원화와 지구의 일원화가 촉진되

---

會科學出版社, 1995; 崔洪彬, 「淺談抗日戰爭時期中國共産党對朝鮮獨立運動的援助」, 『朝鮮族研究論叢』 4, 延邊大學民族研究所, 1995; 崔鳳春, 「朝鮮義勇隊史論」, 위의 책; 孫春日, 「朝鮮族人民反日斗爭和臨江日本設領事件」, 위의 책; 權立, 「論本世紀30年代前半期東滿抗日游擊根据地的肅反運動」, 『中國朝鮮族史研究』 3, 延邊歷史研究所, 1996.

는 가운데서 각국 간의 문화교류도 활발히 전개되었다. 이 시기 연변지역에서의 중국 조선족 역사 연구는 주로 민족문화의 전승(傳承), 발전이라는 시각에서 조선민족의 전통문화와 역사에 대한 연구에 박차를 가하였다. 특히 국내외에서 석, 박사학위를 취득한 젊은 석학들이 다양한 연구이론과 연구방법으로 조선족사 연구를 진행하여 주목할 만한 연구 성과를 거두었다. 이 시기 연구 성과와 특징을 대표적인 박사논문과 저서들을 중심으로 살펴보면 다음과 같다.

### 1) 조선족집거구와 조선족사회의 형성 문제

중국 조선족 민족공동체 혹은 집거구의 형성 문제는 일찍 조선인의 동북이주와 조선족 역사의 상한선 문제와 결부시켜 연구된바 있다.[13] 이러한 연구는 지리적 원인과 청조의 동변도와 북간도지역에 대한 부농한 성책으로 밀미임아 초기 조선인들이 동변도 이주가 북간도보다 훨씬 앞섰음에도 불구하고 오히려 북간도지역이 조선족의 최대의 집거지역이 되었음을 규명하였다. 2001년 김춘선은 박사논문『연변지역 조선족사회의 형성 연구』를 통하여 조선족집거구와 조선족사회의 형성 문제를 상세히 규명하였다.[14] 그는 조선족집거구역의 설치는 1885년이 아니라 1890년 이후인 4보39사의 설치를 기준하여야 하며, 조선족사회의 형성에 있어서는 반드시 1909년의 간민교육회와 1913년 간민회의 성립과 활동에 주목하여야 한다고 주장하였다. 즉 과거 오록정의『연길변무보고』를 근거로 연변지역 조선족사회의 형성시기를 대체로 광서

13 孫春日,「試論延邊朝鮮族集居區的形成」,『朝鮮族研究論叢』2, 연변대 출판사, 1989.
14 金春善,『延邊地區朝鮮族社會的形成研究』, 길림인민출판사, 2001.

11년(1885)으로 보아 왔으나, 이 연구에서는 조선족집거구의 형성과 조선족사회의 형성을 구분하여 집거구의 경우 조선족들의 거주가 법적으로 인정된 사실에 기준할 수도 있지만, 조선족사회라 할 때는 구성원의 의식과 문화, 사회적으로 공동집단체를 이루어야 함을 지적하였다. 뿐만 아니라 본 연구는 조선족 자치단체인 간민회 성립에 주목하면서 조선족사회의 형성을 다각적으로 분석하였다. 따라서 간민교육회는 물론이고 자치단체인 간민회의 성격, 조직기구, 주요활동 등이 상세히 규명됨으로서 조선족 역사 연구에 있어서 공백상태로 남아있던 조선족사회의 형성과 자치운동에 대한 연구도 진일보 활성화되었다.

### 2) 이주사 및 정책사 부분

2009년 손춘일의 『중국조선족이민사』가 중화서국에서 출간되었다.[15] 손춘일는 청조부터 중화인민공화국 창건까지의 약 300여 년간의 역사를 청조, 중화민국, 위만주국, 해방전쟁 등 네 개 시기로 나누어 조선족의 이주와 발전과정을 체계적으로 서술하였다. 본 연구에서 제기된 주요 관점을 개괄하면 ① 조선족의 동북이주 시점은 명말, 청초이다. ② "간도"문제는 조선이민들로 인해 발생된 것이 아니라 1712년 목극등이 정계비 설립이후 조선정부에서 제기한 토문, 두만 "양강설(兩江說)"에서 비롯된 것이다. ③ 19세기 후반부터 조선족은 하나의 민족공동체로서 중화민족의 대 가정에 합류하기 시작하였다. ④ 조선이민은 일본의 "만몽"침략의 희생품이다. ⑤ 조선이민은 동북지역 수전 농업을 개발한 주역이다. ⑥ 위만주국시기 조선개척민과 일본개척민은 상

15 2010년, 길림성정부, 길림성사회과학 연구저서 3등상을 수상하였다.

부상조의 관계를 형성하고 있었다. ⑦ 해방전쟁시기 100여만의 조선족이 동북에 남아있으면서 중국을 조국으로 인정한 것은 그들이 동북대지에 대한 깊은 정을 가지고 있었음을 말한다. ⑧ 조선족이 중화인민공화국의 공민으로 된 것은 역사의 필연적인 결과이다. 이와 같이 본 연구는 조선족 이주사를 시대별로 나누어 매개 시기의 정치, 경제, 문화, 민족 등 여러 가지 요소들을 종합적으로 분석, 검토함으로써 조선족 이주사 연구수준을 한 단계 끌어올렸다고 평가된다. 이외에도 정광일의 박사논문 『일위시기 동북조선족 "집단부락" 연구』[16]도 주목된다. 본 연구는 방대한 일본 측 사료를 대량 발굴, 인용하였을 뿐만 아니라 현지조사와 당사자들의 인터뷰를 통하여 일제가 "집단부락" 설립을 계획하고 추진하는 전반과정을 구체적이고 설득력 있게 논증하였다.

그리고 정책사 부분에서는 강룡범의 『근대 중조일삼국의 간도조선인에 대한 정책 연구』, 박금해의 『일본의 동북조선인에 대한 식민주의 교육정책 연구』, 팽회빈의 『봉계군벌이 동북조선인에 대한 정책 연구』 등이 주목된다. 강룡범은 중・조・일 삼국이 동북지역 조선족에 대한 정책과 그 영향을 비교분석하였다. 본 연구는 크게는 청조와 중화민국 두 개 시기로 나누어 청조시기에는 주로 조선인들의 시기별 이주형태의 변화와 정착과정을 상세히 규명하였으며, 민국시기에는 조선족사회단체인 간민회, 농무계, 농민회, 공교회 등 조직의 건립과 활동을 중심으로 조선족사회의 형성과 발전을 규명하였다. 본 연구에서 간민회는 자치단체의 성격을 구비하지 못한 일반적인 사회단체에 불과하며, 1909년 중・일 간에 체결된 『간도협약』은 청조의 부패무능을 집중적으로 반영한 것이라고 주장했다.[17] 박금해는 20세기 초부터 광복에 이

---

16 정광일, 「일위시기 동북조선족 "집단부락" 연구」, 연변대 박사논문, 2010.
17 강룡범, 『近代中朝日三國對間島朝鮮人的政策硏究』, 흑룡강성조선민족출판사, 2000.

르기까지 일본의 동북조선인에 대한 식민주의 교육정책을 학교교육을 중심으로 심층 분석하였다. 본 연구는 일제의 동북조선인에 대한 식민교육의 시기별 변화와 특징, 조선족사회에 미친 영향을 상세히 규명하였다. 그리고 풍부한 사료를 인용하여 일제 식민주의 교육정책의 본질을 폭로하는 한편 조선인사회가 민족교육을 보존하기 위하여 어떻게 식민교육에 능동적으로 대처하였는가를 체계적으로 천명하였다.[18] 팽회빈은 중화민국시기 장작림을 위수로 한 봉계군벌 당국의 동북지역 조선인에 대한 정책을 검토하였다. 본 연구에서는 봉계군벌이 조선인들에 대한 정책의 변화과정을 정치, 경제, 교육 등 세 개 방면으로 나누어 분석하였으며, 일제와의 모순과 충돌 속에서 이른바 "주권보호"라는 명의하에 실시한 압박과 구축정책의 본질과 조선인사회에 미친 영향을 규명하였다.[19]

### 3) 항일무장투쟁사 부분

항일투쟁사 부분에서는 김양의 『압록강류역의 조선민족과 반일투쟁』,[20] 김성호의 『동만 항일혁명투쟁 특수성 연구』,[21] 이광인의 『인물 조선족 항일투쟁사』,[22] 양소전 · 김춘선 등의 『중국 조선족 혁명투쟁사』[23]가 주목된다. 김양은 남만지역 즉 현재의 요녕성 일대 조선족사회의 역사를 조선인의 이주와 공동체의 형성, 황무지개척, 의병 및 항

18 박금해, 「일본의 동북조선인에 대한 식민주의 교육정책 연구」, 연변대 박사논문, 2007.
19 팽회빈, 「봉계군벌의 동북조선인에 대한 정책 연구」, 연변대 박사논문, 2010.
20 김양, 『압록강류역의 조선민족과 반일투쟁』, 요녕민족출판사, 2001.
21 김성호, 『동만 항일혁명투쟁 특수성 연구』, 흑룡강조선민족출판사, 2006.
22 리광인, 『인물 조선족 항일투쟁사』 1~4권, 한국학술정보, 2005.
23 양소전 · 김춘선 외, 『중국 조선족 혁명투쟁사』, 길림인민출판사, 2007.

일운동, 반제·반봉건투쟁 등으로 나누어 상세히 서술하였다. 특히 김양은 동북지역의 중화민국 당안 자료를 새롭게 발굴하여 기존에 연구되지 않았던 허다한 문제들을 재규명함으로써 요녕성 일대 조선족사회에 대한 연구수준을 크게 제고시켰다. 김성호는 1930년대 중공 동만당 내에서 전개된 「반민생단투쟁」을 주제로 '민생단' 조직의 성격과 「반민생단투쟁」의 역사적 원인, 영향 및 경험교훈을 분석 규명하였다. 즉 「반민생단투쟁」은 중공이 조선민족과 그들의 항일혁명을 재인식하고 그 인식이 심화 발전하는 과정이며, 중조 두 나라 항일연합전선이 보다 높은 차원에서 새롭게 형성되고 발전하는 과정이라고 주장하였다. 이광인은 조선족의 항일투쟁사를 인물전기 형식으로 엮어 학술적인 성과뿐만 아니라 후대들에 대한 혁명전통 교양과 독자들의 저변확대에 크게 기여하였다. 4권으로 된 인물전은 남성편 2권, 여성편 1권, 아동편 1권으로 도합 142명 항일투사들의 영웅적 사적을 생동하게 표현하고 있어 독자들의 관심을 끌었다. 길림성 사회과학원의 중점 프로젝드인 『중국 조선족 혁명투쟁사』는 『조선족약사』 출간이후 정부와 학계, 그리고 조선족 학자와 기타민족 학자들이 공동으로 집필한 최초의 대형 연구 저서이다. 본 연구는 비록 투쟁사라는 한계를 가지고 있지만 중국 조선족의 이주와 정착, 국적문제, 민족주의 계열의 반일운동, 조선공산주의자들의 반제·반봉건 투쟁, 관내지역 조선인 단체들의 활동 등에 대하여 전면적이고 객관적으로 서술, 평가함으로써 조선족 역사 연구에 크게 기여하였다.[24]

항일투쟁사 연구에서 또 한 가지 주목되는 것은 조선공산주의자들의 "이중사명"에 관한 연구이다. 동북지역에서의 조선족의 민족해방운동은 두 차례의 변화, 발전과정을 거치는데 첫 번째는 민족주의 진영의 조

24 2010년, 길림성정부, 길림성사회과학 연구저서 2등상을 수상하였다.

선독립운동에서 공산주의 운동에로의 전환이고, 두 번째는 "조선혁명연장론"에서 "이중사명"으로의 전환이다. 황윤호의 박사논문 「조선공산주의자들의 "이중사명" 연구」[25]에서는 일제의 조선강점으로 인한 '이중국적' 문제를 정밀히 검토하면서 중국 조선족사회가 갖고 있는 이중적 성격을 규명하였으며 나아가 조선공산주의자들의 "이중사명" 즉, "조선의 독립"과 "중화민족의 해방"은 특정한 역사시기의 산물임을 논증하였다. 그리고 이러한 "이중사명"은 일제의 멸망과 광복으로 끝나는 것이 아니라 조선의 완전한 독립과 민족의 철저한 해방을 쟁취하여야만 완성된다고 주장하였다. 이는 단순히 "조선혁명"과 "중국혁명"이라는 과거의 "이중사명" 시각에서 벗어나 공산주의자들의 역사적 사명인 계급해방을 "이중사명"의 중요한 내용으로 설정하고 있다는 점에서 사학계에 신선한 충격을 주고 있다. 뿐만 아니라 조선공산주의자들의 "이중사명"에 대한 이론적 정립은 구체적인 역사인물, 사건, 단체들에 대하여 실사구시로 평가할 수 있는 새로운 방법론을 제시하는 것으로써 민족주의자들의 독립운동, 사회주의자들의 반제·반봉건 투쟁, 그리고 조선공산주의자들의 중공가입 문제 등 일련의 중대한 역사사건들을 객관적이고 올바르게 평가할 수 있는 이론적 근거를 제시해 주었다고 평가된다.[26] 특히 이 같은 연구 성과는 조선족의 역사를 과거 조선사거나 혹은 중국소수민족사 어느 한쪽에만 귀속시키려던 편면적인 경향에서 벗어나 시각(조선사 혹은 중국소수민족사)에 따라 해외 조선민족사 혹은 중국의 소수민족사로 볼 수 있다는 "일사양용(一史兩用)"의 이론체계를 정립시키는데 크게 공헌할 것으로 기대된다.

---

25 황윤호, 「조선공산주의자들의 "이중사명" 연구」, 연변대 박사논문, 2012.

26 조선족의 "이중사명" 문제에 대한 해결은 일제 측 자료에 의해 1920~30년대 중국 조선족사회의 주요모순을 "중국인 지주와 조선인 소작농"이라는 편면적 견해를 극복하는데도 크게 기여했다.

### 4) 경제사 부분

앞에서 살펴본 바와 같이 20세기 말까지 중국 조선족 역사 연구는 주로 투쟁사에 편중되는 경향을 보였다. 그러나 21세기에 들어와 손춘일의 『해방 전 동북조선족 토지관계사 연구』 상・하[27]와 『"만주국"시기 조선개척민 연구』 등이 발표되면서 경제 분야에 대한 연구도 새로운 국면을 맞이하게 되었다. 『해방 전 동북조선족 토지관계사 연구』는 토지관계사 측면에서 중국 조선족의 이주와 정착, 조선족사회의 형성과 발전을 규명하였으며, 『"만주국"시기 조선개척민 연구』는 일제와 위만주국의 조선인 개척민에 대한 정책과 조선족개척민들의 생활실태를 집중 분석하였다. 이들 연구는 일제의 조선인 이주민들에 대한 이주 및 통제정책 나아가 조선인을 이용한 대륙침략 정책, 즉 "통제와 이용", "통제와 안정", "통제와 무육" 정책을 심도 있게 분석, 정리하였다. 뿐만 아니라 이러한 연구는 일제의 대외침략의 본질과 만행을 폭로함은 물론이고, 또 조선족인민들이 무엇 때문에 일제의 식민통치를 뒤엎기 위해 굳함없이 싸웠는가를 경제적 측면에서 설득력 있게 설명해줌으로써 조선족사 연구의 질적 수준을 한 단계 끌어 올리는데 기여했다고 평가된다.

### 5) 반일투쟁유적지 연구

근현대사분야의 역사연구는 주로 문헌자료에 대한 정리와 분석으로부터 비롯된다. 그러나 철저한 실증연구를 진행하려면 문헌자료 뿐만 아니라 당사자들의 인터뷰, 현지답사 등도 동반되어야 한다. 김철수의

27 손춘일, 『해방 전 동북조선족 토지관계사 연구』 상・하, 길림인민출판사, 2001.

『연변 항일사적지 연구』[28]와 김성룡의 『불멸의 발자취』[29]는 바로 중국 조선족들의 항일유적지를 답사한 대표적인 연구저서이다. 김철수는 연변일대의 유적지를, 그리고 김성룡은 중국 관내지역의 유적지를 답사하여 문헌자료에서 나타나지 않았던 조선족의 항일투쟁사를 새롭게 조명하였다. 유적지 답사에서 이들은 문헌자료, 당사자들의 증언, 현지에서 발굴된 유물 등을 토대로 철저한 고증과 분석을 거쳐 유적지의 형태 및 역할에 대하여 상세히 규명하였다. 그리하여 연변지역에서 전개되었던 청산리전역은 물론이고 1930년대 항일연군들의 숙영지, 회의장소, 전투지점 등도 재조명되었으며, 지금까지 잘 알려지지 않았던 관내지역, 즉 북경, 천진, 광주, 서금, 남창, 구강, 무한, 상해, 남경, 중경, 태항산 일대, 서안, 연안 등지의 조선족 항일투쟁 사적들이 대량 발굴되어 중국 조선족사 연구에 크게 기여하였다. 그리고 2005년 연변역사학회에서는 안중근의사가 연변지역에 남긴 발자취를 정밀 추적하여 『연변지역 안중근의사 항일활동유적지 조사보고서』[30]를 출간하였다. 답사를 통하여 용정시 명동일대와 훈춘시 경신일대에서 안중근의사의 행적을 새롭게 발굴할 수 있었으며, 기존 항간에서 나돌던 안중근의사의 전설적인 이야기의 진위를 새롭게 규명할 수 있었다.

### 6) 『중국조선족통사』와 『중국조선족사료전집』

연변지역에서의 중국 조선족사 연구는 20세기 후반부터 본격화되었다. 특히 1990년대에 이르러 국내외 학술교류가 활발히 이루어지면

---

28 김철수, 『연변 항일사적지 연구』, 연변인민출판사, 2001.
29 김성룡, 『불멸의 발자취』, 민족출판사, 2005.
30 김춘선 외, 『연변지역 안중근의사 항일활동유적지 조사보고서』, 독립기념관, 2005.

서 조선족 역사 연구는 국내외 많은 학자들의 관심의 대상이 되었다. 위에서 언급한 바와 같이 1980~90년대 자료의 발굴과 현지답사를 통해 구체적인 실증연구가 이루어졌으며, 이를 토대로 20세기 초에는 수많은 박사논문과 전문적인 연구저서들이 연이어 출간되었다. 이러한 연구 성과를 토대로 2010년 『중국조선족통사』 상 · 중 · 하 세권이 출간되었다.[31] 김춘선의 주필로 된 『중국조선족통사』는 13명의 조선족 중견학자들이 공동으로 집필한 것이다. 본 연구는 조선족 역사의 발전과정과 특징에 근거하여 청조시기, 민국시기, 항일전쟁시기, 해방전쟁기시 등 4편으로 나누어 정치, 경제, 문화 등 조선족 역사의 모든 면을 총 망라한 대형 역사저서로서 지금까지 각 분야별로 연구된 성과들을 체계적으로 집대성하였다는 점에서 연구사적 의의를 지니고 있다고 평가된다. 이외에도 연변대학 민족연구소와 고적연구소에서는 국내외의 중국 조선족사 연구전문가들의 적극적인 협조하에 2010년부터 『중국조선족사료전집』을 출간하고 있다. 도합 100권으로 계획된 사료선십은 현새 역사편, 경제편, 신문잡지편 등 33권이 출간되었다. 중국국가출판총서의 중점항목, 중국 소수민족 우수도서로 선정된 사료전집의 출간은 금후 조선족 역사연구에 풍부하고도 보귀한 자료들을 제공하는데 크게 기여할 것으로 평가된다.

31 김춘선 주필, 『중국조선족통사』 상 · 중 · 하, 연변인민출판사, 2010.

## 4. 조선족 역사 연구의 과제와 전망

지금까지 조선족사 연구는 국내외의 사학자들의 공동한 노력으로 괄목할 만한 성과를 거두었다고 볼 수 있다. 특히 21세기에 발표된 연구 성과들은 자료가 풍부하며 관점이 분명하고 시각이 참신함으로써 전 시기에 비해 양적, 질적 면에서 현저한 제고를 가져왔음이 확인된다. 이러한 연구 성과들에서는 장기간 역사학계에서 논쟁되어 오던 중국 조선족 역사의 상한선 문제, 조선족의 "이중국적"과 "이중사명" 문제, 민족주의자들의 반일투쟁에 관한 성격문제, 조선공산주의자들의 중공가입과 "조선인민혁명군" 문제 등 허다한 문제들에 대하여 보다 깊은 연구가 이루어졌음을 알 수 있다. 그러나 금후 조선족사 연구과제와 전망을 그려보면 아직도 허다한 문제점들이 존재한다.

첫째, 조선족사 연구범위가 너무 좁고 연구방법도 다양하지 못하다. 지금까지의 조선족 역사 연구는 모두 중국 조선족의 역사에만 집착하는 경향을 보이고 있다. 조선족은 천입민족이기에 이주 지역의 시기별 역사 사회적 환경, 지방당국 및 기타 민족과의 관계 등도 함께 연구되어야만 디아스포라로서의 조선인의 이주, 정착, 발전과정과 민족정체성을 다각적으로 규명할 수 있는 것이다. 그리고 중국 조선족 역사를 해외 조선민족사의 시각에서 미국, 일본, 러시아 등지의 조선인사회 역사와 비교연구를 진행하여 공통점과 차이점을 찾아내야만 중국 조선족 역사의 특징을 규명할 수 있다. 뿐만 아니라 중국 소수민족으로서 기타 지역의 소수민족과도 서로 비교하는 등 다양한 연구방법도 시도되어야 한다.

둘째, 지방사 연구와 밀접히 결합되지 못하고 있다. 조선족의 대부분은 동북지역에 거주하고 있다. 그러므로 동북지방사에 대한 연구는 조선족 역사 연구와 불가분의 관계를 이루고 있다. 그럼에도 불구하고 지금까지의 연구는 이에 충분한 중시를 돌리지 못하고 여전히 조선족 역사의 구체적인 단체나 사건에 대한 실증연구에만 집착하고 있는 경향이 있다.

셋째, 역사연구가 현실문제와 접목하지 못하고 있다. 연변지역의 조선족 사학계에서는 지금도 건국후의 역사에 대하여 거의 취급하지 않고 있다. 건국 후 중국 내에서 전개되었던 사회주의 개조와 정치운동이 조선족사회에 어떠한 영향을 미쳤는가를 시급히 연구하여야 한다. 특히 "문화혁명"시기 조선족사회의 파괴와 개혁개방시기 조선족의 전통적인 농경문화의 쇠퇴, 민족문화교육의 퇴보 등에 대하여 객관적이고 과학적인 연구를 진행하여야 한다.

## 5. 맺음말

주지하는 바, 지금까지의 중국 조선족사 연구는 상당한 성과를 거두었음에도 불구하고 많은 문제점을 내포하고 있다. 역사연구는 미래 지향적이어야 한다. 특히 21세기에 들어와 조선족 역사 연구에 종사하는 사학자들은 과감히 낡은 관념을 버리고 시대의 발전에 적응하여야 한다. 그러기 위해서는 우선 역사이론 연구를 강화하여 부단히 연구방향과 방법론을 개척하여야 한다. 21세기의 사학은 국경과 지역을 초월한 전 세계의 역사를 포함하고 있다. 냉전에서 화해로 분단에서 통일로 나가는 세계적 흐름 속에서 조선족사 연구도 중국소수민족사의 일환으로 그리고 남, 북조선을 중심한 조선민족의 통일역사를 엮어가기 위하여 분발 노력하여야 할 것이다.

# 재만조선인 항일투쟁사 서술과 '중국 조선족'의 탄생*

염인호

## 1. 머리말

재만 조선인 항일투쟁 역사는 중국에서 꾸준히 연구되어오고 있다. 재만 조선인 항일투쟁사는 중국 만주에서 진행되었기 때문에 일차 자료 확보나 답사의 측면에서 한국에 비해 중국에서의 연구는 유리한 점이 대단히 많다.[1] 앞으로 재만 조선인들의 항일투쟁사 연구에서는 중국학계의 연구를 더욱더 학습하고 받아들여야 할 것이다.

본고에서는 중국학자들이 펴낸 대표적인 역사서들의 재만조선인

* 이 글은 『한국학연구』 28집(인하대 한국학연구소, 2012)에 실린 것을 수정・보완한 것임.

1 이점에 대해서는 김성호, 『1930년대 연변 민생단사건 연구』, 백산자료원, 1998, 10~11쪽.

항일투쟁사 연구 성과들을 분석하고자 한다. 『5천 년 간의 중조우호관계』(1951), 『조선족간사』 초고본(1964), 『조선족간사』 완성본(1986), 『중국 조선족 혁명투쟁사』(2007) 등 4가지 책을 그 대상으로 삼는다.[2]

『조선족간사』 초고본 및 완성본 그리고 『중국 조선족 혁명투쟁사』는 모두 주요 내용이 "수탈·침략과 저항"이라는 구조로 이루어져 있으므로 사실상 같은 계열의 책이며, 모두 중국을 대표할 만하다. 이들은 개인 저작이 아니라 대표적 전문 학자들이 집체적으로 오랜 기간 연구하여 집필하였는데, 특히 관련 연구자들의 세밀한 검토와 중국공산당 조직의 지지와 동의를 거쳤다는 특징이 있다. 이 3가지 책은 공식성을 띤다. 셋 중 공간된 『조선족간사』 완성본과 『중국조선족 혁명투쟁사』가 갖는 영향력은 대단히 컸다고 할 수 있다. 그에 비하면 『5천년 간의 중조우호 관계』는 이 세 책에는 미치지 못하지만 현재로서는 이를 대체할 만한 책을 발견하지 못했다. 향후 대체할만한 논저가 발견되면 수정할 수 있을 것이다.

본고에서는 이상의 책들을 분석함으로써 첫째, 재만 조선인 항일투쟁사에 대한 이해 폭을 넓히려 한다. 분석을 위한 선행조치로써 당시 시대 상황을 각각 먼저 살피기로 한다. 역사서는 그 시대 환경의 영향을 많이 받기 때문이다. 둘째, 책 분석을 통해 중국의 조선족 정책사의 흐름을 파악하고자 한다. 미리 말한다면, 이들 책을 분석해 보면 중국은 한반도 남북의 한국·조선인과 다른 민족정체성을 지닌 '조선족'을 탄생시키고 이를 굳히고자 해왔음을 알 수 있다.

---

2 1964년 장춘에서 발간된 『朝鮮族簡史(初稿)』는 "『朝鮮族簡史』 초고본"으로 칭하고 이것을 수정하여 1986년 연길에서 펴낸 『朝鮮族簡史』는 "『朝鮮族簡史』 완성본"으로 칭하기로 한다. 이 초고본과 완성본이 제작되는 과정은 본문에서 다룬다. 한편 『朝鮮族簡史』(1986)의 한글 번역본인 『조선족략사』가 같은 해인 1986년에 출간되었다. 본고에서는 통일성을 기하기 위해 한글번역본도 본문에서는 "조선족간사"로 쓰고 각주에는 원 이름인 "조선족략사"로 쓰기로 한다.

## 2. 『五千年間의 中朝友好關係』(1951)

### 1) 책의 발간 경위와 시대적 배경

이 저서는 북경대학의 6명의 학자들이 각 시대 별로 집필하여 1951년 10월에 출간한 것으로 140여 쪽 되는 소책자이다.[3] 이 저서에서는 上古時代, 漢唐時代, 五代宋遼金元時代, 明代, 淸代, 現代에서의 각각 중조 우호 관계를 서술하였다. 본고에서는 6편 가운데 楊翼驤, 「現代中朝友好關係」를 분석한다. 이글은 부제 "조선민족해방운동과 중조인민우호관계"가 보여주고 있듯이 조선인의 독립운동과 이때의 중조 협력관계를 서술하고 있다. 이 글은 조선 국내의 독립운동, 만주에서의 독립운동, 중국 관내지방에서의 독립운동, 그리고 해방에서 한국전쟁까지의 정치사 등 4부분으로 되어 있다. 이 책이 나왔던 시대적 배경으로는 다음과 같은 것이 있다.

첫째, 한국전쟁이 진행 중이었다. 이 책의 발간은 중국 인민지원군 참전의 정당성을 역사적으로 뒷받침하고 이를 중국 대중들에게 선전하는 데 그 목적이 있는 것 같다. 책의 후기에 따르면 미 제국주의자들이 "우리의 이웃나라" 조선을 멋대로 침략하고 있는데 그들의 의도는 조선에 그치는 것이 아니라 중국 나아가 아시아, 세계의 병탄과 지배에 있음은 과거 임진왜란이나 1894년 일본이 한 짓을 생각하면 명백해진다고 하였다. 중국과 조선은 옛날부터 함께 생존을 도모하고 분투하였으며 복과 화를 나누어 가졌고 환난을 같이한 형제라고 하였다. 그래서 중·조 양국의 옛날부터 지금까지 맺어 온 우호관계의 역사적 사

3 張政烺 等著, 『五天年來的中朝友好關係』, 開明書館, 北京, 1951.10.

실을 한 권의 소책자로 발간하게 되었다고 하였다.[4]

둘째, 책이 집필될 당시 만주 조선인들에게 있어서 조국은 중국이 아니라 한반도 혹은 북한이었으며 당시 만주 조선인은 이중국적의 상태에 놓여 있었다. 8·15 후 만주 조선인들은 중국인으로서가 아니라 한반도인과 같은 민족정체성을 지녔었다. 남한에서 반탁운동이 전개되면 우리인들 어찌 조국의 운명에 눈감고 지내랴 부르짖고 반탁운동을 전개하였다. 중국공산당 또한 조선인들의 조국이 한반도임을 인정하였다. 중공 연변 지부가 1948년 8월 15일 작성한 문건에 의하면 연변 조선인들은 조국이 있는 소수민족이라고 하였다. 조선 인민들이 도강해 연변에서 산 세월은 오래되었지만 조선을 조국으로 생각하는 사상이 농후하다고 하였다.[5] 그것은 지리적 근접성 때문이라고 하였다. 그 지리적 근접성이야말로 조선유일조국관을 유지하는 근본 조건이며 각도를 달리하여 말하면 중국유일조국관을 갖기 힘들게 하는 조건이었다.

한편 북한 정부가 수립된 직후인 1948년 말에 중공 연변지방위원회 서기 劉俊秀가 작성한 문서에 의하면 만주 조선인들의 조국은 조선민주주의 인민공화국이라고 하였다. 나아가 자신들의 조국이 제국주의의 침략을 받으면 만주 조선인들은 조국을 보위해야 할 의무가 있다고 함으로써 국방의 의무까지 부과하였다. 한반도에서 전쟁이 나면 조국으로 돌아가 참전해야 하는 존재였다.[6]

劉俊秀는 오랜 세월이 지난 1987년에 작성한 회고록에서 자신이 중공 연변지방위원회 서기로 있을 때 만주 조선인들의 이중국적을 허용했다고 회고하였다.[7] 이때의 이중국적이란 오늘날의 개념과는 다르

---

4 위의 책, 139쪽.

5 염인호, 『또 하나의 한국전쟁—만주 조선인의 '조국'과 전쟁』, 역사비평사, 2010, 187~188쪽.

6 위의 책, 188쪽.

7 류준수, 「조선족 인민들 속에서」, 『승리』, 북경 : 민족출판사, 1992, 711쪽; 김춘선, 「재

다. 중국에 있으면 중국의 공민이 되지만 강 건너 북한으로 들어가면 별다른 절차 없이 곧 조선공민이 되며 군인 신분으로 건너가면 조선인민군이 되고 중공 당원 신분으로 가면 조선노동당 당원이 되는 것을 의미한 것이다. 물론 부상 등의 이유로 북한에서 만주로 돌아오면 다시 중국의 공민이 되는 것도 포함되어 있었다.[8]

셋째, 책 발간 당시 중국 조선인들은 북한 측의 영향을 많이 받고 있었다는 점이다. 1946년 혹은 1947년의 경우 북만주의 초 중등학교에서는 북한의 임시인민위원회 교육국이 제작한 역사책을 교과서로 활용하였다. 1948년 4월 연변의 교육자회의가 열렸을 때 북한 인민위원회 측 담당자도 참석하였다. 1948년 봄부터 1년간 연변의 행정 최고 책임자는 김일성이 파견한 인물이었다. 1949년 4월에 개교한 연변대학은 교재나, 강의 방법, 학교 운영 등에서 북한 측의 영향을 많이 받았다.[9]

넷째, 한반도로의 귀환이 장려되었다. 국공내전에 참전하여 대원들

---

만한인의 국적문제」, 중국해양대 해외한국학 중핵대학 사업단 편, 『귀환과 전쟁, 그리고 근대 동아시아인의 삶』, 경진, 2011, 34쪽.

8 연구자에 따라서는 "광복 직후에는 韓人들에게 이중국적을 부여하는 방법으로 해방구 내 민주정권 건설과 토지개혁을 추진하고자 했다"고 하고 "이중국적자인 한인들에게도 중국인과 똑같이 무상으로 토지를 분배"하였다고 하여 토지개혁 시작(1946.7) 이전에 이중국적을 부여한 것으로 설명하고 있는 경우도 있다. 그러나 劉俊秀가 중공 연변지위 서기를 맡았던 시기가 1948년 5월에서 1949년 2월인 점에서 미루어 보아 이중국적 부여는 1948년 5월 이후, 특히 북한 정부 수립 이후로 봐야 할 것이다. 유준수의 언급대로 조선인들의 조선조국관 고수가 이중국적을 부여하게 되는 가장 큰 요인이었지만 중공은 이중국적 허용을 통해 재만 조선인의 한반도 내전 참전을 촉진시킬 수 있었다. 북한 정부 수립 직후 만주 조선인 사회에서 대대적으로 전개된, '조선 중앙정부' 수립 축하운동, 축하대회식장에서의 정부 수립을 지지하는 서명운동, 정부 수립 축하대표단의 평양방문 그리고 조선인 부대 3개 사단과 1개 연대의 북한 이동, 戰傷者의 만주로의 귀환 등등은 모두 만주 조선인들이 당시 이중국적 상태에 놓여 있음을 보여주는 실례들이 될 것이다.(김춘선, 위의 글, 34~37쪽; 중공 연변주위 조직부 외편, 『중국공산당 연변조선족자치주 조직사』, 연변인민출판사, 1991, 153쪽).

9 염인호, 「근현대 중국 동북지방 조선인의 민족정체성과 교육—1947년, 하반기, 조선인 교육의 변화」, 『한국학 논총』 37, 국민대 한국학연구소, 2012, 604쪽; 염인호, 앞의 책, 2010, 제5장.

을 이끌었던 조선인 지도자들은 국민당을 섬멸한 후 조국으로 돌아간다는 것을 부하 장병들에게 천명했다. 조선의용군 3지대를 이끌었던 주덕해는 중국에서 전술을 터득하여 조선으로 간다고 했다. 또 중국인민해방군 156사 부사단장 전우는 조선인 대원들에게 같은 주장을 하였다.[10] 특히 한국전쟁이 발발하면 당 기관지 동북조선인민보에는 조국으로 돌아가 참전하겠다는 조선인들에 관한 보도를 크게 그리고 많이 싣고 있는데 이 신문이 중공의 기관지라는 측면을 고려해보면 이런 기사를 통해 당은 조선인의 귀국을 독려했다고 볼 수 있을 것이다. 그런 가운데 수만 명의 재만 조선 청년들이 군인으로 혹은 군무원으로 통역으로 한국전쟁에 참전하였던 것이다.

### 2) 내용상의 특징 - 양국 인민의 국제주의 기치하의 단결

#### (1) 만주 입경과 조국 귀환

楊翼驤의 「現代 中朝友好關係」에서는 조선인의 만주로의 이동이나 귀환에 대해서 비교적 선명하게 서술하고 있는데 이점은 뒤에서 볼 책들과 다른 점이다. 이 글에서는 조선인들의 만주 입경을 조국 한반도 독립운동과 관련지어 설명하고 있다. 즉 조선인민들은 "불필요한 손실을 줄이고 慘重한 희생을 피하며" 독립해방운동을 강력하게 추진하기 위해 무리를 지어 중국 동북지방으로 들어왔다고 하였다.[11] 중국혁명 혹은 중화민족해방을 위해 이동한 것이 아니었다. 이들의 이후 활동 지향점이 무엇인지를 시사하고 있다.

---

10 전우의 주장에 대해서는 위의 책, 2010, 270쪽.
11 張政烺 等著, 앞의 책, 128쪽.

이 글에서는 귀환에 대해서도 서술하고 있는데 이것 역시 나중의 책들과 구별되는 점이다. 소련군의 참전으로 일본군이 궤멸되고 일본정부가 항복함으로써 소련은 북한을 해방시켰는데 이에 따라 중국에서 오랜 세월을 보낸 조선인민들은 일찍이 느껴보지 못한 흥분과 기쁜 마음으로 "조국의 품안(懷抱)으로 돌아갔다"고 서술하였다.[12] 다음 장부터 설명이 되겠지만 어느 시점부터 중국은 만주 조선인들의 북한으로의 입국에 대해서는 엄청난 경계심을 갖고 있었다. 그러나 이 저서가 집필되고 발간되던 당시는 앞의 절에서 언급했듯이 조국 한반도로의 귀환을 장려하던 때였다. 그런 만큼 이 책에서도 8·15후 조국으로 돌아가는 것을 무척 영광스러운 일로 묘사하고 있었던 것이다.

### (2) 조공 만주총국과 김일성의 역할

楊翼驤의 글에서는 조선 연장주의에 입각해 활동했던 조선공산당 만주총국의 역할을 부각시키고 있다. 즉 "1926년에 조공 동북총국이 설립되어 동북의 조선인민을 영도하고 중국인민과 긴밀히 합작하여 적극적으로 반일활동을 전개"했다고 서술하였다.[13] 조선공산당 만주총국이라는 이름은 1964년의 조선족간사의 초고본이나 1986년의 완성본에서는 한 번도 등장하지 않는다.[14]

이 글에서는 한편 김일성의 역할을 크게 부각시키고 있다. 즉 만주사변 발발 후 김일성은 일본의 잔폭한 박해하에서는 평화적인 방식이나 零散적인 폭동으로는 곤란하며 조직적인 무장투쟁을 전개해야 한다고 판단하고 그에 따라 그는 무장대오를 조직키로 결심했다고 하였

12 위의 책, 134쪽.

13 위의 책, 128~129쪽.

14 반면 이 책에서는 중국공산당의 존재는 나오지 않는다. 북한 측 역사서에 따른 것이면서 아울러 북한과 김일성을 배려한 조치일 것이다.

다. 그리하여 조선인민의 해방투쟁은 무장투쟁이라는 새로운 단계로 진입했다고 서술하였다.[15] 김일성의 판단과 결심이 만주사변 이후 항일무장투쟁이라는 노선 변화에 아주 중요하게 작용했음을 보여주는 것이라 하겠다. 같은 글에서는 만주지방의 중요한 유격부대로 반석유격대, 동만유격대, 주하유격대, 영안유격대, 탕원유격대, 요하유격대 등을 들었다.[16]

이 저서에서는 특히 조국광복회 활동을 부각시키고 있다. 즉 "조선민족의 영수 김일성 장군은 모든 조선인민의 혁명역량을 조직하기 위해 반일민족통일전선 조국광복회를 조직하고" 나아가 "일제를 타도하고 조국의 민주독립을 위한 10대 강령을 발표"했으며 이후 허다한 정치공작원을 국내로 파견하여 혁명군중을 지도했다고 서술하였다.[17] 물론 여기서 말하는 조국은 중국이 아니라 한반도였다.

김일성을 부각시키는 이러한 서술은 1949년 평양에서 발간된 『조선민족해방투쟁사』 등 북한의 역사서적을 많이 원용했을 것이다.

#### (3) 조·중 양국 인민의 국제주의 연대

이 책에서는 주어가 '조선족' 혹은 '각족 인민'이 아니라 '조선 인민' 혹은 '조 · 중 양국 인민'이다. 특히 만주에서 중국과 조선 '양국 인민'이 단결하여 항일투쟁을 전개했음을 부각시키고 있다. 조선공산당 만주총국이 만주 조선 인민을 영도하고 "중국 인민과 긴밀히 합작하여" 적극적으로 반일활동을 전개했다고 했다. 그리고 1930년에 진행된 조선인들의 하얼빈 일본영사관 습격사건이나 5 · 30간도폭동, 길돈8 · 1폭동 등은 조선 애국지사들의 반일투쟁의 현저한 표현인데 이 투쟁들은 모두

---

15 張政烺 等著, 앞의 책, 129쪽.
16 위의 책, 129쪽.
17 위의 책, 130쪽.

"중국 인민의 원조와 합작" 위에서 진행되었다고 서술하고 있다.[18] 만주사변 발발이후 전개된 항일무장투쟁에 대해서도 중조 양국 인민이 "긴밀히 합작하고", "배합하여 작전"함으로써 유격전쟁의 기초는 날로 공고해졌다고 하였다. 특히 1936년에는 "동북의 중조 인민 항일무장투쟁의 영도자들은 연계를 강화하고 영도를 집중하고 강대한 역량을 발휘하기 위해서 동북항일민주연군 통일조직을 성립"시켰는데 이후 장백산맥과 송화강 유역에서 장기적인 항일근거지를 건립했고 각로 유격군대는 항일무장투쟁을 전개하여 다대한 공적을 쌓았다고 하였다.[19]

이상에서 보듯이 만주에서 '양국 인민'이 연대・합작하여 항일투쟁을 전개한 것이었는데 이는 국제주의적 연대라 할 수 있을 것이다. 만주 조선인들은 8・15 후 중국 국공내전에 참전하여 국민당과 싸웠는데 이 경우에도 조선인들이 국제주의 정신을 실천한 것으로 표현되기도 했다.[20] 그러나 1960년대 이후의 역사책의 서술에서는 위에서 본 것 같은 정도의 열렬한 국제주의 정신은 사라졌다. 그리고 "양국 인민" 자리에 "중국 각족"이 들어와 차지했으며 조선인은 '중국 조선족'으로 탈바꿈 되었다.

북경대학 6명의 학자가 집필한 앞의 저서는 북한의 책을 많이 원용한 것으로 보인다. 그러나 일제시기 혹은 한국전쟁 당시 만주 조선인들의 민족 정체성을 비교적 정확히 반영하고 있다. 1951년 당시 만주에 살았던 사람들은 조선족이 아니었고 한반도 거주민과 같은 민족정체성을 지닌 조선인이었다.

---

18 위의 책, 129쪽.

19 위의 책, 130~131쪽.

20 국공내전에 참전했다가 북한으로 떠나는 조선인 부대에게 제4야전군 사령관 임표는 조선 장병들이 그간 실천해준 "고도의 국제주의 정신"을 찬양한 글귀가 수놓인 깃발을 전달하였다(염인호, 앞의 책, 2010, 272쪽).

## 3. 『朝鮮族簡史』 초고본(1964)

### 1) 책의 발간 경위와 시대적 배경

『5천 년 간의 중조우호관계』가 나온 지 13년이 지난 1964년 『조선족간사』 초고본이 장춘에서 인쇄되어 나왔다. 이 책의 발간 경위를 보면 다음과 같다.

중화인민공화국 건국 10주년을 앞둔 1956년 모택동과 당의 해당 부문의 결정에 따라 각 소수민족 簡史와 簡志를 발간하기로 결정하였다. 결정에 따라서 『朝鮮族簡史』와 『延邊朝鮮族自治州 州志』 집필이 시작되었는데 조선족간사는 연변대학이 전담한 것으로 보인다. 간사와 간지 발간의 목적은 중국공산당의 소수민족정책의 정당성을 홍보하는 데 있었다. 대체로 간사와 간지의 초고 작성은 1959년 말에 끝났다.[21] 그러나 무척 부실했던 것으로 보이며 이후 각 소수민족의 간사와 간지에 대한 보완작업이 전개되었다. 조선족간사도 일단 1959년에 완료된 것으로 보이며 이후 수정작업이 진행되었다.

필자는 1963년에 나온 『吉林省延邊朝鮮族自治州 州志』 초고본(타자본)과 1964년에 장춘에서 인쇄된 『朝鮮族簡史』 초고본을 구할 수 있었는데 여기서는 『조선족간사』 초고본을 중심으로 살핀다.[22] 이 책에는 「소수민족간사 발간 취지」(1963)가 맨 앞에 실려 있는데 이점은 모든 소

21 "조선족략사" 편찬조, 『조선족략사』, 연길, 연변인민출판사, 1986, 1쪽.

22 『조선족간사』 초고본이 1961년 혹은 1962년에 나왔다는 설도 있다. 이것이 사실이라면 필자가 분석 대상으로 삼고 있는 1964년 본은 1961년 혹은 1962년 본이 한층 더 수정, 보완된 것이라 할 수 있다(박창욱 · 강만길, 「중국 연변, 민족해방운동사 연구의 고민과 과제」, 『역사비평』 26, 1994, 261쪽; 김춘선, 「연변에서의 조선족 역사연구 동향」, 『한국학연구』 28, 인하대 한국학연구소, 2012, 106쪽).

수민족간사의 경우에도 동일하다. 그 다음에는 조선족 역사 발자취를 시각적으로 보여주는 사진 19개가 설명문과 함께 배치되어 있고, 만주사변 발발 이후 공산 유격대 활동의 추이를 보여주는 지도 4장이 그 뒤를 잇고 있다. 이어 본문이 나오고 마지막에는 후기가 실려 있다.

이 초고본은 조선인의 월강천입에서부터 시작하여 항일투쟁, 해방투쟁, 항미원조전쟁, 조선족자치구의 성립은 물론이고 인민공사 건립 등 사회주의 개조 부분까지 다루고 있다. 전체 260여 쪽 가운데 항일투쟁사는 100여 쪽을 점하고 있다.

이 책을 이해하기 위한 역사적 배경으로는 다음을 들 수 있다. 첫째, 조선인은 중국유일조국관을 갖도록 규정되었으며 한반도조국관이나 이중국적은 더 이상 허용되지 않았다는 점이다. 중국 인민지원군의 참전(1950.10)을 계기로 '조국이 있는 소수민족' 혹은 '이중국적' 등 조선인에게 부여되었던 특수한 지위는 점차 폐기되었고 조선인은 여타 소수민족과 똑같은 지위를 갖도록 되었다. 그 점이 확실하게 공식화되는 시점은 연변조선민족자치구 성립(1952.9.3)이라 할 수 있다. 자치구 성립 기점부터 중국이 조선인의 유일한 조국이라는 점이 공식 확인되었던 것으로 보인다. 1952년 9월 15일부터 개최된 연변조선민족자치구 제1차 부녀대표대회에 참석한 어느 대표(朴粉玉)가 기록한 글에 의하면 참가자들은 중국을 조국이라고 분명히 칭했으며 '조선족', '한족'이라는 표현을 사용하고 있다.[23] 그 연장선상에서 1964년에 발간된 책의 명칭이 '조선족'간사였을 것이다.

둘째, 1950년대 말에는 군중동원 형식의 중국유일조국관 확산운동이 진행되었다는 점이다. 사실 중국만이 조선인의 유일한 조국이라는

23 노트 주인 박분옥은 연길현 제13구 中心完全小學校를 대표하여 출석한 것으로 보인다. 당시 "길림성연변조선민족자치구 제일차부녀대표대회"라는 글귀가 표지에 새겨진 노트를 모든 대표들에게 배부한 것으로 보인다.

공식적인 결정이 곧바로 일반 조선인들에게 침투된 것은 아닐 것이다. 연변대학 부총장을 지낸 정판룡의 회고에 의하면 자신은 연변대학을 졸업한 후 1955년에 소련으로 유학을 떠났고 1960년에 귀국하여 학교로 복귀하였다. 그런데 자신이 연변대학을 떠날 때만 해도 "중국에 사는 조선족들은 조국이 도대체 중국인지 아니면 조선인지 잘 분간하지 못했다"고 하였다.[24] 지식 청년이 그럴진대 일반인들은 더 말 할 나위가 없었을 것이다. 정판룡에 의하면 민족정풍운동(1958~59)을 거치면서 "오직 중국만이 우리 조국이지 결코 중국 아닌 또 다른 조국이 있을 수 없다는 것"으로 되었다고 한다. 그리고 "중국이 우리의 조국인 이상 우리도 크게 말하면 중국인이라는 것"이고 이로 인해 그전에 중국인이라고 불렀던 사람을 한족으로 그리고 조선인은 조선족으로 부르게 되었다고 하였다.[25]

민족정풍운동은 반우파투쟁에 이어서 전개된 것이다.[26] 반우파투쟁은 스탈린격하운동 시작 이후 헝가리 반공폭동 등 동유럽 공산진영이 요동치자 그것이 중국에 확산되는 것을 막기 위해, 중공이 시행한 대중 운동이다. 그런데 이 운동은 소수민족 지구에서는 중국유일조국관 확산운동과 결합되었다. 1957년 9월, 鄧小平은 「정풍운동에 관한 보고」에서 "조국통일과 민족의 단결에 해를 끼치는 자는 모두 우파"이며 소수민족에게 있어서 사회주의교육운동과 반우파투쟁은 '지방민족주의'를 반대하는 데에 역점을 두어야 한다고 지시하였다.[27] 이 반우파

24 정판룡, 『고향떠나 50년』, 북경 : 민족출판사, 2000, 187~188쪽.

25 위의 책, 188쪽.

26 1957년 여름부터 시작된 연변의 반우파투쟁, 그리고 1958년 봄부터 2년간 진행된 민족정풍운동에 대해서는 오태호, 「연변에서의 반우파투쟁」, 『풍랑』, 북경 : 민족출판사, 1993, 117~122쪽; 오태호, 「민족정풍운동 가운데서 생긴 력사의 오해」, 위의 책, 129~138쪽.

27 王柯, 『20世紀中國の國家建設と'民族'』, 東京大學出版會, 2006, 240~241쪽.

투쟁에서는 소수민족의 특수성을 옹호했던 사람들에 대한 투쟁이 전개되었는데 반우파투쟁은 연변에서도 전개되었다.

『연변일보』 1957년 10월 31일자 보도에 의하면 연변대학의 교원 리수송은 중국을 조국이라 부른 사람을 민족적 양심이 없는 사람으로 매도한 혐의 등으로 대학에서 투쟁을 당했다. 그는 얼마 후 길림성 백성 지구의 농장으로 추방되어 노동개조를 당해야 하였다.[28] 연변의 반우파투쟁은 민족정풍운동으로 이어졌다. 1958년 4월 중공 연변자치주위원회 부서기 김명한은 장문의 글을 발표(보고)했는데 그 가운데는 조국관에 대한 것이 있었다. 문장에서는 조선을 유일한 조국으로 생각하는 사람, 그리고 중국이나 조선이 모두 조국이라는 사람(다조국론자)들을 맹렬히 비난하였다.[29] 그의 결론은 중국만이 유일한 조국이라는 것이었다.

김명한의 보고를 기점으로 해서 연변의 각지 그리고 각 단위에서는 민족정풍운동이 전개되었고 조선유일조국관, 다조국관에 대한 비판이 대대적으로 진행되었다. 연변대학 역사학과 교수 김태국에 의하면 이때 진행된 민족정풍운동은 민족관·조국관·이념적인 측면에서 중국 조선족에게 지대한 영향을 미쳤다고 하였다. 이를 계기로 중국만을 자신의 유일한 조국으로 간주하기 시작했으며 조선족들로 하여금 민족·문화적인 측면에서 고국(한반도)에 대한 미련을 완전히 떨쳐버리고 중국 국민으로 살아가야 한다는 결심을 확실하게 굳히도록 하는 결과를 가져왔다고 한다. 이런 민족정풍운동의 결과로 조선족들은 한반도(고국) 와의 문화적인 연계보다는 중국 내의 다른 민족들과의 문화적인 교류를 통하여 조선족 특유의 새로운 민족문화를 창출하는 길로 나가게 되었다고 하였다.[30]

---

28 염인호, 앞의 책, 2010, 24쪽; 정판룡, 앞의 책, 192쪽.

29 「지방민족주의를 반대하고 민족단결을 강화하자!」, 『연변일보』 1958.4.26.

30 김태국, 「연변조선족자치주의 성립과 조선족 사회의 변천(1949~1965)」, 『연변 조

이 같은 의미를 갖는 민족정풍운동이 조선족 역사 서술을 촉진시킨 계기가 되었다. 연변대학에서는 1958년 5월부터 민족정풍운동이 진행되었는데 그 결과의 하나로 "중국조선족발전사"와 "중국조선족문학사" 두 과목이 증설되었고 이전에 있던 "조선사와 조선문학사" 과목은 나뉘어져 각각 "세계사"와 "세계문학사" 과목으로 편입되었다고 한다.[31] 한편 문화대혁명 당시에 제작된 자료에 의하면 연변대학 부교장 임민호는 1959년 '동북조선족사' 및 '동북조선족문학사' 과목을 개설했으며 지희겸과 고영일을 책임자로 하는 역사교연실(연구팀)을 개설하고 동북조선족사 저술작업을 개시하도록 했으며 이 사업은 연변대학의 중점사업으로 선정되었다고 하였다.[32] 요컨대 한반도 거주 조선인과 다른 중국 조선족의 역사와 중국 조선족의 문학사 과목이 처음으로 개설되었고 연구도 개시되었다는 것이다.

1964년에 발간된 『조선족간사』의 초고본의 탄생은 이 같은 작업 바탕위에 가능했을 것이다. 결국 조선족의 역사를 가르치고 조선족의 역사를 저술하는 작업은 반우파투쟁과 민족정풍운동의 산물이었고, 이 투쟁과 운동은 1956년에 결정된 소수민족 간사 발간 작업을 촉진시킨 계기가 되었던 것이다.[33]

셋째, 1960년대 초 재만 조선족 인민들이 대대적으로 脫中入北했다는 점이다. 대약진운동의 실패와 자연 재해로 기근이 들자 만주의 수많은 조선족 인민들이 두만강 혹은 압록강을 건너 중국을 탈출하여 북한으로 들어갔다. 문화대혁명 때 제작된 자료에 의하면 1961년부터 1965년 사이에 연변 각지에서 "나라를 배반하고" 북한으로 도망친 자가 28,000여

---

선족 사회의 과거와 현재』, 고구려연구재단, 2006, 173쪽.

31 朴文一・孫東植 主編, 『延邊大學校史(1949~2004)』, 延邊大學出版社, 2004, 120~122쪽.

32 염인호, 앞의 책, 2010, 18쪽.

33 위의 책, 17~18쪽.

명이나 되며 나라를 배반(叛國)한 사건은 5만여 건이 발생했는데 그중 연변의 처장급 이상의 간부가 관련된 것이 몇십 건에 달했다고 한다. 특히 1961년의 3개월 동안에는 무려 400여 명의 당·단원 간부가 북한으로 도망쳤다고 한다.[34] '나라를 배반하고 북한으로 도망간' 사람들 가운데는 현직 연변조선족자치주 부주장 석동수도 끼어 있었다.[35]

지식인들의 탈중입북도 심각하였다. 문혁 자료에 의하면 1949년부터 1964년까지 3개 고등교육기관에서 배양한 3,200여 명 졸업생 중 1,640명이 "나라를 배반하고" 북한으로 건너갔다고 한다.[36] 북한으로 건너간 사람들은 연변지방 사람에 한정된 것은 아니었다. 흑룡강성의 조선족들 가운데서도 두만강을 건너 북한으로 들어간 사람이 적지 않았다. 한 원로 학자의 증언에 의하면 3년 재해기간 조선족 5~6만 명이 북한으로 도망갔다고 한다.

김일성 등 북한의 지도자들은 만주에서 들어오는 사람들을 다 받아주었다고 한다. 심지어 독일제 기관차를 국경지대로 보내 "귀국민 열차"라고 칭하고 그들을 내지로 실어 날랐으며 그들에게 물자와 직장을 제공해주었다고 한다. 반면 중국에 남아 있는 조선족 간부들의 입장에서는 보통의 문제가 아니라고 판단하였다. 특히 자치주 주장으로 조선족을 대표하고 있던 주덕해는 입북한 사람들을 "중국공산당과 중화인

---

34 염인호, 「중국 연변문화대혁명과 주덕해의 실각」, 『한국독립운동사연구』 25, 2005, 429~430쪽.

35 일설에 의하면 연변조선족자치주 부주장이었던 석동수는 "김일성의 부름을 받고" 북한으로 건너갔다고 한다. 석동수는 일제시기 김일성 부대에서 활동한 항일련군 대원이었는데 그가 부상을 입어서 더 이상 싸울 수가 없게 되자 김일성의 지시로 귀순했다고 한다(「류연산 조선족작가 만주 조선인 친일행적 보고서」, 2005.11.19, http://bbs.agora.media.daum.net/gaia/do/debate/read; 최백순, 「박정희 왜 거짓말 하나」, 2011.8.15, http://www.bobaedream.co.kr/board/bulletin/view). 북한에 간 석동수는 평양의 혁명역사 박물관 관장을 지냈다고 한다.

36 염인호, 앞의 글, 2005, 429쪽.

민공화국을 배반한 反黨叛國분자"라고 비난하고 "반당반국분자 비판투쟁"을 전개하기까지 했다고 한다. 유소기 등 중국의 중앙 지도자들은 당시 문제를 삼지 않았으나[37] 국방의 요충지 변방에서의 이러한 탈출은 조선족 사회에서만 있었던 것은 아니었던 만큼 문제가 될 수밖에 없었다.[38] 이러한 탈출은 문혁 때에는 크게 문제가 되었는데 이점은 뒤에서 다시 보기로 한다.

이러한 현상은 오늘날 탈북입중 현상에서 보듯 강 하나만 건너면 되는 것이고, 같은 동족, 혈육이 살고 있기 때문에 자연스런 현상이라 할 수 있다. 강을 건너면 내 나라고 김일성은 내 민족의 수령이며 자신은 조선족이 아니라 조선인이 되는 것이었다. 반우파투쟁이나 민족정풍운동의 효과는 당연히 반감되었을 것이다. 중국의 고위층이나 잔류한 조선족 간부들로서는 언제까지 두고 볼 수만은 없는 현상이었을 것이다. 조선족 인민들을 확실하게 한반도와 단절시키는 것이 중요했을 것이다. 그것은 당연히 역사서술에서도 적용되었다.

### 2) 내용상의 특징 - 두만 · 압록강변에 쌓은 높은 둑

#### (1) 재만 조선인 항일투쟁사의 체계화

1964년에 인쇄된 이 초고본은 무엇보다도 재만 조선인의 항일투쟁사를 체계화했다는 데 큰 의의가 있다. 시기 순으로 각 단체나 사건들이 잘 나열되어 있을 뿐 아니라 항일투쟁의 큰 흐름을 나름 설득력 있

37 입북했던 사람들 가운데 상당수의 사람들은 다시 만주로 되돌아갔으나 당시 중공의 고위 지도자들은 그들을 문제 삼지 말라고 했다.

38 "1958년의 중국의 '대약진'과 '인민공사화운동'이 발발되면서" 그리고 1960년 자연재해가 덮치면서 삶이 어려워지자 '소련의 선동'을 받은 중국 신강 거주민 6만여 명이 1962년의 4월과 5월 소련으로 넘어갔다고 한다(오홍엽, 『중국 신장』, 친디루스, 2009, 159~160쪽).

게 정리, 서술해 놓고 있다. 구체적으로 보면 연변에서 1919년에 전개된 3·13운동을 높이 평가하고 있다. 이 운동은 러시아 혁명과 조선 국내 3·1운동의 영향을 받은 것으로 서술하고 그 경과 또한 비교적 자세하게 기록하고 있다. 특히 3·13운동은 이후 연변과 만주 각지 조선인 사회에 큰 영향을 주었는데 특히 이를 계기로 만주 각지에 조선인 반일 무장부대가 형성되었다고 그 의의를 밝히고 있다. 그리고 홍범도 등이 전개한 봉오동전투, 일본의 '경신년 대토벌', 청산리전투 등을 체계적으로 정리하고 있다. 그러나 이들 민족주의 투쟁은 한계를 지닐 수 밖에 없다고 함으로써 재만 조선인의 항일투쟁이 민족주의 운동에서 공산주의 운동으로 갈 수 밖에 없음을 미리 암시해두고 있다.

이어서 연변을 비롯한 각지 조선인 사회에서 진행된 교육문화운동을 중요하게 취급하고 있다. 특히 그 가운데서도 맑스-레닌주의 사조가 연변을 비롯한 각지 조선인 사회에 침투되는 과정을 자세하게 서술하고 있다. 나아가 맑스-레닌주의 단체들의 영향 하에 각지에서 전개된 대중투쟁이 잘 서술되고 있다. 이러한 맑스-레닌주의 사상의 확산은 중국공산당 활동의 토대가 되고 있음을 암시해 주고 있다. 이어서 중국공산당 당 조직의 건설과 활동, 중국공산당의 영향 하에서 전개된 연변의 붉은 5월투쟁과 그 이후에 전개된 적색운동 나아가 만주사변 발발 이후의 항일무장투쟁 또한 자세하게 서술되어 있다. 이 『조선족간사』 초고본의 골격은 『조선족간사』 완성본(1986)에서는 물론이고 기타 이후 역사책에서도 대체로 유지되었다. 이 점에서 이 책의 서술이 갖는 사학사적 의미는 지대하다고 할 수 있다.

### (2) '조선인'에서 '조선족'으로

본서에서는 "조선족 인민은 19세기 중엽부터 이웃 조선으로부터 계속 이주하기 시작"하여 "각 민족 인민들과 공동으로 동북변경을 개발"

하고 “점점 정착하여 중국 소수민족의 하나”가 되었다고 하여[39] 소수민족으로 탄생했다고 하였다. 그러나 언제부터 소수민족이 되었는지 그리고 언제부터 조선족이라는 용어가 사용되었는지 나오지 않고 있으며 특히 조선인 자신이 스스로를 중국의 소수민족으로 생각했는지 아니면 한반도 조선인과 동일한 정체성을 가지고 있었는지도 드러나 있지 않다.

#### (3) 중공의 '영도'를 강조

『조선족간사』 초고본에서는 항일투쟁에서 중공의 역할이 강조되고 있다. 첫째, 서론에서는 근 40년 간 조선족과 각 족 인민은 “중국공산당의 영도 하에서” 제국주의・봉건주의・관료자본주의의 반동통치를 반대해 완강하고도 간고한 투쟁을 전개했다고 서술하였다.[40] 사실 간사나 혁명투쟁사 등 국가(혹은 성) 차원의 사서 편찬은 그 목적이 군중에 대한 당의 영도성을 입증하고 선전하는 데 있으며 그것은 사실 여부를 떠나 지켜야 할 수칙이었던 것 같다.

둘째, 1921년의 중국공산당 건립, 1927년 중공 만주성위 그리고 1928년 중공 동만구위원회의 건립 등을 적시하고 그 의의를 크게 부각시켰다. 일례를 들어보자. 1921년 7월 1일 “위대한 중국공산당”의 탄생은 “우리나라 現代史上에서 중대한 의의가 있는 사건”이라고 하고 “공산당이 있음으로 해서 중국혁명은 면목을 煥然하게 일신”했다고 하였다.[41] 한편 중공 건립 이전에도 조선인민은 무수한 혁명투쟁을 전개해 왔으나 모두 실패하였는데 그 원인은 “정확한 영도를 받지 못한데 있

---

39 中國科學院民族硏究所, 『朝鮮族簡史』(初稿), 長春, 吉林少數民族社會歷史調查組, 1964, 6쪽.

40 위의 책, 2쪽.

41 위의 책, 30쪽.

다"고 하였으며 중국공산당이 탄생하면서 "조선족 인민은 새로운 역사 계단에 진입했다"고 하였다.[42]

셋째, 조선족은 중국공산당에 충실했음을 부각시키고 있다. 하나의 사례를 보면, 만주사변 발발 후 중공은 1931년 9월 20일과 21일에 각각 침략을 반대하고 투쟁할 것을 다짐하는 선언과 결의를 발표하였는데 "중공당의 호소와 전국민의 항일구국투쟁은 조선족 인민들을 고무"시켰다고 하였다. 조선족인민들은 "당의 영도아래 각 민족 인민들과 함께" 투쟁해야만 진정한 민족해방을 이룰 수 있음을 깨달았고 그래서 "조선족 인민들은 당의 호소에 호응하여 분연히" 반일회 등 조직을 결성하고 각 방면에서 적극적으로 항일투쟁을 전개했다고 서술하고 있다.[43]

1930년대 초 만주 경우에는 확실히 중국인에 비해 조선인들이 공산주의에 더 열성적이었고 따라서 중국공산당 당원 가운데 조선인이 차지하는 비율이 상대적으로 더 높았던 것도 사실이었다. 그러나 공산당에 대한 일제의 탄압이 강화되고 일제의 조선인에 대한 상대적인 '우대' 정책이 강화되면서 많은 조선인들이 공산당과 공산주의로부터 멀어졌던 것도 또한 사실이었다. 그러나 이런 점들은 이 『조선족간사』에서는 기록되지 않았다.

### (4) 김일성과 북한에 대한 배려

『조선족간사』 초고본에서는 『5천 년 간의 중조우호관계』와는 달리 김일성의 주도적 역할은 인정하지 않고 있지만 나름 김일성과 북한을 배려하고 있다. 본서는 본문에서 많은 지면을 할애하여 항일련군의 투쟁을 서술하였는데 그 끝에 가서는 다음과 같이 서술하고 있다. 즉 "40

42 위의 책, 30~31쪽.
43 위의 책, 51쪽.

년의 동북항일 투쟁 중, 조선인민의 영수 김일성 동지를 위수로 하는 조선공산주의자들이 위대한 무산계급 국제주의 氣慨로써, 동북 각족 인민과 함께 생사를 같이하고 환난을 같이하고 艱苦卓絶한 투쟁을 진행했다." "투쟁 중에 조선 인민의 허다한 우수한 아들과 딸들이 無數可歌可泣할 영용한 사적을 창조"하였으며 "선혈과 생명을 바쳐 우리나라 인민의 해방 사업을 지원"했다고 하였다. 이어서 "중조 양국 인민의 장기간의 대적 공동 투쟁 중에서 혈육으로 맺은 형제적 우의와 단결은 萬古長靑하리라!"고 끝을 맺었다.[44]

여기에 등장하는 "김일성을 위수로 하는 조선공산주의자들" 그리고 "無數可歌可泣할 영용한 사적을 창조"하고 "선혈과 생명을 바쳐" 중국의 "인민의 해방 사업을 지원"한 사람들은 조선족으로 취급하지 않고 있다. 따라서 그들의 활동도 중국 조선족의 중화민족 해방투쟁이 아니라 중국의 항일투쟁을 지원한 "무산계급 국제주의"의 실천이었다. 만주에서 싸운 조선인들의 투쟁 전체를 국제주의 실천으로 간주한 『5천년 간의 중조우호관계』와 비교하면 많이 약해지기는 했지만 일부를 조선인으로, 그리고 그들의 투쟁을 국제주의 실천으로 간주한 것이다. 이러한 서술은 우선 김일성 등 북한으로 귀환한 사람들을 의식한 것이었던 것 같다. 이러한 서술은 중국공산당이나 항일련군에 소속되어 활동한 사람 가운데 김일성 등 일부를 떼어내어 성격을 달리부여 함으로써 체제상의 혼란을 초래할 수밖에 없기는 하지만 혈맹 북한과 그 지도자 김일성, 그리고 북한의 민족해방투쟁사 서술체계를 존중한 배려였다. 배려는 이후에도 계속되지만 그 비중은 갈수록 약해졌다는 점은 뒤에서 확인할 수 있을 것이다.[45]

---

44 위의 책, 112쪽.

45 한편 『朝鮮族簡史』(初稿)보다 1년 전에 완성된 『吉林省延邊朝鮮族自治州 州志』(初稿) 第1冊(1963.8, 타자본) 제2장 7절 22쪽에는 "우리나라 동북인민이 14년의 항

일투쟁을 견지하는 중 김일성원수를 위수로 하는 조선혁명자와 공산주의 전사가 무산계급 국제주의의 광휘의 기치를 높이 들고" "동북항일련군과 어깨를 나란히 하여 완강"하게 항일투쟁을 전개하였다고 하였다. 이에 따르면 김일성을 위수로 하는 조선혁명자와 공산주의 전사는 항일련군이 아닌 것이 된다.

### (5) 만주에 갇힌 투쟁사

『조선족간사』 초고본의 특징의 하나는 압록강 두만강 강변에 둑을 높이 쌓아 '조선족'의 항일투쟁의 무대를 만주로 한정시키고 있다는 점이다. 이는 여러 곳에서 확인된다.

첫째, 일본의 침략 행위를 다루는데 있어서 조선 침략에 대해서는 전연 다루지 않고 연변을 비롯한 만주 나아가 중국의 침략에 대해서는 상세하게 다루고 있다. 저항은 침략에 대한 대응이라 할 때 만주 조선인들의 투쟁은 연변이나 만주 혹은 중국 침략에 대한 저항으로 서술이 이어질 수밖에 없는 구조를 여기서 만들어 놓고 있다. 당연히 한반도 "조국을 찾겠노라"고 "말 달릴" 여지를 거의 주지 않고 있는 것이다.

둘째, 투쟁의 주체인 조선인들의 만주 이주 이전의 활동에 대해서도 다루지 않고 있다. 주지하듯이 홍범도, 유인석, 이회영, 이상룡 등 수많은 사람들이 국내에서 의병투쟁 등 구국운동을 전개하다가 만주로 들어왔으며 만주에서의 그들의 활동은 자연 조선 국내에서 이루지 못한 독립 달성을 위한 것이었다. 그 밖에도 학생운동 등 국내에서 항일투쟁을 하다가 중국으로 망명하여 항일투쟁을 이어나간 숱한 사람들의 국내 활동도 물론 서술하지 않았다.

셋째, 조선 국내와 연계되어 전개되었음이 명백한 경우에도 이와 약하게 연계시키거나 연계시키지 않거나 아예 없앤 것으로 보인다. 3・13운동의 경우 국내 3・1운동의 직접적인 영향 하에서 전개된 것임이 분명하지만 이 책에서는 "조선족 인민들은 위대한 10월 사회주의 혁명의 승리가 주는 고무와 국내 3・1운동의 영향"하에서 3・13시위가 전개된 것으로 간단히 서술하고 있다.[46] 이는 그나마 나은 축에 속한다. 국내에 본거지를 두고 조선연장주의 입장에 서 있던 항일투쟁 조직 조선공산당 만주총국은 그 이름조차 나오지 않고 있다. 국내외 백의동포의 대동단결과 조국 한반도 해방을 주창한 재만한인 조국광복회, 특히 그 선언이나 10대강령도 나오지 않으며 조선 국내 인민들에게 심각한 영향을 준 보천보전투 같은 것도 서술되지 않고 있다.

넷째, '조선'이나 '대한', '독립', '조국' 등의 용어가 들어가는 단체명은 표기하지 않는 경우가 적지 않다. 봉오동전투나 청산리전투에 참가한 대한독립군이나 대한군정서군 혹은 북로군정서군 등등은 모두 '반일무장부대'로 통칭되었다. 조선공산당 만주총국이나 재만한인조국광복회 등의 이름이 등장하지 않는 것은 전술한 바와 같다. 만주 항일투쟁을 이처럼 조선국내와 단절시켰던 것은 '조선족' 만들기의 일환이었을 것이다. 이런 서술은 전체 운동을 이해하기 어렵게 만들었음은 물론이다.

### (6) '민족 특징'이 보이지 않는 역사

『조선족간사』 초고본에서는 조선인의 민족상의 특징이 보이지 않는다. 국내 조선인과는 단절되어 서술되고 있지만, 역으로 만주에서 협력했던 중국인과의 사이에는 간격이 거의 없는 것으로 서술되고 있다. 구체적으로는 아래와 같은 점이 지적될 수 있다.

첫째, 항일투쟁에 가담한 조선인들의 경우, 그들의 지향과 중국인(한족)들의 지향 사이에도 별다른 차이를 두지 않고 있다. 전 연변대학 교수 박창욱은 1905~1945년이라는 기간에 대체로 "조선 사람들은 한 몸에 두 가지 사명을 지니고 싸웠다"고 하였다.[47] 만주 조선인들은 조선

---

46 『朝鮮族簡史(初稿)』, 19쪽.

의 독립과 중국의 해방을 다 같이 자신들의 사명으로 간주했다는 것이다. 그에 따르면 조선인들의 지향은 이중사명 의식이 없는 중국인과는 처음부터 달랐을 것이다. 그러나 『조선족간사』 초고본의 서술은 이중사명론에 입각해 있지 않다. 즉 중국인과 지향에서는 차이가 없다. 이런 관점은 이후에 발간된 『조선족간사』 완성본에서도 유지되었다.

둘째, 본서에서는 민족갈등은 전연 드러나 있지 않고 있다. 그러나 이는 사실과 다를 수가 있다. 사실 만주는 역사적으로 오랫동안 여러 민족이 경쟁 혹은 대결해온 전통이 있다. 일제나 만주국이 오족협화를 내걸었던 것이나 만주국 국기가 5민족을 상징한 오색깃발이라는 것 자체가 민족 간 갈등의 존재를 역으로 보여주는 것이었다. 만보산 사건(1931)이나 만주사변 발발후 구 동북군 병사들에 의한 조선인 학살 등은 조·중 민족갈등도 만만치 않았음을 보여주는 사례이다. 8·15해방 이후에도 장춘사건(1946.5.23)이 보여주듯이 갈등은 있었고 이러한 갈등은 혁명투쟁에서도 반영되었을 것이다.

『滿洲共産匪의 硏究』(1936)에서는 만주의 공산유격대는 처음에는 조선인이 주도했으나 이후 중국인에게 주도권이 넘어간다고 하였다.[48] 조선인의 이탈현상은 일본의 조선인 우대 정책과 중공의 좌경정책 때문이라고 하였다. 일제의 조선인 상대적인 우대정책과 조선인의 위상 고조 사실은 8·15직후에도 확인된다. 해방 직후 중공 연변 당서기를 지냈던 雍文濤는 만주사변 발발 이후 일제는 "계획적으로 토지경작권을 조선인에게 넘겨주어 조선인을 연변(동만도 해당)통치의 사회기초로"

---

47 박창욱·강만길, 「중국 연변, 민족해방운동사 연구의 고민과 과제」, 『역사비평』 26, 1994, 268쪽.

48 일제 측 시각을 담은 한 저서에서는 동북지방 공산주의 운동사를 ① 조선인 '공비' 중심 시기(~1930) ② 중국인 '공비' 대두 시기(1931~1933) ③ 반일 공동전선 시험 시기(1934~1935) ④ 조선인 '공비' 몰락시기(1936~)로 시기 구분하였다. 軍政部顧問部, 『滿洲共産匪の硏究』, 1936, 1쪽.

삼으려 했다고 하였다. 이 같은 정책은 조·중 간의 갈등을 심화시켰다고 하였다.[49] 그럼에도 민족 간의 차이나 민족갈등을 드러내지 않은 것은 향후 조선족과 여타 '형제민족' 간의 단결을 희망하는 당의 정책이 반영되었기 때문일 것이다.

## 4. 『朝鮮族簡史』 완성본(1986)

### 1) 책의 발간 경위와 시대적 배경

『조선족간사』 초고본은 공개 발행되지 못하고 오랜 기간 어둠속에서 갇혀 있어야 했다. 문혁 발발 이후 소수민족 역사를 연구하는 것 자체가 금기시되었기 때문이다. 간사 발간을 주관했던 중앙민족사무위원회는 없어졌다. 문혁 때는 이 조선족간사 초고본이 문제가 되었다. 문혁 당시, 연변대학 歷史專業이 편찬한 조선족간사(초고본)를 비준했다는 이유로 부교장 임민호는 비난을 받았다. 문혁 사료에서는 조선족간사를 사람이 먹으면 몸을 상하게 하는 대독초에 비유하였다.[50]

그러나 4인방이 타도되고 등소평 시대가 열리면서 중앙민족사무위원회는 국가민족사무위원회라는 이름으로 부활하고 중단되었던 간사 발간작업은 다시 재개되어 『조선족간사』 완성본은 1986년에 공간되었다. 김태국에 의하면 이 책은 조선족 1세대 역사학자 모두가 심혈을

49 염인호, 앞의 책, 2010, 146~147쪽.
50 위의 책, 19쪽,

기울여 완성한 것으로 책이 출간됨으로써 조선족 역사의 공백은 대체로 메울 수 있게 되었고 조선족 역사연구의 관건적 일보를 내딛게 되었다고 평하였다.[51] 이 책은 간사 초고본과는 달리 중화인민공화국 성립까지만 다루었다.

이 책의 구성을 보면 6개의 장으로 구성되어 있는데 1장은 "조선족 인민들의 동북변강 개척과 초기 반봉건 투쟁"을 다루고 있으며 2~5장은 일제 침략과 항일투쟁을 다루고 있고 6장은 국공내전기, 7장은 조선족 문화를 다루고 있다. 일제 침략과 항일투쟁은 전체 370여 쪽 가운데 절반이 훨씬 넘는 220여 쪽을 할애하고 있다.

이 책을 이해하는데 필요한 배경으로는 다음과 같은 것이 있다.

첫째, 문혁 초기 조선족 사회에서 폭력적 조선조국관 말살운동이 전개되었다는 점이다. 1967년 하반기 이래 연변에서는 북한의 간첩 곧 '特務'를 잡아내는 운동이 대대적으로 전개되었다. 후일의 『연변일보』한 기사에 의하면 당시 북한의 간첩 곧 특무는 존재하지 않았다고 한다. 그러나 "근본상 존재하지 않는 '특무'를" 붙잡아내기 위해 "극히 잔인하고 극히 비열한 수단"이 동원되었다고 한다. 특무잡이에 광분한 사람들은 연변에 "굵고도 긴 特務線" 그리고 "완전한 特務網"이 있다고 "살기등등하게" 설치고 다녔다고 한다. 그래서 "가지가지 구실을 만들어내고 요언을 날조하여 음해하며 아예 사람을 먼저 감옥이나 사사로이 설치한 심문실에 잡아 가두고" "억지로 '특무'로 판결하고 몽둥이로" 억지 특무망을 만들어냈다고 한다.[52] 특히 북한에 가족 혹은 친척이 있는 사람 또는 북한을 다녀온 적이 있는 사람이 이 같은 특무잡이 운동

---

51 위의 책, 20쪽.

52 「막심한 재난—'4인방'의 악당인 동북태상황 및 성, 주위의 전임 주요 책임자 등이 '특무'란 억울한 안건을 조작해낸 죄행을 비판하여」, 『연변일보』, 1978.6.14. 이점은 민생단사건 당시와 매우 유사하다. 민생단사건에 대해서는 김성호, 『1930년대 연변 민생단사건 연구』에 자세히 나와 있다.

의 대상이 되었다. 특무로 몰리지 않기 위해선 김일성・북한을 공개 비난하고 모택동과 중국공산당에 대한 충성을 다짐하고 오직 중화인민공화국만이 조국이라고 말해야 했다.

특무잡이 운동 가운데 자치주 주장 주덕해나 실질상의 연변대학 총장인 임민호를 비롯하여 수많은 사람들이 억울하게 북한 간첩 곧 특무 혐의를 쓰고 고난을 당하였다.

한 기록에 의하면 문혁 기간 연변자치주에서는 "억울한 사건"에 연루되어 2,653명이 사망하였다. 그 가운데는 그 자리에서 맞아죽은 사람이 433명이고, 구타를 당한 이후 숨진 사람이 737명이며 핍박에 못이겨 자살한 사람이 1,483명이나 되었다고 한다.[53] 이들 희생자 가운데 다수는 북한 특무 혐의를 뒤집어썼다. '특무잡이'에 광분하였던 사람들 가운데는 문혁이라는 전국적 동란의 시기를 이용하여 특무잡이 운동을 대대적으로 전개, 중국 조선족과 북한 사이를 크게 벌려놓으려 했던 것으로 짐작된다. 이때의 무서운 기억으로 인해 문혁 종료 후에도 북한이나 한국에 대해 심리적 거리를 두게 하였다. 이 역시 역사 서술에서도 작용했을 것이다.

둘째, 4인방이 타도되고 문혁이 종결된 후 억울하게 당한 사람들의 누명을 풀어주고 명예를 회복시키는 平反運動이 대대적으로 전개되었다. 문혁 때 당한 사람만이 아니라 1950년대 후반 반우파투쟁 때 억울하게 당한 사람도 平反되었다. 더 거슬러 올라가서 특무로 몰아 많은 사람을 희생시킨 1930년대 상반기 민생단사건도 재차 심의하기에 이르렀다. 그 결과 민생단 간첩으로 몰려 희생된 500여 명 가운데 단 한명도 간첩이 아니었다는 결론이 내려졌다. 이런 민생단사건 재심사 결과는 이후 발간되는 간사 완성본에 반영되었다.

---

53 연변당사학회 편, 『연변 사십년 기사』, 연변인민출판사, 1989, 354쪽.

셋째, 북한과의 극심한 갈등을 경험하였다. 문혁 초기인 1967년 홍위병들은 대자보에 김일성을 흐루시쵸프와 같은 수정주의자로 매도하였다. 김광협이 그런 김일성을 제거하려고 군대를 동원했다느니, 또 다른 장성이 김일성을 체포했다느니 하는 일련의 낭설을 써붙였다고 한다.[54] 김일성을 반대하는 사조는 조선족 사회에서도 있었던 것 같다. 필자는 국공내전에 참전했다가 부대와 함께 북한으로 건너가 인민군이 된 형에게 보낸 편지 사본을 최근에 입수하였다. 형은 한국전쟁에 참전했고 1960년대 후반 당시에는 휴전선 인근에서 장교로 근무하고 있었다. 편지는 김일성에 맞서 싸울 것을 형에게 권유하는 내용으로 채워져 있었다. 편지에는 형과 형의 전우들은 모택동 주석이 배양했으며 현재는 '동방의 전초'를 지키고 있다고 하였다. 아직도 중국의 그리고 모택동의 전사임을 강조하였다. 편지는 당시 얼마나 북중 관계가 악화되었는지, 그 틈바구니에서 조선족 인민들이 얼마나 갈등을 겪었는지를 잘 보여주고 있다.

1969년부터 양국 관계는 호전되기 시작했다. 1970년 10월 김일성이 인솔하는 대표단이 중국을 방문하였고 특히 1975년 4월에 김일성이 이끈 중국 방문 대표단은 따뜻한 환영을 받았다. 毛澤東 사후에는 국가 주석 華國鋒이 평양을 방문해 양국의 우의를 다졌으며 1984년 당총서기 胡耀邦은 북한을 방문해 대대적인 환대를 받았다. 그러나 문혁 이전 수준의 혈맹관계가 복원된 것은 아니었을 것이다.

넷째, 중국이 서방 세계와도 교류하게 되었다는 점이다. 주지하듯이 1960년대 말에는 중소관계가 매우 악화되었고 그 하나의 결과로 1969년 중소 국경지대 珍寶島에서 무장충돌까지 발생했다. 그런 가운데 중국은 서방세계와의 접근을 시도했고 그 결과 1970년대 초 미국 대통령

54 박종철, 「1960년대 북한과 중국—긴장된 동맹」, 『한국사회』 제10집 2호, 2009, 145쪽.

닉슨이 북경을 방문하기까지 하였다. 한편 이에 발맞추어 일본도 중국과의 친교에 적극 노력하였는데 1972년 중・일 간의 국교가 수립되었다. 이로써 중국은 국공내전 종전이래 소련 일변도 노선에서 탈피하게 되었고 자연 서방문화도 많이 흡수하게 되었다.

### 2) 내용상의 특징 - 본문에서 서론으로 이동한 김일성과 그의 동료들

#### (1) 세련되고 풍부해진 서술

『조선족간사』 초고본과 완성본을 비교해서 보면 다음과 같은 점을 확인할 수 있다.

첫째, 초고본과 달리 완성본에는 각주가 많이 달려 있다. 그만큼 학문적 엄밀성이 높아졌음을 의미하는 것이었다. 특히나 일본에서 구했음직한 일차 자료들이 각주에 많이 등장하고 있음을 확인할 수 있다.

둘째, 내용이 풍부해졌다는 점을 알 수 있는데 이점은 여러 방면에서 확인이 된다. 우선 항일투쟁이 초고본에서는 100여 쪽이었으나 완성본(중국어본)에서는 150여 쪽으로 1.5배가량 불어났다. 민족주의자들의 항일투쟁이 이전 보다 분량 면에서 훨씬 많아졌다. 3・13운동이나 청산리전역, 삼부의 활동 등은 많이 첨가되었다. 사회주의로의 전환에 대해서도 많이 보충되었다. 경신년 대토벌 때 시베리아에 간 조선족 청년 선진분자들이 그곳에서 있는 동안 소련은 식민지 반식민지 인민들의 참다운 민족해방운동의 벗이며 따라서 민족해방운동을 하자면 맑스-레닌주의 이론 지침으로 삼아야 하며 소련의 원조에 의거해야 한다는 것을 깨닫게 되었다고 하였다.[55]

---

55 "조선족략사" 편찬조, 『조선족략사』, 연변인민출판사, 1986, 81쪽.

또 조선인들이 중국공산당에 가담하게 되는 과정을 잘 정리하고 있는데 관내지방에서 먼저 중공에 가담한 사람들이 만주로 와 조선인들의 중공 입당을 선도했다고 서술하였다. 한편 항일련군의 경우에도 초고본에서는 주로 동남과 남만 활동을 중심으로 서술했으나 완성본에서는 북만의 2로군과 3로군의 활동도 폭넓게 다루고 있다. 이러한 점은 1980년대 들어와 중국에서 동북항일련군에 대한 연구가 급격히 진행된 점과 관련이 있을 것이다.

### (2) 결론나지 않은 조선족 탄생 시점

『조선족간사』 초고본과 마찬가지로 전체 주어는 '조선족'으로 사용하고 있다. '조선족'의 탄생과 관련된 서술을 보면 다음과 같다. 18세기 초엽에 조선 변강의 가난한 백성들이 기아를 견디지 못해 봉금령을 어기고 부단히 도강해왔는데 19세기 중엽부터는 대규모로 이주하여 와서 "우리나라의 여러 민족 인민들과 공동으로 동북 변강을 개척하고 건설하였으며 장기적으로 반제・반봉건 투쟁을 진행하는 과정에 점차적으로 우리나라의 소수민족의 하나인 조선족으로 되었다"고 하였다. 초고본과 마찬가지로 언제부터 조선족으로 되었는지 그 시점은 말하지 않고 있다. 다만 초고본과는 다른 점은 조선족이 되는 계기로 공동으로 "반제・반봉건투쟁"을 전개한 것을 추가로 들고 있다는 점이다.

언제부터 조선인이 '조선족'으로 변했는가 하는 것, 곧 조선족의 탄생에 대해서는 이 책을 저술하는 과정에서 큰 논란이 되었던 것으로 보이는데 그것은 다음 사실에서 미루어 짐작할 수 있다. 중국 조선족 주요 지도자들이 1985년 6월 회합하여 조선족발자취 총서를 간행하기로 결정하고 이후 실무 작업에 착수하여 1990년대 초에는 여러 권으로 책이 발간되었다. 그런데 "어느 때부터 중국 조선족이라고 하는가 하는 문제"에 대하여 "많은 논쟁"이 있었다고 한다. "학자들 가운데서도 견해가 같지 않았고 지도층에서도 의견 차이가 있었다"고 한다. 그래서 "결론을 얻지 못하여" 총서 제1권 발행이 늦어졌다고 한다.[56]

### (3) 약화되는 김일성과 북한에 대한 배려

내용상에서 특히 달라진 점은 김일성과 북한에 대한 배려를 본문에서 하지 않고 서문에서 하고 있다는 점이다. 즉 서문에서 "14년 동안 동북항일투쟁 가운데서 조선인민의 위대한 수령 김일성 동지를 수반으로 하는 조선공산주의자들"은 "위대한 무산계급 공산주의 정신을 발양하여", "우리나라 동북의 여러 민족 인민들과 함께 생사를 같이하고 고락을 함께 겪으면서 일본제국주의와 결사적으로 싸움으로써", "우리나라 인민의 해방사업을 지원"하였다고 하였다. 이어서 "중조 두 나라 인민들은 장기간의 적대 투쟁 가운데서 피와 생명으로 형제적인 우정"을 맺었다고 하였다.[57]

이렇게 본문에서 밀어냄으로써 "김일성을 수반으로 하는 조선공산주의자들"을 중국공산당원이나 동북항일련군 대원이 아닌 것으로 '왜곡'하는 것을 막을 수 있게 되었으며 그러면서도 그들을 예우한 것이다. 사실은 제대로 반영하면서도 정치적 배려도 함께한, "실사구시의 원칙을 견지하면서도 영활"하게 처리한 이러한 방식은 이후의 다른 역사 편찬에서도 적용되었다.[58] 이러한 실사구시 원칙의 적용으로 "김일성을 수반으로 하는 조선공산주의자들"에 대한 배려는 약화된 것이다.

---

56 리희일, 『숨차게 걸어온 길』, 북경 : 민족출판사, 1997, 189~190쪽.

57 "조선족략사" 편찬조, 앞의 책, 2쪽.

58 조선족발자취 총서 편찬과정에서도 "김일성 동지를 비롯한 조선공산주의자들의 항일활동을 반영하는데 있어서" 북한 측의 서술과 다른 점을 어떻게 처리해야 하는가? 그들의 활동을 써야 되는가 말아야 하는가 등등의 문제는 난제였고 오래도록 논쟁의 대상이 되었다고 한다. 연구 끝에 "실사구시의 원칙을 견지하면서 영활하게 처리" 하기로 결정하였다고 한다. 그들을 "우리와 어깨겯고 싸운 국제주의전사"로, 만주에서의 그들의 활동을 "실사구시적으로 반영"하기로 했다고 한다. (리희일, 앞의 책, 190~191쪽).

사실 서론에서의 배려도 "투쟁 중에 조선인민의 허다한 우수한 아들과 딸들이 無數可歌可泣할 영용한 사적을 창조"하였으며 "선혈과 생명을 바쳐 우리나라 인민의 해방 사업을 지원"했다고 한 조선족간사 초고본과 비교해 보면 매우 차분하고 냉정해졌음을 알 수 있다. 어쨌든 "실사구시의 원칙을 견지하면서도 영활"한 서술을 통해 '조선족'과 함께 들어앉아 있던 '조선인'을 본문에서 밀어냄으로써 본문에서는 '조선족'만 남겨 통일을 이룰 수 있었다. 이러한 원칙의 적용이나 배려는 역사학자들이 전권을 가지고 결정한 것은 아니고 중앙 차원의 '지도'를 받으면서 결정했을 것이다.[59]

(4) 민생단사건에 대한 서술

조선족간사의 초고본과 완성본을 비교할 때 또 두드러지게 드러나는 차이점은 민생단사건에 대한 서술이다. 초고본에서는 민생단사건 자체를 아예 다루지 않고 있다. 다만 1936년 2월 개최된 남호두 회의에서 "지난 반민생단 투쟁에서 벌어진 오류를 바로잡았다"고만 서술하고 있다.[60]

반면 조선족간사 완성본에서는 민생단사건에 대해 적지 않은 분량을 할애하였다. 즉 "1933년부터 1935년까지 동만특위는 숙반투쟁 가운데서 '좌'경 모험주의의 교란을 받아 엄중한 오류를 범"했는데 "적을 과대평가하고 혁명적 대오 내부에 나타난 반역자와 사업가운데서의 결함과 오류를 구별하지 않고 적들의 거짓말과 가짜편지를 경솔히 믿은데서" "혁명적 대오 내부에서" 잘못된 "반'민생단'투쟁을 잔혹하게 진

59 조선족발자취 총서 편찬의 경우에는 그것이 잘 드러나 있다. 편찬 과정에서 "김일성 동지를 비롯한 조선공산주의자들"에 관한 서술문제는 "양당 양국에 관계되는 문제"여서 신중하게 처리해야 했는데 "후에 중앙 영도 동지들의 지시 정신에 근거하여", "그들을 우리와 어깨겯고 싸운 국제주의 전사"로 쓰기로 했다고 한다. (위의 책, 190쪽).

60 『朝鮮族簡史(初稿)』, 78쪽.

행했다"고 서술하였다. 그리고 "그 당시에 당과 유격대의 우수한 간부 500여 명을 잘못 죽인데서 혁명역량을 엄중하게 약화"시켰다고 인정하였다.[61] 사건을 다루고 당의 착오를 공간된 책에서 시인한 것이다. 문혁 종료 직후 연변에서 전개된 平反운동의 성과가 반영된 것이다. 그러나 민생단사건의 피해자가 모두 조선인이라는 점과 민생단사건이 민족 갈등과도 관련이 있다는 서술은 없다.

#### (5) 여전히 만주에 갇힌 투쟁사

첫째, 조선연장주의 입장에서 활동했던 조선공산당 만주총국의 존재를 『조선족간사』 초고본에서와 마찬가지로 드러내지 않고 있다. 이는 필자들이 조공 만주총국의 존재를 몰랐기 때문인 것은 아니었다. 같은 책 85~86쪽에는 다음과 같은 서술이 있다.

> 1926년 5월부터 각지의 맑스-레닌주의 단체들은 청년단체, 부녀회, 학생회, 로동소합, 농민조합과 소년회 등 군중 조직을 가일층 정돈, 확대함으로써 맑스-레닌주의 사상이 조선족 거주지역에서 더욱 광범위하고도 깊이 있게 전파되게 하였다.[62]

1926년 5월은 조선공산당 만주총국이 성립한 때였던 까닭에 위에서 말하는 맑스-레닌주의 단체란 조공 만주총국을 의미함이 분명하다. '각지' '단체들'이란 1928년 무렵에는 엠엘계 조공 만주총국, 화요 이르크츠계 조공 만주총국 그리고 서울 상해계 재만공산주의자 동맹 등 3개 기관으로 분열된 것을 염두에 둔 것일 것이다.[63]

---

61 "조선족략사" 편찬조, 앞의 책, 184쪽.

62 위의 책, 85~86쪽.

63 軍政部顧問部, 『満洲共産匪の研究』, 337쪽.

둘째, 동북항일련군의 투쟁에 대한 서술에서도 한반도와의 연관은 거의 차단되고 있다. 간사 초고본에서와 마찬가지로 조국광복회에 대해서는 일절 언급이 없다. 조선국내 인민들에게 영향을 크게 끼친 보천보전투에 대해서는 그 이름이 나오지 않는다. 다만 1937년 6월 제2군의 제4사와 제6사가 "압록강을 건너 조선 북부의 무산군과 갑산군에 불현듯 나타나서" "경찰서를 들이치고 일본인 목재 사무소를 습격하고 일본침략자들의 통치기관을 불태워 버렸다"고 하였다. 그 의의로는 "국경은 금성철벽"이며 "공산비적은 이미 죄다 숙청되었다"는 그들의 말이 거짓임을 폭로했다고 그 의미를 부여하였다.[64] 보천보전투라는 용어를 피했을 뿐 아니라 그것이 조선 국내에 미친 영향도 소개하지 않았다. 이상의 만주 중심의 서술은 조선족을 한반도로부터 분리시킨다는 정책에서 비롯되었을 것이다.

## 5. 『중국 조선족 혁명투쟁사』(2007)

### 1) 책의 발간 경위와 시대적 배경

이 책은 길림성 사회과학원과 연변조선족자치주 조선족사 연구자들이 3년간의 집필과정을 거쳐 2007년에 중국어본이, 2009년에 한글본이 출간되었다. 한족인 楊昭全과 5명의 조선족 필자가 참여하였다. 이 저서는 초고가 나온 후에 박창욱(연변대학), 김우종(흑룡강성 사회과학

64 "조선족략사" 편찬조, 앞의 책, 211쪽.

원), 강룡범(연변대학) 등 중국의 저명한 조선족사 전문가 10명으로부터 審閱을 거쳤다.[65] 김춘선에 의하면 이 책은 "조선족간사 출간 이후 정부와 학자 그리고 조선족 학자와 기타 민족학자들이 공동으로 집필한 최초의 대형 연구 서적"이라고 하였다.[66]

이 책은 제목이 시사하듯이 중국 조선족사 가운데 주로 반봉건투쟁, 반일투쟁, 해방전쟁 등 혁명투쟁사를 중점적으로 다뤘다. 축사 격인 책의 서언은 중공 연변조선족자치주위원회 서기 등개(한족)가 작성하였으며 楊昭全이 서론을 작성하였다. 이 책은 조선인의 이주와 중국조선족의 형성(1장), 러시아 일본의 연변 침입과 조선족 인민의 반항(2장), 3~6장은 일제의 침략과 그에 맞선 항일투쟁을, 7~8장은 국공내전을 다루고 있다.

이 저서를 이해하는데 필요한 역사적 배경으로 들 수 있는 것은 다음과 같다.

첫째, 제2세대 조선족 역사학자들의 급속한 진출을 거론할 수 있다. 개혁개방 이후 많은 조선족 젊은 연구자들이 국내외에서 체계적인 학문적 수련을 거쳤다. 김춘선에 의하면 21세기에 들어와서는 국내외에서 석・박사학위를 수여받은 젊은 역사학자들이 역사연구와 교수의 제일선에서 활약하게 되었다고 하였다.[67] 또한 한국・북한이나 일본으로부터 일차 자료나 연구 성과물을 대량 입수함으로써 연구의 폭과 깊이가 넓어지고 깊어졌다.

둘째, 한중 간의 관계가 깊어진 반면 상호 갈등하는 일도 없지 않았다. 1992년 한중수교가 이뤄진 이래 한국과 중국은 경제나 문화 등 각 분야에서 교류가 활발해졌다. 특히 경제교류가 활발해 중국은 제일의

65 양소전 외, 『중국 조선족 혁명투쟁사』, 연변인민출판사, 2009, 758쪽.
66 김춘선, 「연변에서의 조선족 역사연구 동향」, 121쪽.
67 김춘선 주필, 『중국 조선족 통사』, 연변인민출판사, 2009, 3쪽.

교역상대국이 되었다. 때로는 고구려역사나 간도역사 등의 문제를 두고 양국 사이에 충돌이 일어나기도 하였다. 역사 해석 서술문제는 상호 조심해야 하는 분야가 되었다.

셋째, 조선족 동포들의 급격한 한국인과의 결합도 주목되어야 할 사항이다. 1992년 수교 직후 수많은 동포들이 한국에 대해 지나친 환상을 품었고 여러 방법을 동원하여 한국입국과 취업을 시도했다. 그런 가운데 위장결혼이나 밀항선을 이용한 불법 수단이 횡행했고 이를 틈타 조선족 동포들을 대상으로 한 사기 사건도 많아 한국과 중국 모두에 파문을 일으키기도 하였다. 그런가 하면 노무현 대통령 시절 수백 명의 조선족 동포들이 한국 내 조선족 교회에서 농성하면서 한국 국적을 요구하여 내외에 충격을 준 일도 있다. 우여곡절을 겪으면서도 양자의 결합은 확대되었다. 국내만이 아니라 중국 연해지구 한국 기업이 진출한 곳, 혹은 한국인이 모여 사는 곳에서 역시 조선족 동포들이 함께 거주하며 협력관계를 유지, 발전시켜 왔다.

이러한 조선족 동포의 한국사회와의 결합을 우려의 시선으로 바라보았을 중국인들도 있었을 것이며 그런 사정도 『중국 조선족 혁명투쟁사』 서술에 일정한 영향을 끼쳤을 것으로 보인다.[68]

---

68 일부 한국인들이 조선족을 자기 민족으로 끌어들이려 노력하고 국적회복운동까지 벌이자 중국이 조선족에 대한 통제를 강화하고 조선족사회의 해체를 가속화시키려 했다고 한다(김희교, 「중국의 '동북공정'과 한국 민족주의의 진로」, 『역사비평』, 2004 봄, 17쪽).

## 2) 내용상의 특징 - 이중사명의 부인과 반토막난 강령

### (1) 풍부해지고 체계화된 항일투쟁사

첫째, 분량상 항일투쟁사 부분은 대단하다. 한글본(국판) 경우 3~6장 즉 항일투쟁사만 430쪽에 달한다. 『조선족간사』 완성본(한글본 18절판)의 220쪽에 비해서도 분량이 2배 이상으로 확대되었다. 각각의 항일투쟁에 대한 서술이 매우 상세하다. 구체적으로 보면 일제의 침략과 수탈에 대해서 『조선족간사』보다 훨씬 상세하게 설명이 되어 있다. 특히 자작농창정운동 등이 잘 서술되고 있다. 또 민족주의 운동에 대해서도 봉오동전투나 경신년반토벌전. 참의부, 정의부, 신민부, 등 삼부, 1930년대 한국독립군이나 조선혁명군의 항일투쟁에 대해서 『조선족간사』에 비해 매우 상세하게 서술되어 있다. 박환 등 한국 역사학자들의 연구 성과들을 많이 흡수했던 것도 그 원인일 것이다.

둘째, 이름이 부활되었다. 간사에서는 봉오동전투 청산리전투에 가담한 부대들은 일괄적으로 '반일무장부대'로 호칭했지만 『중국 조선족혁명투쟁사』에서는 대한독립군 대한군정서 이름이 양지로 나왔다. 참의부 정의부 신민부의 이름도 다시 등장하였고 조선공산당 혹은 조선공산당 만주총국의 이름도 부활하였다. 조국광복회가 등장하고 상세히 설명되고 있다.

셋째, 그간 돌출된 여러 쟁점들에 대해 나름대로의 답을 제시하고 있다는 점이다. 그 하나는 조공 당원들의 중공 입당의 원인 및 배경에 대한 것이다. 학자들 가운데는 입당의 원인 및 배경을 두고 코민테른 강제설, 중공의 대국주의설 등등의 가설을 제시하거나 비판적으로 보는 경우가 많았다. 그러나 본서에서는 조선인 내부의 계급 분화 등등을 제시하여 그 불가피성을 논리적으로 제시하고 있다. 특히 민생단사건에 대해서도 그런 비극이 일어나게 된 원인을 몇 가지로 정리하고 있다.[69]

### (2) 확정된 조선족 탄생 시점

본서에서는 조선족의 탄생 시점을 확정 서술하고 있다. 사실 『조선족간사』에서는 처음부터 끝까지 주어를 '조선족'으로 호칭하고 있는데 이는 고구려 시대사 서술에 주어를 '한국인'으로 하는 것만큼이나 어색하였다. 그러나 이 책에서는 19세기 말 20세기 초에 조선족 사회가 형성되었다고 설명하고 이때부터 조선족이라는 호칭을 주어로 사용하고 있다. 그 이전 시기에서는 '조선인' 혹은 '조선개척민'이라는 용어를 주어로 사용하고 있다. 형식적 측면만 보면 한층 체제상의 완벽을 기한 것이라 할 수 있다.

형성과정에 대해서는 다음과 같이 서술되어 있다. 즉 20세기 초에는 조선개척민은 20만에 달했는데 그들은 "한족 등 다른 민족과 함께" "공동으로 동북을 개발하고 건설하고 공동으로 반제・반봉건투쟁을 진행하는 가운데" 고락을 같이하고 밀접이 내왕하면서 "중화민족의 주류문화와 결합함으로써 조선민족의 심리소질이 변화되어" "점차 중화민족이 공유하는 민족요소의 특점을 구비"하였고 점차 "중국과 중화민족에 대한 동질감과 구심력, 응집력을 형성"하였으며 "나중에는 중국 조선족으로 형성"되고 중화민족대가정 중의 젊은 소수민족이 되었다고 하였다.[70] 확실히 조선인들은 중국의 주류문화와 결합하는 등을 통해 오늘날 보는 것과 같은 조선족으로 변화했음은 분명하다. 다만 그 시점이 19세기 말 20세기 초였는지에 대해서는 이론의 여지가 있을 수 있을 것이다.

---

69 양소전 외, 앞의 책, 411~412쪽.

70 위의 책, 57쪽.

(3) 한국에 대한 배려

앞의 각주 45에서 소개한 대로 『길림성 연변조선족자치주 주지』 초고본(1963)에서는 본문에서 '김일성을 위수로 한 조선공산주의자들'이 동북항일련군과 어깨를 나란히 하여 작전했다고 하여 김일성 등을 항일련군 밖으로 떼냄으로써 그들을 배려하였다. 이듬해에 나온 간사 초고본(1964)에서는 역시 본문에서 '김일성을 위수로 한 조선공산주의자들'의 활동을 조선족의 역사에 포함시키지 않고 국제주의 정신을 발양하여 중국인들과 협조하고 지원한 것으로 서술하였다. 반면 문혁 후에 나온 『조선족간사』 완성본에서는 '김일성을 위수로 한 조선공산주의자들'의 활동을 본문에서 없애고 서론에서 소개함으로써 배려의 정도가 한결 약화되었다.

이 『중국 조선족 혁명투쟁사』에서는 "머리말"에서 "항일전쟁기간 우리나라에 거류한 조선과 한국의 혁명자들도 중국 인민과 함께 일본 침략자에 반대하는 영용한 투쟁을 벌였다"고 하고는 홍범도 등 그리고 "김일성을 대표로 하는 조선공산주의자들" "김구를 위수로 하는 대한민국 임시정부" "김약산을 위수로 하는 조선민족혁명당과 조선의용대" "김두봉 무정을 위수로 하는 조선독립동맹과 조선의용군" 등을 거론하였다.[71] 이전에는 "김일성을 위수로 하는 조선공산주의"들만이 조선족이 아닌 조선인으로 분류되었는데 이제 그 범위가 크게 확대된 것이며 이는 달라진 국제정세를 반영하는 것이기도 하였다. 그런데 주목되는 점은 여기서 거명한 사람, 단체들 가운데 홍범도, 김일성, 김약산, 김두봉, 무정 및 그들이 이끄는 단체의 항일투쟁을 이 책에서 모두 서술하고 있는데 다만 김구와 임정의 활동은 예외로 취급하고 있다는 점이다. "머리말"에서는 "순전한 조선, 한국 사무에 우리나라 조선족이 개입하지" 않은 경우에는 서술하지 않기로 했다는 원칙을 제시하고 있지

71 위의 책, 3쪽.

만 그 밖에도 또 다른 이유가 있는 것으로 보인다. 김구 · 임정의 항일투쟁을 중국사의 일부분인 조선족 역사로 서술했을 경우 한국내의 반발이 있을 것을 우려한 측면도 있을 것 같다.[72]

(4) '이중사명'에 대한 명시적 부인

『중국 조선족 혁명투쟁사』의 특징의 하나는 "조선족은 이중사명을 지녔다"라는 명제를 명시적으로 부인하고 있다는 점이다. 양소전은 서론에서 조선족은 중국의 한 소수민족이고 조선족 역사는 중화민족 역사의 한 구성부분이며 조선족혁명투쟁사는 중국혁명투쟁사의 한 구성부분이라고 규정하고 있다.[73] 요컨대 재만 조선인 항일투쟁사는 중국사라는 것이다.

그런데 그는 조선족의 혁명사명은 "중국혁명의 목적을 실현하기 위한 것"일 뿐이라고 하였다. 즉 "중국혁명을 하면서 조선독립을 위한 조선혁명도 하는 이중사명은 지니지 않았다"고 하였다.[74] "비록 이웃나라인 조선에서 중대한 혁명사건(예를 들면, 1919년 3 · 1운동)이 폭발했을 때 혁명 활동을 하고 투쟁을 진행하여 호응하고 성원"해 주었지만 이는 중국 조선족이 "조선인민과 함께 조선독립을 위한 조선혁명투쟁을 진행한 것은 아니다"고 하였다.[75] 본문에서도 "조선 3 · 1운동"을 "성원"하기 위한 집회가 3월 13일 있었고 이것이 3 · 13반일시위로 이어진다고 서술하고 있다.[76] 양소전의 위상을 고려하면 이 같은 이중사명의 명시적 부인은 많은 중국인 학자들이나 나아가 정 · 관계 지도자들로부터

72 "고구려사를 중국사로 만들더니 대한민국 임시정부마저도 중국사로 만든다"는 역풍을 우려했을 수 있다.
73 양소전 외, 앞의 책, 5쪽.
74 위의 책, 5쪽.
75 위의 책, 5쪽.
76 위의 책, 165~166쪽.

도 지지를 받고 있을 것으로 짐작된다.[77]

'이중사명'의 부인은 여러 부작용을 초래하고 있다. 그 하나의 예를 우리는 재만한인 조국광복회의 '선언'이나 '10대 강령' 부분에서 확인할 수 있을 것이다. 지금은 누구나 인정하고 있듯이 재만한인 조국광복회(이하 조국광복회)의 배후는 중국공산당이고 조국광복회의 건립을 추진한 핵심 주체는 중국공산당 조선인 당원들이었다.

조국광복회의 "선언" 첫 머리에는 "재만한인의 진정한 자치와 한국의 자유 독립 재건을 위해 싸우자!"는 구호를 내세우고 있다. 그리고 "우리의 조국, 화려한 삼천리 강산은 우리의 조상으로부터 자자손손에 이르기까지 대대로 전래된 강산인데 구적 왜놈들에 강탈되고 5천년의 광휘있는 역사를 지닌 2천만 白衣同胞는 놈들의 노예로 화한지 벌써 27, 8년에 달한다"고 적고 있다. 10대 강령의 첫 번째 조항은 "한국민족은 단체와 개인을 구별치 않고 국내외를 논치 않고 단결하여 강도 일본 놈들과 투쟁을 하여 조국의 독립해방을 완성할 것" 제3조에는 "재만한인의 자치와 조국광복을 위해" 무상내를 조직해야 한다고 하였다.[78] 조국 삼천리 화려강산 곧 한반도의 해방과 재만한인의 자치가 양대 목표임을 알 수 있다. 아울러 국외는 물론이고 국내의 한민족의 단결을 강조하고 있다.

그러나 『중국 조선족 혁명투쟁사』에서는 "10대강령"과 "건립선언"을 다음과 같이 설명하고 있다. 즉 "조선족 인민들은 광범한 항일통일전선을 결성하여 일본제국주의 및 위만정권인 '만주국'을 뒤엎고 조선족들의 민족자치를 실시"할 것 등을 주장했다고 한다. 만주에서의 조선족의 민족자치는 나오지만 "조국 광복" 곧 독립은 언급하지 않고 있다. 결국 이중사명을 무리하게 부인하다 보니 조국해방과 한인 자치라

---

77 양소전 선생의 위상은 그의 연구 업적에서도 판단할 수 있을 것이다(「楊昭全研究員簡歷及著述目錄」, 『朝鮮・韓國歷史研究』 11, 延邊大學出版社, 2011, 480~491쪽).

78 이명영, 『재만한인공산주의운동 연구』, 성균관대 출판부, 1975, 133~136쪽.

는 2대 핵심 지향 가운데 전자는 감춰지고 말았다. 이중사명을 부인하다 보니 조국광복회의 강령이 반토막난 것이다.

## 6. 맺음말

이상의 본문을 통해서 우리는 다음과 같은 사실을 확인할 수 있다.

먼저 만주 조선인 항일투쟁에 대한 중국 학계의 서술이 시기가 내려올수록 풍부하고 정밀해짐을 알 수 있었다. 1951년의 『5천년 간의 中朝友好關係』는 북한학자들의 항일투쟁사 서술을 많이 원용하였던 반면 1964년의 『조선족간사』 초고본은 중국학자들이 연구, 서술했는데 특히 항일투쟁사의 전체적인 틀을 세운 데 큰 의의가 있다. 1986년의 『조선족간사』 완성본은 각주를 다는 등 매우 세련되었다면 2007년에 발간된 『중국조선족 혁명투쟁사』는 한국 등 외국학계의 연구성과까지 대폭 받아들여 내용이 풍부해지고 주요 쟁점들을 소화하는 등 넓이와 깊이가 확대 · 심화되었다. 뒤의 세 가지 책은 중국공산당의 공식사서로서의 의미를 지니며, 특히 마지막 두 가지는 공간되어 '교과서'로서의 의미까지 갖는 것으로 보인다.

이 같은 역사서의 서술에는 일반적인 배경으로서 중국공산당의 소수민족에 대한 정책과 그 추이가 작용했을 것이며, 특수한 배경으로는 한국전쟁의 추이와 중국인민지원군의 참전, 조선족의 대량 脫中入北, 문화대혁명과 북 · 중 갈등 등이 작용했을 것이다.

다음으로 우리는 이러한 책들을 통해서 중국은 역사책 속에서 중국 조선족(조선인)과 한반도 조선인을 분리시키고 그것을 점차 구체화 해왔음을 알 수 있다. 그 점은 다시 아래처럼 몇 가지로 나누어 살필 수가 있다.

첫째, 조선족이 역사책 속에서 탄생하였다. 1951년의 책에서는 아예 소수민족 혹은 조선족이 등장하지 않고 있다. 만주에서 항일투쟁했던 주체는 조선족이 아니라 조선인이었다. 조선인들이 중국인과 연합해서 싸웠던 것은 "양국 인민"의 국제주의 연대로 묘사하고 있다. 그러나 1964년과 1986년 그리고 2007년에 발간된 책들에서는 모두 조선인이 아닌 중국인으로서의 조선족이 서술상의 주어였고 그들은 조선 독립이 아닌 중국혁명을 위해 투쟁한 것으로 묘사하고 있다. 그러면서도 세 가지의 책에서는 조선족의 탄생 시점과 그 계기에 대해서는 차이를 보이고 있다.

1964년의 저서에서는 여러 민족과 공동으로 "동북 개발"하는 과정에서 소수민족이 되었다고 하였다. 이 저서에서는 그 근거를 밝히지 않고 있은 것으로 보아 이러한 서술은 선언적 의미가 컸을 것으로 보이는데 특히 1950년대 후반의 반우파투쟁과 민족정풍운동에서 중국공산당이 지향했던 바가 녹아든 것으로 보인다. 1986년의 저서에서는 공동의 개발과 아울러 공동의 반제・반봉건투쟁 과정에서 중국 소수민족의 하나인 조선족이 되었다고 서술하고 있다. 1986년 당시에는 조선족의 탄생 시점을 두고 학자들 내부에서 혹은 지도자들 내부에서도 의견의 일치를 보지 못하고 논쟁이 진행되었고 그래서 탄생 시점을 밝히지 못한 것으로 보인다.

2007년의 저서에서는 19세기말 20세기 초에 조선족 사회가 형성되었다고 조선족의 탄생 시점을 밝히고 있다. 강을 건너 만주에 들어온 조선 개척민들이 여타 민족과 공동으로 개발하고 투쟁하는 가운데서 중국 주류문화와 접하게 되고 그 과정에서 한반도 조선인과 다른 심리 상태를 지닌 층이 형성되었다는 것이다. 개발하고 투쟁하는 과정에서 한족 등 여타 민족으로부터 영향을 받았던 것은 사실이겠지만 조국에서 수만리 떨어진 곳에 사는 것이 아니라 강 하나를 사이에 두고 살았고, 한반도로의 여행이 비교적 자유로웠던 점, 중국말을 능숙하게 하는 사람이 많지 않았다는 점 등을 생각하면 그렇게 빨리 한반도 조선인과 민족정체성이 다른 조선족이 형성되었는가 하는 점은 의문의 여지가 있다.

둘째, 『조선족간사』 초고본과 완성본, 『중국조선족 혁명투쟁사』 등이 세 가지의 저서가 공히 한반도 조선인과 민족정체성이 다른 '조선족'을 상정하고 그들의 한반도와의 단절을 추구하는 서술을 하다 보니 여러 가지 무리가 따르고 있다. 1964년과 1986년의 저서에서는 한반도에 뿌리를 둔 조선공산당 만주총국이나 한반도 조선인들에게 큰 영향을 준 동북항일련군의 보천보습격, 한반도 민족해방을 분명히 표방하였던 재만한인 조국광복회 등등에 대해서는 이름조차 거론하지 않아 재만 조선인 항일투쟁 전체사 이해를 어렵게 하고 있다. 한편 2007년의 저서에서는 모든 이름을 드러내고 나름 설명을 가하고 있으나 역시 충분한 서술이 되지 않는 점이 있다. 이를테면 재만한인 조국광복회의 선언이나 10대강령 가운데 재만한인 자치 부분은 잘 드러내고 있으나 조국광복 부분은 드러나 있지 않고 있다.

셋째, 조선족사로서 '완성'해가는 과정에서 "김일성을 위수로 하는 조선인공산주의자들"에 대한 기술도 큰 변화가 있었다. 1951년의 서술에서는 재만 조선인 항일투쟁사에서 김일성의 역할을 절대적인 것으로 서술하고 있다. 1964년의 서술에서는 만주 조선인의 항일투쟁이 대체로 중국공산당의 영도 하에 수행한 것으로 묘사하고 있다. 다만 본문의 말미에 "김일성을 위수로 하는 조선공산주의자들"의 투쟁을 한 문단으로 기록해 놓고 있다. 이는 김일성과 북한, 북한의 항일투쟁사 서술을 존중한 배려인데 다만 이로 말미암아 만주 조선인 항일투쟁에는 '조선족' 외에 '조선인'이라는 또 다른 별개의 주체도 참여한 것으로 '왜곡'하는 문제를 남겼다. 1986년의 책에서는 서문에서 김일성을 위수로 하는 조선공산주의자들의 투쟁을 찬양함으로써 예우하고 본문에서는 더 이상 "김일성을 위수로 한 조선공산주의자들" 즉 '조선인'은 등장시키지 않음으로써 조선족사로의 통일을 완성하였다. 다른 한편에서는 본문에서 김일성이나 그가 이끈 부대들의 활동의 일부를 조선족사로 서술하면서도 그들의 이름은 명기하지 않았다. 2007년 저서는 기본 골격은 1986년과 동일하다. 다만 차이점은 본문에서 김일성 등의 이름을 명기하고 있다는 점이다.

넷째, 투쟁의 목표 또한 조선족사로 '완성'하면서 실제와 분리되고 그것이 굳혀져왔다. 1951년의 저서에서 등장하는 조선인의 투쟁의 목표는 당연히 조국 한반도의 독립이었다. 단지 일본의 침략을 받고 있던 중국 인민과 국제주의 정신에 입각하여 연대했을 따름인 것이다. 1964년과 1986년의 조선족간사에서는 조선족의 투쟁의 목표는 중국해방이라고 서술하고 있다. 1964년 저서의 본문에 나오는 "김일성을 위수로 한 조선공산주의자들"의 목표는 명시되어 있지는 않지만 조선해방이었음은 물론일 것이다.

2007년 저서의 경우는 큰 틀에서는 1964년 1986년의 그것과 동일하게 조선족의 목표는 중국해방이었다. 다만 2007년의 저서에서는 조선족은 '중국해방과 동시에 조선독립도 임무로 삼는', '이중의 사명'은 지니지 않았다고 명시적으로 못을 박아 더 구체화하고 있다. 中國人인 조선족은 다만 이웃국가 조선인들의 독립운동을 '성원'하는 차원에서 참여했다고 하면서 용정 3·13시위 등을 그 구체적 사례로 거명하고 있다. 박창욱 혹은 권립 등 중국 조선족 1세대 학자들의 주장이었던 이중사명론에 대한 이 같은 부정은 중국학자들의 일치된 견해는 아닐 것이다. 필자가 보기에 19세기 말 20세기 초 '조선족 형성' 주장이나 '이중사명 부정론'은 현재로서는 선언적 의미가 강한 것으로 짐작된다. 향후 중국학자 내부에서 혹은 한중학자 상호 많은 토론이 필요한 부분이라 생각된다.

# 제3부

# 한국학과 베트남, 베트남의 한국학

# 김영건(金永鍵)의 한국대외관계사에 대한 인식과 해방 직후 활동*

안종철

## 1. 머리말

일반적으로 역사가가 역사학의 소재를 선택하는 데는 두 가지 방법이 있다. 하나는 역사가가 연구대상으로 삼는 시대의 가장 중요한 문제라고 인식하는 것을 적극적으로 다루는 것이고 다른 하나는 당대인들에게는 중요하지 않았지만 역사학자 자신에게 의미있는 것이라고 생각하는 것을 연구하는 것이다. 이 글이 다루는 김영건(1910~49?)이라는 인물은 어쩌면 후자에 가까운 예라고 할 수 있다. 그는 황해도의 군

* 이 글은 2009년 10월 29일 인하대 한국학연구소가 "김영건(金永鍵)과 동아시아―'베트남학'에서 '한국학'으로"라는 주제로 주최한 '동아시아한국학' 학술회의에서 발표한 후 『한국학연구』 21집(인하대 한국학연구소, 2009)에 수록한 것임.

수를 역임한 아버지 김정현(金定鉉, 1868~?)의 직장 때문에 어린 시절 해주 인근에서 자라다가 식민지 京城에서 제2고등보통학교(현 경복고등학교)를 졸업(재학 : 1923~27)했다. 1927~31년 동안 고등교육을 받은 후 1931~40년에 베트남의 '원동학원'이라는 프랑스의 식민지 연구기관에서 司書로 있으면서 베트남을 중심으로 동남아시아와 일본의 관계를 연구한 인물이다. 1940년 일본의 베트남침공에 즈음한 정치적 급변 속에서 그는 일본에 가서 일본민속학회 회원으로 활동하다가 1943년에 조선으로 귀국했다. 이후 한국과 다른 국가들의 역사적 관계에 대한 연구에 본격적으로 착수했다. 해방 후에는 '진보적' 혹은 좌파문학단체와 언론기관을 중심으로 활동한 문학가이자 언론인이기도 하다.[1]

그는 다른 유명한 정치인이나 학자만큼 알려지지 않은 중견급의 인물이므로 그에 대한 연구는 거의 없다. 김영건에 대해서는 인류학자나 동남아시아 지역에 대한 연구자들의 몇 개의 연구가 있다.[2] 그러나 그가 한국학과 관련해서 남겨놓은 다양한 업적들에 대한 분석이나 해방 후의 활동에 대한 평가에 대해서는 공백으로 남아있다. 이 글은 김영건의 한국관련 인식을 다루면서 그의 인식과 활동이 1930~40년대 한국사회의 지적 풍토에서 차지하는 위치를 논하고자 한다. 그리고 그러한 인식이 오늘날에 남겨놓은 유산이 어떤 것이었는지 다루고자 한다.

---

1 김영건에 대한 기본적인 정보와 저술 목록, 그리고 베트남사 연구의 특징은 윤대영, 「김영건(金永鍵)의 베트남 연구 동인(動因)과 그 성격-1930~40년대, 그의 "전변무상(轉變無常)"한 인생 역정과 관련하여」(『동남아시아연구』 19권 3호, 한국동남아학회, 2009)에서 자세히 언급이 되었으므로 여기서는 다루지 않는다. 현재 그의 이력 상 고등교육을 받았을 것으로 추정되는 1927~31년 어떤 학교를 다녔는지를 명확히 파악할 수 없다. 다만 경성제대, 히로시마 사범학교, 동경사범학교 중 한 곳을 다녔을 가능성이 있는데 그는 식민지 고등교육을 받고 베트남에서 프랑스어를 배웠기에 일본어, 프랑스에 능통했다.

2 임동권, 「김효경 · 김영건론」, 『한국민속학인물사』(보고사, 2004); 전경수, 『한국인류학백년』(일지사, 1999); 그리고 윤대영, 위의 글 등을 들 수 있다. 김영건의 연구들에 대한 정리는 윤대영, 같은 글, 58~60쪽 참조.

특히 이 글은 그의 역사에 대한 인식이 진단학보를 중심으로 하는 한국사학계와 어떤 관련을 가졌고 역사인식과 더불어 그의 해방 후 활동이 어떻게 이루어졌는지를 자세히 다루고자 한다. 이를 통해 해방 후 한국사에 대한 그의 인식과 진단, 그리고 자신의 대안이 어떤 것이었는지 살펴보고자 한다.

이 글에서 사용하는 좌파와 우파의 개념은 역사적 국면에 따라 다르게 정의할 수 있는 복합적인 개념이다. 이는 식민지시기인 1920년대로 소급되는 개념으로 둘 다 공히 민족주의에 기초한 것으로 전자는 사회주의(공산주의 포함), 후자는 서구의 자유주의적인 입장을 옹호한 집단을 의미한다. 그러나 1937년 중일전쟁 발발이후 태평양전쟁 기간(1941~45)의 파시즘 체제를 겪으면서 그 의미는 복잡해졌다. 특히 우파(일부 좌파도 포함)는 이 시기 국가주의적 성향을 보여주었고 이는 해방 이후에도 지속되었다. 해방 후인 1945년 말 신탁통치 파동과 1946년 1차 미소공동위원회 회담결렬을 겪으면서 좌파는 위의 의미에 더해 철저한 친일파청산(특히 경찰과 관료), 토지분배(주로 무상몰수와 무상분배), 그리고 소련과의 협조를 강조함에 반해 후자는 친일파청산에 대해 미온적(반대도 포함) 태도, 토지분배에 대한 유상(有償)차원에서의 해결, 미국과의 협조(때로는 대립)라는 입장을 보였다. 해방공간에서 좌파는 '민족'이라는 담론을 사용했지만 '민주주의'라는 수사를 더 선호했고 우파는 '민족'이라는 담론을 통해 식민지기의 파시즘체제에의 협력의 경험을 덮고 해방 후의 정국에서 헤게모니를 장악하고자 했다. 정부수립이나 한국전쟁 이후에는 여기에 더해 북한과 대한민국 정부에 대한 태도여부가 좌·우파를 구분하는 주요 척도로 사용되기도 했다.

## 2. 한국대외관계사에 대한 인식

김영건은 알려진 대로 베트남을 연구한 학자이다. 그러므로 그가 한국문제를 다룬 소재와 문제의식은 베트남연구로부터 출발한 측면이 있었다. 김영건의 다음의 언급은 그가 왜 한국문제를 왜 다루게 되었고 어떤 관점에서 인식하게 되었는가를 단적으로 보여준다.

> 처음부터 나는 朝鮮史를 專攻한 것은 아니었다. 그러나 일찍부터 外國의 文獻을 涉獵하는 동안에 朝鮮에 關한 史料들로 내가 朝鮮에 紹介해 보았으면 하는 것들을 여기저기서 찾아볼 수가 있었다. 그 것들을 그 채로 내버려두기는 아깝고 하야 나는 틈있는 대로 조곰씩 「노-트」를 해두었다.[3]

즉 그가 베트남에서 일하는 동안 조선관련 문헌들을 발견하고 이것을 조선사회에 소개할 생각으로 자료를 모아둔 것이 한국의 대외관계에 대한 연구의 기초가 되었다는 것을 알 수 있다.

그가 베트남에서 1930년대 활동할 때도 진단학회 측과 계속 교류가 있었다. 그리고 이에는 진단학회 측의 인사, 특히 한국의 대외관계를 연구한 湖巖 문일평(文一平, 1888～1939)의 격려가 있었다.

> 그 中에서도 特히 近代朝鮮의 對外關係에 關해서만은 故 文一平先生께서 多幸히 그 貴重한 첫 「페-지」를 開拓해놓아 주시었다. 湖岩선생이 살어계실 때에 激勵해주신 말슴도 있고 震檀學會의 先輩들이 늘 激勵해주시는

---

3 김영건, 『朝鮮開化秘譚』, 正音社, 1947, 3쪽. 이하 인용문의 어색한 표현들은 원문 그대로이다.

말습도 있고 하야 나도 나의 菲才를 돌아보지 않고 뒤로는 좀 더 科學的으로 이 方面에 관한 調査와 硏究를 거듭해보고자 하는 바이다.

아울러 진단학회의 이병도, 홍이섭 등이 한반도와 외국과의 교섭에 대한 사료들을 소개하기 시작한 것도 김영건이 이 분야에 발을 들여놓게 되는 중요한 배경이 되었다.[4] 그가 한국대외관계사를 '부전공'한 데는 이러한 인적관계망이 있었다.

그가 베트남에 관련 연구활동을 하면서 발표한 글들 대부분은 베트남과 일본의 관계에 대한 것이다.[5] 그 후 1940년 일본과 미국 간의 갈등 이후 일본을 거쳐 1943년 경 조선에 귀국한 후 김영건은 한국의 대외관계를 다룬 짧은 글들을 몇 몇 저널에 기고했는데 이들을 함께 모아서 해방 후 책으로 출간했다.[6] 이로 보건대 그가 한국문제를 다룰 때 조선과 베트남과의 관계, 혹은 다른 외국과의 관계를 다룰 가능성이 높았다.

그의 한국내외관계사에 대한 인식은 두 부분으로 나눌 수 있다. 우선 베트남사를 연구하듯이 한국사상의 흥미 있는 대외관계의 소재들을 선별적으로 다룬 것이다. 다른 하나는 개화기의 문제를 집중적으로 다룬 것으로 특히 조선과 프랑스의 관계를 다루었다는 특징이 있다. 이 둘 모두는 김영건의 베트남대외관계사, 프랑스와 동아시아와의 관계에 대한 그의 관심이 반영되었다는 점에서 흥미롭다.

---

4 김영건, 「亞剌比亞人의 Si-la(新羅)」, 『黎明期의 朝鮮』, 正音社, 1948, 10쪽.

5 수많은 저널에 연구들을 발표했는데 그것을 모아 책으로 출간한 것이 金永鍵, 『印度支那と日本との關係』(東京 : 富山房, 1943)이다. 이에 대한 분석은 윤대영, 앞의 글, 86~87쪽.

6 『朝鮮開化秘譚』(正音社, 1947)과 앞의 『黎明期의 朝鮮』이다.

### 1) 전통시대 한반도의 대외관계

우선 김영건의 한국의 대외관계사에 대한 인식의 특징을 살펴보기로 하자. 그는 한국사에서 "朝鮮과 南海 또는 西域과의 關係"는 조선과 외국과의 관계 중 "가장 重要한 命題의 하나"로 보았다.[7] 그가 한국의 대외관계사 중 가장 주목했던 부분은 고대 한반도와 남해와의 교류라는 것과 그것이 근대 서구와의 접촉과 일정한 연속성을 갖는다고 보았다는 점이다. 즉 한국사는 고대부터 외부와의 접촉이 한국사의 한 특징으로 자리매김하고 있었다는 것이다.

김영건은 고대 신라의 혜초(慧超)가 당(唐)에서 남해를 거쳐서 인도[天竺]를 오간사실에 주목했고 더불어 신라가 아라비아인들과 교류한 것도 남해를 무대로 했음을 강조했다. 고려시대에는 한반도와 남해의 류우큐우[琉球], 버마[暹羅斛], 마팔아국(馬八兒, 인도남부의 국가—필자) 등의 관계로 좀 더 체계화되었고 조선시대에는 이러한 남방과의 교역은 남만제국(南蠻諸國)과의 교섭으로 확대되었다고 보았다.[8] 그는 고대에 이미 신라가 아라비아인(亞剌比亞人)에게 알려졌고 이 두 지역에는 활발한 교섭이 있었다고 주장했다. 특히 그는 일본학자들의 의견을 의식하면서 고대 한반도와 해외의 교류의 증거로 일본의 쇼오소오인[正倉院]에 보존되어있는 고대 한국 유물이 중앙아시아의 직물에 나타나는 문양과 비슷한 것들을 포함하고 있음을 강조했다.[9]

---

7 김영건, 「서문」, 『黎明期의 朝鮮』, 5쪽.

8 위의 책, 6~8쪽.

9 김영건, 「亞剌比亞人의 Si-la(新羅)」, 위의 책, 15쪽(이 글은 원래 『서울신문』 1947.9.6 학술란에 실렸었다). 그러나 그는 1513년 말라카반도에 있던 포르투칼인의 기록에 등장하는 '고오르' 혹은 '고오레스'가 일본 혹은 류우큐우인을 가르키는 것이라는 일본학자들의 의견을 비판하면서 이들이 조선인들이었을 가능성을 제기했다. 「葡萄牙人의 Gores와 高麗의 問題」, 같은 책, 17~27쪽.

고려시대의 대외관계사에서 김영건의 흥미를 끈 것은 베트남 위엔[阮]왕조의 왕자로 자신의 국가 社稷이 위태로운 때에 고려로 망명해서 花山 李氏의 선조가 되었던 이용상(李龍祥)이었다. 그는 이용상 3대의 묘소가 있는 황해도 옹진군 마산면 화산리 근처를 직접 답사하면서 관련 자료(『甕津郡郡勢一般』, 『甕津郡北面面勢一般』, 『甕津郡郡勢要覽』, 『山李氏世譜』 등)를 수집하기도 했다. 특히 원나라가 침입해온 고려 중기, 이용상은 인근에서 부대를 조직해서 원나라군대와 싸워 승리를 거두었고 이에 고려조정이 그를 화산군으로 封爵했음을 사료로 보여주었다.[10]

김영건은 조선시대에 북경에 사신으로 간 芝峯 이수광(李睟光)이 베트남사신과 면담한 기록인 「安南國使臣唱和問答錄」을 분석하면서 이 자료에 당시 베트남 국내정세의 변동이 언급되어 있는 것에 주목하면서 이를 통해 조선과 베트남의 간접적 교류의 사실을 주장했다.[11] 그는 조선시대에 조선인 중에서 베트남에 표류한 사람들의 존재에 주목하기도 했다.[12]

조선시대에서는 임진왜란과 일본과의 관계를 다루면서 임란 직후 조선인 사신이 일본을 방문했을 때 일본 측에서 환대를 받았던 것을 언급했다. 이는 개화기 때 김기수(金綺秀)가 수신사로 일본을 방문했을 때 동일한 것이었다.[13] 그러나 영국의 동인도회사 측이 조선과 무역을 재개하려고 했지만 실패한 부분에서는 아쉬움을 보여주었다.[14] 어쩌

10 김영건, 「蒙古兵을 擊退시킨 花山君 李龍祥의 事績」, 위의 책, 28~49쪽.

11 김영건, 「安南國使臣唱和問答錄」, 위의 책, 50~59쪽. 그는 이병도에게서 이 기록의 필사본을 건네받아 베트남 하노이의 프랑스 동양학원에 기증했다. 이처럼 그는 진단학회에서 다수의 도서를 받아서 원동학원에 기증했다.

12 예를 들면 조선 숙종대 제주도의 주민 중 고상영(高商英)이라는 사람이 베트남에 표류한 일이 있었는데 역관 이재담(李齋聃)이 고상영과 면담한 기록이 있다. 김영건, 「濟州道民의 安南漂流記」, 위의 책, 91~94쪽.

13 김영건, 「壬辰倭亂과 遣日使節」, 위의 책, 78~85쪽.

14 김영건, 「「콕스」의 書翰에 나타난 朝鮮의 對外貿易」, 위의 책, 89쪽.

면 이때가 조선의 쇄국정책을 바꿀 수 있었던 시기였다고 생각했을 것이다. 아울러 조선과 만주의 관계에서 18세기 조선인들이 국경을 넘어서 영향력을 행사한 것이라든가 국경근처의 조선마을이 매우 수준 높은 문화를 유지하고 있었음을 중요한 사실로 언급했다.[15] 조선의 대외관계를 다룬 그의 글의 근거자료는 일본에 와있던 동인도회사 직원의 일기라든가 북경에서 만주로 답사 온 프랑스 선교사들의 기록 등이었는데 이들은 그가 직접 참고했던 것 같다.[16]

김영건은 조선 말 철종 13년(1863)에 조선에 발생한 기근으로 수천 명의 조선인들이 소련영내, 특히 연해주와 시베리아로 넘어간 사실을 주목했다. 이와 관련되어 1876년 프랑스에서 열린 만국박람회와 함께 개최된 국제민족과학학회에 제출된 이 학회 회장 "앙리 되 로너-"가, 러시아인 "뿌실로"가 1874년 시베리아지역에 와서 조사한 조선인들의 기록을 소개한 사실을 지적했다.[17] 김영건은 프랑스어로 된 논문을 직접 보았던 것 같다.

김영건의 한국대외관계사의 인식 중 흥미로운 부분은 바로 강렬한 민족의식을 보여주는 부분이다. 예를 들면 고대 조선의 존재에 대한 일본 측 연구자들의 의도적인 생략이라든가 중국에서 나온 지도들이 조선과의 국경을 표시하고 있지 않은 것 등을 강력히 비판했다. 이는 해방 직후 신국가건설에 대한 꿈을 가졌던 많은 조선인 지식인의 당연한 반응이었다.

---

15 김영건, 「古代의 滿洲와 朝鮮」, 위의 책, 74~76쪽.

16 예를 들면 위의 책, 71쪽 참고.

17 김영건, 「西伯利亞와 朝鮮의 移民」, 『朝鮮開化秘譚』, 22~25쪽.

### 2) 개화기 조선의 대외관계

개화기는 김영건이 인식하듯이 가장 최근의 조선의 대외관계를 보여주는 시기로서 근대 한국의 운명을 다룬다는 점에서 큰 의미가 있다. 19세기 서구열강의 접근과 프랑스, 미국과의 전투(병인양요, 신미양요), 천주교 탄압, 그리고 조선의 개항과정 등에 대한 그의 소개는 현재의 기준으로는 개론적인 내용이다.[18] 그리고 그는 조선시기에 조선인들이 "公公然하게 海外로 發展할 길"이 없었지만 구한말에야 조선인들이 본격적으로 해외로 나가게 되었다고 보았다.[19] 조선의 개화기에 대한 특별한 내용이 없는 것은 이 시기 사료에 대한 직접적인 접근이 총독부 중추원이라든가 경성제대 법문학부 등에서만 가능했기 때문일 것이다. 그러므로 그의 설명은 다분히 문일평(『한미관계오십년사』 등)이나 기존 연구에 의존한 감이 있다.

김영건의 구한말 인식에서 흥미로운 부분이자 중요한 기여로 평가할 수 있는 부분은 바로 프랑스에 소개된 조선의 문화라든가 초기 한불관계사를 다룬 글들이다. 우선 그는 프랑스인들이 조선의 문화를 본격적으로 해외에 소개한 것을 높게 평가했다. 특히 프랑스와 조선의 가교 역할을 한 인물로서, 김옥균의 암살범으로만 알려진 홍종우(洪鍾宇, 1854~1913)에 대한 부분을 새롭게 밝혀내었다. 홍종우는 조선정부의 관료의 아들로 1890년 프랑스에 법률을 공부하기 위해 프랑스로 떠났는데 그곳에서 프랑스인들의 배려로 공부도 하고 기메박물관(Guimet Musee)에서

---

18 김영건, 「近世朝鮮과 外國과의 交涉」, 위의 책, 12~17쪽.

19 특이하게도 그는 민영환이 광무 2년(1898)에 세계 각국을 돌아다니게 된 일(이것은 1896년 러시아황제의 민영환이 대관식에 참여한 일을 염두에 둔 듯)이 "우리들이 正式으로 海外로 進出을 하게 된 嚆矢"였다고 보았다. 이즈음 구한국에도 외교부가 생겼다고 했다. 김영건, 「海外와 朝鮮人」, 위의 책, 7쪽. 물론 이러한 인식은 오해인데 구한말의 역사가 해방 전후에도 정리되지 못했기 때문이다.

2년간 촉탁(囑託)으로 일했다.[20]

주지하듯이 홍종우는 김옥균을 상하이로 불러서 그를 암살했는데 이는 그가 조선정부와 모종의 관련이 있었음을 보여준다. 김영건도 홍종우의 김옥균 암살을 긍정적으로 보지 않았지만 김옥균이 주도한 갑신정변(1884)도 그리 높게 평가하지 않았다. 그는 이에 대해 "國際의 情勢에 어두운 政治家가 오즉 他國의 勢力에 依存하야 자기 나라의 獨立을 꿈꾼다는 것이 얼마나 터무니없는 일이라는 것을 가르쳐주는 좋은 資料"라고 평하면서 "우리는 人民의 힘을 土臺로 한 革命의 힘만이 오직 우리 國家의 建設에 이바지 할 수 있다는 것을 알 수 있다"고 주장했다.[21] 이는 해방 후 김영건의 '인민민주주의' 입장을 보여주는 대목이다.

홍종우는 기메박물관에서 일하면서 프랑스 학자(쟝 되 로니―)가 『춘향전』을 번역할 때 그에게 관련 내용을 설명해가면서 초벌 번역을 했고 그와 함께 『심청전』을 불어로 『枯木再花』(1895)라는 제목으로 번역하기도 했다.[22] 그는 서구에 조선의 역사가 알려지지 않은 것을 우려해서 이 책의 서문에서 조선의 역사를 일부 설명했다.[23] 아울러 조선의 점성술에 관한 책을 프랑스 학계에 소개해서 흥미를 끌기도 했다. 점성술에 관련된 책은 제목을 "每人을 占制하는 幸運의 星辰을 돌아오게 하고 當年의 吉凶을 알도록 이끄는 책"이라고 붙였는데 이는 『直星行年便覽』이

---

20 김영건, 「洪鍾宇에 關한 資料」, 위의 책, 63~70쪽.

21 홍종우의 김옥균 암살에 대해서 김영건은 이미 청일전쟁이 가까워 온 시점, 즉 김옥균이 살해되기 전, 일본에게 김옥균의 가치는 땅에 떨어졌다고 보았다. 김영건, 위의 책, 71~72쪽.

22 김영건, 「海外에 紹介된 『春香傳』」, 위의 책, 27~29쪽. 그 후 프랑스에서는 1895년에 춘향전이 불어로 번역되었다고 한다. 『枯木再花』는 『끼메-博物館年譜』通俗文庫 제 8권으로 발행되었다. 김영건, 「佛國에 紹介된 『深淸傳』」, 같은 책, 33쪽.

23 그러나 오히려 W. G. 아스톤은 홍종우가 조선의 역사에 대한 서구인들의 인식을 오해하고 있다고 비판했다. 흥미로운 것은 이 서문에서 홍종우는 조선에서 공화정치는 천만부당한 것이라고 주장했다. 김영건, 「佛國에 紹介된 『沈淸傳』」, 위의 책, 35쪽.

라는 자료로 이 글은 『끼메-博物館年譜』 제26권 제2호(1897)에 실렸는데 이는 당시 박물관의 관장이자 창립자인 "끼메-(Guimet)"가 직접 "앙리 쇠바리에"와 홍종우에게 번역을 요청해서 이루어졌다.[24]

언급한대로 김영건의 개화기 부분에 대한 발표문들 중에서 가장 중요한 대목은 초기 한불관계사부분이다. 우선 그는 프랑스인 "꼴랭 되 뿔랑씨(Collin de Plancy, 한국명 葛林德)"초대 공사와 조선 外部와의 외교조약의 체결과정을 상세히 다루었다. 특히 1886년 6월 4일 조선과 프랑스 사이에 체결된 외교조약과 그 후속조치로서 이듬해 체결된 비준까지의 과정을 상세히 다루었다. 특히 그는 조불조약이 "基督教의 宣教師를 비롯하야 佛國人의 生命과 財産이 完全히 安全케 되었든 것은 이번의 條約이 큰 効果이었다"고 평가했다.[25] 이는 물론 조불조약을 통해 서구인들이 조선에서 종교자유를 획득했다는 통속적 이해를 반영한 대목이다. 그러나 이는 어쩌면 프랑스, 혹은 서구중심의 이해방식으로 당대의 맥락이 결여된 인식을 보여준다. 왜냐하면 고종 당시의 조선정부는 大院君 통치하(1864~1973)에서 선포된 '기독교 포교 금지령'을 철회한 적이 없었기 때문이다.[26] 기독교 포교문제는 일본이 조선에 '보호조약'을 강제해서 체결한 1905년까지도 간간히 문제가 되었다.

---

24 홍종우가 중간에 들어오게 되어서 나머지는 "앙리 쇠바리에"가 W. G. 아스톤의 조력을 얻어서 마치게 되었다. 김영건, 「歐洲의 學界에 紹介된 『直星行年便覽』」, 위의 책, 30~32쪽.

25 김영건, 「朝鮮 外交史의 一面」, 위의 책, 40~45쪽.

26 조불조약이 과연 조선에서 종교의 자유를 허용한지에 대해서는 논란의 여지가 있다. 물론 이 조약문의 해석을 통해 프랑스 신부들이 내지를 여행할 수 있는 권리를 사실상 획득한 것임에는 틀림없다. 하지만 조약문에 들어 있는 프랑스인이 언어, 문자, 율례 등을 "배우거나 가르치기 위해"(學習或教誨語言文字格致律例技藝者; pour y étudier ou y professor) 조선에 올 수 있다는 구절이 과연 전면적인 종교자유의 허용인지는 논란의 여지가 있다. 특히 "教誨"는 문맥상 의미가 명확하지 않다. 이러한 문제제기는 류대영, 『개화기 조선과 미국 선교사—제국주의 침략, 개화자강, 그리고 미국 선교사』, 한국기독교역사연구소, 2004, 198~211쪽; 한불조약의 원문은 서중석 외 편, 『구한말조약휘찬』 하권, 국회도서관, 1964~1965, 96~112쪽 참조.

사실 일본이 한국병합 전후로 선교사들을 포함한 서구인들에게 '한국병합'의 정당성을 획득하는데 성공한 중요한 이유는 바로 조선총독부가 선교사들에게 '선교의 자유'를 보장했다는 것이었다.

플랑시가 영사로 온 1880년대 후반 조선은 청의 간섭으로 독립국가의 체면이 말이 아니었다. 그러므로 지속적으로 조선정부는 프랑스정부에 領事가 아닌 독립국가에 파견하는 높은 직급인 公使를 파견해달라고 요청했고 플랑시도 이에 동의했다. 그러나 프랑스 정부는 그의 의견을 받아들이지 않았고 이는 플랑시 개인의 재정문제에도 영향을 미쳤다. 그럼에도 불구하고 플랑시는 3년을 조선에 머물러 있으면서 한불 간에 무역, 외교, 문화 등에 중요한 가교역할을 했다. 예를 들면 그는 조선의 書誌를 프랑스에 보내서 유럽에 소개했다. 이 때 공사관의 통역 겸 서기관이 모리스 꾸랑(Maurice Courant)이었는데 그는『朝鮮書誌(*La Bibligraphie Coreenne*)』4권을 발간해서 조선에 관한 정보를 해외에 소개하는데 큰 공헌을 했다.[27] 이는 플랑시와 함께 꾸랑이 조선일대를 돌아다니면서 서적들을 수집한 결과였다.

후일 모리스 꾸랑은 1900년 여름에 프랑스 파리에서 열릴 만국박람회의 조선위원이 되어 1898년 여름부터 조선 물품의 진열에 힘을 쏟았다. 아울러 "되로-르 되 그레옹" 남작이 조선관을 자비로 세워주겠다고 했으므로 되그레옹이 조선위원단의 대표로 임명되었고 조선주재 프랑스 총영사 등도 위원으로 참여했다. 조선 측에서는 민병석, 고용건, 윤덕영, 이윤용, 이근배, 정용두 등이 참여했다.[28] 이는 갑오개혁 이래 조선정부가 자율성을 가지고 참여한 첫 박람회였다.

구한말의 한불의 문화관계를 보여주는 또 다른 중요사례는 1896년

---

27 김영건,「朝鮮과 佛蘭西와의 修交—꼴랭 되 쁠랑씨의 활동」,『朝鮮開化秘譚』, 55~57쪽.
28 김영건,「朝鮮과 佛蘭西와의 文化關係」, 위의 책, 75~79쪽.

가을에 서울에 세워진 불란서어학교였는데 주강사는 "에밀 마르뗄"로 그는 식민지 시기 경성제대 법문학부와 YMCA에서 강사로 가르치기도 했다.[29] 한편 한불문화사에 중요한 것으로 식민지시기 최승희가 프랑스에서 공연을, 김법린 등이 소르본느 대학에서 유학을 한 경험 등도 생각해 볼 수 있다. 김영건은 한불 간의 문화적 교류를 해방이후에도 지속하기를 원했는데 특히 "世界的으로 높이 評價되는 佛蘭西의 科學과 藝術이 朝鮮의 學術界와 文化界에도 좋은 影響을 많이 미치게 해주기를" 바랐다.[30]

한편 김영건이 전하는 구한말 프랑스외교관이 바라본 조선의 상황은 매우 흥미롭다. 청일전쟁이 발발하기 1년 전 서울에 있었던 영사 "죠세프 프랑댕"이 기록한 서울의 모습은 당시에 관련된 중요한 정보를 준다. 그는 당시 국왕 고종에 대해 다음과 같이 표현했다.

> 李熙 陛下는 키가 적으신 분이다. 그의 얼골에는 仁慈하고도 智慧스러운 빛이 나타나 보인다. 그의 검은 눈은 慇懃한 '멜랑꼴리-'의 標式과도 같애 보인다. (…중략…) 그는 知識을 얻는 것을 좋아하시어 謁見을 許諾한 사람들에게는 일일이 歐羅巴에서는 어떠한 일들이 일어나고 있으며 무엇들을 보고 있으며 또한 어떠한 일들을 하고 있는지를 잊지 않고 물으신다.

아울러 프랑댕은 당시 조선의 "宮闕안에는 電氣와 大砲와 六穴砲와 그리고 速射砲와 같은 것들이 작만되어 있다. 그(고종 : 필자)는 얼마의 外國사람들까지도 採用을 했는데 그 中의 몇 사람들은 참으로 功있는 사람들이었다. 萬一에 그들의 忠告만 좇았드라도 좋았을 것이다"라고

---

29 위의 책, 80~81쪽. 필자는 김영건이 경성제대 법문학부에 몸담았으면서 그에게 불어를 배웠을 가능성이 높다고 본다.

30 위의 책, 83쪽.

조선의 근대화의 시도와 그 한계를 아울러 적고 있다. 그리고 섬뜩하게도 "그렇기 까닭게 朝鮮은 피비린내 나게 될 수 있을는지도 모를 革命의 前날 밤에 있는 것이라고 볼 수도 있는 것이다"고 주장했다.[31]

김영건은 구한말 서울에 주재한 프랑스외교관들에 대해서도 자세한 정보를 알려준다. 또 당시 조선인의 인구라든가 외국인들의 숫자 등을 프랑스 측의 자료를 활용해서 자세하게 기록했다.[32]

한편 그는 조선말의 중요한 자력 근대화의 지표로 조선의 電信의 가설문제를 중요하게 다루었다. 비록 1885년에 청국정부가 서울(京城)과 북경 간에 가설했지만 이후 서울과 부산과의 電柱와 電線의 가설을 외국인 기술자의 지도하에 조선인들이 3개월 만에 이루어내었고 서울에서 인천과 원산까지의 전신도 이른 시기에 완공되었다. 이것은 그가 언급한대로 "朝鮮自體의 發展"을 의미하는 것으로 전설의 가설문제는 "朝鮮의 開化譚으로 取扱"했던 것이다.[33] 그러므로 김영건에게 있어서 흥미로운 것은 조선말 혹은 구한말의 조선인들의 자력근대화가능성을 부정하지 않는다는 점이다. 물론 이는 조선정부보다는 조선 인민들이 전선 가설을 속히 이루어낸 것에 더 무게를 둔 것이었다.

김영건의 중요한 학술적 업적은 프랑스를 중심으로 한 서구의 조선에 관한 연구 성과를 조선인 독자들에게 자세히 소개해준 것이다.[34] 식민지 시기 서구인들은 조선에서 『英國王立亞細亞學會 朝鮮支會報 *(Transactions of the Korea Branch of the Royal Asiatic Society)*』라는 저널(1900~40)에 조선에 관련된 연구성과를 꾸준히 실었다. 특히 이 저널의 호레이스 언더우드(Horace H.

31 김영건, 「古都서울－죠세프 프랑댕」, 위의 책, 102~103쪽.

32 김영건, 「京城駐在 佛蘭西外交官略歷」와 「外國文獻에 나타난 五十年 前의 朝鮮」, 위의 책.

33 김영건, 「朝鮮開化秘譚－京城釜山間 電信을 우리 손으로 三箇月만에 架設한 天品!」, 위의 책, 104~109쪽.

34 김영건, 「歐羅巴學者에 依한 朝鮮研究」, 위의 책, 84~94쪽.

Underwood)의 글은 서양의 조선에 관한 연구동향을 상세히 전하고 있다.[35] 해방 직후 서양인들에 의한 조선연구는 식민사관에 따른 일본인들의 연구와는 일정하게 구별될 수 있는 면이 있었지만 조선인들이 이를 직접 접하기 어려웠으므로 조선어로 직접 조선의 독자들에게 이들 성과를 소개하는 것은 매우 중요했다.

이러한 연구의 일환으로 김영건은 조선을 서구에서 Corea가 아닌 Korea로 부르게 된 원인을 일본인들이 국제사회에서, 일본의 영문명 Japan 이후에 한국이 언급되도록 Korea로 바꾸었고 이것을 국제사회가 수용했다고 주장했다. 그러므로 해방된 조선을 Corea로 표기하자고 주장했다.[36] 그러나 이 문제는 당시 세인들이 가졌던 반일감정에 기초해서 제기된 견해에 불과했다. 왜냐하면 서구인들은 일본의 한국통치 이전에도 Korea라고 표기한 경우가 종종 발견되기 때문이다. 예를 들면 『독립신문』의 영문판에서도 Korea를, 앞서 언급한 『英國王立亞細亞學會 朝鮮支會報』의 영문명도 Korea를 사용했다는 사실을 볼 때 이 문제에 관한 한 김영건의 주장은 설득력이 떨어진다.[37]

김영건이 이렇게 자세히 개화기의 역사와 인물들을 언급하는 이유는 무엇일까? 그것은 바로 "모름직이 世界의 大勢가 어느方向으로 움직이고 있다는 것을 正確히 觀察하야 進步的 民主主義의 諸國家와 서로 힘을 合처서 써 人類社會의 發展에 寄與할 바를 이저서는 안 된다"는 것으로 이는 "우리들의 先輩와 우리들의 先親이 犯했든 過去의 실

35 "Occidental Literature on Korea," *Transactions of the Korea Branch of the Royal Asiatic Society*, Vol.30, 1931; 이 저널 전반에 대한 평가는 류영익, 「서양인에 의한 한국학의 효시」, 『한국사시민강좌』 34, 일조각, 2004.

36 김영건, 「Corea? Korea?」, 『朝鮮開化秘譚』, 95~99쪽.

37 이 점에 대해서도 한국학계에서 체계적인 설명이 이루어졌다. 이영호, 「국호영문표기, Corea에서 Korea로의 전환과 의미」, 『역사와 현실』 제58권, 2005.12, 333~368쪽 참조. 일제조작설은 무리라고 보는 것이 타당하다.

책을 다시 거듭하게 되어서는 안 된다"는 것을 배우기 위함이라고 볼 수 있다.[38] 즉 해방 후 세계의 대세가 한국사회에 미치는 영향을 고려할 때 세계사의 흐름을 파악해서 조선이 이에 적극적으로 대처해야 한다는 주문으로 볼 수 있다. 그 일환으로서 그는 한국의 대외관계사를 다루었다.

## 3. 해방 후 역사인식과 활동의 관계

김영건은 20세기 한국사회의 대부분의 지식인과 마찬가지로 학문이 정치와 무관할 수 없다고 판단했다. 해방 직후 그는, 역사가들의 임무는 "학문은 정치에 초연한 것이라는 그릇된 관념을 일축하고 이 역사적으로 중요한 단계에 있어 우리가 담당해야 할 임무를 솔직하고 정확하게 인식"해야 한다고 주장했다.[39] 그에게 있어서 역사인식은 해방 후 그의 활동과 깊은 연관이 있을 것이라고 짐작할 수 있다. 그는 특히 현실, 특히 민족적 과제에 대한 '과학적' 분석을 통한 '민주주의'의 확보를 매우 중시했다. 이는 해방정국에서 좌파들의 전형적인 논법을 김영건이 가지고 있었음을 보여준다. 사실 해방 이전, 그가 학창시절, 예를 들면 1920년대 경성 제 2고보를 다닌 이래 막시즘에 노출되었었다.[40]

---

38 김영건, 「朝鮮開化秘譚－京城釜山間 電信을 우리 손으로 三箇月만에 架設한 天品!」, 『朝鮮開化秘譚』, 112쪽.

39 김영건, 「學問의 政治性」, 『文化와 評論』, 서울출판사, 1948, 93쪽(이 글은 『신천지』 2권 2호(1947.2)에 실렸었다).

40 김영건은 고등교육을 시작할 1927년 2월부터 베트남에 가기 직전인 1931년 1월까지 『조선문단』, 『조선일보』, 『해방』 등에 詩作을 발표했고 다른 문예지에 소설 「苦力」,

해방 직후 그가 문학계에서 종사하면서 문학과 정치에 대해 다음과 같이 발언한 것은 그의 입장을 단적으로 보여준다.

> 그리고 地球우에 아직도 殘存해있는 反民主主義的「파씨스트」的 諸勢力에 對한 鬪爭의 必要는 朝鮮과 같은 나라에 있어도 그例 에 벗어나지 않나니 朝鮮共産黨中央執行委員會에서 暫定案으로 發表한『朝鮮文化建設의 路線』이라는「테-제」가운데에도 그것은 明示되어 있다. **오늘날 文學的活動의 特殊性을 지나치게 생각해서 政治的活動과 다른 것인 것처럼 생각하는 사람도 없지안하나 그것은 枝葉的 問題에 지나지 못하는 것이고** 全體的으로는 亦是 文學的 活動도『現情勢와 우리의 任務』속에 規定되어 있는 路線에 좇아서 움직이지 안하면 안될 것이다.(강조는 인용자)[41]

그렇지만 해방 이전의 김영건은 어쩌면 1920년대 상당수 청년들이 그러했듯이 '교양'으로서의 막시즘을 배웠을 것이다. 게다가 역설적이게도 그는 프랑스 제국주의의 첨병이라고 할 수 있는 식민지 연구기관에 오래 몸담고 있었다.

중일전쟁이 발발한 1937년 이후부터 태평양전쟁기 말까지 조선인들의 인구이동은 상당했다. 전쟁이 발발하면서 한반도의 북부와 만주에 건설된 공업시설에 조선인들이 100만 이상이, 일본에 100만 이상이 건너가게 되었다. 이들은 전시기 동안 농촌사회와는 다른 차원의 '합리적' 사회를 각지에서 경험하면서 좌익 내지 자유주의적인 사상에 노출이 되었는데 이에는 일본인들의 차별도 한 몫을 했다.[42] 그러므로 해

---

「同盟罷業」등을 발표했다. 이로 보건데 젊은 날에 좌익 사상에 심취했다고 할 수 있다. 윤대영, 앞의 글, 62쪽.

41 김영건,「世界文學의 過去와 將來의 動向」,『文化와 評論』, 서울출판사, 1948, 83쪽. 이 글은 원래 1946년 2월 8~9일간 서울 YMCA에서 개최된 전국문학자대회에서「世界文壇의 過去와 今後의 動向」이라는 제목으로 발표되었다.

방 후 이들 젊은 세대들은 강렬한 민족의식과 더불어 '사회개혁'에 대한 강한 열망을 견지하게 된다. 김영건도 프랑스의 식민지 베트남에서 생활하면서 자신의 위치를 다시 생각해 보게 되었을 개연성이 높다.

그러므로 김영건은 해방 이후, 해방 이전 자신이 가져왔던 사상에 대해 '반성'을 하고 해방 후 새로운 인생의 발걸음을 걸으려고 했던 것 같다. 그는 1942~44년간 개인적으로 기록해둔 단상들을 해방 이후에 발표함으로써 자신의 과거를 정리하려고 했다.[43] 특히 그는 서언에서 다음과 같이 말하고 있다.

> 이 語錄의 副題目은 1942~1944年의 遺書다. **부르조와** 社會의 腐敗한 僞善的인 道德律에 나는 無限한 憤怒를 느꼈든 것이다. 나는 이 묵은 原稿를 發表함으로써 나의 過去를 淸算하고자 한다. —空襲하의 憂鬱하던 날을 回想하면서 —[44]

해방 직후 일본군 무장해제를 위해 38선 이북에는 소련군이 진주해오고 있었고 남쪽에는 아직 미군이 들어오지 않았다. 외국군의 진주와 별개로 대부분의 조선인들은 2차대전 후 조선은 독립이 될 것이라고 당연히 믿고 있었다. 불확실한 상황 속에서 일본인들을 대신해서 조선인들은 각지에서 지방치안과 정치를 위해 인민위원회를, 산업체관리를 위해서는 각종 자율적인 관리체제를 형성하고 있었다.[45] 그러므로

---

42 커밍스는 인구의 이동이 해방 후 조선 내의 인민위원회의 결성에 중요한 변수가 되었다고 주장했다. Bruce Cumings, *The Origins of the Korean War : Liberation and the Emergence of Separate Regimes 1945 ~1947*, Princeton, NJ : Princeton University Press, 1981, pp.276~280.

43 김영건, 『語錄-1942~1944年의 遺書』, 白楊堂, 1947. 이 책의 대부분은 조선인 여성과 사랑에 대한 그의 개인적 의견을 다루고 있다.

44 위의 책, 3쪽.

45 해방 직후 각 지역에 걸친 인민위원회의 건설에 대해서는 Bruce Cumings, *Op. Cit.*, pp.267~292; 귀속사업체에 대한 노동자의 자주관리운동에 대해서는 김기원, 『미군

당시 문화·예술계에서도 일본인들로부터 조직을 접수해서 자율적인 관리체제를 형성하고자 하는 움직임은 매우 자연스러운 것이었다.

학술단체 중 김영건이 관련된 진단학회는 해방 이튿날인 1945년 8월 16일에 발빠르게 임시총회를 개최했고 김영건은 이 자리에서 상임위원이자 幹事에 피택되었다. 이러한 지위확보는 그가 해방 이전부터 진단학회 측과 꾸준히 관계를 가져온 것이 도움이 되었을 것이다.[46]

해방 직후의 결성된 문화·예술관련 단체가 바로 조선문화건설중앙협의회(朝鮮文化建設中央協議會)였다. 조직결성 날짜는 8월 18일임에서 보듯이 관련인사들이 해방직후에 조직했다. 조직탄생의 배경을 "새로운 우리정부가 탄생되어 문화예술의 새 정책을 세울 때까지 현 단계의 문화전체에 관한 통일적 연락과 각 부문활동의 질서를 지키기 위해서"라고 한데서 알 수 있듯이 정부수립 직전까지 문화사업의 조율을 위한 협의체 역할수행이 이 단체설립의 주목적이었다.[47] 이 단체는 문학, 미술, 음악, 연극, 영화 등의 분과로 건설부를 산하단체로 했고 의장은 임화(林和)였다. 문학건실부가 중앙위원장 이태준(李泰俊), 서기장 이원조(李源朝) 아래에 소설부, 시부, 평론부, 외국문학부로 나뉘어져서 각 부의 위원들이 3~5인 정도로 구성되었다. 김영건은 문학건설부의 임원은 아니라 회원명부에 들어있는 것으로 보이서 문학 쪽에서의 그의 입지가 탄탄하지 못했다.[48] 그러나 문학건설부 인사들의 면모에서 보듯이 대부분의 집행부 인사들이 식민지시기 카프문학에 가담하면

---

정기의 경제구조-귀속기업체의 처리와 노동자 자주관리운동을 중심으로』, 푸른산, 1990, 67~86쪽.

46 해방 이전에 그는 이 저널에 동남아시아에 대한 수준 높은 글을 발표했다. 김영건, 「安南普陀山名考」(『진단학보』 10호, 진단학회, 1939)를, 해방 후 재건 호에도 죠르즈 쌔대-스, 金永鍵 譯, 「第7~13世紀의 南海帝國」(『진단학보』 15호, 진단학회, 1947)을 발표했다.

47 「조선문화건설중앙협의회 결성」, 『매일신보』, 1945.8.24.

48 문학부만 해도 당대의 유명한 인사들인 이태준, 이원조, 이기영, 김남천 등이 포진하고 있었다. 위의 글.

서 '사회주의적 사실주의'를 받아들이고 있었다. 이는 이들이 해방공간에서의 문학과 정치의 경계를 두지 않았음을 보여준다.[49]

김영건은 진단학회와 조선문화건설중앙협의회에 관여하면서 문화와 정치의 긴밀한 관계를 실천하려고 했다. 해방 직후에는 교과서를 새로이 편찬해야 하는 일이 학무국(1946년 3월 29일 법령 제 64호로 문교부로 개칭)만 아니라 조선사회가 해결해야 할 큰 화두 중 하나였다.[50] 특히 교과서는 새로운 사회의 교육방향을 확정하는데 매우 중요했으므로 당시 조선학술원과 더불어 학술단체들은 '국정교과서편찬연구위원회'를 결성, 1945년 11월 7일에 총독부 학무국에 다음과 같은 결의문을 전달했다.

> 교과서 편찬에 관하여 초등 중등학교의 각과정에 亘해서 학무당국과 민간 각학술문화교육 及 개인의 전문가들을 광범한 범위로 망라해서 공동위원회를 조직해 가지고 교과서 편찬의 기본방침을 대중적으로 토의 결정한 뒤에 다시 각전문위원회를 조직해 당해 전문과목의 편집에 당하도록 하기를 건의함.

이 위원회를 구성한 단체로는 조선학술원, 진단학회, 조선지리학회, 조선사회과학연구소, 조선교육혁신동맹, 조선사회교육협회, 조선중등교육협회, 영어학회, 미술교육연구회, 조선문화건설중앙협의회, 조

---

49 해방공간에서 정치와 문학과의 관계, 순수·비순수론에 대한 문제는 김윤식, 「해방공간의 문학—지식인 작가의 문제점을 중심으로」, 『해방전후사의 인식』 2, 한길사, 2006(1985), 522~531쪽에서 많은 도움을 받았다.

50 이는 당대의 대표적인 지식인들이 「조선교육심의회」의 구성원으로 교육정책을 심의한 것에서 단적으로 드러난다. 심의회에 참여한 대표적인 인사로는 안재홍, 백낙준, 유억겸, 김활란, 김준연, 이훈구, 최규동, 장리욱 등으로 동 심의회 인사들은 60여 명이었다. 심의회의 역할에 대해서는 세키 에이코[關英子], 「군정하에 있어서 한국인의 교육재건 노력」, 『해방 후 한국의 교육개혁—미군정기를 중심으로』, 사단법인 한국연구원, 1987, 65~80쪽.

선문학건설본부, 조선신문기자회 등이었다. 김영건은 조선문화건설중앙협의회와 그 산하단체인 조선문학건설본부, 그리고 진단학회 등과의 관련성으로 이 위원회의 대표로 송석하(宋錫夏), 이정근(李定根), 이원조와 함께 학무국과 교섭을 했다.[51]

그러나 당시의 종이부족과 인력부족으로 연구위원회의 의견이 얼마나 학무국의 교과서 편찬에 반영되었는지는 의문이다. 학무국은 1946년 이전에는 주로 한글교육위주로 교과서편찬에 집중했다. 그 결과 나온 것이 1945년 12월 발간된 『한글 첫걸음』,『국어독본』 등으로 이 발행교과서의 편찬에 조선어학회나 진단학회의 인사들이 학무국의 직원이나 자문위원으로 관련되었다.[52]

한편 김영건은 1945년 말 '조선문학동맹'이 결성될 때 임원으로 선출되었는데 그는 이 자리에서 외국문학위원회의 서기장으로 선출되었다.[53] 김영건이 문학가들에게도 넓게 알려지게 된 계기가 되었다. '조선문학동맹'은 당시 조선 내에서 대표적인 문학인사들이 대거 참여했다. 대표적으로 한설야(韓雪野), 이태준, 김기림(金起林), 정지용(鄭芝溶) 등을 들 수 있다. 프랑스와 일본어에 대한 사용능력이 뛰어난 김영건이 외국문학위원회에 참여한 것은 당연한 것이었다. 실제 그는 이 때 이후로 외국문학을 소개하는 글을 언론에 수차례 기고했다. 당시 그가 몸담은 '문학동맹'의 임원들이 해방정국에서 차례로 월북을 함으로써 김영건의 위치는 더 격상되었다.

1945년 12월 말부터 1월 초까지 남북한은 신탁통치문제로 정치세력이 새롭게 재편되었다.[54] 남한 내에서 '인민위원회'와 보조를 맞추어온

51 「국정교과서편찬연구위원회, 學務局에 건의서 제출」, 『자유신문』, 1945.11.9.

52 세키 에이코[關英子], 앞의 글, 97~99쪽. 연구위원회의 의견이 반영되기 어려운 또 다른 점은 '민주주의 교육'으로 대표되는 미국의 영향력이었다.

53 「조선문학동맹 결성, 각부 위원 결정」, 『자유신문』, 1945.12.25. 문학동맹의 결성은 12월 13일자이다.

각 사회단체 등은 미소공위에서 결정된 '임시정부'와 '신탁통치' 문제에서 주도권을 잡고자 했다. 그리하여 미소공동위원회의 개최를 앞두고 공위의 협의대상 사회단체 혹은 임시정부 구성에서 구심점을 확보하기 위해 이들 단체는 '민주주의 민족전선'(민전)을 구성했다. 여운형, 허헌, 박헌영, 김원봉, 백남운 등이 의장단으로 사무국장으로 이강국 등이 주도하는 좌파내지 중도좌파로 구성된 조직으로[55] 점차 남로당이 주도하게 되었다.[56] 이 조직은 중경임시정부와 이승만 등이 결성한 비상국민회의나 독립촉성중앙협의회, 그리고 이들이 발전한 민주의원과의 대립 점을 명확히 했다.[57]

민전은 그 결성목적을 "지금 조선의 정치태세는 민주주의 노선과 반민주주의 노선의 원칙적인 대립이 명확해지고 있다. 그러나 반민주주의 노선이란 민족을 오도하는 한낱 반동적 현상으로 우리는 이러한 부분을 제외한 민주주의의 각 정당, 제 대중단체, 종교, 문화, 과학, 기술, 교육, 군사, 언론 등의 진보적 분자를 총망라하여 민주주의적 민족통일체인 민주주의 민족전선을 수립키로 했다"라고 정의했다. 민전 측에

---

54 이에 대해서는 Bruce Cumings, *Op. Cit.*, pp, 214~227; 정용욱, 『해방 전후 미국의 대한정책』, 서울대 출판부, 2003, 153~200쪽 참조.

55 조직구성원에 대한 정보는 브루스 커밍스 외, 『분단전후의 현대사』, 일월서각, 1983, 485~492쪽의 자료 편 "민주주의 민족전선의 결성" 참조.

56 당시 남로당 측이 인민위원회 내에서 주도한 '조선인민공화국' 선포는 미군정의 군정 이외의 정부형태의 불인정이라는 입장과 정면충돌을 했는데 이는 산하의 각 조직에도 영향을 주었다. 이태준의 자전적 소설에 따르자면 초기 좌익 혹은 중도파 인사들이 주도한 '조선문화건설중앙협의회' 측에서도 문제가 되었는데 당시 협의회의 공식적 입장은 아니었다. 임형택 · 민충환 편, 『해방 전후 — 이태준 단편선』, 창작과비평사, 1992, 284~287쪽.

57 민주의원과 민전과는 별도로 중간파로서 좌우합작을 강력히 지지한 인물이 김규식, 여운형(민전 탈퇴 후) 등인데 이는 해방정국에서 상당수의 지식인들에게 설득력이 있었다. 이들의 입장을 잘 보여주는 인물로 오기영, 『민족의 비원 — 자유조국을 위하여』, 성균관대 출판부, 2002(이 책은 『민족의 비원』(서울신문사, 1947)과 『자유조국을 위하여』(성각사, 1948)를 현대식 어법에 맞추어 재출간한 것임)에 실린 여러 글을 참조.

게 '민주주의'는 바로 '민족주의'와 관계가 되었는데 "민주주의 노선을 떠나서 민족통일은 무의미한 것이다. 그러나 이 통일공작은 공산당, 인민당, 인공 측의 최대의 성의 있는 노력에도 불구하고 頑冥한 臨政 중안의 반민주주의적 행동에 의하여 실패"했다고 규정했다.[58] 이는 신탁통치파동을 통해서 좌익 측이 타격을 입었음을 보여주는 대목이다.

민전의 사무국에는 조직부, 선전부, 문화부, 재정부 등이 있었는데 문화부장에는 이태준, 차장에는 김태준(金台俊) 등 포진해 있었는데 이들은 모두 '조선문학동맹'관련 인사들이었다.[59] 이들은 조선문화단체총연맹(약칭 문련),[60] 조선문화협회 등의 회원이었는데 이들 조직들은 조선공산당, 인민당, 남조선신민당 등과 함께 민전의 산하단체로 속해 있었다.[61] 김영건은 이들과 정치적 노선을 함께 했으므로 민전 측의 노선을 대체로 받아들였다고 볼 수 있다.

그는 민전 활동의 일환으로 1946년 2월 8~9일에 개최된 조선문학자대회에 참여해서 「世界文壇의 過去와 今後의 動向」라는 제목으로 보고연설을 했다.[62] 그는 이 대회에서 행한 연설에서 소련, 미국, 중국 등지의 문학의 동향을 일별하면서 문학가들이 "전쟁 중에 事物을 歷史的으로 또는 社會的으로 觀察하게" 된 것을 '진보적'인 것으로 평가했다. 즉 그의 기준은 현실정치에 문학이 복무해야한다는 것이었다. 아울러 그는 전쟁 시기에 작가들이 생산한 '報道文學'도 높게 평가했다.[63] 동년 2

58 부르스 커밍스 외, 앞의 책, 486쪽.

59 위의 책, 490쪽.

60 김영건은 문련을 중심으로 지속적으로 활동했는데 초기의 지도자들이 대거 북으로 올라가자 1947년 현재 대표자는 그였다. 문련에 반대해서 우익문화단체 29개는 1947년 2월 12일 '전국문화단체총연합회'(약칭 문총)를 만들었다. 문화단체의 운명도 남로당의 운명과 남한 정세의 변화와 밀접한 관계가 있었다. 김윤식, 앞의 글, 520~521쪽.

61 브루스 커밍스 외, 앞의 책, 492쪽.

62 「조선문학자대회 2일째」, 『조선일보』, 1946.2.10.

63 김영건, 「世界文學의 過去와 將來의 動向」, 『文化와 評論』, 80~81쪽.

월 말에 민전 상임위원회(사무국장 이강국)는 "教育 及 文化對策 研究委員會"(56명)와 "經濟對策 研究委員會"(26명)를 선정했는데 김영건은 전자에 임명되면서 그의 사회적 지위는 한층 격상되었다.[64]

이때만 해도 신탁통치와 '임시정부'구성을 협의하기 위해 미국과 소련이 공동위원회 개최를 앞두고 있었으므로 미소의 협조노선이 유지되고 있었다. 김영건도 소련의 사회주의와 미국의 민주주의 국가 대 군국주의자・국수주의자 간의 전선을 높게 평가하면서 동시에 스탈린과 루즈벨트의 전시협조노선을 높게 평가했다.[65] 이러한 그의 낙관적인 입장에도 불구하고 미소 간의 균열은 점차 명확해졌다.

김영건이 문학작품활동과 함께 신경을 썼던 부분은 언론활동이었다. 우선 일간신문으로 『現代日報』가 1946년 3월 22일 자로 창간되었는데 그는 이 신문사의 외보(外報)책임자가 되었다. 主幹에 이태준, 主筆에 이치우(李致祐), 그리고 編輯長에 김기림이 임명되었다.[66] 이 신문은 당시 제 1차 미소공위를 앞두고 민전 측의 입장을 대변하면서 미소공위에 민전 측의 입장을 설득하기 위해 만들어진 성격이 짙다. 그러나 신문을 통한 언론활동은 쉽지 않았다.

당시 동년 6월 19일에는 서울대종합대학안이 발표되고 9월 초순에는 국립 서울대학교 출범을 둘러싸고 학생들이 등록을 거부하고 교수 30여 명이 사직하는 사태가 발생했다. 또 동년 5월에 공산당 위조지폐 발행 사건에 대한 공판이 7월 29일에 개시되면서 여름 이후 남한의 정국은 혼란 속에 있었다. 이에 미군정측은 이러한 혼란스러운 사태의 배후로 공산당을 지목하고 여러 인물들을 구속했다. 아울러 이러한 좌익통제의 일환으로 민전 측의 『朝鮮人民報』, 『現代日報』, 『中央新聞』

64 「민전, 교육 및 문화대책연구회위원과 경제대책위원회위원 선정」, 『서울신문』, 1946.2.26.
65 김영건, 「世界文學의 過去와 將來의 動向」, 『文化와 評論』, 85~86쪽.
66 「『현대일보』창간」, 『서울신문』, 1946.3.24.

등의 언론매체에 대해 1946년 9월 6일자로 정간 조치를 내렸다.[67]

미소공동위원회는 1946년 5월 20일에 휴회되었고 미군정은 미국무부의 지시에 따라 좌우합작을 위한 정책을 실현하려고 했다. 좌우합작과 함께 여운형을 좌파에서 제거하고자 하는 안이 실시되었다. 이는 민전관련 신문사들의 정간과 더불어 박헌영, 이강국, 이주하 등 공산주의 지도자들에 대한 체포령으로 나타났다. 그러므로 김영건의 언론활동도 순탄치는 않았다.『現代日報』는 이듬해인 1947년 1월 초에 다시 속간되었지만 사장(서상천)이하 간부들이 전원 교체되었다.[68] 운영진에 그의 이름이 등장하지 않는 것으로 보아서 김영건은 이 신문으로부터 완전히 손을 떼고 1947년 3월 11일에 창간된『문화일보』에서 이후 주필로 활동하게 되었다.[69]

제1차 미소공동위원회가 결렬되고 미군정은 과도입법의원선거 후 1946년 12월에 입법의원을 개원시켰다. 이즈음 김영건은 베트남의 경험을 배경으로 베트남에서의 외세배격에 동의했다. 그는 베트남에 돌아온 프랑스 측을 강력히 비판하면서 베트남인민들의 항쟁에 대해 높게 평가했다. 이는 한국 상황과 유사하다고 진단했다. 그렇지만 동시에 월남의 상황이 월남인들의 기대를 저버리지 않을 것이라고 보았다.[70] 당시 김영건은 미국에 대한 비판을 하면서도 1946년 12월 제 2차

67 브루스 커밍스 외, 앞의 책, 492～294쪽의 "공산당간부 체포령과 인민, 현대, 중앙 3지 정간에 즈음한 공보부 특별발표(1946.9.7)";「同業 三新聞停刊, 朝鮮人民報・現代日報・中央新聞 」,『동아일보』, 1946.9.7.

68 「現代日報續刊」,『동아일보』, 1947.1.7. 속간된 신문도 사장 외 운영진 5명이 명예훼손죄로 고발되는 등 운영에 어려움을 겪었던 것 같다.「徐相天氏事件 書類만 送廳, 現代日報社長으로 법령 十九호 위반 명예훼손죄」,『동아일보』, 1947.1.18. 아울러 이후에는 민전 측으로 완전히 이탈한 언론활동을 한 것 같다. 예를 들면 해방 후 일민주의와 깊이 관련된 양우정((梁又正))이『현대일보』에 몸담기도 했다. 양우정,「普選實施와 나의 提言(普選 特輯)」,『민주조선』, 1947.12.1 참조.

69 윤대영, 앞의 글, 77쪽.

70 「보라 — 越南人民抗爭 — 崎嶇한 運命 朝鮮과 恰似」,『조선일보』, 1946.12.31.

미소공동위원회 개최에 대한 협상이 미소 간에 진행 중이었고 미군정에서도 중도파를 중심으로 극우세력을 배제하려고 했기 때문에 좌우합작에 한 가닥 기대를 걸고 있었다.[71] 그러나 베트남의 상황과 조선의 상황을 유비시키는 그의 통찰력은 이듬해 개최된 제 2차 미소공동위원회마저 결렬되면서 전개되는 사태를 오히려 더 비판적으로 평가하도록 했다고 할 수 있다.

앞서 언급한대로 김영건은 문화단체의 입장을 대변하고 정치적으로 민전의 입장을 지지했다. 언론인으로서 타격을 입었지만 그는 1947년 2월 초에 문련의 대표자격으로 산하의 조선문학가동맹・연극동맹 측과 함께 수도경찰청과 대립했다. 왜냐하면 직전에 발표된 수도경찰청장 장택상의 포고, 즉 문화예술분야에서의 "정치사상의 선전을 금지"하는 안이 예술계의 정치의사를 표현하는 것을 통제한다고 보았기 때문이다. 그가 군정청 아처 러치(Archer L. Lerch)에게 전달한 서신은 문화계의 해방 후 역할에 대한 김영건의 '소신'을 보여준다는 의미에서 매우 흥미롭다.

> 첫째 흥행장에서 상연되는 예술 가운데 표명된 정치사상의 선전을 금지한다고 하였는데 이것은 예술 그 자체에 대한 금지와 동의어입니다. 예술은 인류의 사상표현 及 선전의 중요방법이며 정치사상이 들어있지 않은 예술은 없기 때문입니다. 조선인민이 예술을 통하여 자기들의 정견 사상을 발표하는 것은 당연한 권리입니다. 둘째 정치사상을 선전하여서 치안이 교란되면 포고령에 의하여 처벌한다 하였으니 이 고시는 실로 극장을 파괴한 테러단을 방임하고 테러행위에 의하여 야기된 혼란의 책임을 예술가에게 전가하던 예술제 공연 시의 경찰행동을 법령화하려는 것입니다.[72]

---

71 김영건의 베트남에서의 좌우합작에 대한 기대와 조선과의 관계에 대해서는 윤대영, 앞의 글, 88쪽.

72 「조선문화단체총연맹, 극장흥행 고시에 관한 건의서 제출」, 『조선일보』, 1947.2.2.

즉 해방 이후 예술을 통해 미군정과 우익에 대한 비판을 잠재우려는 장택상 등의 '조선과도정부'(1947년 초)에 대해 민전 측 예술계가 강력히 반발했던 것이다. 이후에도 '세계노동연맹극동조사단'이 조선을 방문할 때 김영건은 환영단의 일원이 되기도 했지만[73] 해방정국의 혼란은 해결되지 않았다.

1947년 중반 제 2차 미소공동위원회가 임시정부구성을 둘러싼 협의 자격자들의 선정을 둘러싼 공전이 지속되는 가운데 조선신문기자회도 대책을 강구했다. 1947년 6월 20일에 서울시내 21개 신문사의 기자 대표들이 모여서 중앙확대위원회를 개최한 후 미소공위에 대한 대책을 토의하고 협의에 참가하기로 결정했다. 여기에서 선출된 신임위원장단에 김영건은 외교부장으로 선임되었다.[74] 이회에서는 미소공위의 정상적인 지속과 조선인 사회단체들의 협의를 미군정이 보장할 것을 요구했다. 그리고 남한 내에서 중도세력들은 여운형을 중심으로 하는 좌우합작운동을 적극적으로 지지했다.

그러나 1947년 7월 27일에 여운형이 암살되면서 조선 내에서 좌우합작의 꿈은 사라지게 되었다. 이후 잘 알려진 대로 미군정은 한국문제를 유엔으로 넘겼고 유엔은 총회를 통해 유엔한국임시위원단을 구성해서 이듬해인 1948년 5월 선거를 통해 한반도 남쪽에서 독립 국가를 탄생시키려고 했다. 1948년 5・10선거 이후로는 남한 내에서 더 이상 민전의 입장, 즉 모스크바 3상회의 절대지지, 북조선민주주의민족전선과의 회담 등의 노선이 더 이상 용인되지 않았다.

김영건은 이후 직접적인 정치활동에서는 완전히 손을 뗀 것 같다.

---

73 「민전, 세계노련극동조사단 입국환영준비위원회 조직」, 『서울신문』, 1947.3.19.

74 당시 선출된 신임위원장단의 명단은 다음과 같다. 위원장단 이상호, 양재경, 문동욱, 정진석, 김기림이고 사무국장 서강백, 총무국장 진학주, 재정부장 안덕근, 조직부장 이후협, 연락부장 조병구, 조사부장 남정준, 사업부장 최금동, 출판부장 서관구, 외교부장 김영건, 문화부장 배은수이다. 「조선신문기자회 공위 참가 결정」, 『조선일보』, 1947.6.22.

1948년 4월 14일에 남한에 있는 108명의 문화인들이 남북회담 지지성명을 발표했는데 김영건이 이 명단에 없다는 것을 볼 때 그는 정치문제로부터 완전히 비켜있었던 것 같다.[75] 이 기간 그는 그간 발표했던 글들을 모아서 저서로 만드는데 집중했던 것 같다. 『文化와 評論』(1948.6), 『黎明期의 朝鮮』(1948.7)의 발간은 그 결과물이었다. 그럼에도 불구하고 김영건은 자신이 발간한 글에서 자신의 정치적 입장을 간접적으로 드러내었다. 그는 역사상 만주에서 조선인들의 역할 중 독립운동시기 조선인들의 투쟁을 높게 평가했다. 이 중 눈에 띄는 부분은 북한의 지도층을 찬양하는 부분이다.

> 日本帝國主義의 壓政밑에서, 滿洲는 우리가 잊지 못할 獨立運動의 溫床이 되어왔던 것이다. 西伯利亞에서 감기지 않는 눈을 감으신 채 세상을 떠난 李東輝先生, 間島의 血戰에 無慘히도 목숨을 빼앗긴 無數한 革命의 烈士, 白頭山의 호랑이로서 倭敵의 肝膽을 서늘케 하던 金日成將軍, 北滿의 曠野를 疾走하던 崔容健將軍, 우리가 滿洲의 獨立運動을「테에마」로 하여 偉大한 國民의 敍事詩를 쓸 때에, 어느 것 하나 빼어 놓을 수 없는 별빛과 같이 빛나는 이름들이다.[76]

이동휘는 1910～20년대 함경북도와 러시아영내에서 활동하던 독립운동가이고, 이 글이 출간될 시점에 김일성과 최용건은 각각 인민위원회 의장, 조선인민군 총참모장의 자격으로 있었다. 그러므로 그의 이러한 발언은 대한민국 정부수립 후 여순반란사건이 발발하고 국가보안법이 통

---

75 이 명단에는 당시 김영건과 비슷한 연배의 인사들이 많으므로 김영건이 의지를 가졌다면 서명을 할 수 있었을 것이다. 명단은 브루스 커밍스 외, 앞의 책, 517～520쪽의 "문화인 108명 連署 남북회담 지지성명(1948.4.14)"을 참조.

76 김영건,「古代의 滿洲와 朝鮮」,『黎明期의 朝鮮』, 77쪽.

과된 1948년 말 이후에는 결코 그에게 유리한 것이 될 수 없었다.

그의 마지막 글이 「한글에 관한 단상」, 『한글』(한글학회) 제105호인데 이후의 김영건의 활동은 명확한 것이 남아있지 않다.[77] 이 직전 혹은 마지막 글이 출간된 이후에 북으로 올라갔을 가능성은 있다.[78] 그러나 한국전쟁 전후로 북한에서 김영건이 문학가 협의회 등에서 활동한 사실이 없다는 점을 볼 때 김영건은 북으로 올라간 좌익인사들과는 다른 길을 걸었을 가능성도 배제할 수 없다. 어쩌면 좌익전향자들의 조직인 保導聯盟의 명부에 이름이 올라가 한국전쟁이 발발하자 처형을 당했을 수도 혹은 전쟁 중에 사망했을 수도 있다. 혹은 이름을 바꾸어서 은거했을 가능성도 있다. 무엇하나 현재로서는 확실한 것은 없다. 다만 그의 주된 활동무대가 서울이었다는 사실은 1948년 대한민국 정부수립 이후 월북보다는 '자유주의자'로서 남한에서 자신의 영역을 넓히려고 하는 선택지를 그가 진지하게 생각했을 수도 있다. 그러나 그가 생물학적으로 살아있건 그렇지 않았던 간에 한국전쟁은 김영건과 같은 인물들이 활동할 수 있는 공간을 여지없이 축소시켰던 것은 확실하다.

77 윤대영, 앞의 글, 78쪽.

78 이런 추정의 근거로 1948년 2월 13일에 그가 전국문화단체 총연맹의 대리인으로서 조직의 약화와 여건의 불리함을 북측에 보고한 사실을 들 수 있다. 김윤식, 앞의 글, 521쪽. 김영건이 이러한 서신을 북에 보냈을 가능성은 높지만 김윤식은 구체적인 근거자료를 제시하고 있지 않다.

## 4. 맺음말

이상에서 식민지시기 조선인으로서는 매우 드물게 베트남에서 활동하면서 일본과 동남아(베트남)를 연구하면서 조선의 대외관계에 대한 자료를 틈틈이 모아둔 김영건의 한국학에 대한 특징과 그의 해방 후의 활동에 대해 살펴보았다. 이상에서 김영건의 사상과 활동의 특징을 몇 가지로 적어보고 이 시기에 관련된 연구의 전망을 생각해보고서 이 글을 맺고자 한다.

첫째, 김영건은 식민지 조선에서 보기 드물게 다른 지역사, 특히 동남아시아(베트남 포함)의 역사와 문화를 연구한 인물이다. 아직 해결되지 않고 있지만 그가 고등교육을 받았던 경험이 이에 절대적인 영향을 미쳤을 것이고 이는 우수한 일본인, 프랑스 연구자들과 함께 시간을 보낼 수 있는 기회를 제공했다.

둘째, 그의 베트남사 연구에서 방법이자 관심사인 대외관련 역사는 전운이 짙게 낀 1940년대 초 김영건이 조선에 돌아온 후 조선의 대외관계사를 연구하는 방법의 기초가 되었다. 그리고 이는 오늘날에도 한국사를 다른 지역과의 교류를 통해 이해하고자 하는 연구방법론상의 선구로서 '한국학'에서 높게 평가할 만하다고 생각한다. 아울러 그의 베트남에서의 활동경험은 조선의 처지를 이해하는데 도움이 되었을 것이고 이는 '신민족주의' 혹은 '신민주주의론'으로 나타났다고 해석한다면 지나친 비약일까? 물론 이 점은 김영건과 베트남 현대사에 대한 이해라든가 북한과의 관계에 대한 상세한 파악이 전제되어야 가능한 주장이다.

셋째, 베트남에 연구자로 가기 전부터 식민지 조선에서 활동했던 그의 문예활동은 그로 하여금 해방 이후 문학과 역사, 그리고 정치의 삼각관계를 긴밀하게 하는데 큰 도움이 되었다. 특히 그는 민전 측의 '민족문학론' 혹은 문학의 민족문화건설에의 복무 등에 대한 강한 신념을 소지했던 것 같다. 그러나 대한민국 정부수립으로 김영건과 같은 '좌파'들이 설 자리는 거의 사라졌다. '민족문학론'은 1960~70년대의 새로운 세대의 성장을 기다려야 했다.

해방 직후 김영건을 포함한 많은 조선인들의 '진보적 민주주의'에 기초한 자주국가 수립에 대한 열망은 분단과 전쟁 등으로 혹독한 홍역을 치렀다. 다만 1980년대의 '민주화'의 열정을 지나서야 이러한 인물들에 대한 고찰이 본격적으로 이루어지게 되었다. 그가 던진 화두 중 문학, 문화와 정치와의 긴밀한 관계는 21세기 한반도의 현실과 학문과의 관계를 고민하는 이들에게 숙연한 감정을 가지게 한다. 그의 해방 직후의 역사, 문화, 정치에 대한 실천과 인식은 오늘날 연구자들에게 많은 질문을 던지고 있다.

# 베트남의 한국학 연구 현황과 한국학 교육*

남미혜

## 1. 머리말

1992년 12월 한국과 베트남이 수교를 맺은 이후 양국의 관계는 나날이 발전해가고 있다. 현재 베트남은 한국의 주요 교역 대상국인 동시에 투자 대상국으로서 해마다 교역량이 늘어나고 투자규모가 확대되고 있다. 경제적 교류뿐만 아니라 수많은 베트남 노동자, 유학생들이 한국에 와서 생활하고 있으며, 47,000명이 넘는 많은 수의 베트남 여성들이 한국으로 시집을 와 한-베 가족을 형성하고 있다. 현재 한국에 체

* 이 글은 2012년 3월 필자가 『사학연구』 105호에 게재했던 「(說林) 베트남의 한국학 연구현황과 한국학교육」에 약간의 수정을 가하여 작성한 것임.

류하고 있는 결혼 이주 여성의 약 25%가 베트남 여성이며, 최근에는 한국 남성과 결혼한 베트남 여성 수가 처음으로 중국 여성을 앞질렀다고 한다. '한국과 베트남은 사돈지간' 이란 말이 생겨날 정도로 현재 베트남은 우리와 무척 가까이에 있는 나라이다.

필자는 지난 3년 동안 베트남 국립하노이 외국어대학에서 한국학 객원교수의 신분으로 한국역사와 문화, 그리고 한국학 과목의 강의를 담당하였다. 베트남 대학에서 강의를 하면서 베트남 내 한국학 연구의 현황과 한국학 교육에 대해 정리해 보는 기회를 가질 수 있었다.

베트남과 한국이 수교를 맺은 지 20년이 넘었고 베트남 대학에 한국어학과가 설치된 지 20년 가까이 되었으므로[1] 베트남 내 한국학 보급은 이제 어느 정도 안정기에 접어들었다고 말할 수 있다. 그러나 베트남에서 한국학이 자리를 잡았다고 말하기는 어렵다. 또한 베트남의 한국학계는 한국의 학계와도 활발하게 교류가 이루어지지 않고 있다. 학문적 교류가 활성화되지 않는 가장 큰 이유 중의 하나는 아마도 양국의 학문적 수준 차 때문일 것이다. 그러나 베트남에서 한국학의 수요가 급승하고 한국과 베트남과의 관계가 점차 긴밀해지고 있으므로, 베트남의 한국학 현황에 대한 정확한 이해가 필요한 시점이라고 생각된다. 이에 필자는 베트남에서의 한국학 연구와 한국학 교육[2] 현황에 대해 살펴보고 그 문제점과 발전방안을 제안해 보고자 한다.

---

1 1993년에 국립하노이 인문사회대 동방학부에 한국학과가 설치된 이래 현재까지 베트남의 11개 대학교에 한국어학과가 설치되어 있다.

2 본고가 주 논의 대상으로 하는 한국학은 한국의 역사와 문화 · 사회 · 문학 · 지리 등의 분야이다. 그러나 한국학과 한국어를 분리하여 생각할 수 없으므로 한국어교육 현황도 살펴보되 한국학 교육 현황을 보다 중점적으로 다루었다.

## 2. 베트남의 한국학 연구 현황

### 1) 연구기관 및 학회, 연구자

베트남에 한국어가 본격적으로 보급되기 시작한 시기는 한국과 베트남이 수교를 맺은 1992년 12월 이후이다. 물론 이전에도 베트남에 한국어를 구사할 줄 아는 사람들이 있었지만 이들은 대부분 북한에서 한국어를 배운 사람들이다.[3] 한-베 수교 이후 한국기업들이 베트남에 진출함에 따라 베트남에서 한국어에 대한 수요가 증가하고, 대학에 한국어학과가 설치되어 한국학이 보급되기 시작하였다. 현재 베트남에서 한국학을 연구·교육하고 있는 사람들은 주로 연구소나 대학 한국어학과에 소속되어 활동하는 교원들을 들 수 있을 것이다.

베트남의 대표적인 한국학 연구기관은 베트남 사회과학원 동북아연구소 내 한국학센터이다. 베트남 사회과학원은 1953년에 설립된 베트남 정부의 핵심 싱크 탱크로서, 산하에 32개 연구소 및 1,400명의 연구 인력을 두고 있다. 사회과학원 산하 동북아연구소(Institute of Northeast Asian Studies)에는 한국학센터(Center for Korean Studies)를 포함, 7개의 지역 국가 센터가 운영되고 있다.

베트남 사회과학원의 한국학센터는 현재 베트남에 단 하나밖에 없는 한국학 연구기관으로서, 베트남 정부가 한국의 정치·경제·사회·문화와 한-베 관계를 깊이 있게 연구하기 위해 1998년 설립하였다. 한국학센터의 주요 업무는 정부의 용역으로 한국과 관련된 연구를 진행하거나, 한국관련

3 1992년 이전의 상황에 대해서는 조명숙, 「베트남에서의 한국어교육 현황」, 『이중언어학회지』 19, 2001, 80~81쪽 참조.

서적과 자료집을 출간하는 일이다. 또한 베트남 전역의 고등학교 교사를 선발해 한국을 알리는 교육 프로그램을 진행하는 일도 하고 있다.

사회과학원 한국학센터에는 현재 7명의 연구원이 재직 중이며 연구원들은 모두 한국어 구사가 가능하다. 박사학위 소지자는 3명, 석사·학사 각각 1명, 그리고 나머지는 과정 중에 있으며, 연구원의 연령대는 20~30대가 주축을 이루고 있다(아래 〈표 1〉, 〈표 2〉 참조).[4] 한국학센터 외에 국립하노이 인문사회대와 국립호치민 인문사회대 내에 한국학 센터가 있긴 하지만, 이들 기관은 연구를 직접 수행하기 보다는 한국어 교육을 진행하거나 학술대회를 개최하는 일 정도만 하고 있다.

현재 베트남 한국학계에서 가장 많은 수를 차지하고 있는 연구자는 바로 대학 한국어학과 소속 교원들이다. 베트남 대학에서 한국(어)학 강의를 담당하고 있는 베트남인 교원은 크게 세 그룹으로 구분할 수 있다.[5] 첫 번째 그룹은 1950~1960년대 북한에서 유학한 사람들로 이들은 한국(어)학 전공자가 아닌 타 분야 전공자들로서 한국어학과 설립 초기 당시 교원 부족의 이유로 채용된 사람들이다. 따라서 이들은 한국어교육 능력이 다소 부족하다고 말할 수 있다. 연령대는 60대 이후로 이들은 베트남에 한국어학과가 설치될 초기에 동방학부에 소속되어 한국학을 강의했으며, 현재는 대부분 은퇴하였다. 두 번째 그룹은 1990년대 전반 베트남 대학에 한국어학과가 설립된 이후 배출된 졸업생들로서, 1990년대 후반 이후 한국에 유학해 석사학위를 취득하고 돌아와 강의를 담당하고 있는 사람들이다. 이들이 현재 베트남 대학의 한국어(학)교육 중심세대가 되고 있으며, 연령대는 30대가 대부분이다. 한국에 유학해서 석사학위를 취득하고 2~3년 정도 생활한 경험이 있으므로 한국어 강

4 이들의 전공은 한-베 비교문학, 사회학, 그리고 경제학이다.
5 하민탄, 「베트남에서의 한국학 현황 및 전망」, 『한국학연구』 15, 인하대, 2006, 123~124쪽.

의능력은 있지만, 연구능력은 부족하다. 그리고 세 번째 그룹은 한국어 구사 능력은 떨어지지만 한국학에 대해 관심을 가지고 한국어학과, 그리고 한국학 센터의 주요 보직을 수행하고 있는 사람들이다. 이들은 한국어 능력은 매우 부족하지만 영어・러시아어・일본어・중국어 등을 통해 간접적으로 한국학에 접근할 수는 있다. 한국학 강의를 수행하지는 않지만, 한국학 관련 행정업무를 담당하거나 정책을 결정하는 데 있어 큰 영향력을 지니고 있는 사람들이다.

아래 〈표 1〉, 〈표 2〉는 베트남의 한국학 관련 연구자 현황에 대해서 정리한 것이다.

〈표 1〉 한국학 연구자 현황[6] (2011.6 기준)

| 소속 | 연령 | | | | | 계 |
|---|---|---|---|---|---|---|
| | 20대 | 30대 | 40대 | 50대 | 60대 | |
| 베트남 사회과학원 동북아연구소 한국학센터 | 3 | 3 | 0 | 1 | 0 | 7 |
| 베트남 대학 한국(어)학과 교원[7] | 35 | 35 | 1 | 2 | 0 | 73 |
| 계 | 38 | 38 | 1 | 3 | 0 | 80 |

〈표 2〉 한국학 연구자 학력 현황 (2011.6 기준)

| 소속 | 학력 | | | | | 계 |
|---|---|---|---|---|---|---|
| | 학사 | 석사과정 | 석사 | 박사과정 | 박사 | |
| 베트남 사회과학원 동북아연구소 한국학센터 | 1 | 1 | 1 | 1 | 3 | 7 |
| 베트남 대학 한국(어)학과 교원 | 26 | 9 | 24 | 12 | 2 | 73 |
| 계 | 27 | 10 | 25 | 13 | 5 | 80 |

6 이외에도 사회과학원 부설 각 지역 연구소 연구원으로서 한국관련 연구를 하는 학자가 소수 있다.

〈표 1〉, 〈표 2〉에서 볼 수 있듯이 베트남 대학 한국어학과 소속 교원은 석사학위 소지자가 대부분이며 연령대는 30대가 중심이 되고 있다. 학사학위를 소지한 20대의 교원도 상당수를 차지하고 있는데, 이들은 한국어 기능 교육을 할 수 있는 능력은 있지만, 연구능력은 거의 없다고 보아도 무방하다.

다음 〈표 3〉은 베트남의 한국학 관련 학회를 정리한 것으로, 현재 베트남에는 수도 하노이를 중심으로 2개의 학회가 운영되고 있다.

〈표 3〉 베트남 한국학 관련 학회[8] (2011.6 기준)

| 학회명 | 임원 | 활동내용 | 회원수 | 창립 시기 |
|---|---|---|---|---|
| 베트남 한국어교육 및 연구학회 | 회장 : 레꽝 티엠 (Lê Quang Thiêm)<br>부회장 : 레당 환 (Lê Đăng Hoan) | 세미나, 소식지발간, 한국어교과서, 문학도서 출간 | 65명 | 2006.10 |
| 베트남 한국연구학회 | 회장 : 마이 녹 츠 (Mai Ngọc Chừ) | 워크샵, 연4회 학회지 발간, 한국소개 서적 출간, 주요인사 상호 방문 교류 등 | 100여 명 | 2011.4 |

2006년에 창립된 베트남 한국어교육 및 연구학회는 주로 한국어를 구사할 줄 아는 베트남 교원들로 구성되어 있다. 회장과 부회장은 모두 국립하노이 인문사회대 동방학부 교수를 역임하였다. 부회장인 레당 환 교수는 북한 유학생 출신으로 한국어가 유창하며 한국문학서 번

7 필자가 2011년 6월 수행한 설문조사에 의하면, 베트남 대학 한국어학과 소속 교원 중 60대의 교원은 없었다. 그러나 국제관계학 · 동아시아문학 · 역사 등을 전공한 학자로 동방학부에 소속되어 베트남어로 한국학 강의를 하거나 한국관련 연구업적이 있는 학자가 소수 있다.

8 이외에도 2005년 9월에 창립된 동남아시아한국학회(Korean Studies Association of Southeast Asia : KSASA, www.ksasa.net)가 있다. 이 학회에는 베트남 · 태국 · 말레이시아 · 인도네시아 · 필리핀 · 캄보디아 · 라오스 · 호주 등 8개 국가의 11개 주요대학이 참여하고 있다. 각 국의 국립대 부총장과 한국학 전공 교수들을 회원으로 하고 있으며 KSASA의 창립은 동남아 지역 한국학의 발판을 마련했다는데 의미가 있다.

역을 많이 해 한국학계에도 자주 소개된 학자이다. 베트남 한국어교육 및 연구학회는 소식지 발간, 한국어교재 관련 세미나 진행등 주로 한국어교육과 관련된 활동을 하고 있다.

2011년 4월에 창립된 베트남 한국연구학회(KRAV, Korean Research Association of Vietnam)는 학문연구를 목적으로 하는 학회라기보다는 한국과 관련된 일을 하는 베트남 유력인사들이 모여 구성한 단체의 성격을 갖는다. 이 학회의 창립은 베트남 언론에도 소개가 될 정도로 큰 의미를 갖고 있는데, 외국 연구학회로는 이례적으로 베트남 공산당과 정부의 승인을 받아 정부 산하 독립기관으로 승인받아 출범했기 때문이다. 학회 회장인 마이 녹 츠 교수는 국립하노이 인문사회대 동방학부 학장을 역임하였으며 한국어를 구사하지 못한다. 회원 가운데 한국어를 전혀 하지 못하는 사람들도 많다. 회원 수는 100여 명 정도이며, 하노이뿐만 아니라 베트남 중부 및 남부지역까지 아우르는 전국 규모의 학회라는 성격을 갖는다. 창립초기라 특별한 활동은 보이지 않으며, 차후 한국학 워크셥 개최・한국 소개 연구서 출간・한-베 양국 주요인사 상호 방문 교류・연 4회 학회지 발간을 목표로 하고 있다. 현재는 베트남 한국어교육 및 연구학회와 한국연구학회가 병립 중이지만, 차후에 합칠 예정이라고 한다.

이렇듯 베트남에 한국학 관련 학회가 2개 있기는 하지만 활발한 활동을 하고 있다고 보기는 어렵다. 학술지를 발간하지 못하고 있으며 이러한 이유로 인해 학자들의 연구 성과가 베트남 내에서도 공유되지 못하고 있다. 베트남의 대학이나 교원, 학회는 재정적으로 매우 열약하기 때문에 독자적으로 학술회의를 개최하기 쉽지 않으며, 북부와 남부 지역의 학자들이 활발히 학술교류를 하기가 힘들다. 대학 교원 및 연구원에 대한 경제적 처우가 열악하기 때문에 다른 지역에서 열리는 학회나 학술회의에 자비를 들여 참가하기 어렵다. 이처럼 학술교류가 잘 되지 않기 때문에 서로의 연구 성과를 공유할 수 없으며, 비판적인 발전 또한 기대할 수 없다. 북부, 남부 지역의 학자들이 개별적으로 연구 활동을 하고 있어 연구의 질적 성장을 기대하기 어려운 것도 사실이다.

## 2) 연구 현황

### (1) 한국 관련 출판서

베트남의 한국어교육이 양적으로 성장하고 한국학이 보급된 지 20여 년 가까이 되었으므로 한국관련 출판물이 상당수 있으리라 생각되어 이와 관련된 연구 성과를 찾아보았다. 그러나 한국어 교육 현황과 관련된 연구 성과 몇 편 외에 관련 연구 성과[9]가 많지 않아서 베트남의 한국학 현황을 파악하기가 쉽지 않았다. 이에 필자는 그 동안 발표된 연구 성과를 참조하고, 베트남의 인터넷 서점 4곳,[10] 하노이 시내 대형서점 3곳, 그리고 하노이 국립도서관[11]에 소장 중인 한국관련 서적을

9 다음의 논문들이 참조된다. 조명숙, 「베트남에서의 한국어교육 현황」, 『이중언어학』 191, 2001; 송정남, 「베트남의 한국학」, 『한국국제지역학논총』 2, 2003; Lê Đăng Hoan, 「베트남에서의 한국학 연구와 한국언어문화」, 『국제한국언어문화학회 제2차 국제학술대회 발표집』, 2005; 하민탄, 「베트남에서의 한국학 현황 및 전망」, 『한국학연구』 15 2006; 조명숙, 「베트남의 한국학 현황」, 『한국국제교류재단 백서』, 2007; Lý Kính Hiền, 「베트남에서의 인문 한국학」, 『한국학연구』 16, 2007; 하인숙, 「베트남 남부지역의 한국어교육 현황」, 『동남아시아연구』 19-3, 2009; Nghiêm Thị Thu Hương, 「베트남에서의 한국어 교육 현황에 대한 소개와 한국의 지원 방안」, 2011.5 영월연세포럼 발표문, 2011.

10 사이트 주소는 다음과 같다. http://www.vinabook.com, http://www.xbook.com.vn, http://www.minhkhai.com.vn, http://www.nhanvan.vn

11 하노이 국립도서관은 150만여 권의 책을 소장하고 있으며 컴퓨터로 소장 도서검색이 가능하다. 주제어를 'Hàn Quốc(한국)'으로 넣고 검색을 한 결과 2,434권의 한국관련 도서를 소장하고 있는 것으로 확인되었다. 그러나 대다수의 도서가 베트남어로 된 한국 만화책이었으며, 주요 한국학 도서는 많지 않았다. 그 중 2000년 이전까지 출판된 한국학 관련 도서는 13편, 2000년 이후 출판된 한국학 관련 도서는 80편(사전류 포함) 가량 소장되어 있었다.

조사하여 Cross Checking하는 방식으로 한국 관련 출판서 현황에 대한 조사를 진행하였다.[12]

〈표 4〉는 2000~2011년 6월까지 베트남에서 출간된 한국학 관련 서적을 정리한 것이다.

〈표 4〉 베트남에서 출간된 한국 관련 서적(2000~2011.6)[13] (단위 : 편)

| 분야 | 내용 | 계 | | 분야 | 내용 | 계 | |
|---|---|---|---|---|---|---|---|
| 일반 | 안내서 | 9 | 12 | 정치 | | 3 | |
| | 연감 | 3 | | 외교 | | 5 | |
| 한국어 | 회화집 | 153 | 179 | 행정 | | 1 | |
| | 듣기 / 쓰기 / 발음 | 5 | | 경제 | 국제경제 | 4 | 18 |
| | 문법 | 11 | | | 기업 | 3 | |
| | 교재류 | 6 | | | 한국경제 | 5 | |
| | 속담/사자성어 | 4 | | | 교재류 | 1 | |
| 문학 | 교재류 | 4 | 34 | | 주식 | 1 | |
| | 작품번역서 | 27 | | | 기업인 자서전 | 4 | |
| | 비교연구 | 3 | | 교육 | | 3 | |
| 역사 | 번역서 | 2 | 3 | 종교 | | 1 | |
| | 교재류 | 1 | | 농업 | | 1 | |
| 문화 | 문화일반 | 5 | 10 | 사회 | 교재류 | 1 | 7 |
| | 전통문화 | 1 | | | 가정 / 여성 / 남성 / 노동 | 5 | |
| | 교재류 | 3 | | | | | |
| | 예술 | 1 | | | 일반 | 1 | |
| 기타 | 요리 / 패션 / 스포츠 / 취미 | 11 | | 사전류 | 한-베 / 베-한 | 29 | 31 |
| | | | | | 기타 | 2 | |
| 계 | 319 | | | | | | |

12 이러한 조사방법이 100% 완전성을 담보할 수는 없겠지만, 베트남에서 출간된 한국 관련 주요 서적을 파악하는 데 큰 무리는 없으리라 생각한다.

13 재판본이거나 같은 도서이지만 출판사만 다른 경우에는 1편으로 간주하였다. 각종 학술대회 자료집과 대학교에서 발행하는 논문집은 포함하지 않았다.

〈그림 1〉 베트남에서 출판된 한국어 회화책

〈표 4〉에서 볼 수 있듯이 그동안 가장 많이 출간된 서적은 일반인들을 대상으로 하는 한국어 회화책이다. 베트남에서 한국어 수요가 매년 급증하고 있기 때문에 거의 매해 수십 종의 한국어 회화책이 출판되고 있다. 그러나 〈그림 1〉과 같이 상당수의 서적들이 책표지에서 조차 잘못된 한국어를 사용하는 등 엉터리 회화책이 많다.

다음으로 많이 출판된 서적은 한국의 시 · 소설 · 전래동화 등 문학작품 번역서이다. 이들 번역서들은 거의 모두 한국문학번역원이나 대산문화재단의 번역비 · 출판비 지원을 받아 출간된 것이다. 한국어 문법관련 서적도 다수 출판되있으나 일반인들을 대상으로 한 한국어 기초 문법책이 다수이며, 이 역시 책 내용이 잘못된 부분이 많은 것이 대부분이다.

베트남인들이 한국경제에 대한 관심이 많기 때문에 경제관련 서적도 다수 출판되었다. 또한 한국의 기업가 자서전 여러 편이[14] 베트남어로 번역되어 소개되었다. 그 외에도 한국문화와 관련된 서적, 한국 소개서, 여행안내서 등이 출판되었으나 대학에서 교재로 쓸 수 있는 전

14 한국의 기업인 정주영 · 박태준 · 김우중 씨의 자서전이 번역, 출판되었다.

문적인 서적은 거의 출판되지 못하고 있다. 2011년 6월까지 출간된 한국학 서적은 주로 한국어 회화책, 문학작품 번역서, 경제 관련 서적에만 치우쳐 있고, 다양한 분야의 도서, 번역서 출판이 이루어지지 못하고 있는 실정이다.

다음 〈표 5〉는 2000~2011년 6월까지 베트남에서 출판된 한국어 및 한국학 관련 주요 서적을 정리해 본 것이다. 대학에서 교재로 쓸 수 있는 전문서적은 많지 않으며, 몇 종 있는 것도 한국에서 출판된 서적을 베트남어로 번역한 번역본이다.

〈표 5〉 한국어 및 한국학 관련 주요 서적(2000~2011.6) (단위 : 종)

| 분류 | | 수 | 참조 |
|---|---|---|---|
| 교재류 | 한국어교육 | 6 | |
| | 문학 | 4 | |
| | 역사 | 3 | |
| | 문화 | 3 | |
| | 사회 | 1 | |
| | 경제 | 1 | |
| 사전류 | 한-베 | 23 | |
| | 베-한 | 6 | |
| | 기타 | 2 | 베-한 경제무역사전, 한국어 문법사전 |
| 기타 | 문학작품번역 | 27 | 고전, 현대문학, 전래동화 번역서 |
| | 작품비교연구 | 3 | |
| 계 | | 79 | |

〈표 5〉에서 볼 수 있듯이 한-베, 베-한 사전류는 수적으로는 많이 출판되었지만, 사전에 오류가 많고 없는 단어가 매우 많다.[15] 대부분의 사전들이 전문가의 감수를 받지 않고 편찬된 것들이어서 종수는 많

15 한국외대에서 발행한 베-한 사전(조재현 편, 『Từ điển Việt-Hàn』, 한국외대 출판부, 2000)이 있으나 베트남에서 구입이 쉽지 않아 학생들은 거의 사용하지 못하고 있다.

지만 한국어학과 학생들이 믿고 이용할 만한 사전은 많지 않다. 매년 여러 종의 사전이 편찬되고 있기는 하지만, 여전히 오류가 많은 사전이 반복되어 출판되고 있는 실정이다.

(2) 한국학 연구 현황

필자는 베트남의 한국학 연구현황을 살펴보기 위하여 사회과학원 동북아연구소에서는 매달 발행하는 잡지 『동북아연구』[16]에 수록된 논문을 조사, 정리해 보았다.[17] 『동북아연구』에는 연구소의 활동 상황, 한국에 대한 정보, 교류활동을 알려주는 기사와 함께 한국학 관련 소논문이 게재되어 있다. 『동북아연구』에 실리는 논문들은 대개 10쪽 안팎의 소논문 형태의 성격을 띠는 글 들이 많다. 그러나 베트남의 한국학 연구자들이 글을 싣는 주요 잡지가 『동북아연구』이므로 여기에 실린 소논문들을 정리해 본다면, 베트남의 한국학 동향을 어느 정도 파악할 수 있다고 생각하였다. 이에 필자는 2000년부터 2010년까지 발행된 『동북아연구』에 게재된 논문[18]을 정리하여 연구현황을[19] 살펴보았다.

---

16 이 잡지는 1995년부터 2001년 4월까지는 『일본연구』, 2001년 6월부터 2006년 3월까지는 『동북아 연구와 일본 연구』, 그리고 2006년 4월부터는 『동북아연구』로 명칭이 바뀌었다.

17 본고 작성에 도움을 주신 베트남 사회과학원 동북아연구소 한국학센터 연구원 Nguyễn Thị Thắm 박사에게 고마움을 전한다.

18 연구소의 활동이나 교류 상황들을 알려주는 기사와 베트남 주재 한국대사관 관계자나 주재원의 정보제공 성격의 글은 제외하고, 베트남 학자가 쓴 논문 성격을 가진 글만 대상으로 하였다.

19 1998~2009년까지『동북아연구』에 실린 글을 분석하여 베트남의 한국학 연구 현황에 대해 정리한 최근의 논문이 있다(Phạm Hồng Thái, 「Nghiên cứu Hàn Quốc tại Việt Nam qua Tạp chí Nghiên cứu Đông Bắc Á」, 『Developing Korean Studies in Vietnam』(한국학중앙연구원-국립하노이 인문사회대학교 공동개최 학술대회 자료집), 2010, 85~104쪽). 그런데 위의 연구는 베트남 주재 한국대사관 관계자, 주재원 등 한국인들의 정보제공 성격의 글, 논문과는 거리가 있는 기업관련 정보를 연구 성과로 포함하고 있어서 베트남의 한국학 동향을 정확히 보여준다고 보기 어렵다.

〈그림 2〉 『동북아연구』 표지 및 목차

2000~2010년까지 발행된 『동북아연구』에는[20] 과학연구(논문), 동북아연구소의 활동 현황, 인사교류 상황, 신간서적을 소개하는 글이 실려 있다(〈그림 2〉 참조).

『동북아연구』에 게재된 논문 성격의 글들을 정리해 본 결과 한국학과 관련된 연구 논문은 121편 가량 되었다. 이를 분야별로 정리한 것이 다음의 〈표 6〉이다.

〈표 6〉 『동북아연구』에 게재된 한국학 관련 논문(2000~2010년) (단위 : 편)

| 주제 \ 연도 | | 00 | 01 | 02 | 03 | 04 | 05 | 06 | 07 | 08 | 09 | 10 | 계 |
|---|---|---|---|---|---|---|---|---|---|---|---|---|---|
| 일반 | | | | | | | | | 3 | | | | 3 |
| 정치 | 일반 | | | | 1 | | | | | | | | 5 |

20 『동북아연구』는 2006년 5월부터 매월 발행되었다.

| 주제 \ 연도 | | 00 | 01 | 02 | 03 | 04 | 05 | 06 | 07 | 08 | 09 | 10 | 계 |
|---|---|---|---|---|---|---|---|---|---|---|---|---|---|
| | 정당 / 국회 | | | | | 1 | | 1 | | | | 1 | |
| | 인선 | 1 | | | | | | | | | | | |
| 행정 | 개혁 | | 1 | | | 1 | | | | | | | 3 |
| | 정책 | | | | | | 1 | | | | | | |
| 법 | | | 1 | | | | | | 1 | | | | 2 |
| 경제 | 일반 | | | 1 | | 1 | | 1 | 2 | 2 | 2 | 4 | 24 |
| | 개혁 | | | | | 1 | | 1 | | 1 | | | |
| | 국제 | | | | | | | 1 | 1 | 2 | 2 | | |
| | 통일관련 | 1 | | | | | | 1 | | | | | |
| 국제(외교) | | 1 | | 1 | | | | 2 | 2 | 1 | 1 | | 8 |
| 안보 / 군사 | | | | | | 1 | | 2 | | | | | 3 |
| 북한 | 경제 | | | | | | | | | | 2 | | 8 |
| | 핵 | | | | 1 | | | | 1 | | 3 | | |
| | 국제 | | | | 1 | | | | | | | | |
| 산업 | | | 1 | | | | | | | | 1 | | 2 |
| 노동 | | | | | | 1 | | | | | 1 | | 2 |
| 문화 | 일반 | | | 1 | | | 1 | | 1 | 2 | | 3 | 11 |
| | 기업 | | | | | | | 1 | | | | | |
| | 예술 | | | | | | | | | | | 1 | |
| | 정보통신 | | | | 1 | | | | | | | | |
| 역사 | 통시대 | | 2 | | | | | 1 | 1 | | 2 | 1 | 18 |
| | 삼국 | | | 1 | | | | | | | | 1 | |
| | 고려 | | | 1 | | | | | | | | | |
| | 조선 | 1 | | | 1 | 1 | | 1 | | 1 | 1 | | |
| | 근현대 | | | | | 1 | | | 1 | | | | |
| 문학 | 전기소설 | | | | | | 1 | | | | | | 6 |
| | 시 | | | | | | | 1 | 1 | | | | |
| | 인물 | | | | | | | | | | 1 | 1 | |
| | 시조 | | | | | | | | | | 1 | | |
| 한국어 | | | | | | | | 1 | | | | 1 | 2 |
| 사회 | 의식 | 1 | | | 2 | 1 | | 2 | 2 | | | | 12 |

| 주제 \ 연도 | | 00 | 01 | 02 | 03 | 04 | 05 | 06 | 07 | 08 | 09 | 10 | 계 |
|---|---|---|---|---|---|---|---|---|---|---|---|---|---|
| | 농촌 | | | | | | | | | | 1 | 1 | |
| | 결혼 / 이주 / 여성 | | | | | | 1 | | | | | 1 | |
| 신앙 | 일반 | | | | | | | 1 | | | | | 6 |
| | 유교 / 기독교 | | | | | | | | | | 2 | | |
| | 민속 | | | | | | | 1 | | | 1 | 1 | |
| 환경 / 에너지 | | | | | | | 1 | | | 1 | 2 | | 4 |
| 교육 | | | | 1 | | | | | | | | 1 | 2 |
| 계 | | 5 | 5 | 6 | 7 | 9 | 5 | 18 | 16 | 10 | 23 | 17 | 121 |

〈표 6〉에서 보이듯이 『동북아연구』에 가장 많이 수록된 논문은 한국의 경제와 관련된 논문(24건)이며, 그 다음이 역사(18건), 사회(12건), 문화(11건), 국제 / 외교(8건), 북한(8건), 문학(6건), 신앙(6건) 등이다. 이를 좀 더 자세히 살펴보면 다음과 같다.

경제관련 논문은 주로 한-베 경제, 한-미 경제 관계, 한국 경제 진단, 남북통일에 대비한 경제적 비용문제, 세계 속의 한국경제, 한국경제 발전 모델 등에 대한 연구가 주를 이루고 있다. 역사분야의 논문은 한국의 불교 · 유교, 김부식과 삼국사기, 김시습과 금오신화, 지봉 이수광과 베트남 학자 풍칵콴의 시문교류, 조선시대 백자, 조선-베트남 향약문서 비교연구, 베-한 신화 비교 연구 등에 관한 것이다. 전통시대 베트남과 한국이 유교한자문화권이었으므로 상호 공통되는 부분이 많아 양국이 관련성을 가진 주제를 중심으로 연구되고 있다.

사회분야의 연구는 베-한 양국의 공통점과 차이점, 유교와 관련된 한국인의 의식, 실업 · 저출산 · 도시화 · 고령화 등 현대 한국의 사회문제와 관련된 연구가 주를 이루고 있다. 문화 부분은 한-일, 한-베 문화 비교, 전통예술문화, 전통혼례, 전통음식 등에 관한 연구가 진행되었다.

국제 / 외교 관련 연구는 한-미 관계, FTA관련 문제, ODA지원 관련, 경제외교정책 등과 관련된 연구가 주를 이루고 있으며, 북한과 관련된 연구는 북한의 경제개혁, 핵문제와 관련된 연구가 대부분이다.

문학 부분에서는 한국-베트남-중국의 전기소설 비교연구, 베트남 사신과 조선사신의 시문 응답, 김만중에 대한 연구, 베-한 신화 인물 비교 연구가 진행되었다. 역사나 문학 부분의 일부 연구 성과는 한국 학계에도 이미 소개된 바 있다.

신앙 부분에서는 한국종교 일반, 민속신앙, 유교・기독교에 관한 연구가 진행되었다. 최근에는 베트남에서도 환경문제에 대한 관심이 높아지고 있어서 한국의 환경보호에 관해 관심을 가지는 연구도 등장하고 있음을 볼 수 있다. 기타 각 주제별로 한두 편의 글들이 보일 뿐이며 아직 관심분야가 다양하지는 못하다.

『동북아연구』에 논문을 게재하는 학자들 가운데 한국어로 논문을 작성할 수 있는 학자는 한국역사나 한국문학 관련 연구를 진행하는 아주 극소수의 학자들뿐이다. 다른 분야 전공 학자들은 대부분 영어나 중국어・러시아어・일본어 서적을 통해 얻은 자료로 논문을 작성하고 있다. 이미 현지 학자의 논문에서도 지적된 것처럼[21] 한국어가 아닌 다른 언어로 접한 자료는 자료의 정확성 면에서 문제가 있을 수 있다. 또한 전문적이며 심층적인 연구가 진행될 수 없음도 분명하다. 현재 베트남에서 한국 관련 연구를 진행하는 학자들의 가장 큰 문제점이 바로 한국어로 된 자료를 읽을 수 없는 학자가 많다는 점이다.

『동북아연구』에서는 한국어나 한국어교육과 관련된 연구 성과는 거의 찾아볼 수 없었다. 한국어전공 대학 교원들의 연구 성과는 주로 한-베 관련 국제학술회의 자료집이나 세미나, 워크셥 자료집에 게재

21 Phạm Hồng Thái, 앞의 글, 2010, 90쪽.

되고 있었다. 그런데 학술회의 자료집에 게재되는 논문 대부분이 새로운 연구 성과라기보다는 기존 연구 성과를 일부분만 수정한 것이거나 학술행사를 위해 급조된 연구들이 많다. 대학에 재직 중인 교원들이 차후 베트남의 한국학계를 이끌어 나갈 세대들이지만 아직 연구자로서의 위치를 확고히 하지는 못하고 있다.

## 3. 한국어학과의 한국학 교육

### 1) 교육 기관

베트남의 한국어교육은 크게 대학,[22] 직업학교, 그리고 학원에서 담당하고 있다. 직업학교는 베트남에서 운영하는 직업훈련원으로서 직업별로 기초 한국어를 교육시켜 한국어 능력시험에 합격하게 한 후 노동자 송출을 목적으로 하고 있다. 베트남에는 한국으로 일 하러 가길 원하는 노동자들이 무척 많기 때문에 한국어를 가르치는 학원은 점차 늘어나고 있다. 이들 학원에서는 일반적으로 간단한 한국어 습득만을 목표로 하고 있다. 한국어 수요가 늘어나게 되자 학원들이 난립하게 되어 아직 한국어에 능숙하지 못한 한국어학과 대학생들을 강사로 채용하는 사례도 흔히 찾아 볼 수 있다.

베트남에서 한국어교육과 한국학교육이 동시에 이루어지는 곳은 4

22 최근에는 고등학교에서도 제2외국어로 한국어를 교육하는 곳이 늘고 있다. 현재 베트남에서는 한국학과 교수들이 중심이 되어 중·고등학교에서 한국어를 정식과목으로 채택할 수 있도록 하기 위해 노력하고 있다.

년제 학위과정으로 한국어학과가 설치된 대학이다. 현재 베트남에 한국어학과가 설치된 대학은 총 11군데로 수도인 하노이의 3개 대학에 한국어학과가 설치되어 있고, 호치민을 중심으로 한 남부 지역에 6개교,[23] 그리고 중부지역에 2개교이다. 아래 〈표 7〉은 한국학 전공 과정이 설치된 대학을 정리한 것이다.

〈표 7〉 한국학 전공 과정이 설치된 대학 현황

<table>
<tr><th>지역</th><th>기관명</th><th>소속학부</th><th>학과명</th><th>설립연도</th></tr>
<tr><td rowspan="3">북부</td><td>국립하노이 인문사회대학교</td><td>동방학부</td><td>한국학과</td><td>1993</td></tr>
<tr><td>국립하노이 외국어대학교</td><td colspan="2">한국어 및 한국문화학부<br>(동방학부 소속에서 2012.9 한국어학부로 독립)</td><td>1996</td></tr>
<tr><td>하노이대학교</td><td colspan="2">한국어과</td><td>2002</td></tr>
<tr><td rowspan="2">중부</td><td>다낭 외국어대학교</td><td>일본-한국-태국어학부</td><td>한국어과</td><td>2005</td></tr>
<tr><td>후에대학교</td><td colspan="2">한국어문화학과</td><td>2008</td></tr>
<tr><td rowspan="6">남부</td><td>국립호치민 인문사회대학교</td><td colspan="2">한국학과<br>(2010. 3 한국학과로 독립)</td><td>1994</td></tr>
<tr><td>호치민 외국어정보대학교</td><td>동방학부</td><td>한국어한국문화학과</td><td>1995</td></tr>
<tr><td>달랏대학교</td><td>동방학부</td><td>한국학과</td><td>2004</td></tr>
<tr><td>문헌대학교</td><td>동방학부</td><td>한국학과</td><td>2007</td></tr>
<tr><td>락홍대학교</td><td>동방학부</td><td>한국학과</td><td>2003</td></tr>
<tr><td>홍방대학교</td><td>아시아태평양학부</td><td>한국학과</td><td>1999</td></tr>
</table>

〈표 7〉에서 볼 수 있듯이 1993년 국립하노이 인문사회대학교 동방학부 내에 한국학과가 설립된 이후, 1994년에 국립호치민 인문사회대학교, 1996년에 국립하노이 외국어대학에 각각 한국학과 및 한국어학과가 설립되었다. 그러나 표에서 볼 수 있듯이 대부분이 한국어학과로 독립하지 못하고 동방학이나 아시아학의 일부 전공과정으로 개설되어 있는 상황이다.

23 필자는 최근에 호치민시 소재 문헌(Văn Hiến)대학교에도 한국어학과가 설치되어 있음을 확인하였다. 그러나 본 논고에서는 문헌대의 교원현황 및 학생현황은 조사하지 못하였다.

아래 〈표 8〉은 한국어 전공 학위 과정 외에 한국어교육 및 한국학 연구를 시행하는 대학을 정리한 것이다.

〈표 8〉 한국어교육 및 한국학 연구를 시행하고 있는 대학 현황[24]

| 지역 | 기관명 | 명칭 | 구분 | 설립연도 |
|---|---|---|---|---|
| 북부 | 국립하노이 인문사회대학교 | 한국학 센터 | 연구 | 2006 |
| | | 한국어-한국학 센터 | 한국어교육 | 2009 |
| | | 세종학당[25] (부산외대와 공동운영) | 한국어교육 | 2011.9 |
| | 국립하노이 외국어대학교 | 세종학당 (한국산업인력공단과 공동운영) | 한국어교육 | 2011.9 |
| | 외상대학교 | 한국학 센터 | 한국어교육 | 2008.4 |
| | 타이응웬 대학교 | 계명한국어교육 과정 (계명대와 공동운영) | 한국어교육 | 2010.6 |
| | 문화대학교 | 한국어학당 | 한국어교육 | 2006 |
| | 국민경제대학교 | 아시아태평양 경영연구원 산하 한국센터(Korea Centre) | 연구, 교육 | 2010.6 |
| 중부 | 후에대학교 | BBB 후에 한국어학당 | 한국어교육 | 2012.9 |
| | 다낭 외국어대학교 | 외국어교육센터 | 한국어교육 | |
| 남부 | 국립호치민 인문사회대학교 | 한국학 센터 | 연구 | 2006 |
| | | 세종한국어학당 (조선대와 공동운영) | 한국어교육 | 2008 |
| | | 한국어교원양성 프로그램 (부산대와 공동운영) | 한국어교원 양성 | 2011.5 |
| | 달랏대학교 | 세종학당 (한국외대와 공동운영) | 한국어교육 | 2012.3 |
| | 반랑대학교 | | 한국어교육 | 2004 |
| | 호치민개방대학교 | | 한국어교육 | 2002 |
| | 어우락대학교 | | 한국어교육 | 2005 |
| | 호치민경제대학교 | | 한국어교육 | 2002 |
| | 빈증대학교 | | 한국어교육 | 2004 |
| | | 한국어교육센터 (영산대와 공동 운영) | 한국어교육 | 2011.6 |
| | 국립호치민 기술사범대 | 한국어센터 (동아대와 공동 운영) | 한국어교육 | 2012 |

한국 대학의 지원을 받아 한국어교육을 시행하는 대학이 점점 증가하는 추세에 있음을 볼 수 있다. 베트남에서의 한국어교육은 북부지역인 하노이 보다는 남부지역인 호치민을 중심으로 교육이 더 활발히 진행되고 있다. 최근에 국립호치민 인문사회대학교에서는 한국의 대학과 공동으로 한국어교원 양성 프로그램을 운영하고 있다. 이 과정을 이수하게 되면 한국어 교원 3급 자격증 취득 시험에 응시할 수 있는 자격을 얻게 된다.

다음 〈표 9〉는 베트남 대학 한국어학과에서 강의를 담당하고 있는 교원의 현황이다.

〈표 9〉 한국어학과 재직 교원 현황[26] (2011.6 기준) (단위 : 명)

| 대학명 | 현지인 교원 수와 학력 | | | | | 소계 (남 / 여) | 한국인 교원 수 | 소계 | 총계 |
|---|---|---|---|---|---|---|---|---|---|
| | 학사 | 석사 과정 | 석사 | 박사 과정 | 박사 | | | | |
| 국립하노이 인문사회대학교 | 0 | 0 | 2 | 3 | 1 | 6 (1 / 5) | Koica 봉사단원2 | 2 | 8 |
| 국립하노이 외국어대학교 | 2 | 1 | 3 | 3 | 0 | 9 (0 / 9) | Koica 봉사단원2, 한중연 객원교수1 | 3 | 12 |
| 하노이대학교 | 5 | 3 | 4 | 1 | 0 | 13 (0 / 13) | Koica 봉사단원2, 한국인 계약강사4 | 6 | 19 |
| 다낭대학교 | 3 | 1 | 2 | 0 | 0 | 6 (1 / 5) | Koica 봉사단원3, 한국인 계약강사2 | 5 | 11 |
| 후에대학교 | 5 | 0 | 0 | 0 | 0 | 5 (0 / 5) | Koica 봉사단원1, 한국인 계약강사2 | 3 | 8 |
| 달랏대학교 | 1 | 0 | 1 | 0 | 0 | 2 (1 / 1) | Koica 봉사단원3, 한국인 계약강사2, KF 객원교수1 | 6 | 8 |
| 국립호치민 인문사회대학교 | 3 | 2 | 4 | 3 | 1 | 13 (2 / 11) | Koica 봉사단원1, 한국인 계약강사7 | 8 | 21 |

24 한국어과가 설치된 전문대학도 점차 늘어나고 있는 추세이다. 〈표 8〉은 조명숙, 앞의 글, 2007, 147쪽을 참조하여 필자가 보완한 것이다.

25 2013년 3월 현재 베트남에는 5개의 세종학당이 운영 중에 있다. 4개는 4년제 대학에 설치되었으며, 나머지 한 곳은 주 베트남 한국문화원에 설치되었다.

26 베트남 교원은 당시 학과에서 강의를 수행 중인 사람만 계산하였다.

| 호치민 외국어정보대 | 1 | 2 | 4 | 1 | 0 | 8 (3 / 5) | Koica 봉사단원2, 한국인 계약강사3 | 5 | 13 |
|---|---|---|---|---|---|---|---|---|---|
| 홍방대학교 | 1 | 0 | 2 | 1 | 0 | 4 (2 / 2) | Koica 봉사단원3, 한국인 계약강사2 | 5 | 9 |
| 락홍대학교 | 5 | 0 | 2 | 0 | 0 | 7 (0 / 7) | Koica 봉사단원3, 한국인 계약강사2 | 5 | 12 |
| 계 | 26 | 9 | 24 | 12 | 2 | 73 (10 / 63) | Koica 봉사단원 22 한국인 계약강사 24 객원교수 2 | 48 | 121 |

2011년 6월 기준, 베트남 대학 한국어학과의 소속교원은 모두 121명이며, 이 중 베트남인 교원이 73명(60%), 한국인 교원이 48명(40%) 이다. 한국에 유학하여 박사학위를 취득한 베트남 교원은 2명이며 나머지는 학사, 석사학위 소지자이다. 한국과는 달리 베트남은 대학 졸업 후 바로 강단에 설 수 있기 때문에 학사학위만을 소지하고 대학에서 강의를 하는 교원이 상당수 있다. 2008년도에 한국어학과가 설치된 후에대학교의 경우에는 교원 모두가 학사학위 소지자이며 모두 20대의 젊은 여성 교원들로 구성되어 있다. 베트남에서는 대학 교원에 대한 처우가 좋지 않기 때문에 남성교원의 이직율이 높고 여성교원의 비율이 매우 높다.

베트남 대학 한국어학과에는 한국인 교원이 총 48명 재직하고 있는데, 그 중 22명(46%)이 코이카 봉사단원이며, 국제교류재단 / 한중연파견 객원교수 2명(4%), 그리고 현지에 거주하면서 대학과 계약을 맺고 강의를 하고 있는 계약강사 24명(50%)으로 구성되어 있다. 국립하노이 인문사회대와 국립호치민 인문사회대를 제외한 대학의 한국어학과에서는 한국문학 · 역사 · 사회 · 문화 등의 한국학 과목의 강의 대부분을 이들 한국인 교원들이 담당하고 있다.

다음 〈표 10〉은 한국어학과에 재학 중인 학생 수를 정리한 것이다. 북부 3개 대학의 한국어학과 재학생 수는 646명이며, 중부지방 2개 대학은 242명, 남부 5개 대학은 1,146명으로 2011년 6월 베트남 대학 한국어학과 재학생 수는 총 2,034명이다. 베트남에 한국기업의 진출이 활발해짐에 따라 매년 한국어학과 신입생 수가 늘어나고 있음을 볼 수 있다.

〈표 10〉 한국어학과 학생 현황(2011.6 기준) (단위 : 명)

| 지역 | 대학명 | 학생수 | | | | | 계 | |
|---|---|---|---|---|---|---|---|---|
| | | 1학년 | 2학년 | 3학년 | 4학년 | 9학기 | | |
| 북부 | 국립하노이 인문사회대 | 32 | 44 | 26 | 26 | | 128 | 646 |
| | 국립하노이 외국어대 | 65 | 63 | 54 | 34 | | 216 | |
| | 하노이대 | 97 | 77 | 68 | 60 | | 302 | |
| 중부 | 다낭대 | 34 | 36 | 35 | 37 | | 142 | 242 |
| | 후에대 | 32 | 26 | 42 | 0 | | 100 | |
| 남부 | 달랏대 | 74 | 104 | 52 | 0 | | 230 | 1,146 |
| | 국립호치민 인문사회대 | 100 | 80 | 75 | 75 | | 330 | |
| | 호치민 외국어정보대 | 80 | 45 | 39 | 43 | | 207 | |
| | 홍방대 | 15 | 18 | 21 | 24 | 35 | 113 | |
| | 락홍대 | 56 | 62 | 67 | 81 | | 266 | |
| 계 | | 585 | 555 | 479 | 415 | | 2,034 | |

베트남 대학의 입학시험은 매년 7월에 시행되는데, 2011년 7월 입시에서 하노이대학교 한국어학과는 2010년 보다 1학급(정원 : 30명)이 늘어난 4학급(120명)을 모집했으며, 국립하노이 외국어대의 경우에도 2010년 보다 1학급(정원 : 30명)을 더 뽑아 3학급(96명)을 선발하였다. 한국어에 대한 수요가 증가함에 따라 각 대학에서 한국어학과 입학정원을 늘리고 있는 것이다. 이러한 현상은 비단 북부지역에만 국한된 것이 아니고 전국적인 현상으로 보인다. 한국어학과의 인기가 높아짐에 따라 한국어학과 신입생 수가 증가하고 우수한 학생들이 한국어학과에 지원을 하고 있다.[27] 이는 베트남에서 한국어의 위상이 매우 높아지고 있

음을 보여주는 현상이라고 할 수 있다.

이렇듯 매년 한국어학과 입학생의 수는 증가하고 있지만 그에 따른 교원 충원, 교육시설 투자나 교육 환경 개선 등은 진행되고 있지 않다. 냉방시설이 안 된 비좁은 교실에서 30여 명의 학생이 수업을 들어야 하는 상황이다. 베트남 대학은 공간부족으로 인해 현재 2부제 수업을 진행하고 있다.

### 2) 한국학 교과목 개설 현황과 교재

베트남 대학의 경우 교육 목표에 따라 철저히 맞춤교육을 진행하고 있다는 특징을 가지고 있다. 국립하노이 인문사회대 · 국립호치민 인문사회대 한국학과의 경우 교육목표가 연구자, 교원 양성이므로 다른 대학과는 달리 한국학에 대한 교육을 집중적으로 하고 있다. 반면 한국어학과가 설치된 나머지 9개 대학은 통 · 번역자 양성을 교육목표로 하고 있으므로 주로 한국어 기능교육에 치중하고 있다. 이렇듯 교육목표에 따라 교육내용을 달리 하고는 있지만 베트남에 한국학 연구기관이 많지 않으므로 인문사회대 졸업생 중 매우 극소수의 인원만이 연구원이나 교원이 되고, 나머지 졸업생들은 대부분 한국기업에 취직하거나 유학을 가고 있다.

다음 〈표 11〉은 대학 한국어학과에서 개설하고 있는 한국학 관련 교과목 현황이다.[28]

---

27 국립하노이 외국어대의 경우 2010년 7월 입시에서 일본어과를 제치고 한국어학과 신입생의 입학성적이 가장 높았다.

28 본고에서는 한국학 교과목에 대해서만 서술하였다. 한국어 기능교육 관련 교과목 현황에 대해서는 관련 연구 성과를 참조하기 바란다.

〈표 11〉 한국어학과의 한국학 교과목 개설 현황(2011.6 기준)

| 대학명 | 교과목명 |
|---|---|
| 국립하노이 인문사회대 | 한국학입문, 한국지리-인구-환경, 한국역사, 한국문화, 한국경제, 한국 현대사회, 한국문학 및 예술, 한국 신앙 및 종교, 한국의 국제관계 및 한-베 관계, 남-북한 관계, 한국의 정치체제 |
| 국립하노이 외국어대 | 고전문학, 현대문학, 한국역사, 문화문명, 한국지리, 한국학 |
| 하노이대 | 한국경제, 한국 및 한국문화, 한국문학, 한국문명 |
| 다낭대 | 한국문학1, 한자, 한국문화문명, 한국문학2 |
| 후에대 | 한자, 한국지리, 한국역사, 문학, 한국경제 |
| 달랏대 | 한국역사, 한국인구 / 지리, 한국정치, 한국문화, 한국교육 |
| 국립호치민 인문사회대 | 한국문학, 한국인구밀도, 한국역사, 한국사회문화, 한국경제, 한국정치체제 |
| 호치민 외국어정보대 | 한국역사, 한국문학, 한국지리, 한국경제, 한국정치 |
| 홍방대 | 한국역사, 한국지리, 한국문화, 한국경제, 한국정치 |
| 락홍대 | 한국의 이해, 한국역사, 한국지리와 인구, 한국문학, 한국 사회와 문화 |

인문사회대를 제외한 여러 대학들이 한국어 기능 중심으로 교육을 하고 있기는 하지만 한국을 제대로 이해하기 위해서는 역사나 사회・문화 등 여러 분야의 지식 습득이 중요하다는 것을 알고 있기 때문에 대부분의 대학에서 한국역사・문학・문화 등의 과목을 개설하고 있다. 하노이와 호치민 인문사회대에서는 한국어 관련 과목은 모두 한국어로 강의를 진행하지만, 한국학 관련 교과목의 경우 대부분 베트남 교원이 베트남어판 교재를 가지고 베트남어로 진행을 하고 있다. 그러나 인문사회대를 제외한 나머지 8개 대학 한국어학과에서는 한국문학・역사・지리・문화 등과 같은 과목은 대부분 한국어로 수업을 진행하고 있다.

필자는 각 대학 한국어학과에 설문지를 돌려서 한국학 수업에 사용되는 교재에 대해 조사해 보았다. 그러나 교재를 정해놓고 사용한다고 응답을 한 학교는 거의 없었다. 인문사회대에서는 베트남어판 『한국역사』나 『현대 한국의 사회』[29]와 같은 책을 교재로 사용한다고 응답했으나, 대부분의 대학에서는 정해진 교재 없이 교원이 스스로 제작한 교재를 가지고 수업을 진행한다고 응답을 하였다. 동시에 한국어판 한국학 교재가 없어서 강의하기 힘들다는 답변을 하였다.

베트남 대부분의 대학에서 한국학 관련 교과목은 주로 3~4학년 학생들이 수강을 하고 있다. 3학년 정도 되면 한국어로 의사소통하는데 큰 어려움이 없기 때문에 한국학 수업은 대부분 한국어로 진행을 하게 된다. 그러나 학생들 수준에 맞는 한국학 교재를 찾기가 무척 어렵다.[30] 학생들은 책을 1권 정해서 교재로 사용할 것을 요구하지만, 학생들의 수준에 맞고 베트남 대학의 교과과정에 맞는 한국어로 된 한국학 교재를 찾기가 쉽지 않다. 한국에서 발행된 외국인을 위한 한국문화, 역사 등 한국학 서적들이 여러 종 있지만, 한국어학과 3~4학년 학생에게는 난이도가 너무 높다. 교재로 쓸 만한 적당한 책을 찾을 수 없으므로 교원은 몇 개의 교재를 선택, 발췌하여 강의안을 만들어 매 수업시간마다 나눠주거나 제본해서 사용하게 하고 있다. 그러므로 강의안의 수준과 내용은 전적으로 교원의 능력과 열정에 따라 차이가 날 수 밖에 없다.

현재 베트남 대학 한국어학과에서 한국역사・문화 등 한국학 과목을 가르치고 있는 대부분의 한국인 교원들은 자신의 전공과 상관없이 단지 원어민이라는 이유만으로 한국학 과목을 강의하고 있다. 그리고 검증되지 않은 많은 수의 계약강사들이 한국학 과목을 담당하고 있는 것이 현실이다. 따라서 교원의 자질에 따라 한국학 과목의 강의 내용과 질이 대학별로 매우 큰 차이를 보일 수 있는 것이다.

---

29 한국학교재편찬위원회 편, 『Lịch sử Hàn Quốc(한국의 역사)』 베트남어판, 서울대 출판부, 2005; 한국학교재편찬위원회 편, 『Xã hội Hàn Quốc hiện đại(현대 한국의 사회)』, 국립하노이대 출판부, 2008.

30 필자는 한국역사 과목의 교재로 2000년 국제교육진흥원에서 발행한 『(재외국민을 위한 새 교육과정에 따른) 한국사』를 사용하였으며, 한국문화나 한국학 교재는 스스로 제작하여 사용하였다.

## 4. 맺음말–베트남 한국학 발전을 위한 과제

### 1) 한국어판 한국학 교재 개발 필요

현재 한국어학과가 설치된 베트남 대부분의 대학에서 한국학 과목의 강의를 한국어로 진행하고 있다. 한국어학과가 설치된 11개 대학에서 한국역사 · 문화 · 문학 · 지리 등의 교과목을 필수과목으로 개설하고 있지만, 학생들의 수준에 맞춰서 사용할 만한 교재가 없어서 교원 스스로 만들어 이용하고 있는 실정이다. 외국인을 위한 한국학 교재들이 한국에서 많이 출판되고 있기는 하지만, 베트남 대학의 교육과정과 맞지 않고 한국어학과 학생들의 수준에도 맞지 않는다. 현재 베트남 대학생을 위한 한국어교재는 비교적 활발히 출판되고 있으나[31] 한국학교재 출판은 미미한 실정이다.

한국어판 한국학 교재 편찬이 단기간에 실현되기 어렵다면 기존에 편찬된 베트남어판 『한국역사』, 『현대 한국의 사회』[32]를 수정하여 한국어판으로 출판하길 바란다. 이와 아울러 한국문학, 한국문화 등 한국어학과에서 공통적으로 이루어지고 있는 한국학 과목의 표준교재 제작이 시급하다.

31 한국국제교류재단이 주관하여 베트남 대학에서 사용할 수 있는 한국어 교재를 개발하였다. 2008~2011년에 『베트남인을 위한 종합 한국어 초급 · 중급 · 고급』 1~6이 출판되었다.

32 한국국제교류재단과 서울대 한국학교재 편찬위원회가 공동으로 주관하여 베트남어판 『한국역사』, 『현대 한국의 사회』를 편찬하였다(한국학교재편찬위원회 편, 『Lịch sử Hàn Quốc(한국의 역사)』 베트남어판, 서울대 출판부, 2005; 한국학교재편찬위원회 편, 『Xã hội Hàn Quốc hiện đại(현대 한국의 사회)』, 국립하노이대 출판부, 2008).

### 2) 한국학 전공 교원의 파견 확대

베트남 대학 한국어학과의 한국학 과목 강의는 주로 한국인 계약강사와 한국국제협력단에서 파견하는 봉사단원, 그리고 한국국제교류재단과[33] 한국학중앙연구원에서 파견하는 객원교수에 의존하고 있다. 이들 기관에서는 베트남 현지 대학의 요구사항에 따라 인력을 파견하고 있긴 하지만, 거의 대부분이 한국어교육 분야로 파견된다. 현지 대학에서 요구하는 분야가 늘 한국어교육이기 때문이다.

그러나 필자가 하노이의 대학에 와서 강의를 하면서 느낀 점은 이와는 매우 다르다. 대학에서 한국어교육 전담 교원이 부족한 것이 아니라 한국학교육 전담 교원이 매우 부족하다는 것이다. 특히 한국어교육이 안정기에 들어선 하노이나 호치민 지역의 주요 대학에서는 한국어교육 인력보다는 한국학 과목을 강의할 수 있는 전문 인력이 필요하다. 해외에 파견하는 봉사단원이나 객원교수를 한국학 전공자로 선발하여 이들에게 한국학 교육을 담당하게 했으면 한다.

### 3) 한국학 전공 현지 교원의 양성 필요

베트남 대학 한국어학과 교원들의 대다수는 한국에 유학하여 석사학위를 취득하고 돌아온 사람들로서 한국어・한국어교육 전공자가 대다수이다. 최근에 문학이나 사회학 등을 전공하는 사람들이 늘어나

---

33 국제교류재단은 2010년 9월부터 베트남에 객원교수를 파견하는 대신에 'KF Global e-School' 강좌를 개설하였다. 이는 국내 대학과 해외 대학 간 협력을 통해 한국 정치・경제・국제관계・문화・사회 등 한국학 강좌를 실시간 화상 강의로 제공하고, 이와 연계된 세미나, 워크숍 등 오프라인 프로그램을 병행하는 사업이다.

고는 있지만 여전히 전공 편중 현상이 심하다. 많은 수의 교원들이 한국에서 석사학위를 마쳤으며 한국어에 능통하기 때문에 한국어 기능교육을 수행하는데 큰 무리는 없다. 그러나 한국역사·문화·문학·지리·정치·경제 등과 같은 과목을 강의할 수 있는 베트남 교원들은 많지 않다.

현지 베트남 교원들은 한국학에 대한 전문지식이 거의 없기 때문에 한국학 과목의 강의를 담당하기를 매우 부담스러워 한다. 따라서 한국학 전공과목 강의는 한국에서 파견하는 소수의 객원교수와 한국국제협력단(Koica)에서 파견하는 봉사단원, 그리고 베트남에 거주하는 한국인 계약강사에 전적으로 의존하고 있다. 현지에서 고용된 계약강사의 경우 자신의 전공과는 무관한 과목을 단지 한국인이라는 이유로 강의하는 예가 상당수 있으며, 강의의 질뿐만 아니라 기타 여러 가지 문제를 야기하는 경우가 종종 있다. 한국정부기관에서 파견하는 봉사단원이나 객원교수는 파견기간이 1~2년 정도 밖에 되지 않고 어느 시점이 되면 지원이 중단될 것이기 때문에, 현지 한국학 전공자를 양성하는 것이 시급하다.

1992년 12월 한국과 베트남이 수교를 맺은 이래 베트남에 한국어·한국학 보급은 비교적 활발히 진행되어 왔다. 그러나 현재 베트남 학계에 한국학이 확고히 정립되어 있다고 보기는 어렵다. 한국학 전공 대학원 과정이 아직 개설되어 있지 않으며, 한국(어)학과가 설치된 대학에서는 여전히 한국어 기능교육에만 치중하고 있는 것이 현실이다. 또한 교육과 연구 두 기능을 동시에 수행할 수 있는 교수요원이 거의 없기 때문에, 한국학 연구자 양성이 매우 어렵다.

현재 베트남에서 한국어가 인기가 있고 한국(어)학 전공생이 늘어난다는 것이 베트남 한국학의 발전을 가져올 것이라고 기대할 수는 없다. 베트남의 한국(어)학이 제대로 정립되기 위해서는 한국(어)학을 전공하고 있는 현지 교원과 학자들의 분발이 우선되어야 하겠지만, 한국 정부나 연구기관의 한국학 지원 정책이 양적인 면에 치중하기 보다는 질적 수준을 끌어올릴 수 있는 방안을 모색해야 할 것이다.

# 베트남의 한국어 교육 현황과 발전방향*

양지선 · 박동희**

## 1. 베트남 한국어 교육의 역사

베트남에서 한국어 교육의 역사가 시작 된 계기는 한국과 베트남의 공식적 수교관계가 이루어진 1992년 12월부터라 할 수 있다. 베트남은 1993년 국립하노이인문사회대학교에서 부전공으로 개설된 한국어 과정을 시작으로 하여 2013년 현재 전국 13개의 학교에서 전공으로 한국어과 또는 한국학을 채택하여 운영하고 있다. 지금까지 20여 년의 기간 동안 많은 전공자들이 한국어와 관련된 분야에서 활약하고 있으며,

* 이 글은 『한국어교육』 23-3호(2012)에 실린 내용을 수정 · 보완한 것임.

** 양지선(제1저자), 박동희(제2저자).

현재 약 3,000여 명의 전공자가 한국어를 베트남 내에서 전공으로 공부하고 있다는 것을 보면 베트남에서의 한국어 역사는 꽤 깊다고 할 수 있다. 외교 관계가 수립된 이후 협력동반자의 관계가 되고 한국어 구사자의 수요가 늘어나면서 베트남에서의 한국어 교육에 대한 관심이 증가했기 때문이다.

하노이 지역은 1994년부터 한국국제협력단(KOICA)단원이 대학에 파견되어 하노이국립인사대, 하노이국립외대에서 한국어를 가르치기 시작하였으며, 베트남 경제 중심지인 호찌민시 지역 대학의 경우, 호찌민 외국어정보대학교에서 영문학과 학생들 대상으로 제2외국어로서 한국어 강좌가 1994년 3월 6개월 코스로 개설되었다.

베트남 내에서는 한류의 영향과 더불어 베트남의 투자 증가로 인한 기업체의 증가로 인해 매해 한국어에 대한 관심이 증가하고 있으며,[1] 지금도 방송에서는 한국 드라마 및 한국 노래가 지속적으로 방송되고 있다. 베트남에는 VTV 방송국 및 각 지역 방송국에서 앞을 다투어가며 한국드라마를 방송하고 있어서 한국 드라마에 대한 베트남 사람들의 관심을 엿볼 수 있다.[2] 한국인들이 지나가면 베트남 사람들은 "안녕하세요"라며, 인사를 건네고 드라마에서 인상 깊게 들었던 단어들을 말하며 관심을 표하기도 한다.

간단하게 베트남에 개설된 한국어(학)과 전공 기관을 살펴보면 다음과 같다.[3]

1 한국의 베트남 투자자 증가에 따라 한국어 구사자에 대한 인력이 필요한 상황이며, 한국어 구사자는 보수적인 면에서 대우도 좋고 취업률이 거의 100%이기 때문에 인기가 많다고 볼 수 있다.

2 베트남은 북부지방 VTV(Vietnam)방송, 남부지방의 HTV(HochiMin)방송, 중부지방의 LTV(LamDong)방송으로 구분되어 다양한 채널을 보유하고 있다.

3 본 연구에서는 한국어(학)과가 설립된 대학을 중심으로 조사하였으며, 한국학 센터는 본 연구에서 제외하였음을 밝힌다.

〈표 1〉 베트남 대학 내 한국어(학)과 설치 현황

| 지역 | | 기관명 | 설립연도 |
|---|---|---|---|
| 북부 | 1 | 국립하노이 인문사회대학교 | 1993* / 1995 |
| | 2 | 국립하노이 외국어대학교 | 1996 |
| | 3 | 하노이 대학교 | 2002 |
| 중부 | 4 | 다낭외국어대학교 | 2005 |
| | 5 | 후에대학교 | 2008 |
| 남부 | 6 | 국립호찌민 인문사회대학교 | 1994 |
| | 7 | 호찌민 외국어정보대학교 | 1995 |
| | 8 | 홍방대학교 | 1999 |
| | 9 | 락홍대학교 | 2003 |
| | 10 | 달랏대학교 | 2004 |
| | 11 | 반히엔대학교 | 2007 |
| | 12 | 투득기술 전문대학교(3년) | 2011 |
| | 13 | 사이공ACT 관광예술대학교(3년) | 2006 |

* 1993년 국립하노이인사대에 부전공으로 한국어 과정이 생기고 정식 학과개설은 1995년에 이루어졌다.

베트남은 정부의 교육발전정책에 따라 교육체계가 형성되며 지역의 특성과 발전을 고려하여 북부, 중부, 남부 각 지역별로 대학이 설립되어 있다. 국가의 경제발전정책과 국가발전계획에 따라 대도시 지역에 큰 대학들이 주로 설치되어 있고, 2005년까지 한국어(학)과는 베트남의 각 지역에 분포되어 있다.

특히, 위의 도표를 보면 한국어 교육이 먼저 시작된 곳은 북부지역이지만 한국학과가 가장 먼저 개설된 곳은 남부지역이며 점점 활발하게 한국어학과가 증가하고 있는 곳 또한 남부지역이라는 것을 알 수 있다. 이것은 호찌민이 베트남 경제 중심지로 대부분의 기업들이 호찌민 지역을 중심으로 밀집해 있기 때문에 한국어 구사자의 수요가 급증하고 있고 그에 따른 대우도 좋기 때문이라 볼 수 있다.[4]

중부지방은 다낭과 후에 외국어대학이 2000년대 중반에 설립되어 다른 지역보다 늦은 감이 있지만, 다낭은 한국과 직항이 있는 곳이라 앞으로 발전 가능성이 많은 곳이라 볼 수 있다.

## 2. 베트남 한국어 교육의 현황

### 1) 대학 내 한국어(학)과 개설 현황

현재 베트남에서 한국어를 전공으로 가르치고 있는 학교는 13개의 학교이며, 남부지역인 호찌민, 달랏에 각 1곳, 북부지역 하노이 3곳에서 세종학당이 열려 일반인들에게 한국어를 배울 수 있는 길을 열어놓고 있다. 또한 한국어학당, 한글학교, 문화원, 한국학 센터, 기술학교 등을 중심으로 베트남은 다른 동남아시아에 비해 한국어를 배우고 접할 수 있는 기관이 많다고 볼 수 있다.[5]

이렇게 한국어를 접할 수 있는 관련 시설이 많이 생긴다는 것은 그만큼 한국어에 관심을 갖고 한국어를 배우려는 학습자가 증가하고 있다는 것을 의미하며, 베트남에서의 한국에 대한 관심과 경제적인 영향으로 인한 취업과 관련하여 직업적으로 한국어 교육은 경제 효과가 크

---

4 베트남 내에서 한국어학과의 인기가 급증하고 있는 이유는 한국어학과를 졸업할 경우 100%의 취업률을 보장하고 있으며, 취업 후 급여의 수준도 다른 학과 전공자에 비해 많기 때문에 그 인기가 상당하다고 볼 수 있다.

5 한・베 산업기술대학(1999)은 베트남 중북부 도시인 빈(Vinh)시에 지어진 기술학교로 KOICA에서 무상개발을 하고 있는 기술학교이다. 한베 산업기술대학은 2007년도 2년제 중급기술학교에서 3년제 고급기술대학으로, 2012년에는 4년제 대학으로 승격되었다. 중부 다낭에도 한・베 산업기술대학이 있지만 빈(Vinh)시에만 한국어 강좌가 개설되어 있다.

다는 것을 알 수 있다.

한・베 수교 20주년이 되는 현재, 한국어 교육은 베트남에서 어느 정도의 위치를 차지하고 있는지, 교육과정은 안정적인지, 한국어 수업이 온전히 이루어지고 있는지에 대해 알아보고자 한다. 또한 이러한 연구 결과를 통해 한국어 교육의 올바른 정착을 위해서 현지 실정으로는 어떤 것이 필요한 지에 대해 살펴보도록 하겠다.

먼저, 한국어 교육을 실시하는 학교를 지역별로 구분하여 정리하면 다음과 같다.

〈표 2〉 베트남 대학 내 한국어(학)과 전공 현황 (2013년 3월 기준)

<table>
<tr><th>지역</th><th></th><th>기관명</th><th>설립연도</th><th>소속학부</th><th>학과명</th></tr>
<tr><td rowspan="3">북부</td><td>1</td><td>국립하노이 인문사회대학교</td><td>1995</td><td>동방학부</td><td>한국학과</td></tr>
<tr><td>2</td><td>국립하노이 외국어대학교</td><td>1996</td><td colspan="2">한국언어문화학부[6]</td></tr>
<tr><td>3</td><td>하노이 대학교</td><td>2002</td><td colspan="2">한국어과</td></tr>
<tr><td rowspan="2">중부</td><td>4</td><td>다낭외국어대학교</td><td>2005</td><td>일본, 한국, 태국어학부</td><td>한국어과</td></tr>
<tr><td>5</td><td>후에대학교</td><td>2008</td><td colspan="2">한국언어문화학과</td></tr>
<tr><td rowspan="8">남부</td><td>6</td><td>국립호찌민 인문사회대학교</td><td>1994</td><td colspan="2">한국학과[7]</td></tr>
<tr><td>7</td><td>호찌민 외국어정보대학교</td><td>1995</td><td>동방학부</td><td>한국어과</td></tr>
<tr><td>8</td><td>홍방대학교</td><td>1999</td><td>아시아 태평양학부</td><td>한국학과</td></tr>
<tr><td>9</td><td>락홍대학교</td><td>2003</td><td>동방학부</td><td>한국학과</td></tr>
<tr><td>10</td><td>달랏대학교</td><td>2004</td><td>동방학부</td><td>한국학과</td></tr>
<tr><td>11</td><td>반히엔대학교</td><td>2007</td><td>동방학부</td><td>한국학과</td></tr>
<tr><td>12</td><td>투득기술 전문대학교(3년)</td><td>2011[8]</td><td>언어학부</td><td>한국어과</td></tr>
<tr><td>13</td><td>사이공ACT 관광예술대학교(3년)</td><td>2006</td><td>언어학부</td><td>한국어 통번역학과</td></tr>
</table>

6 국립 하노이 외국어대학교는 1996년부터 2012년까지 동방학부 소속의 한국어학과였으나, 2012년 9월에 베트남 최초로 독립적인 한국학부로 승격되어 '한국언어문화

국립하노이 인문사회대학교가 1993년에 부전공으로 개설된 것을 시작으로 국립호찌민 인문사회대학교가 그 뒤를 이으면서 북부와 남부는 하노이와 호찌민에 위치해 있는 국립대를 중심으로 한국어학과가 설립되었다. 이 외에도 한국어를 배우고자하는 학습자들을 위해 각 대학에 한국어학 센터를 통해 한국어를 교육하거나 한국학에 대한 연구를 하고 있다.[9]

## 2) 대학별 한국어 교재 현황

〈표 3〉 한국어 교재 (2013년 03월 기준)

| 지역 | | 기관명 | 주교재 | 부교재 |
|---|---|---|---|---|
| 북부 | 1 | 국립하노이 인문사회대학교 | 베트남인을 위한 한국어 (국민은행 / 한국국제교류재단) | 연세대, 서강대 |
| | 2 | 국립하노이 외국어대학교 | 경희대 | 연세대, 고려대(교사 선택) |
| | 3 | 하노이 대학교 | 베트남인을 위한 한국어 (국민은행 / 한국국제교류재단) | 이화여대, 연세대 (교사 자유선택) |
| 중부 | 4 | 다낭외국어대학교 | 서울대, 연세대 | 경희대, 베트남인을 위한 한국어 (국민은행 / 한국국제교류재단) |
| | 5 | 후에외국어대학교 | 서울대 | 고려대, 연세 한국어(교사 선택) |
| 남부 | 6 | 국립호찌민 인문사회대학교 | 경희대, 연세대 | 베트남인을 위한 한국어 (국민은행 / 한국국제교류재단) |

학부'로 명칭이 변경되었다.

7 국립호찌민 인문사회대학교는 1994년부터 2010년까지 동방학부 소속이었으나 2010년에 한국학과로 승격되었다.

8 투득대학교는 2004년에 교양과목으로 1년에 250여 명의 학생이 한국어를 공부하였으며, 2011.09월에 처음으로 한국어학과가 개설된 학교이다.

9 베트남에는 하노이 외상대학교, 어우락대학교, 빈랑대학교, 호찌민 인문사회대학교 등을 통해 한국학센터가 개설되어 한국어를 교육하거나 한국 기업과의 취업 활동을 도와주고 있다.

| | | | |
|---|---|---|---|
| 7 | 호찌민<br>외국어정보대학교 | 1, 2학년 : 서강한국어<br>3, 4학년 : 경희한국어(고급) | 연세한국어 |
| 8 | 홍방대학교 | 듣기 : 경희대, Topik(시대고시기획)<br>말하기 : 성균관대 말하기 쉬운 한국어<br>문법(쓰기) : 연세대<br>활용 : 연세대 한국어활용연습 | 베트남인을 위한 한국어<br>(국민은행 / 한국국제교류재단) |
| 9 | 락홍대학교 | 읽기, 문법 : 연세대<br>말하기 : 성균관대<br>듣기 : 연세대, Korea Language PLUS | 서울대 |
| 10 | 달랏대학교 | 2, 3학년 : 서울대<br>1학년 : 경희대 | 베트남인을 위한 한국어<br>(국민은행 / 한국국제교류재단) |
| 11 | 반히엔대학교 | 연세대, 경희대 | |
| 12 | 투득기술<br>전문대학교(3년) | 연세대, 베트남인을 위한 한국어<br>(국민은행 / 한국국제교류재단) | 서울대, 경희대 |
| 13 | 사이공ACT<br>관광예술대학교(3년) | 연세대 | |

각 대학교에서 사용하고 있는 한국어 교재는 학교가 자율적으로 사용하고 있다는 것을 위의 〈표 3〉을 통해 확인할 수 있다. 현지에서의 원활한 한국어 교육을 위하여 국민은행과 국제교류재단이 협력하여 베트남 현지 교원과 한국인 교원이 함께 「베트남인을 위한 종합한국어(1~6권)」을 집필하였다. 종합한국어를 사용하는 학교가 13개 학교 중에서 7개 학교로 2012년 5월에 조사한 4개의 학교보다 증가하였지만, 아직까지 활용도가 크다고 볼 수는 없다.[10] 또한 세계화재단에서 나온 범용교재는 예전에 활용도가 좀 있었지만 종합한국어가 개발되면서 거의 사용을 안 하고 있다.

보통 교재는 한국에 유학을 갔다 온 현지교사가 한국에서 공부했던

10 「베트남인을 위한 종합한국어」는 베트남 현지의 특성을 살린 교재를 만들어 사용하고자 하는데 목적이 있지만 종합한국어에 제시된 단어가 학습자들의 수준에 맞도록 적절히 배치되지 않았다는 점, 베트남어에서 한국어로 번역된 것이 정확하지 않다는 것이 문제점으로 지적되고 있다. 최근 2013년에 2차 수정본이 배부되었지만 정답 및 지시문의 오류가 올바르게 교정되지 않은 부분이 눈에 띄어 3차 수정을 기다리고 있다.

교재를 우선적으로 사용하도록 권장하는 경우가 대부분이라 학교마다 교재가 다르다. 또한 서울대학교 교재는 한국국제협력단(KOICA) 단원이 파견될 때 그동안 기본적으로 공급받아 온 교재이기에 교재를 다른 방법으로 공급받기 어려운 곳에서는 여전히 사용하고 있다. 하지만 수정이 된 교재를 사용하는 것이 아니라, 처음 만들어져 배부된 수정작업이 이루어지지 않은 교재를 사용하고 있는 곳이 많다. 현재 국내 교재에서 사용되는 문법과 어휘 표현이 다른 것이 제시되어, 현지 교사가 사용할 경우 학생들에게 어색한 표현을 가르쳐 문제가 있다고 본다.

외부강사가 많은 대학교 수업의 경우, 교사의 재량에 의해 교재를 사용하여 어떠한 교재를 주로 사용하는지조차 파악하기가 어렵다.

### 3) 한국어(학)과 교 · 강사 현황

〈표 4〉 베트남의 한국어(학)과 교사진 (2012년 7월 기준)

| 지역 | | 기관명 | 베트남인 교원 | 한국인교원 | 연령대 | 총계 |
|---|---|---|---|---|---|---|
| 북부 | 1 | 국립하노이<br>인문사회대학교 | 5명<br>박사(1), 석사(4) | 1명<br>KOICA(1) / 석사 | 30대(1) | 6명 |
| | 2 | 국립하노이<br>외국어대학교 | 12명<br>박사과정(3), 석사(5),<br>석사과정(1), 학사(3) | 4명<br>객원교수(1) / 박사<br>KOICA(1) / 학사 시간강사(2) / 석, 박사 | 30대(2)<br>40대(2) | 16명 |
| | 3 | 하노이 대학교 | 19명<br>석사(7), 학사(7)<br>유학중(5) | 5명<br>시간강사(3) / 박사<br>KOICA(2) / 학사 | 20대(1)<br>30대(1)<br>40대(2)<br>50대(1) | 24명 |
| 중부 | 4 | 다낭외국어대학교 | 7명<br>석사(3), 학사(4) | 4명<br>KOICA(2) / 학사, 박사<br>시간강사(2) / 학사 | 20대(1)<br>30대(1)<br>40대(1)<br>50대(1) | 11명 |
| | 5 | 후에외국어대학교 | 7명 | 2명 | 20대(1) | 9명 |

| | | | 정교수(2) / 학사<br>부교수(5) / 학사 | KOICA(1)<br>전임강사(1) | 50대(1) | |
|---|---|---|---|---|---|---|
| 남부 | 6 | 국립호찌민<br>인문사회대학교 | 8명<br>박사과정(2),<br>석사(5), 학사(1) | 7명<br>시간강사(4), 박사<br>KOICA(2) / 석사 | 30대(2)<br>40대(3)<br>50대(1)<br>60대(1) | 15명 |
| | 7 | 호찌민<br>외국어정보대학교 | 9명<br>석사(5), 학사(4) | 6명<br>시간강사(4) / 학사, 석사<br>KOICA(2) / 학사, 석사 | 30대(1)<br>40대(3)<br>50대(1)<br>60대(1) | 15명 |
| | 8 | 홍방대학교 | 6명<br>석사(1), 학사(5) | 4명<br>전임강사(1) / 석사<br>시간강사(1)<br>KOICA(2) / 학사 | 20대(1)<br>30대(1)<br>40대(2) | 10명 |
| | 9 | 락홍대학교 | 20명<br>외부강사* | 1명<br>KOICA(1) / 학사 | 30대(1) | 21명 |
| | 10 | 달랏대학교 | 4명<br>학사(1), 유학중(박사(1),석사(2)) | 7명<br>객원교수(1) / 박사<br>KOICA(1) / 학사, 한국인강사(5) / 학사, 석사 | 30대(1)<br>40대(2)<br>50대(1)<br>60대(3) | 11명 |
| | 11 | 반히엔대학교 | 20명<br>외부강사* | 1명<br>KOICA(1) / 학사 | 60대(1) | 21명 |
| | 12 | 투득기술<br>전문대학교(3년) | 4명(학사)<br>외부강사 | 2명<br>한국인강사(2) / 학사 | 50대(2) | 6명 |
| | 13 | 사이공ACT<br>관광예술대학교(3년) | 7명<br>석사(1), 외부강사* | 1명<br>KOICA(1) / 학사 | 40대(1) | 8명 |

외부강사 * 는 외부에서 오는 시간강사이기 때문에 학위를 조사하는데 어려움이 있어 정확한 학위를 명시할 수 없음을 밝힌다.

베트남의 학교에서 한국어를 가르치고 있는 교수진을 살펴보았다. 베트남 교원은 한국어학과가 우선적으로 설립된 곳에서 박사 및 박사과정에 있는 사람들이 어느 정도 있어 한국어강좌가 오래된 곳일수록 베트남인 교원의 학력에 있어서는 안정이 되어간다고 볼 수 있다. 하지만 전체적으로 보면, 한국어학과를 졸업한 학사 출신의 교원들이 많은 학생들을 담당하고 있다. 또한 학교 교사에 대한 처우문제로 인해 전임강사 없이 외부에서 시간 강사를 초청하여 수업이 진행되고 있는 곳이 대부분이다. 외부강사가 수업을 할 때 정해진 커리큘럼이 없을 경우, 한국어학과 학습자들을 위한 수업이 제대로 진행된다고 보기 어렵다.

현지 교사의 수가 전적으로 부족한 현실이라 학부과정을 마친 사람을 바로 시간강사로 고용하고 있는 경우가 대부분인 베트남에서 현지 교사들은 발음, 문법적인 부분에서 부족함을 보이기 때문에 수업에 대한 만족도가 떨어진다. 또한 베트남 교사들은 적은 급여로 인해 다른 일도 함께 병행하느라 수업 준비가 부족하고, 수업에 대한 연구는 바랄 수도 없는 현실이며, 잦은 지각과 휴강도 비일비재한 상황이다.

한국인 교원들도 크게 다를 바 없다. 한국인 교원은 한국학중앙연구원이나 한국국제교류재단에서 파견한 객원교수 또는 한국국제협력단에서 파견한 봉사단원과 현지에서 채용된 교원이 대부분이다. 현지에서 채용된 교원은 한국어 교육이 아닌 타 전공자가 많고 한국어 교육자 양성과정을 이수한 뒤, 수업을 하거나 한국에서의 교육 경험이 전혀 없는 사람들이 있어 전문성은 떨어진다고 볼 수 있다. 하지만 부족한 현지 교사 실정으로 인해, 원어민이란 이유로 한국어 교육을 담당하도록 배치되고 있으며, 한국학 수업을 할 수 있는 인원이 부족할 경우, 전문성이 요구되는 전공과목의 강의를 맡기도 한다. 이러한 상황이 베트남 전역 한국어학과가 설치된 대학의 현실이다.

또한 연령대를 볼 때, 60대 이상의 경우, 한국어를 구사하고 단어를 사용하는데 있어 현재에는 거의 사용하지 않거나 변형된 어휘를 구사하고 그것을 학생들에게 가르치기 때문에 정확한 문법지식과 어문규정을 보급하여 체계적인 한국어 교육이 이루어지도록 그들을 위한 교사 재교육이 꼭 필요하다고 볼 수 있다.[11]

---

11 국립국어원을 중심으로 해외 한국어교육자들을 위한 교사 재교육이 연 1회 실시되고 있다.

베트남 한국어학과 교원들은 시간강사의 비중이 크고 교사를 위한 월급, 교재, 자료 등 여러 면에서 부족하기 때문에 각 대학에서 부족한 인원을 한국국제협력단(KOICA) 단원에 전적으로 의존할 수밖에 없다.

### 4) 한국어(학)과 교과과정

〈표 5〉 학년별 한국어(학) 개설과목 (2013년 3월 기준)

| 지역 | | 기관명 | 1학년 | 2학년 | 3학년 | 4학년 |
|---|---|---|---|---|---|---|
| 북부 | 1 | 국립 하노이 인문사회 대학교 | 한국어(읽기, 쓰기, 말하기, 듣기, 문법) | 한국어(읽기, 쓰기, 말하기, 듣기, 문법) | 한국어(읽기, 쓰기, 말하기, 듣기, 문법), 한국역사 | 한국어(읽기, 쓰기, 문법), 한국어학개론, 한국의 외교 및 한국과 베트남 관계, 한국의 종교와 신앙, 번역, 통역, 경제한국어, 한국문학과 예술 |
| | 2 | 국립 하노이 외국어 대학교 | 한국어(읽기, 쓰기, 말하기, 듣기, 문법) | 한국어(읽기, 쓰기, 말하기, 듣기, 문법) 한국지리, 음운론 | 한국어(읽기, 쓰기, 말하기, 듣기)통사론, 한국어통역1·2, 번역1·2, 한국문학1, 번역이론, 한국역사, 어휘론 | 사무한국어, 한국어번역3, 한국 현대문학, 고급한국어, 한국어통역3, 관광한국어, 한국어 통역4, 한국학, 대조 한국어, 주제번역 |
| | 3 | 하노이 대학교 | 한국어(읽기, 쓰기, 말하기, 듣기, 문법) | 한국어(읽기, 쓰기, 말하기, 듣기, 문법) | 번역이론, 어휘론, 음운론, 한국문화, 한국어문학, 품사론, 통역1, 번역1 | 통사론, 통역2·3, 번역2·3, 실습, 관광한국어, 실무비즈니스, 한국 대중문화, 한국정치경제, 한국경제, 경영무역한국어 |
| 중부 | 4 | 다낭 외국어 대학교 | 한국어(읽기, 쓰기, 말하기, 듣기, 발음) | 한국어(읽기, 쓰기, 말하기, 듣기) | 한국어(읽기, 쓰기, 말하기, 듣기), 통역, 번역, 어휘론, 어휘활용론, 문학, 여행한국어, 실무한국어, 음운론, 번역이론과 실제, 한국문화·문명 | 번역1·2, 통역1·2, 통사론, 비즈니스한국어, 기술한국어, 문학, 한자, 문법 |
| | 5 | 후에 외국어 대학교 | 한국어(읽기, 쓰기, 말하기, 듣기, 문법) | 한국어(읽기, 쓰기, 말하기, 듣기, 문법), 과학연구법 | 한국어(읽기, 쓰기, 말하기, 듣기, 문법), 음운론, 어휘론, 한국문화, 한국문화와 베트남 | 한국경제, 한국문학, 시사한국어, 통역연습, 무역한국어,번역연습, 한국역사, 실습, 활용론, 컴퓨터한국 |

<table>
<tr><th>지역</th><th></th><th>기관명</th><th>1학년</th><th>2학년</th><th>3학년</th><th colspan="2">4학년</th></tr>
<tr><td></td><td></td><td></td><td></td><td></td><td>문화의 만남, 한국관용어, 속담, 한자,한국지리인구, 번역이론</td><td colspan="2">어, 회화한국어, 논문[13]</td></tr>
<tr><td rowspan="7">남부</td><td>6</td><td>국립 호찌민 인문사회 대학교</td><td>한국어(읽기, 쓰기, 말하기, 듣기, 문법)</td><td>한국어(읽기, 쓰기, 말하기, 듣기, 문법), 한국역사</td><td>한국어(읽기, 쓰기, 말하기, 듣기, 문법), 한국지리 및 인구, 한국문화 및 사회, 한국경제, 한국정치체제, 한국의 국제관계 및 대외정책</td><td colspan="2">한국문학, 통역, 번역, 졸업논문</td></tr>
<tr><td>7</td><td>호찌민 외국어 정보 대학교</td><td>한국어(읽기, 쓰기, 말하기, 듣기, 문법, 활용연습), 동양역사</td><td>한국어(읽기, 쓰기, 말하기, 듣기, 문법, 활용연습)</td><td>한국어(읽기, 쓰기, 말하기, 듣기, 문법), 활용연습, 한국역사1</td><td colspan="2">한국어(읽기, 쓰기, 말하기, 듣기, 문법), 활용연습, 한국역사2, 실습, 한국직장문화1 · 2</td></tr>
<tr><td>8</td><td>홍방 대학교</td><td>한국어(읽기, 쓰기, 말하기, 듣기, 활용)</td><td>한국어(읽기, 쓰기, 말하기, 듣기, 활용)</td><td>한국어(읽기, 쓰기, 말하기, 듣기, 문법), 한국어활용, 한국 지리</td><td>한국어(읽기,쓰기,말하기, 듣기, 문법), 한국어활용, 한국경제</td><td>5학년 상업한국어1 · 2, 한국문화1 · 2, 번역1</td></tr>
<tr><td>9</td><td>락홍 대학교</td><td>한국어(읽기, 쓰기, 말하기, 듣기, 문법), 한국역사, 실습베트남어</td><td>한국어(읽기, 쓰기, 말하기, 듣기, 문법)</td><td>한국어(읽기, 쓰기, 말하기, 듣기, 문법), 한국지리, 베트남의 자원과 여행</td><td>한국어(읽기,쓰기,말하기, 듣기, 문법), 한국경제, 한국문화 · 사람 · 사회, 여행마케팅</td><td>5학년 졸업논문</td></tr>
<tr><td>10</td><td>달랏 대학교</td><td>한국어(읽기, 쓰기, 말하기, 듣기, 문법)</td><td>한국어(읽기, 쓰기, 말하기, 듣기, 문법), 한국지리</td><td>한국어(읽기, 쓰기, 말하기, 듣기, 문법), 한국문학, 한국역사, 한국정치, 비즈니스 한국어, 한국 신문 보기</td><td colspan="2">한국어 통역, 번역, 한국문화, 한국경제, 한국교육, 한 · 베국제관계, 한국관광, 한문, 문서작성, 논문</td></tr>
<tr><td>11</td><td>반히엔 대학교</td><td>한국어(읽기, 쓰기, 말하기, 듣기, 문법)</td><td>한국어(읽기, 쓰기, 말하기, 듣기, 문법), 동양역사</td><td>한국어(읽기, 쓰기, 말하기, 듣기, 문법), 동양관계역사, 통역1, 번역1, 한국문화, 한국역사, 한국지리</td><td colspan="2">한국문학, 통역2, 번역2, 비즈니스 한국어</td></tr>
<tr><td>12</td><td>투득 기술전문 대학교(3년)</td><td>한국어(읽기, 쓰기, 말하기, 듣기, 문법)</td><td>한국어(읽기, 쓰기, 듣기, 문법, 말하기), 한국문화</td><td colspan="3">-</td></tr>
</table>

| 지역 | | 기관명 | 1학년 | 2학년 | 3학년 | 4학년 |
|---|---|---|---|---|---|---|
| | 13 | 사이공 ACT 관광예술 대학교(3년) | 한국어(읽기, 쓰기, 말하기, 듣기, 문법, 발음연습) | 한국어(읽기, 쓰기, 말하기, 듣기), 한국어능력`기본 | 한국어(읽기, 쓰기, 말하기, 듣기), 한국문화, 번역1 · 2, 무역1 · 2, 졸업실습 | |

각 대학의 교육과정 개설과목을 살펴보면, 1, 2학년은 말하기, 듣기, 쓰기, 읽기 교육에 비중을 두고 있고 학교에 따라 2학년부터 한국지리, 한국역사, 동양역사 등을 가르치고 있다. 다른 학교에 비해 국립하노이 외국어대학교에서는 2학년부터 음운론을 가르치고 있고 다른 학교는 3학년부터 음운론 및 어휘론, 통사론을 가르치고 있다.

베트남 대학은 교육의 목적에 맞게 교육과정에 따른 개설과목을 잘 구성하였다. 한국어과로 전공이 개설되어 있는 하노이대학교와 호찌민외국어 정보대학교, 다낭 외국어대학교는 어휘론, 음운 및 통사론 등 어학적인 부분에 중점을 둔 교과과정이 구성되어 있고, 한국언어문화학부로 전공이 개설된 국립하노이 외국어대학교와 후에 외국어대학교는 어학과 문화관련 내용을 두루 배울 수 있도록 교과과정이 구성되어 있으며, 후에 외국어대학교의 경우에는 2학년부터 논문 작성에 필요한 사회과학적 연구법을 배우도록 하고 있어 다른 학교와 차별된 교육과정을 보이고 있다. 위 학교를 제외한 다른 곳은 한국학과로 전공이 개설되어 있으며, 한국경제, 한국지리, 한국역사, 문화 등을 통해 학생들이 한국학의 전반적인 내용을 배울 수 있도록 교육과정을 개설하였다.

수업의 진행은 각 대학마다 한국인 교원과 베트남인 교원의 인원과 역량에 따라 다르게 진행되고 있다. 북부지역의 하노이 인문사회대학교 경우, 한국어 관련 과목은 모두 한국어로 강의를 진행하지만, 한국

12 논문을 쓰지 않는 4학년 학생들은 '활용론', '컴퓨터 한국어', '회화 한국어' 수업을 들어야 한다.

학 관련 교과목의 대부분은 베트남인 교원이 베트남어로 진행하고 한국인 객원교수가 있는 경우에만 한국어로 한국학 강의를 진행하고 있다. 국립하노이 외국어대나 하노이 대학의 경우에는 한국어 및 한국학 과목을 모두 한국어로 진행하고 있으며, 문학, 역사, 지리 등과 같은 한국학 과목은 대부분 한국인 교원들이 담당하고 있다.(남미혜 2010 : 19)

베트남 대학교에서 한국어(학)의 교과과정을 보면, 한국인 선생님이 보통 한국어 듣기, 말하기, 읽기, 쓰기를 가르치며, 한국지리, 문화, 경제 등 한국학 전반적인 내용은 베트남 교사가 가르치거나 담당자가 없을 경우, 한국인이 돌아가며 과목을 담당하고 있다. 음운론 수업은 전공자가 아닌 타전공자가 가르치거나 현지 교사가 가르칠 경우, 학생들에게 교재를 돌아가면서 발표하는 식으로 수업을 하여 학생들이 제대로 학습한다고 보기 어렵다.

3년제 전문대학교인 투득전문대는 2004년에 교양과목으로 한국어를 가르치다 2011년 9월에 한국어학과가 개설되어서 아직 3학년을 위한 교육과정은 개설되어 있지 않다. 사이공 관광예술대학교는 한국어 통번역학과로 학과가 개설되었으며, 학생들의 취업을 위해 2학년부터 한국어능력시험 연습 교육과정이 개설되어 있었고[13] 한국어능력 자격증 취득과 번역 등 직업목적을 위한 학습자들의 요구가 잘 반영되어 교육과정이 개설되어 있다.

13 베트남에서 한국회사에 취업을 할 때, 한국어능력시험 자격증을 가지고 있는 학생들은 3급부터 차등을 두어 수당을 주고 있다(한국어능력시험 3급보유자 : 160만 동($77), 4급보유자 : 320만 동($154), 5급보유자 : 380만 동($183), 6급보유자 : 500만 동($241). 위의 내용은 삼성전자 기준임).

## 5) 한국어(학)과 학생 수 현황

〈표 6〉 한국어(학)과 학생수 (2013년 3월 현재)

| 지역 | | 기관명 | 1학년 | 2학년 | 3학년 | 4학년 | 총계 |
|---|---|---|---|---|---|---|---|
| 북부 | 1 | 국립하노이 인문사회대학교 | 32 | 32 | 32 | 35 | 131명 |
| | 2 | 국립하노이 외국어대학교 | 80 | 94 | 60 | 58 | 292명 |
| | 3 | 하노이 대학교 | 120 | 124 | 97 | 76 | 417명 |
| 중부 | 4 | 다낭외국어대학교 | 80 | 72 | 31 | 31 | 214명 |
| | 5 | 후에외국어대학교 | 30 | 48 | 27 | 23 | 128명 |
| 남부 | 6 | 국립호찌민[15] 인문사회대학교 | 주간 110 | 88 | 92 | 80 | 370명 |
| | | | 야간 67 | 42 | 12 | - | 121명 |
| | 7 | 호찌민 외국어정보대학교 | 80 | 80 | 89 | 40 | 289명 |
| | 8 | 홍방대학교 | 30 | 16 | 7 | 11 | 64명 |
| | 9 | 락홍대학교 | 44 | 60 | 54 | 59 | 217명 |
| | 10 | 달랏대학교 | 78 | 78 | 75 | 95 | 326명 |
| | 11 | 반히엔대학교 | 22 | 25 | 22 | 23 | 92명 |
| | 12 | 투득기술 전문대학교(3년) | 50 | 30 | - | | 80명 |
| | 13 | 사이공ACT 관광예술대학교(3년) | 75 | 35 | 35 | 40 | 185명 |

현재 재학 중인 한국어학과 학습자 수를 살펴보면, 1학년 신입생의 수는 다른 학년의 수에 비해 인원이 많아서 베트남에서의 한국어 인기를 실감할 수 있다. 하지만 고학년으로 갈수록 학습자 수에 변동이 있다는 것이 한국어의 인기가 없다가 현재 늘어났다는 것으로 해석할 수만은 없다. 베트남의 경우 학교에 따라 자율적으로 학과에 따른 인원 수를 정하기 때문에 학과장의 재량에 따라 한국어학과의 인원을 늘리고 줄일 수 있기 때문이다. 물론 한국어학과가 생긴 지 오래된 하노이

14 호찌민 인사대의 경우, 2007년부터 대학 졸업자들을 대상으로 야간에 1년간 전공수업만 집중적으로 하는 과정이 개설되었다.

나 호찌민 지역의 대학은 정원제가 있지만 다른 대학교의 경우, 아직까지 학과장에 의해 모든 정원이 결정된다고 볼 수 있다.

달랏대학교의 경우도 한국어학과에 지원자가 너무 많을 경우, 동방학부의 일본학 및 베트남학으로 지원을 유도하며 타 학과로 인원을 배분하고 있다. 따라서 학과 인원의 수가 각 대학의 한국어학과 인기를 나타낸다고 단정지을 수는 없다.

### 6) 베트남 내 세종학당 현황

〈표 7〉 베트남 내 세종학당 현황

| 지역 | | 기관명 | 연계학교 | 개설연도 | 재학생수 |
|---|---|---|---|---|---|
| 북부 | 세종학당 | 국립하노이 인문사회대학교(2) | 부산외대 | 2011 | 100명 이상 |
| | | 국립하노이 외국어대학교(1) | 한국산업 인력공단 | 2011 | 80명 이상 |
| | | 문화원 | - | 2009 | 200명 이상 |
| 남부 | 세종학당 | 달랏대학교 | 한국외대 | 2012 | 50명 |
| | | 국립호찌민 인문사회대학교 | 조선대 | 2008 | 300명 이상 |

해외 한국어 보급화를 위해서 문화체육관광부와 한국어세계화재단이 지원하는 세종학당이 베트남에는 5곳에 개설되어 있다. 세종학당의 운영 목적은 한국에서 취업을 원하는 근로자, 국내결혼이주여성, 유학희망자 및 현지 한국기업체 취업 희망자를 대상으로 하여 많은 일반인들에게 한국어 교육의 기회를 넓히고자 하는 것이다.

세종학당이 처음으로 실시된 곳은 호찌민 인사대와 조선대가 연계하여 운영하는 세종학당으로 2008년에 개설되어 일반인들에게 한국어와 한국문화를 배울 수 있는 기회를 제공하고 있으며, 2012년 7월부터 베트남 내 부족한 한국어 교육자 현상을 보완하고자 베트남에서 최초로 한국어교육자 양성과정을 개설하였다.[15] 또한 한국 유학을 희망하는 학습자들을 위해 유학정보를 제공하는 등 여러 가지 활동을 통하여 한국어를 배우고자 하는 베트남인들에게 도움이 되고 있다. 하노이 한국문화원이 뒤를 이어 2009년에 개설하였고 2011년에 북부지역의 하노이 국립 외대와 하노이 국립 인사대학교에 차례로 설립되었으며, 최근 남부 달랏대학교와 한국외국어대학교가 함께 연계하여 세종학당이 개설되어 일반인 및 수업 외 시간에 학업을 더 원하는 재학생들에게 한국어를 접할 수 있는 기회를 제공해 주고 있다.

세종학당은 한국어 전공자 외 한국어를 배우고자 희망하는 일반인들에게 배움의 기회를 준다는 것에서 운영 취지는 매우 좋다고 볼 수 있지만 해외에서의 운영은 한국인이 관여하지 않는 이상, 그리고 지속적인 감사가 이루어지지 않는 이상 현지에서 문제가 생기는 것을 막을 수는 없다. 한국의 대학교와 연계되어 운영될 수 없는 경우, 현지 사람들이 세종학당을 운영하는데 세종학당은 한국인 교원이 가르치거나 베트남 선생과 함께 가르치는 방향으로 가야한다. 하지만 세종학당 운영 자체를 현지인이 할 경우, 수업 및 모든 행정처리가 제대로 되지 않아 발생하는 어려움으로 인해 한국어를 배우는 학습자들이 그 피해를 보고 있다.

15 한국어학, 일반언어학 및 응용언어학, 외국어로서의 한국어 교육론, 한국문화, 한국어 교육실습 등 5개 영역(120시간)을 교육하며 수료 후 '한국어교원 3급'을 취득할 수 있는 자격증을 부여함. 이를 통해 현지 내 한국어 교수자의 부족한 현상을 보충해줄 수 있을 것이라 전망하고 있다.

## 3. 베트남 한국어 교육의 문제점 및 개선 방안

베트남은 한국과의 경제 수교 및 한국 드라마, 음악의 인기 그리고 여러 가지 상호 우호적 이익관계로 인해 앞으로 한국어를 배우고자 하는 학습자들의 수는 더 늘어날 것이다. 하지만 이를 충당할 수 있는 교육자 및 교육과정이 개선되지 않는다면 한국어를 보급하고자 하는 정부와 교육기관의 노력은 만족스러운 결과를 얻기 어려울 것이다.

베트남에서 한국어 교육이 시작된 지 20여 년이 되어 가지만, 한국어 교육의 기간이 오래되었음에도 불구하고 대학 내 한국어(학) 전공의 커리큘럼이나 수업이 체계적으로 진행된다고 보기 어렵다.

앞으로 무한한 발전 가능성을 잠재하고 있는 베트남에서 올바른 한국어 교육의 긍정적인 발전을 위해 몇 가지 제언을 하고자 한다.

**첫째, 한국어(학) 교육이 시행되고 있는 대학교 전공 수업을 위한 교과과정의 커리큘럼 작성과 교재의 개발이 필요하다.**

즉 한국지리, 한국경제, 한국역사, 한국문화 등에 대해 모든 대학에서 통일된 내용을 배우고 학생들이 올바른 한국학에 대해 배울 수 있도록 교육기관의 협의 아래 일괄적인 교재가 개발되고, 그에 따른 시수에 맞게 커리큘럼이 작성되어야 한다고 본다.

한국학을 한국인이 가르칠 때에도 외국인 학습자들의 수준에 알맞은 교재를 찾기 어려워 개별적으로 여기저기서 내용을 가져와 주먹구구식의 강의를 하게 된다. 이렇게 될 경우, 수업을 가르치기는 하지만 학습자들의 수준에 알맞은 강의를 하기도 어렵고, 교재 내용조차 어떤 기준에서 선별하였는지 알 수 없어서 효율적인 수업이 되리라 보기 어렵다. 이것은 베트남 현지 교사가 가르칠 때에도 마찬가지라 본다. 현지 교사가 한국학 수업을 가르칠 경우, 실제적으로는 더 큰 문제점을 안겨 줄 수도 있다. 한국 역사를 중국의 역사와 혼동하여 잘못 가르치는 일도 비일비재하고 자료 또한 출처가 분명하지 않아 베트남에서 한국학 교육을 보다 활성화시키기 위해서는 교육과정의 커리큘럼과 교재가 한국어 및 현지어로 번역되어 배부되어야 할 것이다.

이를 위하여 한국어 교육을 위해 봉사단원을 많이 파견하는 한국국제협력단과 한국의 교수진 및 전문가들의 협의 아래 알맞은 교재와 강의계획서가 작성되어 심의를 거쳐 완성된다면 베트남에서 이루어지는 한국어와 한국학의 강의가 전문성을 갖추게 될 것이며, 해외 한국학 발전에 많은 부분을 기여하고 있는 한국국제협력단(KOICA) 또한 단원들을 파견하면서 전문적인 능력을 갖춘 단원이 많지 않다하여 부당한 대우를 받는 상황에서 벗어나게 될 것이다.

**둘째, 교육목적에 적합한 능력 있는 베트남 및 한국인 한국어 교사 양성을 위한 정부와 기관의 노력이 필요하다.**

베트남에서는 일반목적보다는 직업목적의 한국어 교육이 우선적으로 필요하다고 볼 수 있다. 따라서 대부분의 학교는 3학년부터 통·번역을 학습하고 있다. 통·번역 수업은 베트남 교사의 한국어실력이 뛰어날 경우 문제없이 진행될 수 있지만, 대학마다 교수자들의 상황이 다르고 베트남 교사의 한국어 실력이 뛰어나지 않거나, 한국어 교사가 현지어 실력이 부족하지만 통·번역 수업을 해야 하는 경우가 많아서 이를 해결하기 위한 방안이 필요한 현실이라 볼 수 있다.

또한 한국인의 경우, 〈표 4〉에 제시되어 있는 교·강사의 현황에 제시된 것과 같이 60대 이상의 연령대가 많은 대학은 반드시 교사 재교육이 실시되어야 한다. 언어는 시대에 따라, 규정에 따라 조금씩 사용하는 어휘 및 쓰이는 문법이 다르다. 60대 이상 교원은 그 시대에 사용하던 어휘를 습관적으로 사용하며 학습자들에게 가르치고 있는데 그 중에 현재 사용하지 않거나 변형된 어휘를 예전 어휘로 잘못 가르치는 경우가 있어 한국어 교육에 혼선을 주기도 한다. 따라서 이들을 위한 교사 재교육은 꼭 필요하다고 보며, 일인이 모든 재교육을 독점하는 것이 아니라 규정을 두어 한 해 참가자는 다음 해 참가하지 못하도록 하여 교사 재교육의 균등한 기회를 받을 수 있도록 해야 한다.

또한 한국인 및 현지 교원들에게 윤리의식과 관련된 교사교육도 실시되어야 할 것이다. 현지 사정으로 인해 한국에서 사용되는 교재들이 무단 제본, 복사되어 사용되는 것은 어쩔 수 없지만 복사된 교재에 자신의 이름을 넣어 본인이 만든 교재인 양 사용하는 것은 큰 문제라 본다.

**셋째, 한국어 사전 및 한국학 전문 용어의 사전 편찬을 하도록 해야 한다.**

베트남에서 학생들 사이에 사용되고 있는 한국어 사전은 전혀 들어 보지 못한 어휘가 제시되어 사용하는데 있어 혼란스러운 내용들이 많다. 이것은 북한에서 교육을 받은 사람이 사전을 편찬하거나 전문적이지 않은 인력이 사전을 편찬하였기 때문이라 한다. 한국어 교육을 하는데 있어 사전은 가장 기본적으로 준비되어 있어야 할 중요한 자료이다. 이러한 자료가 한국어 교육이 실시된 지 20년이 된 지금까지도 교정이 안 된 잘못된 사전을 사용하고 있다는 것에 적잖은 당황스러움이 느껴진다.

또한 한국학에서 제시되는 전문 용어 관련 사전이 필요하다. 한국지리, 경제 등을 배우면서 사용되는 전문 용어를 현지어와 연관하여 쉽게 이해할 수 있도록 전문사전이 편찬되어야 할 것이다. 베트남의 학생들은 대부분이 직업목적 한국어 교육을 목표로 하기에 회사에서 적응을 잘하고, 일을 하는데 뒤처짐이 없도록 전문 용어에 대한 교육이 필요하고 그에 적합한 사전이 편찬되도록 해야 할 것이다.

**넷째, 베트남 내에서 한국어(학)의 발전을 위한 연구가 진행되고 수업 준비에 철저할 수 있도록 현지 교사들의 대우를 개선하기 위한 방안 마련이 필요하다.**

한국어학과 교·강사 현황은 전체적인 숫자로 보면 충분한 것 같지만 현지교사 대부분이 시간강사이기 때문에 수업이 체계적으로 진행된다고 볼 수 없다. 현지 교원들은 부족한 수입으로 인해 연구나 수업준비에 집중할 수 없고 다른 곳에 통·번역 아르바이트나 외부 강의를 많이 나간다. 따라서 수업 준비가 부실하기에 수업에 대한 학생들의 만족도가 낮은 편이다. 그래도 하노이나 호찌민 지역은 한국관련 기업이 집중되어 있어서 일거리가 많고 아르바이트로 생계를 유지할 수 있지만, 그 외의 지역은 그러한 일거리도 없어서 유학을 갔다 온 인재도 한국어(학)에 종사하기 보다는 호찌민이나 하노이로 일자리를 찾아 기업으로 들어가는 추세이다.

베트남의 한국어(학) 발전을 위해서는 한국인 파견보다 이제 현지 교원들이 전공분야에 온전히 서야 한다. 하지만 이러한 경제적인 면에서 삶이 보장되지 않는다면 한국의 정부기관에서 많은 투자와 노력을 기울이더라도 한국어(학)이 제대로 정착되기는커녕 허술한 조직으로 남게 되어 만족스러운 결실을 이루기는 어려울 것이다.

이러한 부분을 보완하기 위해 부분적으로 베트남 전임 교원들을 대상으로 하여 어느 정도 경제적 지원을 해 주는 것도 하나의 방법이라 생각된다. 물론, 허술하면 또 다른 문제가 야기되겠지만 규정을 잘 만들어서 진행한다면 한국학의 정착에 큰 도움이 되리라 본다.

그 동안 한국은 해외 한국어 및 한국학을 보급하기 위해서 보이기 위한 결과에만 너무 치중하지 않았는지에 대한 반성이 필요한 시기이다. 부족한 부분에 대한 보완을 시작하고 정부에서 결과 중심의 정책이 아니라 내실을 갖추기 위해 조금만 더 신경을 쓴다면 베트남 내 한국어(학)의 발전은 원하는 결실을 맺게 될 것이다.

제4부

# 러시아와 중앙아시아의 한국학

# 계봉우의 조선학과 시가 연구*

**소련 시대 민족문화 창출 과정 분석을 중심으로**

**임경화**

## 1. 재소 고려인 사회주의자 계봉우

본고의 논지를 명확히 하기 위하여 먼저 계봉우(桂奉瑀, 1880~1959)를 재소 고려인 사회주의자로 규정한 이유를 설명하고자 한다. 소련 붕괴 후, 계봉우는 연해주, 북간도 및 구소련에서 활약했던 독립운동가 겸 역사학자로 학계에 소개되고 주목되면서 자료의 수집과 연구가 진행되어 왔지만,[1] 기존의 연구는 계봉우를 식민지 조국의 독립을 위해 활약했던 민족주의자로 그려왔고 그 연장선상에서 그가 구소련 지역에

---

* 이 글은 『한국학연구』 29집(인하대 한국학연구소, 2013)에 「계봉우의 조선 시가 연구 고찰—소련 시대 민족문화 창출 과정 분석을 중심으로」라는 제목으로 실린 것임.

1 「독립운동가 역사학자 桂奉瑀 생애 "햇빛"」, 『동아일보』, 1993.4.1.

서 갖은 역경 속에서 이루어낸 '조선학'에 초점을 맞추어 왔다고 할 수 있다. 하지만, 계봉우를 민족주의자로서의 측면으로만 분석하는 태도는 그가 소련 땅에서 살면서 겪었던 다양한 고뇌의 흔적들의 리얼리티를 상당부분 상실하는 것은 아닐까. 적어도 1920년에 한인사회당에 가입하고 우여곡절 끝에 22년에 연해주에 정착한 후로는 확실히 계봉우는 사회주의자로서 소련사회의 시스템 속에서 영내 소수민족으로서의 고려인 사회에 충실한 삶을 살았다고 할 수 있다. 조선문학, 조선역사, 조선어 연구에 집중되어 있는 그의 '조선학'은 그러한 배경 속에서 체계화되었다는 점을 우선은 강조하고자 한다.

그렇다고 소련 정착 이후 계봉우가 민족의 문제에서 멀어졌던 것은 아니다. 소비에트 문화(정책)와 민족문화는 결코 이원론적인 대립관계에 있었던 것은 아닐 뿐만 아니라, 계봉우는 사회주의자가 된 이후 오히려 더 첨예하게 민족(문화)의 문제와 마주했다. 그것은 소련 내 다른 소수민족과는 달리 고려인들이 소련과 대치하고 있는 일본의 식민지인 조선에서 망명한 디아스포라였다는 사실 때문에 더욱더 긴장상태에 놓인 것이기도 했다. 즉, 일제는 식민 지배를 정당화하기 위해 조선의 과거를 부정되어야 할 것으로 평가절하 했는데, 이에 대해 식민지 지식인들이 저항하고자 할 경우에는 제국 문화의 우월성이라는 주박에서 벗어나기 위해 과거의 민족문화에 대해 미화하거나 찬양하며 맹목적으로 긍정하기가 쉬웠다. 실제로 계봉우도 소련 망명 이전에는 민족 영웅 찾기나 민족주의적 관점에 입각한 조선사 서술 등에 몰두했던 것으로 보인다.[2] 하지만 망명 후의 계봉우는 과거의 민족문화 중에서 계승해야 할 것과 폐기되어야 할 것을 구별했고, 과거에서 추출된 민

2 趙東杰, 「北愚 桂奉瑀의 생애 및 연보와 著述」, 『한국학논총』 19, 국민대 한국학연구소, 1997, 162쪽.

족문화가 소비에트적 문화 속에서 새롭게 되살아날 것을 기대했다. 계봉우가 남긴 자료들은 소비에트 문화와 결합한 독특한 민족문화 창출의 과정을 드러내는 것으로 이해할 수 있다. 기존의 연구는 이러한 계봉우에 의한 새로운 민족문화 창출 시도, 구체적으로는 공시적 민족문화 창출 운동과 통시적 민족문화 전통 수립 노력이 갖는 연구사적 의미를 읽어내는 데에 한계가 있었다고 할 수 있다.

따라서 본고에서는 계봉우가 연해주의 신한촌에 정착한 23년 이후에 초점을 맞추어 소비에트 문화정책과 소수민족으로서의 고려인의 문화운동과의 관계성 속에서 '조선학'의 체계를 구축해 가는 과정을 살펴보고자 한다. 물론 이후에 살펴보는 바와 같이 계몽적 민족주의자로 출발한 계봉우는 '계몽'의 성격을 사회주의적 근대화로 규정한 이후에 언어 개혁을 위한 고려어 연구나 악습과 미신 타파를 위한 조선 고유 종교 연구 등에도 매진하지만, 그 중에서 특히 주목하고자 하는 것은 그의 시가 연구이다. 그것은 1928년부터 출현하기 시작한 고려인 사회의 문예운동과 밀접한 관계를 가지면서 전개되었으며, 해방 이후에 이윽고 『조선문학사』(1950)의 완성으로 결실을 맺게 되어, 당시의 문화운동과 계봉우의 '조선학' 구축의 관련성을 규명하기에 적절한 사례로 볼 수 있기 때문이다.

그러면, 우선 그 배경을 살펴보기 위해 소비에트연방 출범 이후 고려인 사회의 민족문화 인식과 계봉우의 위치를 확인하고자 한다.

## 2. 민족문화의 좌파적 전유– 고려어, 무신론자동맹, 평민문학

원칙상 민족 차별이 없이 공화국들 간의 자유 결합에 기초하여 민족의 노동계급이 완전한 통일에 이르는 과도적 형태로서의 사회주의 국가 제도를 표방한 소비에트연방의 헌법은, 고려인들에게는 커다란 희망으로 다가왔던 것으로 보인다. 그것은 1923년 3월 1일에 창간된 고려어 신문인 『선봉』이 1924년 7월 15일자 제1면에 소련 헌법 제정 1주년을 기념해서 "각 민족들은 ᄌᆞ긔의 ᄉᆡᆼ활이나 긔타 정치, 경제, 문화 ᄉᆞ업에 다 ᄌᆞ긔의 자결ᄒᆞ여 간다. 그는 **각 민족이 자긔의 말과 글노 ᄒᆞ기 ᄯᆡ문에 모든 것이 일층 발전하야 계급전션을 더욱 견고케 ᄒᆞ는 ᄯᆞᄃᆞᆰ**"이라고 표명하고, "고려 민족에게는 다른 민족의 젼례에 의지ᄒᆞ야 ᄌᆞ치를 허락ᄒᆞ여 줄 것"이라고 전망하는 것에서 명백하다.[3] 『선봉』지는 고려인들에게 소련공산당의 방침이나 공산주의적 교양을 대중적으로 선전할 목적으로 창간된 당의 기관지적 성격의 신문이지만, 때로는 당에 대한 요구나 비판의 목소리도 담아내어 고려인들과 소련 체제 사이의 긴장관계를 전하는 매체이기도 했다는 점에서 중요하다. 어쨌든 소비에트화를 전제로 한 민족 주권에의 희망은 종래와는 다른 새로운 민족문화 창출에 대한 의지로 이어졌으며, 이것은 스탈린 집권 이후에도 기본적으로 관철되었다고 할 수 있다. 그것을 확인하기 위해, 1925년 5월 동방노력자공산대학(KYTB)의 학생회의에서 처음으로 제기된 유명한 '형식상 민족적, 내용상 사회주의적'이라는 스탈린의 테제를 상기해 보고자 한다. 잘 알려져 있듯이 이 테제는 부랴트 공화국 지식인들이 보낸, "우리나라 개개의 자치공화국 내에서 발전하고 있는 **민족문화를**

3 「사회주의 소베트 공화국 동맹 헌법 제뎡 一주년 긔념에 대하야」, 『선봉』, 1924.7.15.

**거쳐서 단일한 전인류적 문화에로 이행한다는 것**은 어떻게 생각해야 하는 것입니까?"라는 질문을 담은 서한에 답하면서 제시된 것이었다.

> 우리들은 프로레타리아 문화를 건설하고 있다. 이것은 전혀 옳다. 그런데 내용에 있어서 사회주의적인 프로레타리아 문화는 사회주의 건설에 인입된 각이한 민족들에게 있어서 **언어와 생활풍습** 등등의 상이에 따라 각이한 표현형식 및 표현방법을 가지게 된다는 것도 역시 옳다. 그 내용에 있어서 프로레타리아적이며 형식에 있어서 민족적인 문화—이러한 것이 사회주의가 지향하는 전인류적인 문화이다. 프로레타리아 문화는 민족문화를 페기하는 것이 아니라 그것에다 내용을 주는 것이다. 그와 반대로 민족문화는 프로레타리아 문화를 페기하는 것이 아니라 그것에다 형식을 주는 것이다.[4]

보편성과 단일성을 가지는 프롤레타리아 문화와 고유성과 다양성을 가지는 민족문화가 각각 내용과 형식을 채우며 모순 없이 조화롭게 상호발전해 가는 이 모델에서 민족문화는 적어도 형식면에 있어서는 동화가 요구되지 않고 자율적인 발전이 보장되어 있는 것이 특징이다. 하지만, 다른 민족공동체의 경우와 마찬가지로 연해주의 고려인 사회에서도 "언어와 생활풍습 등등"으로 표상되는 민족문화는 전혀 단일한 모습의 통일체로 존재하지 않았고, 따라서 형식의 동일성도 담보되지 않은 상태였다. 흔히 토착화(коренизация)로 불렸던 20년대의 민족어 교육, 민족문화 육성, 민족출신 간부의 행정 참여 등은, 고려인 사회에서도 형식과 내용이 연동하면서 민족문화를 창출해 가는 과정과 병행하는 것이었다.

---

4 「동방민족대학의 정치적 제과업에 관하여」, 『이 · 웨 · 쓰딸린 저작집』 제7권, 모쓰크바 : 외국문서적출판사, 1956, 182~185쪽.

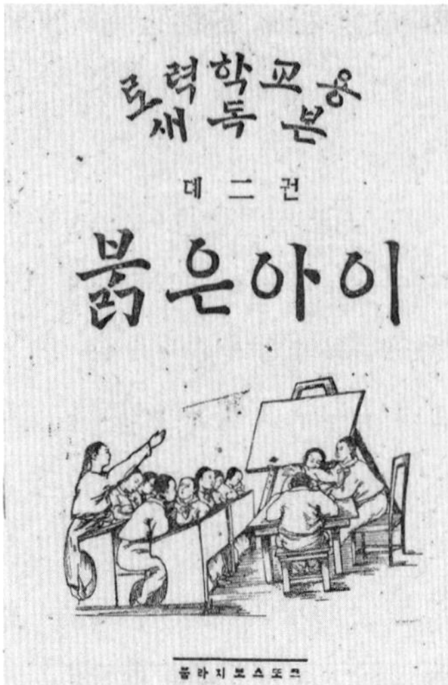


연해도교육부 편 『붉은 아이』
(블라디보스토크, 1927)

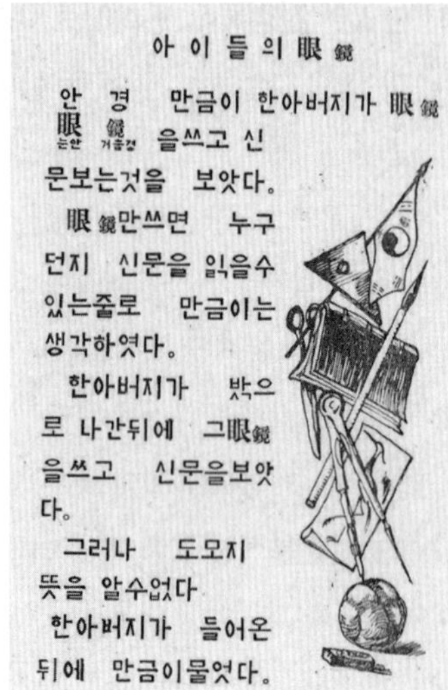
아이들의眼鏡

안경 만금이 한아버지가 眼鏡
眼鏡 을쓰고 신
눈안 거울경
문보는것을 보앗다。
眼鏡만쓰면 누구
던지 신문을 읽을수
있는줄로 만금이는
생각하엿다。
한아버지가 밖으
로 나간뒤에 그眼鏡
을쓰고 신문을보앗
다。
그러나 도모지
뜻을 알수없다
한아버지가 들어온
뒤에 만금이물엇다。

같은 책 첫 단원 「아이들의 眼鏡」(3쪽)에 태극기 그림이 눈에 띈다.

고려인 소학교 고려어 교원으로 연해주에 정착한 계봉우는 이 과정에 적극적으로 개입한다. 스탈린 테제에서 민족적 형식으로 가장 중시한 것이 언어였기 때문이기도 하다. 이 스탈린 테제는, 언어를 민족정신의 정수로, 언어의 정리 통일을 민족문화 발달을 추동하는 것으로 간주하는 소수민족의 언어 내셔널리즘을 인정하는 것을 의미한다. 이에 따라 소비에트 정부는 고려인들이 세운 민족 학교들을 급속히 공립학교로 전환해 갔으며, 고려인 사회에서는 고려어 교육과 문맹퇴치 등의 기치를 내걸고 이른바 '고려화'를 추진하게 된다. 그런 만큼 교원인 계봉우에게 우선은 고려어 교수를 위한 교과서 편찬 및 언어 통일 문제가 최대의 과제였다. 당시 고려학교용으로 편찬된 고려어 교과서로는 『어린이 독본』, 『붉은 아이』 1·2·3권, 『신로』 등이 존재했던 것으로 보이는데,[5]

5 김만겸, 「소수민족과 쏘베트」, 『선봉』, 1927.3.31.

그 중 중요한 것은 사회주의 교육("붉은 교육")을 천명하며 1924년부터 27년까지 연해도교육부에서 편찬한 『(로력학교 용 새독본)붉은 아이』이다.

계봉우는 이 편찬에 참여하는데, 내용은 주로 러시아어로 된 교과서를 번역한 것으로 보이며,[6] 조선의 고유한 전통이나 애국적 내용은 거의 찾아볼 수 없다(예외에 대해서는 제3절에서 서술). 표기법에 대해서는 '·'가 이미 보이지 않을 뿐만 아니라, 표음주의를 취하면서도 체언과 조사, 용언의 어간과 활용어미의 경계를 명확히 하는 형태주의적 표기를 지향하여 받침의 통용범위를 대폭 확대한다든지, 된시옷이 사라지고 동일 자음자를 병서하는 등, 식민지 조선에서는 조선어학회의 『한글마춤법통일안』(1933)이나 그 취지가 반영된 총독부 철자법(1930년 개정판)을 많은 부분에서 일찍이 선취하고 있다.[7] 계봉우는 또한 고려어 통일을 위하여 1925년 12월에는 신한촌 교육자들에 의해 결성된 '국어통일을 위한 크루소크'에서 활약한 것으로 보이며, 그 성과가 교과서 집필에 반영되고, 이후 『선봉』 교육판에 「朝鮮文法」이라는 논고[8]를 연재하는 계기로 이어졌던 것으로 보인다.

이 고려화 정책의 초기 효과를 명확히 알 수 있는 자료는 많지 않으나, 정책 개시 3년 후인 1926년에 실시된 극동지방 거주 고려인의 식자율 조사는 참고가 될 것이다. 조사에 의하면 고려인 전체 식자율은 34.8%이고, 그 중 조선어 식자율은 17.3%(남성 21.5%, 여성 11.7%)에 달하여, 러시아어와 조선어 사이의 식자율에 거의 차이가 없다.[9] 한편 이보

6 계봉우, 「아노솝 동무의 론문에 대하여」, 『선봉』, 1927.3.31.

7 식민지기 조선 총독부의 언문 철자법 변천 과정에 대해서는 미쓰이 다카시, 임경화 외역, 『식민지 조선의 언어 지배 구조－조선어 규범화 문제를 중심으로』, 소명출판, 2013.

8 계봉우, 「最新 朝鮮文法(一)～(四)」, 『선봉』 교육판 2～5, 1928.

9 岡奈津子, 「ロシア極東の朝鮮人：ソビエト民族政策と強制移住」, 『スラヴ研究』 45, 1998. 이보다 3년 후인 1929년의 문맹퇴치회 제1차 변강대회의 보고에 의하면 중국인과 고려인의 식자율은 34%로 되어 있다(「문화혁명을 더 넓이 전개하자」, 『선봉』, 1929.9.19). 중국인의 문맹퇴치 강습 기간이 고려인에 비해 2배로 길게 설정되어 있었던 것 등을 참조

다 조금 늦은 시기인 1930년에 식민지 조선에서 실시된 국세조사에 의하면, 조선인의 전체 식자율은 약 22%이고, 그 중에 조선어 식자율은 15.4%(남성 24.5%, 여성 6%)였던 것[10]과 비교해 보면, 오히려 극동지방 고려인들의 조선어 식자율이 높고, 특히 여성의 식자율은 식민지 조선에 비해 훨씬 높은 것을 알 수 있다. 이것은 러시아혁명 이후 소비에트 건설 주체로서의 여권 신장이 급격히 이루어진 것과 관계가 있는데, 농촌 여성들에게 문맹타파를 호소하거나 글자를 익힌 여성들의 이야기는 『선봉』의 단골 뉴스였다.[11]

하지만, 고려인들의 민족어 교육은 얼마 되지 않아 위기를 맞게 된다. 그 발단은 연해주 교육부 당국자로 혁명 후 처음으로 고려인 사회에 대한 체계적인 보고서[12]를 제출한 아노소프가 1927년 초에 고려어 교육의 노어화에 관한 논문을 발표하면서 시작된다. 아노소프는 논문에서 고려화가 실시된 이후에 촌회에서 학교의 교수어를 노어로 바꾸어 달라는 요구를 한다고 전하며, 그 이유로 일상생활에 노어가 필수적일 뿐만 아니라, 초등교육 이후의 연계가 어려운 점, 고려어 출판물의 부족으로 문화적 요구를 충족시킬 수 없는 점, 고려인 교사들의 자질이 낮은 점을 들어, 학교 교수 언어를 노어로 바꾸고 고려어를 보충어로 하는 안을 제시했다.[13] 이 논문은 고려인 지식인 사회에 적지 않은 파문을 일으켜, 많

---

하면, 고려인의 식자율은 이것보다 훨씬 더 높았을 것으로 보인다. 한편 1931년 아무르 지역 블라고베셴스크에서 열린 시민대회에서는 이제 중국인과 한국인의 67%는 글자를 읽을 수 있으며 그 자제의 91%가 취학한다고 보고되었다는 기록도 있어, 이후에 식자율은 급격히 상승한 것으로 보인다(和田春樹, 「ロシア領極東の朝鮮人一八六三—一九三七」, 『社會科學硏究』 40-6, 東京大學社會科學硏究所, 1989, 266쪽).

10 朝鮮總督府, 『昭和五年 朝鮮國勢調査報告 全鮮編 第一卷 結果表』, 1934.

11 『선봉』 1926.1.30에 실린 「밤낮으로 공부에 렬성」이라는 기사는 그 사례의 하나이다. "당디 여자대표원들은 야학에 밤낮으로 렬심 공부하며 문맹된 녀자들을 많이 끄으러드리며 디방풍습의 개량과 녀자해방운동에도 적극 진행하는데"

12 Аносов С., Корейцы в Уссурийском крае, Хабаровск-Владивосток, 1928.

13 아노쏘브, 「고려학교에 대하야—적긔 신문에 실린 아노쏘브의 론문」, 『선봉』, 1927.3.12.

은 사람들이 반박문을 『선봉』지에 기고하는데, 계봉우도 그들 중의 하나였다. 계봉우는 우선 아노소프의 관찰이 붉은 교육이 실시된 지 4년밖에 안 된 시점에서 너무 성급하게 이루어진 점과, 다른 기고자들과 마찬가지로 그가 소비에트의 소수민족 교육에 대한 근본 뜻을 망각하였다는 점을 지적한다. 그런 다음 계봉우는 비판의 화살을 노어 교육을 요구하는 촌회 사람들에게 돌려, "어떤 촌사람이라 하는 그들은 고려말로 보고도 변々히 못하는, **고려의 과거문화가 어떠한 것도 똑々히 몰으는, 고려의 혁명이 자긔와에 어떤 관계가 있는 것도 깊히 생각 못하는** 극소수의 사람일 것"이라고 단언한다.[14] 즉, 계봉우는 노어화(동화)를 주장하는 고려인들에게 고려의 혁명(소비에트화)과 고려의 문화, 그 중에서도 특히 과거의 문화가 불가분의 관계로 맺어져 있음을 역설하고 있다.

이것은 똑같이 소련의 민족정책을 지지하는 입장에 있으면서도 한글 전용(한자 폐지)을 주장하는 고려인들과의 논쟁에서도 잘 드러난다. 1928년부터 교육부 고려인 당국자인 리괄은 '한문 폐지론'을 계속 주장하는데, 이에 대해 계봉우는 "아령에서 사는 우리 됴선 삶음에게는 한자가 적어도 2,300개가 아니면 될 수가 없다"는 '한자 제한론'으로 맞서며 그 이유를 다음과 같이 단 한 가지로 설명하고 있다.

> 그것(한문)이 우리 동양에 있어 폐지 선고를 받은지 벌서 오랏슴니다. 그러나 아직까지는 어느 나라에서던지 폐지 못하엿나니, 그것은 한문 그 물건이 스사로 폐지되지 아니하는 까닭이옵니다. 그 까닭은 몇 千년 동안 긔록하여온, 그 무수한 서적, 다시 말하면, **넷 살음의 경험을 담아놓은 훌능한 동양의 역사뎍 문명**을 할호아츰에 다 없이 할 수는 없습니다.[15]

14 계봉우, 「아노솝 동무의 론문에 대하여」, 『선봉』, 1927.3.31.
15 계봉우, 「리괄 동무의 한문폐지론을 낡고서」, 『선봉』, 1928.8.10.

서당에서 전통적 한문 교수를 받아 왔던 계봉우로서는 한문(한자)의 폐지는 한문에 담겨 있는 과거 동양의 훌륭한 문명을 폐기하는 것을 의미했으며, 그것은 불가능한 것이라고 보았다. 사실 리괄은, 한문은 계급사회의 "착취의 큰 무긔 중 한아인 까닭"에 종래에 없애지 않았으므로, 이 문제는 무산자의 나라에서만이 해결이 가능하며, 한자를 폐지하고 문장을 간략화할 때 비로소 군중, 즉 노동자, 농민, 여성들이 사회주의 문화 건설의 속도에 맞출 수 있다고 하여, 한글의 도구적 유용성에만 주목한 것이었다. 따라서 "력사가 오래기 때문에 한자를 페지할 수 없다는" 주장은 "로동자가 주권 잡고 사회주의를 건설하는 나라에서 문화혁명에 지장되는 것을 두어 두자"는 것이라며, 한자 제한론의 반혁명성, 반인민성, 보수성을 강하게 비판한다.[16] 그런데, '한자 제한'이라고 하면, 당시 일본이든 조선이든 전통파(수구파)에 맞선 언어 개혁파들의 주장에 해당하지만, 소비에트 체제 하의 고려인 지식인 사회에서는 한자 폐지론에 대항하여 한자 제한론을 주장하는 계봉우 쪽이 상대적으로 수구파의 위치에 몰린 형국이 된다. 여기에 1930년 말부터는 '고려글 라텐화'라는 이름으로, 글자뿐만 아니라 중요한 술어까지도 세계적 통일을 기하여 "한문과 인연 맺으려는 경향"을 퇴치하고 "고려문법상 표긔에 있어 곤란케하는 불편을 없이 할 것"이 주창되어,[17] 문자 문제를 둘러싼 긴장감이 '露語化론 / 라텐화론 / 한자 페지론 / 한자 제한론'의 구도로 표면화 된다. 이것은 국제공산주의 세력과 민족주의 좌파 세력을 양극으로 하여 다양하게 포진되었던 고려인 지식인 사회의 헤게모니 투쟁이 문자 문제에도 투영된 것을 단적으로 드러낸다.[18] 그리고 점차 전자에 무게 중심이 실려 가던 당시, 1932년에

16 리괄, 「한문페지는 문화건설의 속도를 높인다」, 『선봉』, 1931.4.26.

17 「문화혁명과 나텐화」, 『선봉』, 1930.12.26.

18 반병율은 문자문제를 둘러싼 논쟁의 주도세력의 분석을 통해, 혁명 초기부터 고려

자신이 편찬한 『고려어 교과서』[19]에 고집스럽게 한자 교육을 배정한 계봉우는 문화혁명에 방해가 되는 구시대의 지식인으로 낙인찍히고 점차 주변화되어 갔던 것은 아닐까.

하지만, 민족어와 민족문화를 불가분의 관계로 여기는 계봉우에게 민족어(고려어)는 한갓 도구로서만 사회주의 건설에 기여하는 것을 의미하지는 않았다. 그렇다면 고려화가 민족문화의 향상과 소비에트 문화 발달을 동시에 추동하기 위해서는, 고려의 민족문화가 혁명적이고 인민적이고 진보적인 것임이 증명되지 않으면 안 된다. 그에 따라 계봉우는 1928년 전후부터 취사선택의 과정을 거쳐 과거 문화로부터 민족문화를 추출하는 작업을 본격적으로 개시하는데, 이때 폐기되어야 할 '유해한 과거 문화'로서 주목한 것이 조선의 미신이었고, 반대로 계승 발전되어야 할 '유효한 과거 문화'로서 주목한 것이 평민문학의 전통이었다. 이 각각은 1928년부터 '문화혁명'의 기치 아래 추진된 반종교 투쟁과 예술운동 속에서 이루어진 것이다.

우선 전자부터 살펴보고자 한다. 소련에서는 '전투적 무신론자 동맹'이 1925년 4월에 창립되어 반종교 투쟁이 급무로 여겨졌는데, 1930년에는 그 임무를 담당하는 동맹원이 350만 명에 이르렀다. 이에 따라 연해주에도 고려민중을 낙후된 상태에 빠뜨리는 "문화건설에 가장 완악한 원수인 미신과 악습으로 더불어의 투쟁을 조직뎍으로 진행하자"는 주장 아래 1928년 6월경에 『선봉』의 책임 주필이었던 오성묵(吳成默)을

---

인 사회에 존재했던 상해파(계봉우, 장도정 등)와 이르쿠츠크파(이백초, 이괄)의 대립이 근저에 놓여 있다고 보았다. 반병율, 「재로한인(在露韓人) 강제이주(强制移住) 이전(以前)의 한인사회(韓人社會)의 동향(動向) (1923~1937)」, 『한국독립운동사연구』 11, 1997.

19 1932년에 계봉우가 저술한 교과서로 현재까지 확인된 것으로는 게봉우 저, 나쓰끄브 교열 『(청년학교 제이학년용)고려어 교과서』 이권 상편(원동국립출판부, 1932), 『(꼴호즈 청년학교 삼학년용)고려어 교과서』 제삼권 상편이 있다.

중심으로 무신론자동맹 고려부가 설치되었고,[20] 계봉우는 일찍이 그 동맹원이 되었다. 그런데 계봉우의 동맹원으로서의 활동은 주로 조선의 종교, 특히 미신의 조사, 연구에 집중되어 있었다. 미신의 근원으로서의 무당과 대종교의 단군 제사에 대한 비판으로 시작되는 계봉우의 연구는, "우리가 그것을 박멸하려면 그것이 어찌하여 발생된 그 원인붙어 몬저 강구할 필요가 있"다고 하는 역사주의적 관점에서 이루어졌다.[21] 그것은 소련의 반종교 투쟁과 마찬가지로 계급주의적인 관점에 철저한 것이었는데, 예를 들면 무당은 "원시시대에 노동하지 않고 거저 먹으려는 놈들의 대명사"였다가, "중고에 와서 불교와 유교의 갖은 압박을 받"았으나, "그 세월이 하도 오랏으므로" "조선 민중의 풍속, 습관에 구석구석 그 그림자를 남기게 되엇"던 착취계급으로, "붉은 주권이 우리 전통에 나아온" 지금도 비과학적인 사이비 의술과 기도를 행하며 사회주의 건설을 방해하고 착취를 일삼는다고 하였다.[22] 이러한 수법은 단군을 "샤-만"으로 보고 "우리 조상의 로력을 착취한" 그에게 제사 지내는 대종교를 비판하는 글에도 그대로 반영되어 있다.[23] 여기에 유·불·도 및 예수교를 추가해 동일한 방식으로 조선의 종교사를 총망라한 것이 계봉우의 『과학의 원수』(1930)이다. 그는 그 「머리말」에서 "본서는 순전히 우리 조선의 반만년 미신을 폭로시킨 것뿐입니다. 그 내용이 충실하다고는 감히 말할 수 없으나 제3전선(문화전선 — 필자 주)에 당면한 투사에게 적(敵)의 정형을 알게 하는 재료로 하여서는 적지 아니한

---

20 오성묵, 「문화혁명과 반종교투쟁—고려민중 속에서의 문화혁명은 반종교투쟁에 붙어 착수하여야 될 것이다」, 『선봉』, 1928.10.16.

21 게봉우, 「문화혁명과 반종교투쟁—미신의 근원은 '무당'이다(一)」, 『선봉』, 1928.11.2.

22 게봉우, 「문화혁명과 반종교투쟁—미신의 근원은 '무당'이다(一)~(二)」, 『선봉』, 1928.11.2~7.

23 게봉우, 「문화혁명과 반종교투쟁 —미신 중의 큰 미신은 샹산제(一)~(三)」, 『선봉』, 1928.11.30~12.21.

보조가 되리라고 믿습니다"라고 이 책의 의의를 설명했다.[24] 즉, 계봉우에게 폐기되어야 할 과거 문화에 대한 역사 기술은 계급투쟁과 새로운 소비에트 문화 건설의 무기가 되는 것임을 천명한 것이다.

반대로 계급주의적 관점에서 계승되어야 할 민족문화로 주목한 것이, 앞에서 언급한 바와 같이 과거의 평민문학이었는데, 이것은 반종교 투쟁보다 앞서 1928년 초두부터 전개된 예술운동과 밀접한 관련이 있다.

## 3. 고려인 사회의 예술운동과 계봉우의 조선 시가 연구

연해주의 고려인 사회에 1928년은 각별한 의미를 가진다. 바로 고려인의 비율이 90%에 달하는 포시에트 지역에 민족적 행정단위로서 고려인 민족지구가 생겨, 극히 한정적인 의미이기는 하지만 소련 출범 초기부터 염원하던 자치가 부분적으로나마 실시되었기 때문이다.[25] 민족독립운동에 헌신했던 고려인 사회의 투사들에게 민족지구의 창설은 각별한 의미로 다가왔음에 틀림없으며, 계봉우도 예외는 아니었을 것이다. 이러한 들뜬 분위기 속에서 문화혁명이라는 이름으로 다양한 민족문화 부흥운동이 전개되었는데, 그 주목할 만한 시도의 하나가 예술운동이었다.

---

24 계봉우, 『과학의 원수』, 학민사, 1999, 15쪽.

25 포시에트 지구에서는 1926년에 이미 업무의 일부가 고려어로 행해졌는데, 1927년 8월에 전러중앙집행위원회는 극동지방집행위원회에 민족행정단위를 고려인에게 부여하고 사무작업을 고려어로 이행할 것 등을 명했으며, 28년에는 포시에트 지구에 순수한 고려인 지구 집행위원회가 창설되었다고 한다. 참고, 岡奈津子, 앞의 글; 와다 하루키, 「연해주로 강제이주된 중앙아시아의 조선족–집단정착촌에서 농업을 개시」, 『극동문제』 248, 극동문제연구소, 1999.

28년 연초부터 『선봉』지는 '새-타령과 노래'의 현상모집을 실시한다. 그 광고에는 "현내 고려인 청년의 문화상 렬성이 날마다 장성됨을 따라 그 열성을 건전한 길로 발전식힘에 있어 청년들의 유희조직에 대한 사업을 경솔히 볼 수 없는"데, 타령과 노래(창가)는 그 조직에 큰 무기가 될 것[26]이라고 했다. 또한 3월 16일에는 고려사회의 첫 시도로 연극 경연이 '예술경쟁대회'라는 이름으로 신한촌 쓰딸린구락부에서 개최되었다. 이 시도들은 성공적이었던 듯, 『선봉』 3월 27일자 「문화혁명과 예술의 역할」이라는 기사에는, 현상모집을 통한 독자들의 신문 문예란 요구나 연극 경쟁의 유례없는 성황은 "문화혁명 과도긔에 있어 그 중요한 부문되는 대중뎍 예술이 새 울음 도치레는 소식을 웅변으로 말하고 있다"고 전한 후, 예술의 역할에 대해 "리지방면으로보다도 감정방면으로 대중을 선동하며 훈련하는 무긔는 예술에서 더 지나는 놈이 없으니 (…중략…) 예술의 혁명이 없이 문화혁명을 말할 수 없다"[27]고 선언했다.

이렇게 고려인 사회의 예술운동은 노래운동과 연극운동으로 개시되었는데, 이 두 운동은 문화 선전 활동 속에서 서로 밀접한 관계를 맺으면서 예술운동의 주축이 되어 간다. 계봉우 또한 이 운동에 적극적으로 참여했다는 것은, 독립기념관에 소장되어 있는, 그가 작성한 다수의 노래 가사와 각본만 보아도 짐작할 수 있다. 『선봉』은 이후에도 여러 차례 노래, 타령뿐만 아니라 시, 소설, 각본의 현상모집을 실시했고, 「문화혁명」란이라는 새 코너에 우수한 작품들을 소개하며 선전("통속화")해 나갔다. 이후에 「독자문예」로 이름이 바뀌게 되는 이 코너에는 많은 노래가사나 시, 동요, 소설 등이 소개되는데, 조명희(趙明熙, 1894~1938)의 유명한 「짓밟힌 고려」[28]가 발표된 것도 바로 이때이다. 또한 '해삼위 고려인 로

26 「현상모집 : 새-타령과 노래」, 『선봉』, 1928.1.13.

27 「문화혁명과 예술의 역할」, 『선봉』, 1928.3.27.

28 『선봉』, 1928.11.7.

동긔자 열성자 협의회'는 당시 문예창작사업 35주년 기념으로 모스크바에 와 있던 고리키(Максим Горький, 1868~1936)에게 "선생의 힘있는 지식의 홰ㅅ불이 문화혁명의 바다에서 떠가는 **우리 문단의 길**을 밝히여 줄 줄을 깊이 믿습니다. (…중략…) 우리 생활을 직접 반영식히는 선생의 문예뎍 작품이 나오기를 긔다립니다"라는 원고 의뢰의 편지를 보내기도 한다.[29] 이에 대한 고리키의 답장 원문이 1928년 9월 30일자 『선봉』의 1면에 실려 있는데, 편지의 요지는 고리키가 창간한 국제적인 잡지인 『우리의 성과(Наши достижения)』에 고려인의 문화, 생활, 풍습이 담긴 원고를 보내달라는 것이었다. 이것은 고려인 사회에 커다란 자극이 되어 이후의 예술운동을 촉진시키는 계기로 이어진 것으로 보인다. '극동 고려 문단'이라 불리던 집단적 성격을 가지는 문학인들이 출현한 시기를 일반적으로 1928년으로 보는 이유도 여기에 있다.[30]

투고자에는 로동학원이나 사범학교 학생들이 많았는데, 그 중에 특히 주목할 만한 것은 다음의 예와 같이, 종래의 『잡가집』 등에 보이는 타령의 음악 선율에 농업 집단화 등의 국가적인 과업을 선전하거나 소비에트 사회를 찬양하는 내용을 담은 개사가들이 많다는 사실이다.

「뜨락뚜르 타령」(안광)

7. 동무들아! 쓰윗치를 눌너라!
농촌에도 이제야 뎐긔화로다
후렴)에— 에— 에— 헹— 에헹
얼사 좃타
멋이다 어렴마 두둥둥—

「국문타령」(방에타령 곡됴로)

로동학원 고려반 예비과 학생 김준 작가

1. 가갸거겨 가자ㅅㅅ 어서가자
거름맞게 떼를짛어
고교구규 고통없는 그나라루
구속없이 살나갈제

29 「『막씸 고르끼』에게 편지」, 『선봉』, 1928.8.2.
30 배은경, 「초기 소비에트 사회 건설과 한인 사회의 재편」, 『러시아·중앙아시아 한인의 역사』 (상), 국사편찬위원회, 2008, 161쪽.

공산사회로다!
(곡됴는 개성난봉가곡됴나 봉
산난봉가곡됴로하시오)[31]

승전무퇴를 얼화하여보자
후렴)에엥〵〵에헤이요 엘화
지아자정좋고나
붉은긔를 들고서 세계혁명에
엘화나가나봅시다[32]

"농촌에서마다, 사람마다 이 같은 타령을 부릅시다"라는 주기가 붙어 있는 「뜨락또르 타령」은 「문화혁명」란이 생기고 첫 번째로 실린 개사가로, 〈개성난봉가〉나 〈봉산난봉가〉의 가락에 맞추어 부를 것이 요청되어 있다. 마찬가지로 "호효후휴 호상간에 친목하여 / 후정으로 지날때면 / 세계인류가 엘화형제되겟네"의 14절까지 이어지는 문자보급가인 「국문타령」은 〈방아타령〉 곡조로 부르게 되어 있다. 어느 것도 널리 불리는 타령의 대중성을 이용하여 문맹퇴치나 공산주의 조국 찬미의 내용을 선전하고자 할 목적으로 만들어졌음을 알 수 있다. 이 외에도 〈농부가〉 〈셰게일주가〉 〈성주풀이〉 〈아리랑〉 〈어부타령〉 등이 곡조로 활용된 노래 가사가 실려 있는데, 이러한 창작방법은 사회주의적 내용과 기층에 뿌리내린 민요의 선율이라는 형식을 결합시키는, 이른바 사회주의적 사실주의 창작의 전형이다. 조선에서는 해방 후에 북한에서 본격적으로 활용되는 이 창작원리가 연해주의 고려인 사회에서는 20년대 말에 이미 시도된 것을 알 수 있다. 1926년 8월부터 로동학원에서 학생들에게 고려어를 가르치는 입장에 서게 된 계봉우[33]도 이 창작원리에 입각한 민족적인 형식의 발굴과 그 지도에 부심했던 것으로 보인다.

31 『선봉』, 1928.4.1.
32 『선봉』, 1928.4.6.
33 계봉우, 「리력서」(독립기념관 소장).

본래 계봉우가 편찬에 참가한 고려어 교과서인 『붉은 아이』는 러시아어 교과서의 번역이 주를 이루고 있고, 노래도 예를 들면 제2권에 당시 소련 국가였던 〈인터내셔널〉(「인떼르나찌오날(Интернационал)」)의 번역이 실려 있거나,[34] 7·5조나 8·5조, 6·5조 등의 당시의 창가조로 되어 있어 민족적인 시가 양식에 대한 지식을 거의 제공해주지 못했다. 다만 『붉은 아이』 제2권에 "태山이 높다해도 / 하늘알에 뫼이로다 / 오르고 또 오르면 / 못오르이 없건만은 / 사람이 제안이오르고 / 뫼만 높다고 하더라"[35]와, 제3권에 "綠楊이 千萬絲인들 가는 春風 매여두며 / 探花蜂蝶인들 지는 꽃을 어이하리 / 아모리 사랑이 重한들 가는 님을 어이하리" 등 2편의 시조가 실려 있는 것이 주목된다.[36] 당시는 조선에서도 시조는 "朝鮮國土, 朝鮮人, 朝鮮心, 朝鮮語, 朝鮮音律을 通하야 表

34 연해도교육부 편, 『(로력학교용 새독본)붉은 아이』 제2권, 블라디보스토크, 1927, 415~416쪽. 소련 국가와 마찬가지로 3절 구성으로 되어 있는 가사는 다음과 같다.

일어나라 저쥬로 인맞은
주리고 종된자 셰게
우리피가 끓어넘치어
결사젼을 하게하네
억지의셰상 뿌리까지
뒤엎어놓고 그뒤에
새세상짓자
아뭏도안이든쟈 모도다되네

하늘도 임검도 영웅도
우리를 돕지안으리
우리는 다만 제손으로
저를 해방하야다
한다는손씨로써 속박을
벗자면 제것찾자면
풀무를 불며
날내게 두다려라 쇠가단김에

우리는 오직 전셰게의
더없는 큰로력대니
만유의권리는 우리손에
긔생자겐 안되리라
개무리와 칼장이들우에
뢰성치고 비퍼불 때
우리에게는
태양이 따뜻하게 빛이리로다

후렴)이는 우리 마즈막 / 판갈이 싸홈이니 / 인떼르나찌오날로 / 인류가 떨치리

종래에 북한의 〈인터나쇼날〉은 일본어판의 번역으로 여겨져 왔으나, 1923년 9월 22일에 일본 내무성에 의해 출판법 위반으로 금지처분을 받은 3절 구성의 일본어판(〈インターナショナルの歌〉)은 여러 면에서 표현에 차이가 있으므로(『秘左翼右翼宣傳歌調』, 內務省警保局圖書課, 1934), 오히려 연해주 고려인들의 번역이 북한 초기에 옮겨진 것으로 봐야 할 것이다.

35 연해도교육부 편, 『(로력학교용 새독본)붉은 아이』 제2권, 372쪽.

36 제3권은 현재 확인되지 않으나, 1928년부터 『선봉』의 부록으로 발행되었던 교육판 제3호에 실린 기사에 따르면 『붉은 아이』 제3권 38쪽에 이원익(李元翼)의 이 시조가 실려 있다고 한다(김시종, 「『붉은 아이』 三권에 실린 詩의 縱橫觀」, 『선봉』 교육판 2~5, 1928.4.25~8.26).

現한 必然的 一樣式"[37]으로 칭양되어, 최남선을 필두로 국민문학의 뿌리이자 씨앗으로서 그 부흥운동이 정열적으로 전개되고 있었고, 계봉우 자신도 이 무렵에 시조를 창작하기도 했다.[38] 하지만, 교과서를 통한 소개에도 불구하고, 시조는 이후 고려인 사회에서도 계봉우에게도 민족적 시가 형식의 지위를 얻지 못했다. 이것으로 해방 후에 완성된 『조선문학사』에서 시조를 "上層階級의 專有物"[39]로 파악하는 계급주의적 인식이 이미 이 시기에 자리 잡게 된 것을 추측할 수 있다. 계봉우가 이때를 전후해서 안확의 『朝鮮文學史』 등을 접하게 되고 1927년부터 조선문학사의 집필을 구상하게 된 것[40]은, 시조를 대체할, 계승할 만한 과거의 민족적 시가양식의 추출에 있었던 것으로 보인다. 그 첫 번째 성과가 1930년 5월부터 『선봉』에 6회에 걸쳐 연재되는 「과거 고려의 평민문학 : 이것을 연구하면서 새 문학을 건설하자」이다. 이 글은 다음과 같은 선언으로 시작된다.

> 그(고려의 반만년) 력사는 전혀 귀족의 력사요 그것을 딸아서 문학까지도 전혀 귀족의 문학이엇다. 그러므로 **긔록의 가운대에서는 평민문학을 그 자최도 찾아볼 길이 없게 되엇다.**
>
> 평민문학 그것도 귀족문학보담 못하지 않게 많앗으련마는 대대로 평민들의 닙을 거치어 서로서로 전하여 오앗는 까닭에 보통성(普通性)이 없는

---

37 최남선, 「朝鮮國民文學으로의 時調」, 『朝鮮文壇』, 1926.5.

38 계봉우의 『조선문학사』에는 일본의 음악학자 다나베 히사오(田辺尚雄, 1883~1984)가 "世界的인 朝鮮 雅樂이 이제 衰亡에 瀕하여" 이것을 "그대로 亡케 함은 世界의 損失이라"고 주장한 기사를 1926년 무렵에 접하고, "景福宮 놀애소리 그침도 그치리라/管絃은 依舊ㅎ건만 朴堧은 어대간고/海外에 방황하는 客이 눈물게워 하노라"라는 시조를 읊었다는 기술이 있다(『北愚 桂奉瑀 資料集(1) - 『꿈속의 꿈』·『조선문학사』』, 독립기념관 한국독립운동사연구소, 1996, 643~644쪽, 이하 『조선문학사』로 표기).

39 『조선문학사』 제2권, 631쪽.

40 『조선문학사』 제1권, 281쪽.

> 것들은 다 죽어버리고 말앗다. 그러고 온흘날까지에 겨우 그 목숨을 보전하여 온 것들은 보통성이 있는 가장 소수의 것이엇다.
>
> 그 남은 것이 비록 적기는 적으나마 평민게급의 특색을 거긔에서 넉々히 읽어볼 수가 있다. (…중략…) 우리는 고려사람으로 된 바에는 고려의 문학, 그 중에도 평민문학을 먼저 연구하지 않으면 안 될 것이다. **그것을 연구하는 가운대에서 새문학을 건설할 터전이 생길 것이다.**[41]

여기에서 계봉우에게 "평민게급의 특색을 넉々히 읽어볼 수가 있는" 평민문학 속에서 "새문학을 건설할 터전"을 찾아야 한다는 생각은 자명한 것이었음을 알 수 있다. 하지만, 문제는 문자로 기록된 모든 문학은 "귀족의 문학"이므로, 평민문학은 "대대로 평민들의 닙을 거치어 서로서로 전하여 오앗는" 구비문학에서 찾아져야 한다는 것이다. 그러한 기준에 의해서 발견된 것은, 동요, 동요의 진화형인 민요, 음악과 결합한 민요의 진화형인 타령이었다. 그런데, 문명의 소산으로서의 문학의 성립에 있어서 문자의 사용은 문명을 미개로부터 분리시켜주는 중요한 근거로 인식되었고, "문자가 나와 그 유전하던 문학을 정착시킬 수 있다면 그때야말로 그 문학은 **참다운 문학**이 될 수 있"다고 여겨졌던 당시로서는, "아직 완전한 문학이라 할 수 없"[42]는 구비문학에서 계승할 유효한 가치를 발견하는 것은 비교적 드문 일이었다. 물론 당시 조선에서도 민요를 기반으로 하는 신시운동이 전개되었지만, 그것은 민요나 동요가 "국민덕(민족덕) 졍죠를 여간 나타낸 민족의 공동적 작품"[43]이었기 때

---

41 계봉우, 「과거의 평민문학－이것을 연구하면서 새문학을 건설하자!(一)」, 『선봉』, 1930.5.22. 이 기사에 앞서 계봉우는 『通俗文學集』(혹은 童謠民謠集), 1930.4를 완성한 것으로 보이나, 아직 미확인 상태이다. 하지만, 제목으로 추측하면 동요, 민요를 중심으로 한 시가를 논한 내용으로 보이므로, 시기상 그 일단을 기사화한 것이 본 연재였던 것으로 보아 무방하리라 생각한다.

42 趙潤濟, 『韓國文學史』, 東國文化社, 1963, 33쪽.

문이었지, 계봉우처럼 그것이 가지는 평민계급의 시대를 초월하는 보편성("보통성")에 주목한 것은 아니었다. 그런 의미에서 그의 '평민문학론'은, 설화, 민화, 전설, 민요, 민간극, 속담, 수수께끼 등을 내용으로 하는, 인민들에 의하여 창조・계승된 진보적 문학작품들을 의미하는 북한의 '인민문학' 개념[44]의 기원에 위치하는 생각이라고 할 수 있다.

이에 입각해서 계봉우는 동요, 민요, 타령에 대해 계급주의적인 분석을 행한다. 예를 들어 동요 〈새야 새야〉(〈곱은새〉)에 대해 "백성들이 권세잡은 놈들의 착취에 못 견디어 놀앙새가 조이를 뜻아먹는 그것에 의탁하여 그 놀애를 짛엇다"[45]고 전한다든지, "만일 열이라면 그 중에 아홉까지는 평민녀자들의 작품"인 민요를 "진정한 사실의 긔록인 반만년의 여자사(女子史)"로 보고, 〈미수가리〉에 대해 "착취받는 그때 평민의 비참한 생활이 여지없이 폭로되엇다"고 한다든지, 〈시집살이〉에 대해 "충성과 효도로써 나라를 다스리고 집을 가적히 하는 대의 근본도덕으로 하여 녀자의 사유를 더할나없이 속박하던 리조초엽의 작품"[46]이라고 하는 식이다. 그런데 계승해야 할 평민문학으로 가장 주목한 것은, 역시 민요가 음악과 결합하여 진화한 평민들의 작품인 타령, 그 중에서도 특히 〈농부가〉와 같은, "단합적 로력으로 한곧에 모히어" 군중적으로 부르는 "로력자의 타령"이었다.

> 여긔에 말한 단합적 로력은 그 성질에 있어 온흘 우리의 건설한 알껠리나 꼴호즈에서도 공동로력할 때에 이런 체재의 놀애와 음악을 사용하엿으

43 주요한, 「노래를 지으시려는 이에게」, 『朝鮮文壇』 1924.10~12.
44 설성경・유영대, 『북한의 고전문학』, 고려원, 1990, 89쪽.
45 계봉우, 「과거의 평민문학-이것을 연구하면서 새문학을 건설하자!(二)」, 『선봉』, 1930.5.27.
46 계봉우, 「과거의 평민문학 : 이것을 연구하면서 새문학을 건설하자!(四)」, 『선봉』, 1930.6.1.

면 얼마나 유쾌하겟느냐? 우리의 리상하는 바 새 생활루 넘어가는 이때에 일하거나 쉬거나 항상, 깃븐 놀애를 불럿으면 좋겟다. 부르는 이들만 좋을 것이 아니라 듯는 우리도 또한 좋겟다. **원동의 벌판에서 그런 놀애의 소리가 바람을 타고서 왼세계루 려행하기를 우리는 바라는 바이다.**[47]

1929년 농업 집단화가 본격적으로 개시되기 이전부터 고려인들은 콜호즈화 추진에 적극적이었던 것으로 보이는데("콜호즈 운동의 우등생"),[48] 노동집약적인 벼농사와 그것을 뒷받침하는 농촌공동체의 화합에 관여했던 〈농부가〉를 콜호즈에서의 집단노동에 활용하고자 하는 계봉우의 바람은, 개별적 민족문화가 소비에트문화라는 보편성으로 자연스럽게 이행하는 "우리의 리상"이었다고 할 수 있다.[49]

계봉우가 그렸던 이러한 이상, 즉 사회주의적 사실주의 창작의 이념은 고려인 사회에서도 지속적으로 공유되었던 것으로 보이는데, 예를 들어 고려인 문단의 첫 소설로 일컬어지는 「싸홈」을 집필한 김유경은 비슷한 시기에 『선봉』에 노래운동에 관한 글을 기고하여, "민중(계급) 공

47 계봉우, 「과거 고려의 평민문학 : 이것을 연구하면서 새문학을 건설하자!(六)」, 『선봉』, 1930.6.8.

48 和田春樹, 앞의 글, 265쪽.

49 당시 『선봉』의 「독자문예」란에는 계봉우가 재직하고 있던 로동학원 고려반 2학년 일동이 투고한 「농부가」(이전부터 부르든 농부가 곡됴로)가 게재되어 있다(1928.5.11). 이 가사에는 계봉우의 이상이 직간접적으로 투영되어 있었던 것으로 보인다. 가사(의 일부)는 다음과 같다.
1. 예봐라농부야 내말들어, 예봐라농부야 내말들어, 야학교공부가끔나드니, 밭갈이때가돌아를왓다
(후렴)에헤에 ↘헤로 상사지야
2. 예봐라농부야 내말들어, 예봐라농부야 내말들어, 농촌과도시가련락하니, 국가의 긔초가 이안인가
3. 예봐라농부야 내말들어, 예봐라농부야 내말들어, 호미를들면 농군이되고, 총창을메면 국방군이란다
4. 예봐라농부야 내말들어, 예봐라농부야 내말들어 쎄、、르가부강함은, 우리농민의책임일세

동의 제작이라고 볼 민요는 온갖 문예 중에 꽃이요, 총화인"데, 〈아리랑타령〉이나 〈수심가〉 등은 퇴영적이고 침울하여 현재의 감정과 맞지 않으므로, '새 노래 운동'은 "녯 것의 장단을 비평하고 취사하고" "민요, 창가, 동요에서 로농 군중의 긔대를 달성할 노래를 창작하자"고 했다.[50]

한편 고려 문단에서 지도적 역할을 맡고 있었던 조명희도 1935년 『선봉』에 「조선의 놀애들을 개혁하자」는 글을 기고하여, "조선의 낡은 놀애들의 형식을 비판적으로 가지어 오며 또는 우리 조선의 무산계급의 감정에 맞는 새 곡조의 형식을 창작하여 거긔에다가 사회주의적 내용을 담은, 새롭은 놀애들을 내어 놓아야 하겟다"고 언급했다. 그런데 옛 노래의 취사선택에 대해서 그는 "민요는 봉건시대 피지배 계급 즉 평민들의 놀애"이지만, "약자의 한숨이오 노예의 눈물인 쎈찌멘딸리즘의 놀애뿐"이라 취할 수 없고, 다만 "쾌활한 률동적이며 즐겁고도 씩씩한 늣김을 주는 단가나 타령조나 정악타령의 곡조 같은 것은" 민족적 형식으로 적절하다고 했다. 즉 노래운동에 활용될 민요나 타령의 선별 기준은 연구고찰에 의한 역사적 의의가 아니라, 곡조의 적합함 여부에 달려 있다는 것이다. 그러면서 "그 노르애들의 유래와 발생 시긔는 말할 필요가 없다. 그것은 고전 연구가나 문예가에게 맡길 일이고, 여긔에는 다만 몇 개만 끄집어내어, 그것도 말들은 그만두고 곡조만을 가지고 늣기어지는 대로 말하여보자"고 했다.[51] 이 시점에서는 이미 문학사 연구를 통해 새 시대의 노래운동에 공헌하고자 했던 계봉우는, 자신의 역할을 고전 연구가로서의 위치에 만족할 수밖에 없게 되어 버렸던 것은 아닐까. 1937년 연해주 고려인 사회에 불어 닥친 숙청의 광풍과 중앙아시아로의 강제 이주에서 계봉우가 무사했던 것은, 이미 이

---

50 김유경, 「새 노래 운동을 위하야 : 낡은 노래를 비평하며 새 창작을 내놓자(一)~(二)」, 『선봉』, 1930.7.21~23.

51 조생(조명희), 「조선의 놀애들을 개혁하자」, 『선봉』 1935.7.30~8.3.

순을 바라보는 나이의 그가 고려인 지식인 사회에서 구시대적인 존재로 주변화되어 있었던 것도 크게 작용했을지도 모른다.

## 4. 조선의 해방과 '조선문학사' 서술

1928년 전후부터 연해주 고려인 사회에서 '문화혁명'이라는 이름으로 정열적으로 전개된 민족문화 부흥운동은 정치적으로는 소련 내의 고려인들이 자치를 형성하기에 충분한 민족임을 증명하려는, 소수민족의 권리 확보 욕망과도 연동되어 있다. 이와 관련하여 1929년 3월에는 소련 국적 고려인들이 '극동귀화고려인민회' 명의로 고려공화국 건설을 전러시아중앙집행위원회에 청원했던 것이 주목된다. 이들은 일본과 중국은 물론 조선의 공산화에도 힘쓰고, 극동 지역 개척과 국경 수비에 임할 것을 선언한 것으로 보이지만, 29년 8월에 이 청원은 기각되고 말았다.[52] 하지만 일본과 소련의 대립 사이에 끼어 잠재적 불신분자로 간주되기 쉬웠던 고려인들에게 소련의 민족정책의 이념 자체는 커다란 버팀목이 되었음에 틀림없다. 계봉우도 1932년에 자신이 편찬한 교과서에 대러시아주의적 배외주의와의 투쟁을 언급하고 민족문화 발전을 인정한 소련 공산당 제16차 대회(1930)의 보고문을 게재하기도 했다.[53] 하지만, 1937년의 중앙아시아 강제 이주는 소련의 민족정책의 파탄을 의미하는 것이었고, 고려인들에게 남겨진 것은 동화의 길이

52 和田春樹, 앞의 글, 257~258쪽.

53 계봉우, 「민족문화에 대한 문제에서의 악경향」, 『(청년학교 제이학년용)고려어 교과서』 이권 상편, 185~186쪽.

었다. 계봉우는 자신이 1955년에 탈고한 『조선말의 되어진 법』의 「끝막이의 말」에 이 시기의 분위기를 다음과 같이 전하고 있다.

> 내지에 있어는 일본의 총독정치가 조선살음의 말과 글을 파멸의 굴엉에루 쓸어넣으면서 일어가 아니고는 긔차표도 살수없는 조선살음의 성명까지 일본화를 강압하던 그 시긔, 외지에 있어는 중앙 아시야에 외주한 조선인의 교육이 로어화하여 조선살음으로서도 자긔의 말을 멸시하는 그 시긔이엇다. 그러나 본서를 쓰게 되엇나니, 그것은 **조선말의 부흥긔가 장차 돌아오리라**는 신념에서 나온것이엇다.[54]

소련과 일본의 극렬한 대립이 낳은 연해주 고려인의 강제 이주는, 계봉우에게 내지인 식민지 조선에서는 일본화의 강압으로, 외지인 중앙아시아에서는 러시아어에의 동화로 쌍을 이루면서 드러나는 조선말 = 조선민족의 쇠퇴를 의미하는 것이었다. 이주 후 공적으로는 공민증을 압수당하고 거주이전의 자유를 박탈당하는 등의 민족 차별을 겪고, 사적으로는 고려어 교수직을 잃은 계봉우는 농사일을 하는 틈틈이 민족어의 부흥을 기원하며 고려어 연구를 이어가는 나날들을 보낸다.

그런데 조선이 소련의 '희생적 참전'으로 일제로부터 해방되고, 그 해방구에서는 북한의 건설이 개시된 것이다. 계봉우는 당시의 심정을 "조선이 解放된 後, 바루 1946年 봄에 니르러는 中아시아에 住在한 조선사람의 마음은 너, 나 할 것 없이 極度로 興奮되엇다"[55]고 언급하고 있다. 더욱이 1947년, "朝鮮人 教育이 로語化한지 十年만에 突然히 朝鮮語를 가르친다는 問題가 닐어나앗으니, 中央아시아에 있는 一般 朝

54 계봉우, 「끝막이의 말」, 『조선말의 되어진 법』, 1955, 176쪽.
55 계봉우, 「머리말」, 『계봉우 시집』, 1947.

鮮人은 이것으로써 朝鮮解放에 對한 새 消息임을 느끼지 않을 수 없"[56] 었다. 이 와중에 계봉우는 "조선으로 보내어 달라는 願書"를 소련의 외무장관 몰로토프에게 보낸다.[57] 그는 꿈에도 그리던 조국의 해방을 맞아 북받치는 흥분과 감격 속에서 하루빨리 조국으로 돌아가고 싶었던 것이다. 해방 조국에 건설될 조선민주주의인민공화국은 고려인들에게는 소련땅에서 이루지 못한 자치공화국 수립의 꿈이 실현되는 장으로 여겨지기도 했을 것이다. 하지만, 기다리고 기다려도 소련에서는 귀국 허가가 내리지 않고 평양으로부터의 소식도 점점 멀어져만 간다.[58] 마음은 이미 조국에 가 있는데, 몸이 타지에서 얽매어 있는 것이다. 그럴 때 귀환해야 할 '약속의 땅'으로서의 조국은 더욱더 사무친 그리움으로 다가오고, 몸이 있는 이곳은 그저 '임시 거처'로서 나를 묶는 족쇄가 된다.[59]

그런데 계봉우에게 해방 후의 극도의 감격과 조국 귀환의 곤람함은 해방 조국 조선에 대한 앎의 체계화를 추동한다. 그것은 새로이 탄생하는 인민공화국의 정당성을 학문적으로 보증하고자 했기 때문은 아닐

56 계봉우, 「머리말」, 『朝鮮文法』, 1948.

57 계봉우, 『조선말의 되어진 법』, 176쪽.

58 독립기념관 소장 자료인 계봉우 문서(서간문)에는 다음과 같은 편지가 남아 있다. 수신처와 발송일 등은 확인할 수 없다. "나는 귀국하라는 편지를 두 번 받앗사오나 귀국하지 못하고 있습니다. 그것은 쏘련에서 귀국허가를 얻지 못한 까닥이오. 바라는 바는 쏘련에서 나를 보내어 평양까지 가도록 힘쓰어 주시기를 바랍니다."

59 계봉우는 1946년 12월에 처음으로 「어머니 생각」(『계봉우 시집』 수록)이라는 신체시를 쓴다. '어머니(= 조국)'와 '나'는 내 집에 들어온 강도 때문에 떨어질 수밖에 없었고, 나는 "어머니를 뵈올 긔회를 걷잡으려고 밤낮으로 애쓰"지만, 이역을 떠돌며 눈물을 흘릴 뿐이다. 그런데 누군가가 그 강도를 내 집에서 몰아냈다는 긴 서사시를 다음과 같이 맺으며, 애절한 조국 귀환의 꿈을 토로하고 있다.

인제는 아들이 돌아오리라고
니마에 손을 얹고 기다리시는 나의 어머님,
나는 감발치고 들매도 든-든히 하고 있습니다
건낼 물이 천길이요 만길이라도
건네라면 건네려고,
넘을 산이 첩첩이요 만첩이라도
넘으라면 넘으려고,
그러나, 그러나
마음 두고 애만 끊는 내사정을
어머니나 알아주실는지

까. 그는 신체시를 짓고 타령조의 노랫말 등을 지으면서[60] 지금까지 자신의 연구, 즉 조선어, 조선역사, 조선문학사를 정리하여 최종적인 완성을 본다. 본고에서 다루는 『조선문학사』(1950)를 완성하는 계기가 된 것도 조국 해방이라는 감격이었다. 계봉우는 그 「머리말」에서, 연해주 시절 이미 조선 시가에 관한 3종의 저술, 즉 『朝鮮歌樂史』(1929), 『通俗文學集』(1930), 『詞와 別曲의 變遷』(?년)을 완성하지만, "외지"라는 여건 상 자료 수집이 여의치 않아 문학사의 기술을 결심하지 못하고 있었다. 그런데 "한뉘로 志望하던 朝鮮의 解放은 되엇겠다. 그 結果는 나의 붓대에 滿足을 주리라고 생각"하여 집필을 개시했다[61]고 언급한다.

계봉우는 『조선문학사』에서 위의 저술들을 여러 차례 인용하고 있어, 과거의 연구 성과들이 이 책의 토대가 된 것은 분명하다. 하지만, 그것들은 문학사 서술 속에서 재구성되었을 것으로 보인다. 계봉우가 취한 문학사 서술의 방법론은 서두에 "人類의 行爲를 經濟的 行爲라면 文學은 그 行爲의 産物이다. 다시 말하면 各 時代의 經濟條件에 딸아서 進化하는 그 社會의 生活相을 그려낸 것이 곧 文學이다"라고 명시하고 있듯이, 유물사관에 입각해 있다. 더욱이 문학사 서술이 이조 봉건사회에서 끝나는 탓인지 "우리의 過去文學에서는 革命的 色彩를 가진 作品은 찾으려는 생각도 말라"고 하고, "내가 提示하는 一般文學은 다만 封建社會의 生活相을 縱으로 또는 橫으로 硏究하는 거기에 그 目

---

60 독립기념관 소장 자료인 계봉우 문서(노래가사 모음) 중에는 「해방의 날」이라는 타령조의 노래가사가 있다.
1. 왜놈천대 여지없서 숫도굽고 마암굽어 / 깊은산속 쪽겨가서 긴세월을 지내엿네 (후렴) 방울달고 가는항소 얼싸좋다 점은길에 / 걸음마다 월낭절낭 느즌걸음 재촉한다 / 에헤에헤용 에헤에헤용 / 이라항소야 평양성중 어서가자
2. 향촌마다 붉은깃발 쏘베트에 영웅다운 / 자유롭다 줄음펴서 붉은군인 공로로세
3. 수량버들 욱어지고 오동나무 입사귀에 / 대동강에 우숨일세 해빗안고 바람젓네
4. 북조선의 해방날에 ○백동에 새옷다려 / 마암굽든 이숫불노 열성필여 떨처추라

61 『조선문학사』 제1권, 281쪽.

的이 있을 따름이다"[62]라고 언급할 정도이다. 즉 조선 문학사의 기술은 계급적 관점에 입각해 있으면서도 봉건사회의 주박을 내부에서 허물어낼 만한 혁명성은 인정하지 않는다는 것이다. 이 기술만을 참조하면 계봉우의 조선문학사를 '유해'하거나 폐기되어야 마땅할 조선의 과거문화에 대한 역사 기술로 속단하기 쉽다. 하지만, 서두의 이 선언은 본문의 서술 내용과 여러 면에서 배치된다. 우선, 문학사의 통시적 기술을 구성하는 방식은, 문학의 '發芽期(檀君建國~삼국 이전)-生育期(~신라 말)-長成期(高麗)-繁榮期(李朝)'라는 자국문학의 진화론적 발달사로서 서술되어 있어서, 연해주 시대의 평민문학론에서 제시된 것과 같은 계급적인 긴장감은 다소 누그러져 있다. 예를 들면, 시조에 대해서 "李朝 時代는 歌曲의 全盛期로 보는데, 特히 時調에 있어는 더욱 그러하다. 君主로붙어 名公巨卿, 學者文人에 니르기까지 그것을 吟詠하지 아니한 이가 거이 없으리만큼 그렇게 上層階級의 사이에 盛行風으로 되엇섯다." "時調는 確實히 上層階級의 專有物이다. 그렇다 하여 文藝上 價値가 없다는 것은 아니다. 훌융한 價値를 寄與하지 않을 수 없다"[63]고 한다든지, 당악 등의 궁정음악에 대해 "그렇게 階級的이오, 古典的이라 하여 아무 價値도 없다는 것은 아니다. 藝術로 보아서는 넘우 적게 評價하여도 옳지 못하다. 우리는 그것을 遺産으로 承受하여 勞動者와 勤勞大衆에게 適合하도록 增刪의 能手로써 잘 修正한다면 보담 多大한 價値가 있으리라고 생각한다"[64]고 하듯이, 상층계급 문화의 가치를 어느 정도 수용하는 자세를 취하고 있다. 아마도 조국 해방은 계봉우에게 계급투쟁으로 대표되는 민족 내부의 균열이나 모순 못지않게, 해방된 피압박민족이라는 단일성에의 지향을 낳게 했던 것은 아닐까.

62 『조선문학사』 제1권, 283쪽.
63 『조선문학사』 제2권, 627~628쪽.
64 『조선문학사』 제2권, 651쪽.

그것은 특히 문학의 '繁榮期'를 낳은 훈민정음 제정의 의의를 "漢學을 能히 壓倒하고서 朝鮮 將來의 民族的 文化를 創建하려는, 그렇게 偉大한 可能性까지 갖추고 있다"고 언급하고, 독립국으로 선포한 갑오경장이 국문사용령을 내려 한글이 더욱더 활기를 띠게 되었다고 파악한 부분[65]에서 명확하게 드러난다. 즉, (漢學이나 外勢로부터의)자주독립이라는 사태는 '계급'이라는 시점의 관철을 제한하고, 민족 서사로의 경도를 촉진한 것이다.

또한 과거문학에서 혁명성을 띤 작품을 인정하지 않는다는 서두의 선언도 본문 내용과 일치한다고 할 수는 없다. 서두의 기술과 달리 "革命性의 流露된 作品"으로 『洪吉童傳』이나 『春香傳』을 든다든지,[66] 경기체가("別曲")에서 가사("長歌")로의 변화를 "革命"이라고 하는 등,[67] 계급적인 관점에서 강조되는 작품군도 도처에서 확인할 수 있다. 그 중에는 연해주 시절부터 가장 높이 평가했던 타령도 있다. 여기에서 타령이란 『잡가집』에 보이는 노래들을 가리키며, 이것은 남한에서는 '통속민요'로 불리기도 하지만, 계봉우는 타령과 민요를 음악의 유무로 명확히 구분하고 있다. 그리고 음악과 무용을 수반하는 기층문화로서의 타령은 민족 오페라의 기원이 되는 것으로 파악하고 있다.

> 打令은 特權階級의 專用物인 다른 歌曲과는 판히 달라서 **오직 人民層에서만 流行하는 「오페라」이엇다.** 그 形式은 비록 色色이오 그것에 딸아 調子또한 各各이로되 群衆的 合唱에 音樂과 舞踊이 아울러 隨行되어 들으면 들을사록 興味가 있고, 부르면 부를사록 活氣가 있다. 한마듸로 말하면 그것이 純全히 國風土俗으로 되엇기 때문에 그 內容은 設或 高潔ㅎ지 못한

65 『조선문학사』 제2권, 525~526쪽.
66 『조선문학사』 제1권, 338~339쪽.
67 『조선문학사』 제1권, 312~314쪽.

種種의 短點이 있다 하더라도 音調에 充溢한 朝鮮味는 말을 배호는 어린 애의 人氣까지도 能히 끄을고 있다.[68]

즉, 내용은 사회주의적인 기준에 반드시 합당하지는 않지만 음조에 있어 조선미가 넘쳐흐르고, 인민층에 의해서 군중적으로 수행된 것이 타령이라는 것이다. 또한 타령의 특징으로, 반드시 본장과 구별되는 후렴, 즉 "에, 에야" "에헤, 헤야"의 嗟歎辭를 가지는데, 그것은 "적어도 일즉이 三韓時代에 '歎呼力作'하는 그 中에서 發端된 **勞力音의 一種**'이라고 지적하고 있는 점[69]에서도, 집단적 노동가로서의 기원을 갖는 타령은 사회주의 이념에 입각한 민족문학 / 음악 형성에 가장 유효한 재료로서의 위치를 여전히 점하고 있다. 계봉우는 여기에서 음악, 무용, 노래가 함께 어우러져 있는 종합예술로서의 문학사를 서술하는데, 그것은 "文學에서 가장 重要한 자리를 차지하"고 또 문학의 기원이 되는 것을 음악과 무용이 수반되는 歌曲이라 보고 있기 때문이다.[70] 그런 탓에 계봉우의 문학사 서술이 음악과 무용을 가요나 한문학과 같은 비중으로 거론하는 것에 대해 그 선구적인 의의가 평가되기도 한다.[71]

그런데 한편으로 연해주 시대의 '평민문학론'에서 음악적 요소만이 주목되었던 타령에 무용적인 요소가 추가되어 종합예술적 성격이 발견된 것은, 문학사적인 기원과의 통시적 연속성을 강조하기 위해서만은 아니라는 점에 주목할 필요가 있다. 그것은 '오페라'라는 '세계 공통의 음악'으로서의 서양고전음악과도 근저에서 통하는 공시적인 보편

---

68 『조선문학사』 제1권, 303쪽.
69 『조선문학사』 제1권, 305쪽.
70 계봉우는 음악을 수반하는 시가를 가리킬 때는 '歌曲'을, 음악이 수반되지 않는 시가(동요, 민요)도 포함해서 시가 전체를 가리킬 때는 '歌謠'라는 용어를 쓰고 있다.
71 조규익, 「桂奉瑀 『조선문학사』의 의미와 가치」, 『국어국문학』 155, 국어국문학회, 2010, 171쪽.

성을 가지는 것으로 간주되고 있다. 이러한 파악은, 아마도 1930년대 이후에 소련작곡가동맹이 중심이 되어 사회주의적 사실주의 원칙에 입각해서 카프카스나 중앙아시아 등지의 공화국에서 소비에트의 민족음악 건설을 위하여 현지에서 민요를 활용한 오페라 등의 창작을 적극적으로 유도했던 문화운동[72]에 영향을 받은 것으로 보인다. 계봉우의 문학사 연구는 어디까지나 해방 조국에 새로 건설된 인민공화국의 문화운동에 공헌할 것을 목적으로 했음을 알 수 있다.

이와 같이, 『조선문학사』의 서술 내용을 간단히 확인하는 것만으로도, 과거문학의 부(負)의 역사를 계급적 관점에서 서술하겠다는 서두의 선언과는 모순된다는 것을 쉽게 알 수 있다. 그렇다면 계봉우는 왜 본문의 내용에 반하는 주장을 서두에서 감행한 것일까. 어쩌면 이것은 과거문학을 정(正)의 역사로 서술하는 것이 소비에트화에 역행하는, 고려 민족의 과도한 주체화로 받아들여질 우려를 차단하기 위한 보호색으로 배치되었던 것은 아니었을까. 연해주 고려인의 대숙청과 중앙아시아 강제 이주라는 소비에트 민족정책의 처참한 파탄의 기억이 아직도 생생한 계봉우에게 과거의 트라우마에 의한 보호본능이 작용했을 가능성도 충분히 상상할 수 있지만, 어디까지나 추측의 영역에 머무는 이야기일 것이다.

72 Marina Frolova-Walker, "National in Form, Socialist in Content : Musical Nation-Building in the Soviet Republics," *Journal of the American Musicological Society* vol.51 no.2, 1998.

## 5. 맺음말 – 조국 귀환으로서의 '조선학'

『조선문학사』를 탈고한 것은 1950년 5월 1일의 일인데, 그 얼마 후에 "米寇가 南鮮으로붙어 北鮮까지 强占하기 爲하여 古今에 類例없는 罪行을 朝鮮에서 犯하"는 "朝鮮戰爭"이 발발한다. 이에 따라 계봉우는 "日本帝國主義가 朝鮮을 强占하고서 저의 覇權을 全世界에 樹立하려는 幻想中에서 덤베다가 그만 敗亡"한 것처럼, 이 전쟁도 "最後勝利는 우리에게 있다는 自負心"을 드러내기 위해 "朝鮮歷史 第七編 즉 反日鬪爭史"를 쓰기 시작한다.[73] 조국에 귀환할 길이 모호한 계봉우에게는 '조선학' 연구를 통해 조국의 수난과 함께 하고자 했던 것이다. 그런 의미에서 계봉우의 '조선학'연구는 조국 귀환의 또 다른 형태로 볼 수 있지 않을까.

그런데 조선의 해방을 맞아 조선땅으로 귀환하고 싶어도 귀환하기 힘든 처지에 있던 것은 재일 조선인도 마찬가지였다. 그들 또한 귀환에 대한 애절한 심정을 이제까지 억눌려왔던 조국에 대한 무한한 앎에 대한 추구로 나타내기도 했다. 그들은 재일본조선인연맹(在日本朝鮮人連盟) 등의 조선인 단체를 조직하여 신문과 잡지를 발행하고 민족교육을 실시했으며 그에 따른 교과서도 출판했다. 그리고 조선에 관한 서적, 특히 북한에서 발행된 출판물을 일본에서 재출판하여 기초자료를 확충해 갔다. 예를 들면, 당시 편찬된 역사서인 『조선민족해방투쟁사』(조선력사편찬위원회, 1949)에서 가요집인 『人民歌謠曲集』(北朝鮮音樂同盟, 1947)까지 편집되거나 번역되어 소개되었다.[74] 이를 바탕으로 『朝鮮民主主義人民共和國解說』(在日本朝鮮人連盟中央總本部宣傳部, 1948)이나 『在日朝鮮文化年

73 계봉우, 「序言」, 『朝鮮歷史』 卷之三, 1952.

74 朴慶植 외역, 『朝鮮民族解放鬪爭史』, 三一書房, 1952; 在日本朝鮮民主靑年同盟 東京本部文化部 編, 『人民解放歌謠集』, 1948.

鑑』(朝鮮文芸社, 1949), 혹은 임광철(林光澈)의 『조선역사 독본(朝鮮歷史讀本)』(白揚社, 1949) 등의 연구서 및 해설서가 수편 간행되었고, 소장파 일본인 연구자들도 점차 나타나게 되었다. 이러한 새로운 움직임을 모체로 하여 1959년에 조선사연구회가 설립된 것은 잘 알려진 사실이다.[75]

한편, 새로이 탄생한 사회주의 조국을 응시하면서 중앙아시아에서 홀로 묵묵히 자신의 학문체계를 결산한 계봉우의 '조선학'은 귀환할 곳이 아직 정해지지 않았다. 아마도 그 중 하나는 초기 북한에서 행해진 '민족문화' 운동과 연구와의 관련성 속에서 찾아져야 할 것이다. 금후의 과제로 삼고자 한다.

---

75 朝鮮史硏究會 編, 『朝鮮史硏究入門』, 名古屋大學出版會, 2011, 4쪽.

# 박보리스의 생애와 한국학 연구*

박벨라 보리소브나

## 1. 머리말

2012년 12월 24일은 필자의 아버지 박보리스 드미뜨리예비치(Пак Борис Дмитриевич, 1931~2010)가 사망한 지 2년이 되는 날이었다. 그는 팔순을 열하루 앞두고 79세의 나이로 세상을 떠났다. 그의 타계는 학계의 큰 손실이었다. 그는 한국학의 전문가이고 권위자이며, 스승이고 지도자였다. 그의 제자들과 동료들은 그를 뛰어난 학자, 탁월한 강연자, 수십 명의 박사 및 박사후(post-doctor)를 배출한 스승, 그리고 한 학

* 이 글은 『한국학연구』 29집(인하대 한국학연구소, 2013)에 기고한 글을 본 연구총서의 기획에 맞춰 수정하였음.

파를 설립한 인물로 회고한다. 한·러 관계, 러시아의 대외정책, 그리고 러시아 한인(고려인)에 대한 그의 연구물들은 고전으로 인정받고, 여러 나라의 언어로 번역되었다. 그는 역사학 영역에서 이전에 없었던 새로운 테마들을 많이 제기하였다. 한러관계사에서 과거와 현재의 러시아 정책의 연속성에 대한 그의 이론은 오늘날 폭넓게 받아들여지고 있다. 또한 자기 민족의 삶에 대해서는 물론 자신의 진짜 조국에 대한 진정한 연대감을 가지고 활동한 인물이었다.

박보리스는 타고난 적극성, 순수함, 온화한 성품, 그리고 삶에 대한 애정 등 많은 매력을 가지고 있었지만, 가장 중요한 것은 그의 지적 재능이었다. 그는 뛰어난 통찰력과 설명력으로 많은 이들을 매료시켰고, 이를 행복으로 받아들였다. 필자는 언젠가 그의 저서 『러시아와 한국』을 보고 몹시 흥분하였다. 이 책에는 어떤 군더더기나 공허한 사고가 전혀 없고, 그의 명확한 사고 체계와 균형과 깊이가 드러나 있었다. 이 책을 읽은 후 필자는 다른 전공을 선택해야 했다.

박보리스의 논문과 저서는 그가 다방면에 매우 능통하였음을 말해준다. 그는 시간을 소중히 여겨 단 1분도 허비하지 않고, 끊임없는 어려움을 잘 극복하였으며, 계획한 목표를 향하여 열심히 노력하는 사람이었다. 그는 자신의 과제에 대한 이해가 명확하였기 때문에 글을 매우 빠르게 썼고, 모든 연구는 세심하고 지속적이어야 한다는 신념에 따라 어떤 부주의나 경솔함도 용납하지 않았으며, 모든 원고들을 항상 완벽하게 정리하였다. 또한 그는 오락과 모임을 좋아하고, 음악과 문학을 알고 느낄 줄 알았으며, 여행을 즐겼다. 시간이 날 때면 책 읽기와 고전 음악 감상, 애국적 전쟁 영화 관람을 즐겼다.

필자는 박보리스의 연구와 그에게 일어난 큰 변화들을 관찰할 기회를 지닌 유일한 사람이었다. 특히 어머니가 세상을 떠난 후, 필자는 그의 창조적인 사고, 실망과 희망, 전문적인 문제점들과 이의 극복이라는 소중한 보물 창고에 접근할 수 있었다. 그와의 대화, 그의 창조적인 활동과 사회적 활동은 필자에게 많은 것을 주었다. 그는 국제적인 연구자들의 세계와 거대한 학문의 장으로 필자를 인도하였다. 필자는 그와 함께 공부하고 의논하고 그의 사상 세계에 존재하면서, 평범한 사람으로서 그의 생각들을 이해하고 발전시키려고 노력하였다. 필자는 앞으로도 그에게 듣고 배운 것을 보전하고 배가시키기 위해 노력할 것이다.

## 2. 유년 시절과 강제 이주, 중앙아시아 국립종합대학교 시절

박보리스는 1931년 1월 4일 블라디보스토크에서 박진연(Пак Дьынен)과 최영애(Цой Ёнай )의 아들로 태어났다. 그는 스탈린 시기, 제2차 세계대전, 후르시쵸프의 "해빙기", 침체기, 그리고 페레스트로이카 등 드라마틱한 순간들로 점철된 삶을 살았다. 특히 한인이라는 민족적 출신은 그의 운명을 매우 특별하게 규정지었다.

1937년 박보리스의 가족은 강제이주령에 따라 카자흐스탄과 중앙아시아로 이동하였다. 처음에는 구리예프(Гурьев)로, 1년 후 우즈베키스탄 타시켄트 니즈니 치르치크(Нижний Чирчик) 구역에 위치한 콜호즈 '동방의병'으로 이주하였다. 첫 해에는 습지에 위치한 초막에서 살고, 이듬해 그들을 위하여 개축한 조그만 집으로 이사하였다. 이 시기 그의 부친은 판에 박힌 죄목인 '일본 첩자'라는 죄목으로 체포되어 1937년 9월 2일 총살되었으나, 가족은 그의 생사 여부도 알지 못했다.

인생은 갑자기 변했다. 박보리스는 1958년 부친이 사후 복권되기까지 20년간 '인민의 적의 아들'로 살았다. 그는 홀로 세 자녀를 키우는 모친과 거의 굶다시피 하는 가족의 생계에 도움이 되고자 고된 육체 노동을 시작하였다. 1943년 형 블라지미르가 코미(Коми) 공화국의 삼림채벌장으로 동원되어 1946년까지 거기에 머물렀고, 집을 돌보는 일은 동생인 보리스에게 지워졌다. 그는 자신의 가족을 비롯하여 강제이주당한 러시아 한인들의 운명에 대하여 여러 번 이야기하였는데, 이런 일들이 자신과 우리에게 매우 중요하다는 사실을 일깨우고자 그렇게 한 것 같다. 그의 모친은 가족을 부양하기 위하여 콜호즈에서 경지 정리와 옥수수 재배를 맡았고, 그는 물이 무릎까지 오는 논에서 일했다. 여름 내내 농사일을 하였으나 한 푼도 받지 못한 적도 있고, 새총으로 참새를 잡아 만두를 만들어 먹은 적도 있다고 한다. 이렇게 혹독한 유년 시절을 보내신 때문인지 그는 접시에 음식 몇 점을 남기는 버릇이 있었다. 아무 것도 먹지 않았을지라도 배고픈 모습을 보이면 안 된다는 일종의 자존심에서 나온 것 같다. 그는 가난할지라도 나약한 모습을 절대로 보이지 말고 어떤 상황에서도 당당하게 살아야 한다고 생각하였다.

박보리스는 공부를 매우 잘 했다. 그는 7년제 학교를 졸업한 후 니즈니 치르치크에 있는 10년제 학교에 입학하였는데, 모스크바와 레닌그라드에서 파견된 교사들이 가르치는 아주 좋은 곳이었다. 그는 아무리 궂은 날씨라 할지라도 아침 6시에 일어나 7km 길을 걸어서 등교하고, 겨울에는 동상에 걸리지 않기 위하여 뛰었다. 9학년 때 부존느(Буденний )라는 솝호즈에 있는 중등학교(средняя школа) — 역자 : 한국의 고등학교에 해당 — 로 전학하여 1950년 '수(秀)'로 졸업하였다. 이 시절 그는 학교 연극회에서 파제예프(А. Фадеев)의 작품 『청년 근위대』에서 알레그 코쉐보이(Олег Кошевой )의 역할을 맡아 이름을 떨쳤다. 이 학교의 졸업자들 중 다수가 고등 교육 기관의 교수가 되었지만, 그는 배우가 되기를 꿈꾸어 여러 연극 학교에 지원서를 내기도 했다. 그는 결국 배우가 되지 못했지만, 만돌린을 연주하고 체쵸뜨까 — 역자 : 음악에 맞추어 발로 바닥을 빠르게 두드리는 춤—를 잘 추는 등 예술적 감각이 남달랐다. 또한 선천적으로 멋진 목소리를 가져 시를 낭독하기도 했다.

중등학교를 졸업한 박보리스는 어려운 가정 형편 때문에 곧바로 대학에 입학할 수 없었다. 그래서 같은 지역에 위치한 '새로운 길'이라는 콜호즈의 초급 중등학교(несредняя школа)에서 역사와 러시아어, 독일어를 가르치는 교사로 1년간 일한 후, 이듬해 타시켄트에 있는 중앙아시아 국립종합대학교의 동방학부에 입학하였다. 이 학교는 지금의 타시켄트국립종합대학교로, 1920년 В. И. 레닌의 직접 명령으로 세워진 중앙아시아 유일의 종합 대학이었다. 그는 이곳에서 역사학을 전공하고 대학 생활 5년간 파키스탄어(урду)를 공부하였는데, 이는 당시 한국어 분과가 없었기 때문이었다. 당시 중앙아시아 국립종합대학교 동방학부에는 저명한 학자인 Г. Л. 본다렙스키와 Н. А. 할핀 등이 근무하고 있었다. 그는 우즈베키스탄 사람들 사이에서 공부하였는데, 이미 과학적 연구에 큰 재능을 보이기 시작하였다. 그는 2학년 때 대학생 컨퍼런스에서 "일본 인민의 자유와 해방을 위한 일본 공산당의 투쟁"이라는 보고서로 최우수상을 받고, 1954년에는 첫 학술 논문을 발표하였다.[1] 엄격한 심사를 통과한 이 논문은 대학에서 발행하는 학술지에 첫 번째로 실리는 영예를 그에게 안겨 주었다. 동방학부 학생들은 의심할 바 없는 리더십, 뛰어난 학업 능력, 업무 수행 능력, 박학다식을 높이 평가하여 그를 콤소몰 지도자로 선출하였다. 이 학부는 우즈베키스탄의 뛰어난 인재들로 구성된 공동체였다. 1956년 최우수 성적으로 대학을 졸업한 그는 타시켄트 우르타-사라이스키 구역(이후 스레드네-치르친스키 구역으로 개명됨)의 콜호즈 '북극성'에 위치한 13번 학교에서 1년간

---

1 Сборник студенческих работ Среднеазиатского государственного университета им. В.И. Ленина. Вып. VII. Востоковедение. Ташкент : Изд-во САГУ, 1954. С.3~15.

교사로 일하고, 1958년부터는 교장으로 일했다.

1960년에 박보리스는 필자의 어머니인 지 안토니나(Ти Антонина)를 만났다. 그녀는 로스토프(Ростов) 대학에서 러시아어 교육을 전공하고, 졸업 후 13번 학교에 파견된 교사였다. 그녀는 옷을 잘 입는 아름답고 세련된 여성으로, 문학과 언어를 잘 알고 오페라와 발레를 좋아하였다. 당시 보리스는 총각으로 콜호즈의 미혼 여성들에게 많은 관심을 받고 있었는데, 안토니나를 만난 후 자신의 운명임을 즉시 깨달았다. 그는 즉시 로스토프에 가서 결혼 허락을 받았다. 그녀의 외조부 지병오(Ти Бён О)는 숙련된 농업 기사였다. 그는 미추린(Мичурин Иван Владимирович, 1855~1935) — 소련의 생물·육종학자 — 의 육종 개량 방식에 심취하였고, 이후 콜호즈 '북극성'에 살 때 뛰어난 노동 업적을 인정받아 두 번의 레닌 훈장을 받기도 했다. 필자는 지금까지도 그의 집에 있던 비옥한 과수원을 기억하고 있다.

박보리스는 8월 31일 결혼한 후 아내와 함께 콜호즈로 돌아왔다. 그는 아내에게 큰 애정을 가지고 있었다. 그는 매우 논리적인 사고 방식과 함께 끈기와 정열을 지닌 사람이었다. 그는 매우 일찍 아버지를 여의고 '두려움을 모르는' 소년으로 자랐고, 심지어는 가출한 적도 있었다. 그의 아내는 매우 다소곳하며 따뜻하고 온화한 성품을 지닌 전통적인 한국 여성이었다. 두 사람은 집에서 언성을 높이는 것을 매우 좋지 않게 생각하였다. 그의 아내는 전 생애를 남편과 자녀를 위하여 희생하였다. 그녀는 남편에게 모스크바의 레닌교육대학교에서 박사 과정을 계속하게 하고, 자신은 콜호즈에 남아 자녀들과 병든 시모를 돌보았다. 그녀는 남편이 1962~1965년 모스크바에서 공부하는 동안 학업에 전념할 수 있도록 최선의 노력을 다했고, 자신의 자녀들이 교육을 받고 자아를 실현할 수 있도록 여러 가지 일들을 했다.

모스크바와 쌍-페쩨르부르그는 박보리스의 마음을 끌었다. 이곳은 장래 그의 작업에 필요한 풍부한 고문서 자료들과 뛰어난 학자들이 집중되어 있는 가장 큰 학문의 중심지였기 때문이다.

## 3. 대학원 시기와 첫 학위 논문

1962년 박보리스는 모스크바 레닌교육대학교의 근현대사 학부의 박사 과정에 입학하였다. 이는 스탈린의 사망으로 인하여 가능한 일이었다. 고려인들은 중앙아시아 지역의 공화국에서만 공부하고 거주해야 한다는 제재가 해제되었기 때문이다. 당시 이 학부에는 후에 탁월한 동방학자가 된 알렉세이 레온찌에비치 나로티니치끼, А. И. 몰록, И. А. 니키찌나, Е. И. 뽀뽀바 교수, 조교수 К. Н. 따따리노바 등이 있었다. 그 중에서도 박보리스의 인생에 특별한 역할을 한 사람은 그의 지도교수 알렉산드르 나우모비치 헤이페츠였다. 그의 초상화는 오랜 세월 동안 박보리스의 연구실 벽에 걸려 있었다.

당시 동양의 근현대와 관련된 소비에트 역사학계의 가장 흥미로운 주제 중 하나는 아시아・아프리카 국가들의 역사적 운명과 피억압 인민들의 해방 운동 발전을 위한 세계 사회주의 체제와 10월 혁명의 영향이었다.[2] 이는 조선의 독립에 있어서 극동 지역 한인들의 역할을 밝히는 것이 자기 민족에 대한 도덕적 의무라고 생각하던 박보리스의 지향점과 일치하였다. 그의 박사 학위 논문의 테마는 "1차 세계대전 전야

2 Пак М.Н. Проблемы развития стран Азии и Африи после второй мирово й вой ны / Пак М.Н. История и историография Кореи. Избранные труд ы. М., 2003. С.170~171.

조선 인민들의 해방 투쟁"이었다. 이 논문은 1909~1914년 조선 인민들의 해방 투쟁 문제를 다룬 최초의 연구였다. 서구 역사학자들의 연구에 따르면, 이 시기의 해방 투쟁은 비밀 결사 조직들과 종교 단체들의 활동에 집중되어 있었다. 그는 자신의 논문에 "이 투쟁이 식민통치자들의 정책에 어떠한 영향을 미쳤는가, 특히 이 투쟁이 일본 제국주의자들이 조선 합병을 실현하는 기간 및 형태와 방법에 어떻게 영향을 미쳤는가를 해명할 것, 일본에 의한 조선 합병 후 초기 시기의 다양한 형태의 항일 투쟁과 이 투쟁에서 인민 대중들의 역할을 연구할 것, 망명한 다양한 부르주아-민족주의적 조직들의 활동과 그들의 해방 운동에서의 역할을 규명할 것"[3]이라는 과제를 세웠다. 그는 기존에 활용되지 않은 고문서 자료들을 연구하기 시작하였고, 그 결과 이 논문은 1910년 여름경 일본 침략자들이 조선 영토 안에 있는 빨치산 저항의 모든 진원지를 진압하는데 성공하였고, 그 결과 의병 부대의 주요 근거지가 러시아 영토인 연해주와 간도(Цзяндао)로 옮겨졌다는 결론에 이르렀다. 그는 러시아 극동 지역에서의 조선인 애국주의자들의 활동을 자세하게 연구한 후, 이곳에서 봉기자들의 모집, 교육 및 무장 사업이 보다 더 조직적으로 이루어졌다는 것을 밝혔다. 또 다양한 형태의 항일투쟁을 살피고 조선에서 이 운동에 참가한 사람들과 러시아 극동 지역과 만주의 조선인 민족주의 조직들과의 연계를 연구한 결과, 투쟁의 주요 형태는 빨치산 운동이었음, 황해도와 함경도에서 가장 강고하고 지속적인 투쟁이 있었음, 러시아 극동 지역과 만주에서 조직된 빨치산 부대들과 협력하여 활동하였음, 이 부대들에는 농민, 노동자, 양반 대표들, 1907년 일본에 의해 해산된 기존 조선의 군인들과 일부 지

3 Пак Б.Д. Освободительная борьба корей ского народа накануне Первой мировой вой ны. Автореферат на соискание ученой степени канд. исто рических наук. М., 1965. С. 5~6.

휘관들이 함께 참여하여 투쟁하였음 등을 보여 주었다.

그는 이 논문에서 문화 계몽 운동과 같은 다른 유형의 해방 투쟁에 대해서도 연구하였다. 이를 위하여 샌프란시스코와 블라디보스토크에서 조선인 정치망명자들이 발간한 조선 신문들도 분석하였다. 당시만 하더라도 한국어를 잘 모르던 그는 자습서와 사전의 도움을 받아 자료를 읽고 번역하였으며, 그리하여 만주와 연해주에서 활동한 동지회, 권업회, 국민회와 같은 가장 굵직한 항일운동 단체들을 밝혔다. 1965년에 통과된 그의 논문은 1년 후 출판사 '나우카(Наука)'의 편집을 거쳐 소련과학아카데미 동방학연구소의 인장을 달고 모스크바에서 단행본으로 출판되었다.[4] 이는 그의 논문이 학계에서 높이 인정되었다는 것을 증명하는 것이었다.

모스크바에서 공부하던 시절, 박보리스에게는 매우 가깝게 지내던 한인 친구, 교사 및 대학원생들이 있었다. 이들 중에는 장차 유명한 학자가 될 한 M. H., 신 A. C., 한 C. A. 등도 있었다. 그들은 훗날 소련과학아카데미 동방학연구소 부소장과 소련과학아카데미 부회원을 역임한 김 Г. Ф.을 중심으로 만나, 한반도의 운명과 한국의 역사, 특히 한국의 독립운동사에 대하여 격렬한 토론을 벌이곤 했다. 특히 신 A. C.는 박보리스의 기숙사 룸메이트로, 그와 모든 것을 공유하였다. 셔츠 한 장과 정장 한 벌을 함께 입을 정도였다.

---

4 Пак Б.Д. Освободительная борьба корей ского народа накануне Первой мировой вой ны. М., 1967.

## 4. 이르쿠츠크 이주

박보리스가 모스크바에서 박사 과정에 입학할 때, 학교 행정 당국은 학위를 마친 후 시베리아에서 일하지 않으면 학위 수여를 철회한다는 조건을 달았었다. 마침 그가 졸업할 무렵 이르쿠츠크 국립사범대학 역사학부가 아시아・아프리카 나라들의 역사를 전공한 사람을 구하고 있었다. 1960년대 초 이쉼(Ишим) 국립사범대학 소련공산당사분과에서 일하고 기존 이 대학의 당 사무국 비서였던 빠벨 페도로비치 꾸라코프를 비롯한 여러 사람들이 그에게 이르쿠츠크로 갈 것을 제안하였다. 그리하여 그는 이르쿠츠크 국립사범대학의 동양국가역사 교사로 파견되었다.

1966년 1월 박보리스의 가족은 이르쿠츠크로 이주하였다. 새로운 생활이 시작되었다. 그는 자신을 종종 '시베리아 사람'이라고 말하고, 시베리아가 제2의 고향이라고 말하곤 했다. 그는 시베리아 땅의 위대한 절경과 이곳에 사는 사람들의 성품을 진심으로 좋아하였다. 시베리아에서 그의 연구 활동은 매우 지속적이고 풍요로웠다. 1968년 9월 일반역사 분과의 조교수로 임명되고, 시베리아에 온 지 겨우 1년 만에 역사학부의 학장이 되었다. 그는 학생들이 가장 좋아하는 교사 중 한 사람이었다. 그의 강의들은 흥미롭고 생동감이 넘쳤다. 서술 방식은 매우 간단명료하고 압축적이고 간결하지만, 내용은 아주 풍부하고 매우 흥미로운 사례들이 동반되었다.

박보리스는 많은 강의와 과중한 일반 업무들에도 불구하고 연구 활동을 멈추지 않았다. 그의 관심 주제는 열강들의 극동 정책과 한・러 관계였다. 그는 지도교수인 헤이페츠와 상의한 끝에 이 주제로 박사후 논문을 쓰기로 결정하였다. 그가 이러한 테마에 매혹된 것은 나로치니치키의 연구물들을 읽고 그와 개인적인 교제를 한 것이 절대적으로 영향을 미친 것이었다. 그에게 가장 큰 영향을 끼친 책은『극동에서 자본주의 열강들의 식민화 정책』이었다. 이 책은 이론적 일반화의 규모와 수준에서는 물론 고문서 자료들의 연구를 통한 풍부한 사실들을 담고 있는 탁월한 연구물로, 19세기 후반 중국, 일본과 러시아와의 관계는 물론 조선과의 관계도 밝히고 있다. 나로치니치키는 대외 정책을 경제, 나라의 내부적인 발전 및 사회적인 인식과 결부시켜 살폈는데, 그에 따르면 대외 정책은 총체적인 역사 과정의 한 부분으로 표출되었다. 그는 차르의 극동 정책의 '계급적 본질'을 "반동적인"[5] 것으로 평가하면서도, 다른 열강들 특히 영국과는 다르게 러시아의 정책은 보다 덜 침략적인 정책을 수행하였다는 점을 강조하였다. "차르의 정책이 침략적인 특성을 지니고 있음에도 불구하고, 러시아는 공격적인 정책의 선두에 설 수 없었다. (…중략…) 태평양에서의 러시아의 정책은 자본주의적인 측면에서 보다 발전된 국가들로부터 러시아의 전제주의적 지주를 보호한다는 기치 아래 발전하였다"[6]는 것이었다. 그의 견해에 따르면 러시아 정부는 영토적 침략을 추구하지 않고 보다 발전된 열강들로부터 자신을 방어하기 위하여 조선의 당시 체제가 유지되기를 바랐다. 이는 극동에서 러시아의 군사력이 취약했고, 조선이 러시아에 적대적인 국가들의 정책 도구가 될 수 있는 전략적 요지였기 때문이다. 박보리스는 자신을 나로치니치키의 계승자라고 생각하였고, 이후『러시아와 코리아』의 책임편집자가 되었다.

흥미롭게도 그의 박사후 논문 테마를 확정할 때, 나로치니치키는 한러관계사를 계속 연구할 필요가 있느냐는 의구심을 표시하였다고 한

5 Нарочницкий А.Л. Колониальная политика капиталистических держа в на Дальнем Востоке.1860～1895 гг. М., 1956. С.351.

6 *Ibid.*, p. 362.

다. 이 주제에 대한 연구가 많지는 않아도 어느 정도 나와 있었기 때문이다. 그러나 그는 자신이 선택한 주제를 고집하였다. 그는 선임자들의 방법을 반복하지 않고, 이전에 사용되지 않은 방대한 자료들을 바탕으로 완전히 독창적인 연구를 수행할 수 있었다.

1974년 박보리스는 「19세기 중반・20세기 초의 러시아와 한국」이라는 제목의 박사후 논문을 마쳤다. 이는 그의 남다른 근면과 집중력 때문에 가능한 일이었다. 1976년 9월 24일 그는 소련장관회 산하 최고자격심사위원회의 결정에 따라 역사학 박사후를 수여받았다. 이후 역사학부의 일반사 분과 책임자가 되고, 1977년 8월 이 분과의 교수가 되었다.

## 5. 주요 연구물

소련과학아카데미 동방학연구소는 '소련과 동양의 국가들'이라는 제하의 시리즈 저서를 발간하기로 결정하고, 박보리스에게 『러시아와 코리아』라는 책을 쓸 것을 제안하였다. 이 작업은 진정한 학문적 업적이 되었다. 그는 박사후 논문을 마친 후에도 추가적으로 방대한 양의 고문서 자료들을 계속 연구하였는데, 이는 앞으로 쓸 글들에서 자신의 논거를 풍부히 하기 위해서였다. 이 작업에 집중한 지 단 2년 만에 그의 연구 성과는 동방문헌소의 편집을 거쳐 단행본으로 출간되었고, 소비에트에서는 물론 세계의 한국학계에서 센세이션을 불러 일으켰다. 과장하지 않더라도, 그는 세계 한국학계와 한러관계사의 방향을 잡은 선구자였다. 그는 나로치니치키와 헤이페츠의 제자로, 한・러 관계 연구사에 결정적인 영향을 끼친 이 분야의 실질적인 지도자이며 권위자였다. 오늘날 많은 이들이 자신을 이 학문적 전통(학파)의 일부라고 생각하고 있다.

이미 고전이 된 박보리스의 저서 『러시아와 코리아』는 한국에 대한 러시아 정책의 초기 상황, 기본적인 방향, 구체적인 내용 및 특수성을 밝히고, 한·러 관계의 태동(13~16세기)에서부터 19세기 중반·20세기 초 극동의 국제적인 형세, 1910년 조선이 일본의 식민지로 전락하기 전까지를 분석하며, 한국에 대한 서구 열강들과 중국 및 일본의 정책을 비교 분석하였다. 이 책은 한국사의 격동기에 러시아가 한 역할을 설명하고 있다. 그의 견해에 의하면, 한·러 관계의 태동기부터 1905년까지 한국에 대한 러시아의 모든 정책의 기본원칙은 한국 영토의 온전한 보전과 독립성 유지였다. 그러나 1905년 이후 러시아 정부는 일본의 방해를 받아 서울에서 공사관 활동을 재개할 수 없었고, 그 결과 1907년 일본과의 공동 정치 협약에 서명하게 되었다는 것이다.

이 책은 차리즘의 극동 정책(한국에 대한 정책을 포함하여)과 러시아의 사회경제적 상황과의 상호 관계를 확고히 보여 주었다. 박보리스는 한국이 독립을 유지하는 것이 러시아의 국익에 부합하는 것이었다고 누차 강조하였다. 방대한 러시아 영토의 안전을 위해서는 한국이 러시아에 적대적인 열강들의 교두보가 되면 안 된다는 것이다. 그러나 미국과 영국을 비롯한 서구 열강들은 일본을 지지하였고, 때문에 러시아는 한국이 일본의 식민지가 되는 것을 막지 못했다는 것이다. 그에 따르면, 한러관계사에서 러시아는 한국에 대하여 항상 우호적이었으며, 한국의 영토를 무력으로 장악하려 하지 않았다. 그리고 이러한 생각은 오늘날 러시아와 세계 역사학계에서 공인되었다.

박보리스는 한국에 대한 러시아의 정책이 역사적으로만이 아니라 실용적인 면에서도 정당한 것이었다는 점을 입증하였다. 정책을 수행할 시에 나타난 전술적 실수와 오류를 깨달을 수 있게 도움을 주었고, 러시아가 대외 정책에 있어 어떻게 러시아와 한국 및 세계공동체의 이익을 위하여 사건을 통제하고 상황을 조성할 수 있었는지를 보여 주었다. 2004년 증보판은 그의 세계관과 견해를 확증하였다.

『러시아와 코리아』는 심도 있고 많은 줄거리를 담고 있는 연구서로, 한러관계사와 관련된 분야를 지속적으로 연구하려는 사람에게는 일종의 항해도이다. 박보리스는 양국 관계에 대한 다수의 견해들을 포괄하는 다면적인 그림을 그리는 한편, 각 사안들의 가장 중요한 요소를 분리해 내었다. 그는 한국에 대한 서로 다른 열강들의 입장의 특징을 비교하였다. 한러관계사에 대한 그의 결론은 관련 사실들과 형성 메카니즘을 재검토하고, 이를 실현할 수 있는 길을 밝히게 할 수 있는 기회를 주었다. 이 책을 집필하는 데 방대한 자료가 사용되었다. 그는 서방 학자들은 물론 일본, 한국, 중국 학자들의 글까지 연구하였다. 뿐만 아니라 그는 어렵고 복잡한 학문적 문제를 쉽게 이해시키는 데 성공하였다.

박보리스가 『러시아와 코리아』에서 제시한 목적과 사안들은 일군의 연구 집단을 낳았다. 이 유산은 후세의 러시아와 외국의 역사학도들에게 길을 개척한 것이고, 한러관계사 연구에 있어 새롭고 창조적인 길을 가게끔 연구자들을 고무한 것이다. 그가 제시한 개념은 한러관계사를 연구하고자 하는 모든 이들에게 어떤 식으로든 작용할 것이다.

박보리스의 연구물은 2010년까지는 번역되지 않았지만 외국에 매우 잘 알려져 있었으며, 열강들의 조선 정책, 한국에 대한 러시아와 일본의 상호 관계를 밝히는 연구물들에서 활용되었다(신승권,[7] 최문형,[8] 김용구,9 박태근,10 권희영11 등). 1990년대에서 2000년대 초기에 모스크바와

7 Seung Kwon Synn. The Russo-Japanese Rivalry over Korea.1876~1904. Seoul : Yuk Phub Sa, 1981.

8 Чхве Мунхён. The Major powers' East Asian Policy(Ёльганъ-ый донъасиа чхон чхэк). Сеул : Ильчогак, 1979; Он же. Хангук-ыль туллоссан чегукджу-ый ёльган-ый какчхук(Соперничество империалистических держав из-за Кореи). Сеул : Чисик санопса, 2001.

쌍-뻬쩨르부르그에서 공부하던 남한의 젊은 학자들이 낸 1990년대의 한러관계사에 관한 연구물들 역시 상당 부분 그의 학문적 유산에 의거한 것이었다(박종효,12 최덕규,13 김종헌,14 박노벽,15 김영수,16 박재근,17 박종수18 등). 그가 밝힌 사실들은 현대 한·러 관계의 문제들을 이해하고 분석하는데 여전히 유효하다.

1990년대는 박보리스의 학문 활동의 최전성기였다. 당시 그의 가장 큰 이정표는 조선의 항일 민족 해방 운동이었다. 스스로가 한인이라는 것을

---

9 Ким Ёнгу. Korean Diplomatic History(Хангук вэгёса ёнгу) Сеул : Нанам, 1996; Он же. Имо кумран-ква капсин чонъбён : садэ чилсо-ый пёнхёнъ-ква хангук вегёса(Военный мятеж в год имо и переворот в год капсин : Возрождение порядка преклонения перед сильным и дипломатическая история Кореи:). Сеул : Тосо чхулпхан вон, 2004.

10 Пак Тхэгын. Росия-ый тонбан кённяк-ква сугё иджон-ый ханно кёсоп (1861 нён иджон) (Российское управление чужой территорией на востоке и корейско-русские связи до установления дружественных отношений (до 1861 г.))//Хан-Но кванге 100 нёнса /Столетняя история российско-корейских отношений . Сеул, 1984.

11 Квон Хиён. Хангук-ква Росия : кванге-ва пёнхва(Корея и Россия : отношения и изменения). Сеул, 2000.

12 Пак Чонхё. Россия и Корея. 1895～1898. М., 1993; Он же.Русско-японская вой на 1904～1905 гг. и Корея. М., 1997.

13 Чой Доккю. Россия в Корее. 1893～1905 гг.(Политика Министерства финансов и Морского министерства) СПб , 1996.

14 Ким Чжон Хон. Русско-корейские дипломатические отношения в 1884～1904 гг. :дисс. канд. исторических наук. М. : МГУ, 2000.

15 Пак Ро-Бег. История Корейско-Российских отношений (торгово-экономические аспекты)1884～1903 гг. :автореф. дисс. канд. исторических наук. М. : Дип.акад.МИД РФ, 1993. ≪Хан-но кёнджеса кванге 20 нён - 1884～1904(20 летняя история корейско-российских экономических отношений . 1884～1904). Сеул : Хануль акхадеми, 1994.

16 Ким Ён-су. Корейский вопрос в политике России на Дальнем Востоке в конце XIX - начале XX вв. :дисс.. канд. исторических наук. М. : МГУ, 2006.

17 Ким Ён-су. Корейский вопрос в политике России на Дальнем Востоке в конце XIX - начале XX вв. :дисс.. канд. исторических наук. М. : МГУ, 2006.

18 Ким Ён-су. Корейский вопрос в политике России на Дальнем Востоке в конце XIX - начале XX вв. :дисс.. канд. исторических наук. М. : МГУ, 2006.

절대 잊은 적이 없는 만큼, 이 주제는 그에게 특별한 의미였다. 그는 자신의 역사적 조국인 한국을 자랑스럽게 여겼다. 그는 짧은 기간에 이루어진 놀라운 경제적인 성과들에 대해 탄복하고, 조국의 번영을 진심으로 기원하였다. 그는 한민족이 재능과 근면성을 부여받았기 때문에 러시아와 세계 발전에 큰 공헌을 할 수 있었다고 항상 강조하였다.

이 테마와 관련하여 이 시기에 두 권의 단행본이 나왔다. 『러시아 외교관의 눈으로 본 1919년 3・1운동』(이르쿠츠크, 1997, 한국 학자 박태근과 공저)과 『하얼빈역에서의 징벌』(이르쿠츠크, 1998)이 그것이다. 전자는 1912년 러시아 외무부 서울 주재 러시아 총영사관으로 부임하여 1919년 3・1운동을 목격한 Я. Я. 류트쉬의 자세한 보고를 모은 모음집이다. 박보리스는 서문에서 이 운동의 역사적 의미를 평가하고, 연해주와 만주의 한인들이 이 운동에 어떻게 참가하였는지 다루었다. 후자는 민족 영웅 안중근의 삶과 애국적 활동을 다룬 연구서로, 이 위대한 인물의 역사적 의미를 완전히 밝혔다는 점, 그리고 러시아 동방학자들과 역사학자들이 달성한 연구 성과들을 총체화한 연구서라는 점에서 본질적으로 최초이다. 이 책은 고문서 자료는 물론 안중근의 삶과 애국적 투쟁 시기에 관련된 면밀하게 선정된 역사적 자료들을 깊이 연구하여 작성되었다. 그는 이 책을 통하여 안중근이 모험적인 단독 테러리스트가 아니라 한국 독립을 위한 민족 해방 운동의 대표이자 투사였다는 점을 강조하였다.

박보리스 드미리예비치라는 그의 이름은 러시아 한인 발전사와 전적으로 연관되어 있다. 그는 자기 민족의 역사와 많은 동포들의 비극적 운명을 자신의 학문 연구 활동의 가장 중요한 지표로 생각하였다. 그는 이 영역에서도 역시 선구자였다. 그는 이 문제와 관련하여 1990년대 하반기에 『러시아 제국의 한인들』(이르쿠츠크, 1994)과 『소비에트 러시아의 한인들』(이르쿠츠크, 1995)을 발간하였다. 이 책들은 러시아는 물론 한국과 일본, 중국 및 미국의 러시아한인사 이해에 큰 영향을 끼쳤다. 특히 한국에서는 러시아한인사를 연구하는 학자들이 나타났다. 박환과 반병률, 황영삼이 그들이다.

1994년 이르쿠츠크에서 발행된 『러시아 제국의 한인들. 극동의 시기』는 시리즈 '유라시아의 한인들'의 첫 번째 저서이다. 이 책은 1917년 2월 차르 체제가 전복되기 전인 1850~60년대에 연해주와 프리아무르로의 한인들의 최초의 이주 시기부터 러시아 제국으로의 한인 이주사를 최초로 살펴보았다. 그는 한인 강제 이주의 주요 단계들을 총체적으로 밝히면서, 이주 한인들의 경제적·법적 상황, 정부 당국과 극동 당국 및 러시아 평민들의 태도 등을 분석하였다. 이 책의 핵심적인 사안은 1910년 이후 러시아 이주민들이 한인들의 민족 해방 운동과 항일 투쟁에 광범위하게 참여하였다는 부분이다. 그는 한국이 일본의 식민지가 된 후 만주와 연해주가 일제에 저항하는 한인 애국자들의 주요 투쟁의 근거지가 되었다고 밝히는 한편, 이주 한인 단체들의 항일 투쟁과 그들의 역할, 일본 점령자들에 대항한 무장 투쟁 단체와 러시아와 중국의 한인 주민들 사이에서의 문화계몽운동을 규명하였다.

박보리스의 두 번째 단행본인 『소비에트 러시아의 한인들(1917~1930년대 말)』은 미리 계획된 3권의 시리즈물인 '러시아, 소련, 독립국가연합의 한인들의 운명'의 첫 번째 책이다. 이 책은 1917년 소비에트 권력이 성립된 시기부터 1930년대 말 스탈린 체제에 의하여 극동 지역에서 카자흐스탄과 중앙아시아로 강제이주되기 전까지의 소비에트 러시아에서의 한인 주민들의 경제적, 정치적, 법적 상황을 분석하였다. 학계에서는 최초로 사용하는 새로운 고문서 자료들과 일련의 여러 자료들에 의거하여, 그는 외세의 간섭에 저항한 한인 노동자들의 투쟁을 밝혔다. 또한 극동에서의 소비에트화, 토지 정리 작업의 진행과정 및 특히 1920년대 말에서 1930년대 상반기에 실시된 소위 '사회주의 건설의 전개' 시기에 대하여 중점적으로 다루었다.

## 6. 모스크바 이주와 러시아과학아카데미 동방학연구소에서의 연구

1999년 러시아과학아카데미 동방학연구소 소속 한국·몽골 분과의 분과장 바닌(Ю.В. Ванин)이 박보리스에게 책임연구원 자리를 제안하였다. 그는 이 제안을 받아들이고, 1999년 10월부터 2010년 12월 24일까지 동방학연구소의 한국·몽골 분과에서 일하게 된다.

고향과도 같았던 이르쿠츠크와 국립사범대학을 떠나는 것은 몹시 어려운 일이었다. 그러나 모스크바에는 특별한 연구 활동의 가능성이 열려 있었고, 한국학을 연구하는 친구도 살고 있었다. 한(М. Н. Хан)과 그의 아내 라이사 인체로브나, 딸 라리사를 언급하지 않을 수 없다. 필자는 이르쿠츠크에 살던 시절에도 그의 집을 종종 방문하였다. 모스크바로 이사를 온 뒤로는 더 자주, 명절이나 생일 때마다 어김없이 왕래하게 되었다. 분과장 바닌은 박보리스의 오래된 공동 집필자이자 그의 가족의 친한 친구였다. 또한 그의 논문집 '러시아 한인들'(Россий ские ко рей цы)의 감수와 책임 편집을 맡아 주었다.

그는 한국·몽골 분과의 동료들인 그랴즈노브이(Г. В. Грязновый ), 시니찌니(Б. В. Синицыныйй ), 로쉬느이(С. К. Рощиный ), 박(В. П. Пак), 골리만(М. И. Гольман), 나디로브이(Щ. Г. Надировый ), 젤레즈냐꼬브이(А. С. Железняковый ), 쩬디나야(А. Д. Цендиная), 오를로바야(К. В. Орловая) 등과 아주 친하게 지냈다. 채 블라디미르 일리치(Цай Владимир Ильич) 해군 제독은 그가 러시아 한인들에 대한 시리즈물을 출판할 때 아낌없는 지원을 보냈다. 전 러고려인연합회 회장인 조 바실리(В. И. Цо)도 마찬가지였다.

이 시기 아버지의 창작 활동은 그의 전 생애를 통해 볼 때 특히 혁혁한 성과를 거두었다. 과거에 운명은 그에게 단 한 차례도 이처럼 완전하고 체계적인 연구 활동을 할 수 있는 가능성을 주지 않았다. 우선 그는 한인들의 러시아 이주 140주년 기념에 즈음하여 부가이(Н. Ф. Бугай )와 『러시아에서의 140년. 러시아 한인사 개요』(140 лет в России. Очерк истории россий сих корей цев, М., 2004)를 공동 집필하였다. 이것은 한국어로 번역되었고, 러시아한인사에 관한 아주 중요한 서적의 하나가 되었다. 140년에 걸친 러시아한인이주사의 흔적을 추적한 이 책은 러시아 제국과 소연방 그리고 포스트 소비에트 시대의 러시아에서 그들의 사회-경제적, 문화적 발전과 법적 지위 등을 기술하였다.

2006년 박보리스는 『소연방, 코민테른 그리고 한국해방운동. 1918~1925(СССР, Коминтерн и корей ское освободиельное движение. 1918~1925)』를 발표하였다. 그는 소연방과 중국에서 활동한 한국 사회주의 및 공산주의 조직들에 대한 러시아공산당 볼셰비키와 소연방공산당 볼셰비키, 코민테른의 정책을, 고문서보관소의 자료들을 활용하여 분석하였다. 또한 코민테른 집행위원회 산하의 개별 부처 즉, 코민테른 집행위원회 극동부처 산하의 고려 사무국(뷰로), 한국에서 직접 공산당을 조직하는 임무를 맡은 블라디보스토크 사무국, 그리고 1925년 서울 한국공산당 대회의 개최를 준비했던 국내 사무국 등의 활동도 분석하였다. 이를 통하여 그는 당시 한국의 해방 운동이 소연방에 의지하고 있었고 코민테른과 상호 영향을 주고받았다는 결론에 도달하였다. 하지만 그들이 동일한 영향을 끼친 것은 아니었다. 왜냐하면 소비에트 정부와 코민테른 집행위원회는 소연방의 국제적 위상과 세계 공산주의 운동의 전술 등에 따라 한국에 대한 자신의 입장을 바꾸었기 때문이다. 이는 한국의 해방 운동에 일정 정도 부정적인 영향을 끼쳤다. 그에 따르면 한국 해방 운동의 가장 큰 약점은 통일성의 부족이었다.

박보리스는 러시아 한인 디아스포라의 뛰어난 인물, 러시아 문화와 한국 전통 문화를 접목시킨 인물, 일제에 대항해 조국을 지키기 위해 투쟁한 인물을 다룬 시리즈 『러시아의 한인들(Россий ские корей цы)』을 출판한 장본인이다. 그는 이 시리즈의 모든 책들(『김만겸(Ким Мангым)』, 『한명세(Хан Мёнсе)』, 『이범진(Ли Бомджин)』, 『러시아에서의 140년』(부가이와 공동 집필), 『김병화(Ким Пенхва)』, 『알렉산드라 김-스딴께비치(А. П. Ким-СТанкевич)』, 『최재형(Чхве Джэхён)』, 『한국 독립을 위한 러시아 한인들의 투쟁. 1905~1919년(Борьба россий ских корей цев за независимость Кореи. 1905~1919 гг)』, 『소비에트의 한인들 : 1941~1945년 위대한 조국전쟁의 참전자들(Советские корей цы : участники Великой Отечественной вой ны 1941~1945 гг.)』)의 저자이자 감수자이고 편집자이다. 그는 이 시리즈에서 처음으로, 국립 고문서보관소와 가족들이 소장하고 있던 문서들을 종합하여 혁명 이전과 소비에트 시기의 탁월한 한인 대표들의 전기를 상세하게 기술하였다. 여기에는 스탈린 시대에 박해를 받았던 인물들도 포함되어 있다. 이것은 민주주의 사회, 민족 문화의 복원이 시작되었기 때문에 가능한 일이었다. 이 시리즈는 저널리스트이자 저명한 사회 활동가였고 학자이자 평론가였던 인물 김만겸을 필두로 시작되었다. 그에 대한 책에서는 1900년대 초기 20년 동안 러시아 한인들이 처했던 상황을 깊이 있게 분석하였다.

2002년 러시아 주재 대한제국 영사관의 초대 영사를 지낸 이범진의 탄생 150주년을 기념하여 『이범진』이 출판되었다. 이 책은 이범진과 그의 아들, 그의 손자 이위종을 그리고, 그들의 삶과 활동에서 중요했던 순간들을 조명하였다. 또한 한국사와 러시아 한인들과의 관계에서 그들과 관계된 에피소드들도 다루었다.

2009년 이 시리즈의 일환으로 1904~1905년부터 3・1운동까지 러일전쟁 당시 한국 독립을 쟁취하기 위해 벌인 러시아 한인들의 영웅적인 투쟁을 기록한 대작이 출판되었다. 이 책에서는 독립 투쟁의 다양한 유형들을 분석하고, 1919년 3・1운동에 대한 회답으로 러시아 연해주에서 발생한 한인들의 용맹한 시위를 상세하게 그렸다.

한국 여성 최초로 러시아 사회민주주의 노동자당 쉐세비키의 당원을 지낸 유명한 혁명운동가이자 국제주의자인 김-스딴께비치의 삶과 활동에서 잘 알려지지 않은 에피소드들을 기술한 『알렉산드라 김-스딴께비치』가 출판되었다. 이 책에는 고문서보관소에 소장되어 있던 동지들의 회고와 다른 자료들이 포함되어 있다.

『김병화』는 내전 당시 극동에서 발생한 반일 투쟁에 참가하고, 콜호즈 '북극성'을 진두지휘한 공로를 인정받아 두 번에 걸쳐 사회주의 노동 영웅 칭호를 받은 한 인물에 대한 전기이다. 이 책에서는 콜호즈의 역사와 극동에서 우즈베키스탄으로 이주한 이후 한인들의 인생 역정을 이야기하였다.

박보리스 생전에 마지막으로 출판된 책은 『최재형』이다. 이 책은 극동 첫 한인 이주민들의 수장이자 반일 운동의 지도자였던 최재형의 탄생 150주년을 기념하기 위해 출판되었다. 이 책에는 전기와 학술 논문 그리고 고문서보관소의 자료들까지, 그에 대한 포괄적이고 다양한 자료들이 포함되어 있다.

박보리스는 고문서 학자로서 대단한 활동을 했다. 고문서에 정통했던 그는 바닌과 함께 『1895~1945년 러시아인의 눈으로 본 한국(Корея глазами россиян 1895~1945)』과 『한국에 대한 첫 보도. 1675~1884』라는 제하의 자료와 문서모음집을 만들고 편집하였다. 이 모음집들에는 한국사와 한・러 관계에 대한, 거의 알려지지 않은 문서들과 고문서보관소에 소장되어 있어서 전에는 한 번도 세상에 빛을 본 적이 없는 자료들과 문서들이 포함되어 있다. 이 자료들은 한국사와 러시아 한국학사에 관한 아주 귀중한 사료이다. 그는 200여 편이 넘는 학술 논문을 집필하였다.

## 7. 박보리스의 학파

박보리스는 오랫동안 활발한 학문 활동을 펼쳤다. 이를 입증할 수 있는 가장 객관적인 증거는 그의 활동이 주로 러시아에서, 그리고 한국, 일본 그리고 중국에서도 어느 정도 새로운 학문의 발전과 태동을 추동시켰다는 것이다. А. И. 구진, С. И. 루쟈닌, С. А. 쿠즈네초프, Б. Б. 박, В. И. 다치셴, А. Л. 아니시모프, Л. И. 이바누바, С. Б. 빠닌, Е. К. 뿌홉스카야, П. П. 스투핀, А. И. 시테인가우스, В. В. 시니체코, Н. Е. 쿠찌세프, А. В. 코쥬라 같은, 이 새 학문의 주창자들은 그가 마련한 원칙과 명제에 근거하여 자신들의 이론을 발전시켰다.

박보리스의 가장 뛰어난 업적 중 하나는 그가 러시아계 한국인 중 처음으로 '러시아연방의 학문을 빛낸 영광스런 인물'로 선정되고(1992), 러시아과학아카데미의 정회원으로 발탁되었다(1995)는 점이다. 또한 그는 1991년부터 한국국사편찬위원회의 위원직을 맡고, 그 이듬해부터는 독립기념관의 연구위원으로 활동하였다.

그는 이르쿠츠크 국립교육대학교 사학과(세계사학과가 개명된 것)의 정교수이자 학과장을 맡으면서 1965년부터 1999년까지 근 34년간 역사학 전공자인 교육활동가와 초중고 교사들을 양성하는데 힘썼는데, 이때 역사학 교사들의 성공적인 양성, 뛰어난 학문 활동을 인정받아 '인문 교육의 최고 권위자', '소연방 교육 부문의 최고 인물', '소연방 최고 학술인' 등의 상을 받았다.

그는 동양학 전공자들의 양성에도 많은 노력을 기울였다. 그는 러시아 연방 교육부의 방침에 따라 러시아, 시베리아 그리고 동양 여러 민족들의 관계사를 연구하기 위한 동시베리아의 젊은 동양학도들의 학술 단체(학파)를 창립하였다. 1990년대에는 이르쿠츠크, 똠스끄 그리고 부랴뜨국립대학교에서 박사후 학위 심사를 담당하는 특별위원회의 위원을 지냈다.

박보리스의 위대한 학문적 유산은 그의 후학들의 활동 속에서 이어지고 있다. 그는 천부적인 재능을 타고났을 뿐만 아니라 자신의 직업의식이 투철한 인간으로서 이후 세대의 학생들과 다른 학자들에게 지대한 영향을 주었다. 한국에서 유학 온 수많은 박사과정생과 박사후과정생들이 학위 논문을 작성할 때 그가 많은 조언과 도움을 주었지만, 이런 사례들은 제외시킨다 하더라도, 그의 지도를 받아 12명의 박사와 박사후가 탄생하였다. 그 중 상당수가 여러 대학의 다양한 인문대학 학부에서 근무하고 있다.

박보리스는 자신의 은사인 나로치니츠키와 헤이페츠의 뒤를 이어 자신의 학파를 만들었다. 그는 자신의 후학에게 무엇보다도, 진부한 이론이 아니라 사실과 사실을 전하는 문서들을 신뢰하라고 했으며 그들이 고문서를 분석하고 연구할 수 있도록 가르쳤다. 역사적인 사료들에 대한 관심, 그 사료들을 분석할 때 보이는 뛰어난 직업의식은 그의 학파의 두드러진 특징이다.

그는 자신의 후학과 동료를 무척 아꼈다. 이는 그들의 능력이나 가능성과는 별개였다. 그는 항상 그들에게 힘을 주면서 도닥이고 그들의 능력에 맞는 직무를 맡겼다. 또한 시간이 흐르면서 그들의 성과물이 사장되지 않도록 하려고 애썼다. 그래서 많은 사람들이 자신의 학위 논문과 책, 다른 출판물이나 연구 업적, 자신의 삶과 일상적 생활 조건의 향상을 그에게 맡기려 했다. 예를 들어 그는 조교 시절부터 학과의 조교수가 될 때까지 그와 같은 길을 걸어온 푸호프스카야(Е. И. Пуховская)가 아파트를 얻는 것을 도왔다. 또 허가이(И. Е. Хегай )가 학위 논문을 끝마치고 출판할 수 있도록 도왔고, 이르쿠츠크 직업 학교에 입학하기 위하여 이르쿠츠크에 온 많은 친지들을 도왔다. 이 모든 것이 그의 가족에게는 종종 피해를 주었는데 즉, 필자와 필자의 동생 올가는 그와 대화할 시간을 거의 찾을 수가 없었다. 물론 궁핍하지는 않았다. 그러나 필요한 모든 것이 있었음에도 불구하고 삶은 힘들었다. 어린 필자는 왜 낡고 비좁은 집에서 더 넓은 아파트로 이사를 하지 않는지 이해할 수 없었다. 지금은 그가 지나치게 자신의 일과 연구소에 몰두해 있었으며 다른 사람들의 문제를 자기의 것으로 생각하며 살았다는 사실을 알고 있다.

사실 그는 전혀 현실적인 사람이 아니었다. 일상에서 그는 외부 세계에 적응하지 못하는 사람처럼, 보호가 필요한 사람이었다. 그에게 스스로를 돌보라고 요청하는 것은 불편한 일이었다. 그는 자신을 위해 '잘 처신하는 방법'을 몰랐다. 하지만 아마, 바로 이렇게 현실 감각이 떨어졌기 때문에 자신의 일에 몰두하고, 또 자신의 활동 영역에 사람들을 끌어들일 수 있었으리라 생각된다. 그는 매우 질서정연한 사람이어서 성급함이나 타협과는 거리가 멀었다. 그에게는 러시아인의 피가 한 방울도 흐르지 않았지만 세계관, 정신, 습관에 있어서 그는 오래된 가문의 러시아인이나 마찬가지였다.

## 8. 국제아시아연구센터의 설립

이르쿠츠크 국립교육대학교 사학과의 학장을 맡고 있는 동안 박보리스는 대학 산하에 국제아시아연구센터를 설립하였다. 이 센터는 러시아와 동양 여러 국가들 사이의 역사-문화, 무역-경제, 정치-외교 관계의 발전과 여러 세기 동안 이어져 온 전통에 대한 학문적 연구를 목적으로 설립되었다. 그의 수많은 노력의 결과, 이곳은 시베리아에 있는 아시아 연구 기관 중 가장 유명한 기관이 되었다.

국제아시아연구센터의 설립으로 그는, 자신의 이상을 국제적 규모로 발전시킬 수 있었다. 그의 동료들은 연구 결과를 바탕으로 저서, 교과서, 논문집, 아시아와 아프리카의 역사에 관한 방법론적 지침서들을 출판하고, 박사 및 박사후 논문을 준비하는 학생 연구자들을 위하여 졸업 논문과 소논문 지침서도 만들었다. 또한 러시아, 시베리아와 동양 제 국가들의 민족 문제에 관한 학내는 물론 지역적 규모와 전(全)러시아 및 국제적 규모의 학술방법론, 학문 및 실천적 학술대회를 개최하고, 교사들을 위해 러시아 연방의 국제전략사에 관한 세미나들을 수행하였다.

박보리스는 이 센터를 사랑하여 할 수 있는 한 이곳을 보살폈다. 그는 개인적으로 선물 받은 지도들, 집에 있던 한국의 조각품과 책들을 가져다 놓았다. 특수 책장을 주문하였다면서 기뻐하던 그의 모습이 아직도 생생하다. 그는 센터에 기술 장비를 갖추는 일과 도서관을 정기적으로 확장하는 일에 가장 큰 의미를 부여하였다. 해마다 센터의 내부는 무언가로 새롭게 단장되었으며 또한 새 가죽 가구들도 구입하였다. 사람들이 모여들어 도움을 주었지만, 센터에 머물면서 '모든 과정'을 진두지휘하고 많은 일들을 처리한 것은 그였다.

박보리스의 또 다른 특징은, 의식적으로 학문의 길에 들어선 후 열정적인 직업의식과 책임감으로 학문에 몰두하고, 가정보다는 연구소와 센터에 더 매달렸다는 것이다. 하루 중 어느 때든지 그에게 전화해서 그를 만날 수 있었는데, 그는 그 누구와의 만남도, 그 누구에 대한 도움이나 지원도 거부하지 않았다. 그가 모스크바로 전임하겠다는 결정을 내리면서, 자신에게 너무나도 소중한 은신처를 그리고 동료들과 친한 친구들을 이곳에 남겨두고 떠나야 하고, 또 자신이 사랑하는 이르쿠츠크 국립교육대학교의 사학과와 작별을 한다는 현실에 직면하게 되자, 그는 깊은 우울증에 빠졌다.

박보리스의 지휘 하에 이루어진, 국제아시아연구센터 동료들의 학문적 연구 분야는 러시아와 중국, 인도, 일본, 한국, 몽골, 대만, 필리핀, 아프가니스탄, 이란, 터키, 뉴질랜드, 오스트레일리아, 에티오피아, 이집트, 잠비아와 같은 아시아, 아프리카, 아시아-태평양 지역 여러 국가들의 경제, 정치, 문화적 교류, 외교 관계에 관한 모든 것을 망라하게 되었다.

그가 지휘한 국제아시아연구센터는 이르쿠츠크 국립교육기관과 지역 국립 교육 기관에서의 동양 여러 국가들의 경제, 정치적 발전, 아시아, 아프리카와 오세아니아의 민족해방운동, 러시아연방의 국제관계와 대외정책에 관한 역사교사 자격취득 과정을 위해 강의와 특강을 진행하였다. 국제아시아연구센터는 이르쿠츠크 주 및 도시 행정부처와 공동으로, 이르쿠츠크 시와 이르쿠츠크 주의 행정과 경제 담당관들의 자질 향상을 위한 교육과정생들을 위해 동양과 아시아-태평양 연안 국가들의 사회-경제, 정치적 발전, 러시아연방의 대외정책에 관한 강의를 개발하였다.

그는 이르쿠츠크 국립교육대학교 산하 국제아시아연구센터의 소장으로서 이르쿠츠크 국립교육대학과 한국, 중국, 일본, 몽골 그리고 미국 등에 있는 외국의 학술연구기관과의 국제교류를 발전시켰다. 그는 서울, 대구, 베이징, 대련, 오사카, 울란바토르, 뉴욕 등에 있는 학술 기관을 방문하여 당시 동아시아에 관한 저명한 역사학자들과 개인적으로 끈끈한 친분을 쌓았다. 바로 이런 이유로 한국 학자들이 가장 먼저 한국 공산당이 활동했던 이르쿠츠크의 고문서보관서에서 연구를 하고, 또 직접 바이칼을 볼 수 있는 기회를 가지게 되었다. 그는 모스크바, 쌍-뻬쩨르부르그, 노보시비리스크, 하바롭스크, 블라디보스토크에 있는 다른 동양학 연구기관들 그리고 러시아과학아카데미 산하의 동방학 연구소, 한국 대구의 경북대학교, 경일대학교와 공동으로 러시아, 시베리아, 동양 여러 민족들의 상호관계에 관한 5개국 연합 국제학술대회를 개최하였다. 이 대회에는 중국, 몽골, 일본 미국의 저명한 학자들이 참가하였다. 이 때 그는 편집장의 자격으로 '이르쿠츠크 국립교육대학 산하 국제아시아연구센터의 기관지' 12호를 발간하였다.

## 9. 국제적·사회적 활동

박보리스는 러시아와 한국 학술 기관 및 연구자 사이에 학문적 공동연구의 기반을 잡는 데 많은 노력을 기울였다. 그는 1980년대에 한국 국립역사연구소의 컨설턴트 겸 해외연구원이 되었다. 또한 서울, 인천, 대구, 경주(이하 한국), 도쿄와 오사카, 부다페스트, 뉴욕, 모스크바, 쌍-뻬쩨르부르그, 이르쿠츠크, 하바롭스크와 블라디보스토크에서 개최되는 국제학술대회와 심포지엄에 적극적으로 참가하였다. 그는 외국에 있는 한국 연구 기관들과 적극적으로 공조하였다. 도쿄에 있는 한국문화센터 '아리랑'의 개설과 그 준비 과정에 참가하고, 우즈베키스탄에 있는 한국문화센터연합 활동에 참가하고, 위대한 러시아계 한국인이자 우즈베키스탄에 있는 유명한 한국인 콜호즈 '북극성'의 책임자인 김병화의 전기를 집필하였다.

박보리스는 사회-정치활동에도 적극적이었다. 그는 이르쿠츠크 노동자 소비에트의 대의원을 지냈고, 소연방 이르쿠츠크 지역 공산당의 강사였으며, 동시베리아의 여러 도시에서 강의하고, '지식(Знание)'이라는 협회의 이르쿠츠크 주 조직 산하에 있는 '국제문제전문가' 분과를 이끌었다. 그는 여러 문제에 관해 강의를 하는 강사였다. 그의 강의 주제는 소비에트 국가들의 대외정책과 국제 정세에 대한 규명부터 시작해서, 국제 공산주의, 민족해방운동 문제, 세계혁명운동에서 발생하는 지엽적인 다른 문제들에 이르렀다. 그의 이름은 주의 중심부에 거주하는 지역민들과 앙가르스크, 부랴트스크, 우스찌-일림스크, 따이쉐트, 체렘호프를 비롯하여 주의 다른 도시와 지역민에게 아주 널리 알려졌는데, 그의 명성을 동료 강사들이 적극 활용하였다. 그는 1990년대 이르쿠츠크 고려인연합회의 회장을 역임하고, 전 러시아고려인연합회의 열성 회원이었다. 또한 KBS가 역사스페셜의 일환으로 안중근, 민명선, 민영환의 모스크바 체류 당시의 활동상을 담은 다큐멘터리 영상을 제작할 때 학문적 조언을 주었다.

박보리스의 학문적, 사회적 활동은 조국에서도, 외국에서도 높게 평가되고 있다. 학문과 교육 부문에서 이루어진 인재 양성 활동이 성공하고, 또 중국, 한국, 몽골과 같은 외국 여러 나라들과의 학문과 문화적 교류를 발전시키는데 기울인 공로가 인정되면서 그는, 독립국가연합의 아주 뛰어난 학자라는 칭호를 받게 되었으며 러시아 연방, 몽골(몽골 혁명 50주년 기념)과 한국에서 러시아계 한국인 중 최초로 '우정(Дружба)'이라는 메달을 수상하였다.

## 10. 마지막 시기

박보리스의 말년은 유감스럽게도 큰 병으로 인하여 우울하였다. 그는 3년을 꼬박 만성신장장애라는 병과 싸우면서 죽기 직전까지 이틀에 한 번씩 혈액 투석을 받았다. 그는 이렇게 힘들고 위험한 중에도 활동을 멈추지 않았는데, 아마 이것이 그를 살게 하는 힘이었을 것이다.

투석을 한 날이면 그는 항상 힘이 없었다. 얼마간은 앞만 바라보면서 하염없이 앉아 있다가 점차 기운을 차리고는 했다. 그의 가족은 그의 혈소판과 적혈구 수치가 위험하지 않은지 늘 지켜봐야만 했다. 이를 위해서는 식이요법을 엄격하게 지켜야 하고, 다른 음식은 섭취해서는 안 됐다. 매일 힘든 과정이 계속되었다. 그가 할 수 있는 일은 아무 것도 없었지만, 커피를 몹시 좋아하는 그에게 커피를 마실 수 없다는 현실은 무척 고통스러운 것이었다. 필자가 모르게 그는 여전히 매일 살짝 커피를 한 잔씩 마셨다. 커피를 마시면 원기가 되살아나 일할 힘을 주었다. 생각건대, 매일매일 그의 원기가 조금씩 빠져나갔던 것 같다.

필자는 그가 죽은 후 2년 동안, 아버지는 영원히 떠났지만, 적어도 그가 자신의 활동에서 아주 중요한 모든 일들을 성취할 만큼 충분히 오래 살았다는 사실을 깨닫고 큰 위안을 받았다. 자제력을 잃지 않고 자신을 채찍질하면서 일한 마지막 3년 동안, 그는 7권의 저서를 집필하였다. 2010년 11월, 더 이상 나오지 못했던 병원에 들어가기 하루 전, 그는 그의 삶에서 마지막으로 출판된 책 『최재형』의 출판기념회에서 멋진 연설을 낭독하였다. 그가 죽은 후인 2011년 초 서울에서 이미 고전이 되어버린 그의 저서 『러시아와 코리아』의 한국어 번역본이 출판되었다. 9월에는 그가 주요 저자로 참가하여 Д. В. 신과 В. В. 최와 함께 집필한 『위대한 조국전쟁의 전선에 선 소비에트 한인들』이 출간되었다. 이 책에서는 파시즘 독일과 군국주의 일본에 대항한 전투에서 승리할 때 소비에트 한인들의 활약상을 처음으로 규명하고 있다. 이 책에 그는 무척이나 많은 노력을 기울였다. 같은 해 10월, 우리는 그를 존경하는 사람들을 위해 멋진 선물을 준비하였다. 그것은 한국 정부 산하 부처인 국가보훈처의 도움으로 출판한 『안중근 : 한국 민중의 영웅』과 관련 학술 대회였다. 필자는 이 책이 출판되기를 희망했는데, 출판되는 데 2년이라는 시간이 소요되었다. 박보리스는 이 책의 집필에 수년의 시간을 바쳤지만, 결국 그의 사후에 필자에 의해 완성되었다. 이 책은 상당 부분 『하얼빈 역에서의 징벌』(1999)이라는 책에 기초하고 있다. 책을 준비하면서 고문서보관소에 소장된, 그리고 시간이 흐르면서 1990~2000년대 국내 역사학자들의 학술연구에 활용된, 유일무이한 문서들, 또 최근 밝혀진 새로운 문서들을 이용하였다.

이 책에는 안중근과 그의 동료들의 활동과 그 당시 한국사회의 사회-정치적 상황과 국제 관계가 밝혀져 있다. 또한 안중근의 애국적 행동이 단독으로 이루어진 저항 행동이 결코 아니며, 일본 제국주의의 식민정책과 점점 커져가는 한국 민중들의 분노와 항거가 불러온 당연한 결과라고 규정하였다. 이 책에 기술된 안중근의 활동은 독자들로 하여금, 그가 민중해방운동에 참가하게 된 것은 아주 타당한 것이었다고 확신하게 만들 것이다. 이 책에는 처음으로, 여순을 경유해 간 안중근과 그의 동지들이 연루된 사건의 재판 전 과정에 대한 기록들이 수록되어 있다. 일본어로 된 기록은 러시아어로 번역되어 최초로 러시아에서 출판되었다. 독자들은 안중근이 용감한 성품을 가지고 있으며 재판정에서도 자신의 원칙과 자기 조국의 이상을 포기하지 않은 단호한 성격의 소유자라고 결론짓게 될 것이다. 또한 이 책에는 한국의 애국지사인 그가 영웅적 행동을 하도록 추동시킨 그의 사상을 깊이 있게 이해할 수 있게 하는 "동양평화론"의 번역본도 포함되어 있다.

우리는 '삼일문화원' 원장인 이형근 목사의 헌신적인 지원을 받아 Ю.B. 바닌과 뛰어난 디자이너 송지훈과 공동으로 이 프로젝트를 수행하였다. 이것은 평범한 책이 아니다. 이 책은 놀랄 만한 그림들과 안중근이 아주 젊었을 때부터 시작하여 전 생애를 거쳐 재판을 받을 당시의 사진들, 형이 집행되기 전의 사진들, 집안의 사진들 및 가족사진들이 포함되어 있고, 안 의사가 이용한 물건들이 담겨 있는 기념서이다.

필자는 정리되지 않고 너덜너덜해진 메모들이 가득 들어있는 박보리스의 서류첩을 유산으로 받았다. 여기에는 여러 개의 논문 초고들, 미완성 저서의 목차들, 수기들이 들어 있었는데, 필자는 이것들을 적합한 형식을 갖추어서 꼭 출판하려고 한다. 아버지를 위해 봉사하는 일은 앞으로도 오랫동안 필자의 삶의 일부가 될 것이다. 이 일은 필자의 삶에 의미를 부여하면서 풍요롭게 만들어 줄 것이다. 필자는 이렇게 성장하고 있고, 아버지는 눈에 보이지는 않지만 필자와 함께이다.

박보리스는 세상을 떠났지만, 그의 업적은 다음 세대에게 쉼없이 활력을 불어넣을 것이다. 현대 한국학 연구의 기반을 다진 나로치니츠키와 김 게오르기 표도로비치(Г. Ф. Ким), 샵쉬나야(Ф. И. Шабшиная), 쉬빠예브이(В. И. Шипаевый ), 띠호미로브이(В.Д. Тихомировый )와 같은 학자들과 그를 동일선상에 올려놓을 수 있다. 한・러관계, 한국의 민중해방 운동, 러시아한인사 연구에 전념한 많은 학자들은 그를 자신들의 정신적인 스승이라고 부른다. 또한 그의 반대자들도 한국학 발전에 끼친 그의 위대한 업적을 인정하고 있다.

번역 : 이원용(러시아 사회과학아카데미. 정치학박사)

# 제5부

# 구미의 동아시아 인식과 한국학

윌리엄 그리피스(William E. Griffis)의 일본과 한국인식, 1876~1910
안종철

라이샤워의 동아시아론과 전후 한국학의 배치
장세진

# 윌리엄 그리피스(William E. Griffis)의 일본과 한국인식, 1876~1910*

안종철

## 1. 머리말

유럽과 미국을 중심으로 하는 서구사회에서 19세기 말부터 20세기 초엽, 윌리엄 그리피스(William E. Griffis, 1843~1928)만큼 아시아, 특히 일본과 한국에 관한 지식의 형성에 막강한 영향력을 행사한 인물은 드물 것이다. 일본과 한국을 주로 다룬 그의 대표 저작들은 19세기 말부터 2차 대전이 발발할 때까지 서구인들에게 광범위하게 읽혔다.[1] 위의 두

* 이 글은 2009년 5월 20일에 인하대 문과대학 소속 연구소 공동학술회의("서양인의 동아시아 인식")에서 발표한 후 『일본연구』 제15집(2011.2)에 수록한 글임.

1 그의 일본에 대한 저작인 *The Mikado's Empire*(New york : Harper & Brothers, 1876)는 1913년 12판, 한국관련 저작 *Corea : The Hermit Nation*(New york : AMS Press, 1882)은 1911년 9판이 서구에서 출간될 정도로 베스트셀러였다. 이 논문은 두 저서를 주된

번째 인용문장은 1950년대 이승만 대통령이 미국인의 한국관련 저술의 미국 내 출간사업을 승인하면서 당시 주미대사 임병직에게 한 말이다.[2] 오랜 동안 망명생활을 하면서 구미에서의 일본의 선전전의 위력을 잘 알고 있었던 이승만의 발언이기에 그리피스의 구미사회에서의 영향력을 짐작하게 한다. 실제로 한국관련 그리피스의 저서 서문에서 "지난 24년간, 이 책은 대중적인 인기를 누렸을 뿐만 아니라, 유럽과 아메리카에서 많은 작가와 학생들에게 활용되었고, 한국에서까지 선교사들과 새로운 방문자들이 읽을 수 있는 최초의 일반적인 지식(general information)을 제공하는 역할을 하였다"[3]고 할 만큼 그의 저서들은 동아시아에 관계하는 모든 사람들의 필독서였다.

그럼에도 불구하고 그에 대한 연구는 국내외적으로 매우 일천하다. 서구에서 출판된 저서는 그 수가 매우 적으며 대개 그리피스의 일본인식에 대해서 다루었지 한국관련 부분은 거의 손대지 못했다.[4] 한국을 다룬 것이 있어도 그의 한국인식을 간략히 언급할 뿐 그의 저작에 대한 치밀한 분석은 결여하고 있다.[5] 국내의 사정은 더 심각한데 그리

---

분석대상으로 삼았는데 전자는 1887년 제5판(경인문화사의 근세동아세아 서양어 자료총서 29, 2000)을, 후자는 1911년의 9판을 검토대상으로 했다. 참고로 두 저서는 각주가 거의 없다.

2 The President to Ambassador Ben C. Limb, 1954.11.25, 국사편찬위원회 이승만서한철, http://www.history.go.kr/url.jsp?ID=NIKH.DB-le_006_2520

3 *Corea : The Hermit Nation*, 제8판 서문.

4 그리피스에 대한 대표적인 전기로는 Edward Beauchamp, *An American Teacher in Early Meiji Japan*(Honolulu : University of Hawaii Press, 1976); Robert A. Rosenstone, *Mirror in the Shrine : American Encounters with Meiji Japan*(Cambridge, MA & London, England : Harvard University Press, 1988)을 들 수 있다. 전자는 그리피스의 삶을 연대기적으로 다루면서 "동서양의 가교"로서의 그의 역할에 대해 매우 우호적인 서술을 하고 있다. 후자는 그리피스와 함께 메이지시기 일본전문가들인 에드워드 모스(Edward S. Morse)와 라프카디오 허언(Lafcadio Hearn)을 다루었는데 럿거스대학교(Rutgers University)에 소장되어있는 그리피스 개인기록을 활용, 그의 일본체류 경험을 비판적, 종합적으로 다루었다는 데 큰 의미가 있다.

5 조미수호통상조약 체결 전후로 그리피스가 미국지리학회에서 했던 강연과 저술의

피스에 대한 연구는 대체로 그의 『은자의 나라, 한국(*Corea, the Hermit Nation*)』에 치중하고 있다. 국내에서 그리피스의 업적에 대해 다룬 최초의 글은 두계(斗溪) 이병도(李丙燾)의 젊은 시절의 글인 듯하다. 이병도는 그리피스가 한국을 독자적인 문화를 갖춘 단위로 서구사회에 최초로 소개했다는 점을 높이 평가했다.[6] 신형식과 이태진의 연구는 『한국 : 은자의 나라(*Corea : The Hermit Nation*)』를 자세히 다루면서 그의 고대사 인식이 일본 측에 의해 일방적으로 영향을 받은 것으로 분석했다. 특히 이태진은 1876년 일본과의 문호개방 확대정책 이후에 전개된 한국정부의 '개화'정책에 대해 그리피스가 무지했으며 그리피스의 저작이 일본 내 고쿠가쿠[國學]파의 한국인식에 깊이 영향을 받았다고 주장했다.[7] 또 정성화의 연구는 영미권에서 이루어진 그리피스연구들을 자세히 다루면서 그의 "기독교적 팽창주의자"로서의 면모를 언급했다.[8] 그러나 이들 연구들은 그리피스의 일본과 한국에 대한 인식 중, 동아시아 인식의 기저에 깔려있는 앵글로색슨 중심의 문명관, 특히 그 핵심으로서 종교(기독교)문제를 자세히 다루지 않았다.[9] 즉 그의 문명과 종교관에 기초한 일본 및 한국의 전통사회에 대한 인식을 충분히 설명하지 못했다고 할 수 있다. 그리피스는 서구의 자극에 의해서만 동아시아가 눈

---

특징에 대해서 간략히 언급한 다음의 논문도 중요하다. Shannon McCune, "American Image of Korea in 1882 : A Bibliographical Sketch", Tae-hwan Kwak ed., *U. S.-Korean Relations 1882~1982*, Kyungnam University Press, 1982, pp.153~156.

6 이병도, 「讀書偶感」, 『학지광』 15, 1918.3, 398~415쪽.

7 신형식, 「일제 초기 미국 선교사의 한국관 : Griffis의 『*Corea, the Hermit Nation*』을 중심으로」, 『일본 식민지 지배초기의 사회분석』 I, 이화여대 한국문화연구원, 1987, 25~38쪽; Yi Tae-jin, "Was Korea Really a Hermit nation?", *Korea Journal* 38/4. Winter 1998, pp.5~35(한국어판은 이태진, 「근대 한국은 과연 '은둔국'이었던가?」, 『한국사론』 41·42, 서울대 국사학과, 1999이다).

8 정성화, 「W. 그리피스, 『은자의 나라 한국』－그리피스의 한국관을 중심으로」, 연세대 현대한국학연구소 편, 『해외한국학평론』 창간호, 혜안, 2000, 9~35쪽.

9 국내에서 진행된 한국과 관련된 외국인에 대한 연구는 여전히 한국에 대해 우호적이었나 그렇지 않았는가라는 잣대에 치중된 경향이 있다.

을 뜰 수 있다고 본 점에서 철저한 오리엔탈리스트였지만 한편으로 그가 직접 접촉한 일본사회의 특징은 그가 가진 선입견에 대해 미묘한 변화를 만들기도 했다.

이 글은 그리피스의 일본사회와의 조우와 그것이 일본과 한국의 이해에 미친 영향력을 살피는 것을 목적으로 하되 그의 인식의 기저에 있는 앵글로색슨 중심주의의 특징, 특히 종교와 문명에 대한 인식이 어떻게 일본을 앵글로색슨에 비유하면서 아시아전반에 대한 이해를 조성했는지 보려고 한다. 물론 그의 일본과 한국사에 대한 이해는 보다 폭넓은 조사가 요구된다. 여기서는 그가 조우한 메이지일본과 조선말의 상황에 대해서만 논의를 국한시키면서 앵글로색슨 문명의 핵심으로서의 기독교에 대한 인식이 어떤 특징을 만들었는지 보려고 한다.

이 작업의 목적은 메이지유신(1868)이후의 일본 내 근대화 성과를 전적으로 부정하고자 하는 것은 아니다. 다만 '봉건'과 '근대'를 이분법적으로 사고한 당시의 지식이 어떻게 근대성의 다양한 길을 하나의 길로만 이해하도록 만들었는지 다루고자 한다. 그것은 관찰의 대상물과 지식사이에는 다양한 관계가 존재할 수 있다는 것, 즉 우리의 지식이라는 것이 상황에 따라 다양하게 구성되고 그 자체가 권력으로 작동할 수 있다는 것을 보여준다.[10] 그것을 통해 세기 전환기의 한 서양인의 동아시아인식이 어떻게 실제적인 권력관계와 연결되는지 이해하는데 도움이 될 것이다. 현재 그의 개인 문서는 럿거스대학(Rutgers University)에 소장되어 있는데 일본, 조선, 일본관련 문서들로 구성되어 있는데 이 중에서 일본에 관련된 것이 압도적으로 많다.[11]

---

10 스테판 다나카의 다음 표현도 동일한 문제의식이다. "나의 전제는, 지식에 대한 정통적 견해와 달리 (관찰)대상물과 지식사이에 직접적 연관관계가 없고 (우리의) 이해는 끊임없이 재구축된다는 것이다." Stenfan Tanaka, *Japan's Orient : Rendering Pasts into History*, Berkeley, CA : University of California Press, 1993, pp.7~8.

11 이 문서 군에 대한 소개는 Ardath W. Burks & Jerome Cooperman, "The William Elliot

## 2. 그리피스의 일본 내 활동과 저술활동

그리피스는 1843년 미국 펜실베이니아(Pennsylvania)의 필라델피아(Philadelphia)에서 태어났다. 어린 시절부터 그는 줄곧 기독교, 특히 네덜란드 개혁교회(Second Dutch Reformed Church)의 분위기에서 자랐다. 네덜란드 개혁교회는 필라델피아와 그리 멀지 않은 뉴욕과 뉴저지(New Jersey)에서 강성했는데 이 지역은 미국 식민지 시기 네덜란드인들의 주요거점이었다. 후일 영국에 강점당한 후에도 주도적 지위는 차지하지 못했지만 이 지역의 중요한 문화를 형성했다.[12]

그는 1863년에 미국의 남북전쟁에 참여하고 1865년 전쟁이 끝나자 럿거스대학교에 군인장학금으로 입학했다. 그는 이곳에서 오늘날의 후쿠이겐[福井縣]의 에치젠[越前]에서 온 사무라이들과 조우했다. 그렇지만 그가 이 시기에 일본에 대한 관심을 발전시켰다는 증거는 없다. 1869년에 학교를 졸업한 후 유럽여행을 몇 개월 다녀온 후 그는 럿거스 신학교(Rutgers Theological Seminary)에서 신학공부를 시작했다. 그러나 그의 가정은 아버지의 사업실패로 항상 가난했고 어머니와 세 명의 자매가 있었으므로 늘 가정의 생계를 고민해야 했다. 그래서 그는 신학교 공부를 중단하고 뉴욕의 맨해튼에 있는 노동자 계급이 다니는 교회에서 일하기 시작했다.[13]

---

Griffis Collection", *The Journal of Asian Studies*, 20/1, 1960.11, pp.61~69를 참조. 전체 박스가 29개인데 이중에 일본이 21개로 가장 많고, 한국이 4개, 중국이 3개, 나머지 잡철이 1개다. 각 상자들은 크게 역사(예술. 신화), 선교관련, 대외관계 분야 등으로 나눌 수 있다.

12 식민지 미국에서의 네덜란드 개혁교회의 상황에 대해서는 류대영, 『미국종교사』, 청년사, 2007, 98~101·116~117쪽 참조.

13 Robert A. Rosenstone, *Mirror in the Shrine*, p.51. 이하에서 그리피스의 일본 체험은 이 저서에 상당부분 의존할 것인데 그리피스 개인 기록(journal)에 대한 세세한 재인용은 생략한다.

이때 에치젠의 영주인 마츠다이라 슌가쿠[松平春岳]가 럿거스 대학 총장에게 자신의 현에서 세워진 고등교육기관에서 자연과학을 가르칠 교사를 요구했는데 조건은 꽤 괜찮았다. 그리피스는 이 자리에 관심이 있었다. 당시 그리피스는 자신의 여자 친구인 엘렌 존슨(Elllen Johnson)에게 청혼을 했지만 거절당했다.[14] 그러므로 그는 "재정적이고 개인적 어려움으로부터" 일본에 가기로 결심했다고 할 수 있다.[15] 주목할 점으로 그는 일본으로 갈 때 몇 개의 언론사와 접촉해서 일본에서 통신원 자격을 요청, 허락을 얻어냈다.[16] 그에게는 이익을 위한 추구, 신에 대한 이상, 모험심 등의 복합적인 동기가 있었다고 할 수 있다.[17]

그는 에치젠 번으로 가서 교육을 감독하는 위치에 있었는데 계약상 당시 돈으로 연봉 $2,400과 집을 제공받았다. 이는 그가 국내에서 만져볼 수 없는 액수의 큰돈이었다. 그는 에치젠의 대학에서 이학(理學 : natural philosophy)과 화학을 가르쳤다.[18] 번주는 도쿄에서 그리피스를 맞이하기 위해 큰 파티를 주선했다.[19] 그럼에도 불구하고 당시 메이지정부는 취약했고 많은 서양인들이 일본의 존왕양이파(尊王攘夷派)들에게 살해당했다. 당시 그리피스는 권총(Smith and Wesson revolver)을 항상 옷속에 넣고 다녔다.[20]

---

14 *Ibid.*, p.51.

15 *Ibid.*, p.48.

16 그가 접촉한 언론사는 *The Targum*, *The New Brunswick Fredonian*, *The Independent*, *The Christian Intelligence* 등이다. 정성화, 「W. 그리피스」, 15~16쪽. 그는 일본에 도착하자마자 미국 내 언론에 자신의 체험을 기고하기 시작했는데 특히 *Christian Intelligencer*에 많이 기고했다. Robert A. Rosenstone, *Ibid.*, p.16.

17 로젠스톤이 그리피스를 "일부 선교사, 일부 교사, 그리고 일부는 기회주의자(opportunist)"로 정의했는데 같은 맥락이다. *Ibid.*, p.15.

18 *Ibid.*

19 *Ibid.*, p.17.

20 실제로 그는 한적한 곳에 갔을 때 마주친 일본인들 때문에 권총을 사용하고 싶은 욕구를 느끼기도 했다. *Ibid.*, p.12・17.

그리피스는 일본에 도착한 1870년 12월부터 이듬해 2월 중순까지 도쿄에 머문 후 임지인 후쿠이로 향했다. 그가 일본에 머무르는 동안 도덕적 갈등도 느꼈다. 젊은 사내로서 일본 여자들에 대한 개인적 관심만 아니라 때로 신학적 갈등에 직면하기도 했다. 비록 그는 일본의 풍습을 "봉건적"이라고 부르면서 기독교전파의 필요를 강하게 주장했지만 한편으로 "왜 이들을 그냥 내버려 둘 수 없는가?"라는 질문을 던질 만큼 '종교적 상대주의'를 생각하기도 했다.[21]

한편 그리피스가 후쿠이에서 일하는 동안 폐번치현(廢藩置縣, 1871.7.18)이 일본 정부에 의해 발표되면서 에치젠 번이 사라지게 되었으므로 그는 같은 해 가을 동경으로 옮겨갔다. 그는 동경대학 전신인 다이가쿠 난코(大學南校, 카이세이 가코[開成學校]에서 개칭)에서 "화학, 생리학, 비교 문헌학(comparative philology), 그리고 도덕과학(moral science)" 등을 가르쳤다.[22]

그리피스는 그가 원했던 일본 정부와 재계약에 성공하지 못하고 1874년 7월 18일자로 미국으로 돌아갔다. 돌아가기 전 계약을 갱신하기 위해 일본 문부성과 지속적으로 접촉했지만 결국 계약은 갱신되지 못했다.[23] 일본의 관료들에 실망한 그는 관료들과 일본인들을 분리했다.[24] 그렇지만 그는 일본을 떠나야만 하는 것이 결정된 1873년 9월 25일 자 기록에서 "오늘밤, 저서를 위한 계획을 세웠다"고 적었다. 그는 이 무렵 일본을 미국에 소개하는 작가가 되기로 결심했다.[25]

미국에 돌아간 그는 약 2년간 일본에 관한 순회강의를 진행했다. 그 후 1876년에 유니온 신학교(Union Theological Seminary)에 입학, 이듬해 졸업

21 그리피스의 개인기록과 공식 출판물 사이에는 늘 이러한 괴리가 존재한다. 일본인들의 개신교에 대한 필요성에 대한 회의는 *Ibid.*, pp.102~103.

22 *Ibid.*, p.191.

23 *Ibid.*, p.200.

24 *Ibid.*, p.202,

25 *Ibid.*, p.196.

했다. 이후 60세가 되는 1903년까지 줄곧 목사이자 작가로 생활했다. 이 기간에 그는 자신의 대표작인 『천황의 제국(*Mikado's Empire*, 1876)』과 『은자의 나라, 한국(*Corea, The Hermit Nation*, 1882)』를 저술, 출간했다. 두 저작의 출간시점은 그리피스의 출판감각을 짐작하게 한다. 당시 일본에서는 내부반란을 평정하고 대만점령과 조선개항 등으로 일본에 대한 국제사회의 관심이 높았을 때이다. 이러한 때 그의 첫 저술이자 가장 많이 팔렸던 전자의 책이 출간되었다. 후자인 한국관련 책은 당시 미국이 한국과 새로운 조약을 맺었던 직후에 출간되었는데 당시는 미국에서 한국에 대한 관심이 일시 표출되던 시기였다. 그는 1884년에는 신학박사학위를, 1900년에는 모교인 럿거스에서 명예박사학위를 받았다.

그리피스는 일본에 대한 기여로 1908년 일본정부로부터 훈(勳) 4등 욱일장(旭日章 : Order of the Rising Sun, the Fourth Class)을, 1926년에 훈3등 욱일장을 받았다. 놀랍게도 이 기간에 한국에서 3·1운동이 발발한 직후 서재필이 조직한 '한국친우회(League of the Friends of Korea)' 뉴욕지부의 위원으로 한국인 민족주의자들과 더불어 일본의 식민통치를 비판하기도 했다.[26] 이를 두고 혹자는 그가 한국 내 선교사와 접촉하면서 친한적 의견을 가지게 된 것이라고 해석하기도 하지만 그것이 한국의 독립이 아닌 일제의 '식민통치방식의 변경'을 촉구한 것으로 보는 것이 자연스럽다.[27]

---

26 「뉴욕 한인 친구회 설립」, 『신한민보』, 1920.6.4(http://www.history.go.kr/url.jsp? ID=NIKH.DB-np_sh_1920_06_04_0140). 그리피스는 '동양 력사 젼문 대가'란 칭호가 붙었다. 한국친우회에 대해서는 고정휴, 『이승만과 한국독립운동』 (연세대 출판부, 2004), 363~371쪽.

27 이러한 해석은 Ardath W. Burks & Jerome Cooperman, "The William Elliot Griffis Collection", p.68; 정성화, 「W. 그리피스」에 대한 손철배의 토론문, 『해외한국학평론』, 42쪽에서도 반복되고 있다. 그것에 대해서 그리피스가 한인독립협회(Korean Independence League)의 회원이었다는 근거를 들고 있지만 그렇다면 그가 왜 이후에 일본 정부로부터 훈장을 받았는지에 대해 설명할 수 없을뿐더러 자신의 입장을 바꾸었다는 증거는 없다.

그가 훈3등욱일장을 받을 무렵인 1926~27년에 다시 일본에 입국할 수 있었다. 이 기간에 일본 천황의 거주지인 고쿄[皇居]앞에 있는 제국호텔에 6개월간 체류하면서 비로소 조선과 만주 등도 생애 처음으로 잠시 둘러볼 수 있었다. 이는 그가 1874년 일본을 떠난 후 52년 만의 방문이었다. 물론 이러한 영광은 그가 일본 후쿠이와 도쿄에서 했던 일에 대한 보상이라기보다 미국에 돌아온 후 자신의 저술을 통한 우호적인 대일여론 조성에 대한 기여 때문이라는 로젠스톤의 지적은 핵심을 찌른 것이다.[28]

그리피스는 1927년 식민지조선을 방문했을 때 영국왕립협회에서 재조선 외국인들 앞에서 자신의 경험을 연설했다. 그는 이 자리에서 자신을 포함한 많은 미국인들, 특히 선교사들의 일본근대화에서의 역할을 강조했는데 자신이 일본과 관계된 것을 "신의 예정(Divine Providence)"라고 주장했다. 그는 자신이 처음 일본인들을 만난 것이 1860년으로 이때부터 자신의 운명은 일본과 관련된 것이라고 주장했다. 물론 이는 과장이었다.[29] 조선은 일본영토의 일부였으므로 이 연설에서 조선에 관한 언급은 하나도 없었다. 그는 오랜 그의 신념을 보여주는 대목을 연설의 결론에서 언급했는데 그것은 일본과 미국이라는 "두 개의 문명이 각자의 최고의 요소로 함께 할 수 있다는 것"이었다.[30]

---

28 Robert A. Rosenstone, *Mirror in the Shrine*, p.250.

29 "Address by Rev. W. E. Griffis"(1927.4.11), *Transactions of the Korea Branch of the Royal Asiatic Society* Vol.17, 1927, p.2. 이 연설은 그리피스 특유의 과장법, 즉 자신과 일본 근대사의 연결점을 강조하고 있다.

30 *Ibid.*, p.11. 그리피스는 당시 미국 내의 반일정서에 대해 비판적이었다. 이러한 점으로 볼 때 일본 정부가 그를 초청한 목적은 미국 내 반일정서를 누그러뜨리는 데 있었다고 추측할 수 있다.

## 3. 그리피스의 메이지 일본 이해와 종교

그리피스가 일본에 체류한 1870년대 초 일본은 격변기였다. 즉 지조개정(地租改定), 폐번치현, 사무라이의 특권폐지 등을 통해 메이지정부는 중앙집권제를 확립하며 내부의 반란을 진압했다. 아울러 사무라이의 불만을 대만정벌(1874) 등으로 해소하고 있었다. 이러는 동안 그는 일본의 전통사회가 어떻게 "근대사회"로 바뀌는 가를 목도했다. 그는 메이지정부가 추진하는 '근대화' 정책을 매우 높게 평가했다. 그는 일본정부가 1870년대에 단행한 여러 조치들을 찬양하면서 모든 반대세력을 "봉건일본"의 잔재로 설명했다.[31] 특히 일본 서남부인 큐슈[九州] 지역의 사쓰마한[薩摩藩]의 사이고 다카모리[西鄉隆盛]의 1877년의 반란은 근대화로 가는 일본사회의 걸림돌에 불과하다고 보았다.[32] 즉 일본의 전통사회의 유산을 매우 비판적으로 보았다. 하지만 1881년경부터 진행된 일본의 대중정치를 일본인들을 계몽시키는 중요한 조치로 설명하면서 "정치적 지식이라고는 한 세대 전, 개인적 충성과 외국인 혐오로만 구성되어 있었던 은자의 나라"와는 판이하게 다른 것이라고 긍정적으로 해석했다.[33] '은자의 나라'는 전통시대의 일본을 의미했다.

그는 일본 전통사회의 특징으로 천황제가 일찍부터 확립되어 있었다는 점을 중시했다. 그는 603년에 확립된 귀족제와 중앙 집중적인 왕정체제의 확립에 주목했고[34] 일본 중세시대의 막부와 천황의 권력 분립현상을 "양두체제(duarchy)와 봉건주의의 완성"으로 보았다.[35] 이것을

---

31 Griffis, *The Mikado's Empire*, p.581.
32 *Ibid.*, pp.585~587.
33 *Ibid.*, p.589.
34 *Ibid.*, p.103.
35 *Ibid.*, pp.270~290.

중앙집권화 된 근대국가로 가기 위한 준비과정으로 이해했다. 즉 일본의 전통사회가 비록 봉건적이었지만 천황을 중심으로 하는 국가의 통합이 이미 진행되고 있었고 막부의 통치자도 막강한 영향력을 행사하고 있었다. 그러므로 일본의 봉건체제는 근대사회의 태동이전에 존재했던 유럽 중세사회와 유비가 되는 것이었다. 이것은 동아시아에서 일본만이 가진 독특한 특징이었다.

그리피스는 일본의 근대사회로의 진입은 일본 전통사회에서의 준비에 더해 새로이 서구문명을 받아들이는 것으로만 가능하다고 보았다. 그러므로 자신과 같은 서구문명의 매개자로서 자문관들의 역할이 중요했다. 이러한 점에서 그의 동아시아 근대화론은 전형적인 서구의 충격과 아시아의 반응, 즉 '충격과 반응(impact and response)'으로 설명할 수 있다. 일본의 근대화문제에서 그는 메이지천황의 역할에 주목했다. 이는 그의 첫 저서의 이름을 『미카도(천황)의 제국』으로 명명한 것과 사망하기 직전에 그가 메이지 천황에 대한 전기를 집필하고 있었다는 점에서도 드러난다. 이는 일본의 근대화에 대한 정부의, 특히 천황의 역할에 주목한 것이다.[36]

아시아에서의 일본의 근대화사명에 대한 그리피스의 기대는 일본 국내에서의 개혁과 함께 대만정벌(1874), 조선의 문호개방(1876) 등의 대외팽창정책에 대한 이해에 그대로 반영되어 있다. 특히 메이지유신 이후 조선 측의 일본과의 근대조약체결을 위한 교섭과정에 대한 고려 없이 일방적으로 조선은 '야만'상태로 그려졌다. 게다가 정한론 논쟁(1874)과 뒤이은 강화도 조약체결은 일본 측의 주요한 외교성과로만 취급되었다.[37] 초판본 『미카도의 제국』이 강화도 조약체결과 더불어 끝

36 헤겔은 근대사회의 형성의 법칙을 만드는데 정부의 역할에 주목했다. George W. F. Hegel(trans. by J. Sibree & new intro. by C. J. Friedrich), *The Philosophy of History*, New York : Dover Publication, Inc, 1956, p.448. 새로운 서문에서 프리드리히는 번역자가 Germanic(Germanisch)을 German(Deutsch)로 번역한 것은 명백한 오류라고 주장한다. 이는 프랑스, 영국, 독일 등의 유럽인들을 포함하는 것이라는 것이다.

난다는 것은 독자들로 하여금 이 '은둔국' 조선에 대한 일본의 역할에 대한 기대를 암시한다.

그리피스는 앵글로색슨족의 문명의 핵심은 기독교로 보았으므로 서구의 물질문명과 함께 기독교가 일본의 진보에 절대적인 역할을 할 것으로 믿어 의심하지 않았다. 그가 1870년 12월 27일에 일본 요코하마에 도착한 당시 일본이 기독교 선교의 자유를 금지하고 있는 것을 목도했다.[38] 그런데 이와쿠라 도모미[岩倉具視]를 단장으로 한 사절단이 조약개정을 위해 유럽과 미국에 다녀온 후 정책을 바꾸어 1873년 2월부터 기독교 포교의 자유를 허용했다. 그리피스는 이를 일본사회의 큰 진보로 인식했다.[39] 일본에서 활동하는 기독교 선교사들의 역할은 매우 중요할 수밖에 없었다. 그는 문명의 진보가 기독교로부터 오는 것이라고 믿었으므로 "한 국가가 개신교 문명의 열매를 그 기초(기독교)가 없이 얻을 수 있는가?"라는 질문에 그렇지 않다고 답을 했다.[40]

한편 그는 종교체계로서는 신도보다는 일본사회에서 불교가 융성한 것에 주목했는데 일본인들의 불교에 대한 신앙을 기독교신앙의 성취를 위한 준비과정으로 이해했다. 즉 일본에서 불교가 "형제애와 자비라는 인간의 덕목(creed)과 불변하는 도덕의 굳건한 기초"로 보면서 기독교는 "더 높고 고상한" 원칙으로 일본인들의 도덕관념을 완전히 성취하는 것이었다.[41] 그에게는 불교야말로 연구해볼 가치가 있는 종교였다.[42]

---

37 조선 측의 조약체결에 대한 입장을 보여주는 것으로 이태진, 「근대 한국은 과연 '은둔국'이었던가?」, 740~745쪽 참조.

38 당시 그는 기독교포교를 금지하는 포고문을 직접 목도했다. Robert A. Rosenstone, *Mirror in the Shrine*, p.15.

39 Griffis, *The Mikado's Empire*, p.572; 기독교포교의 자유에 대해서는 야스마루 요시오[安丸良夫], 이원범 역, 『천황제 국가의 성립과 신흥종교』, 소화, 2002, 304~305쪽.

40 Griffis, *The Mikado's Empire*, pp.577~578. 그는 일본과 조선에서 활동한 선교사들의 전기를 상당수 출간했다.

41 "In the Land of Buddha", *Christian Intelligence*, n.d., clipping in "Fukui Scrapbook", Lutgers

한 국가의 기초가 되는 법률체계에서 그가 보기에 일본 전통사회의 잔인한 형벌은 중국에서 온 것이었다. 그래서 로마법에 기초한 서구의 사법체계가 "기독교의 정신과 함께 수입되어 일본에서 번영하기를" 기대했다.[43] 그의 저서에는 유교에 대해서는 거의 언급이 없는데 있더라도 이는 중국의 잔재로 설명되는 것이었다. 그는 부정적인 것. 즉 '봉건'으로 상징되는 것은 모두 중국에서 온 것으로 해석하면서 서구사회에서만이 '근대'가 올 수 있다고 전제했다. 그러한 '근대'의 핵심에는 기독교가 있었다.

이것은 사실상 19세기에 헤겔로 대표되는 입장, 즉 서구의 프로테스탄트 문화의 우위성을 강조하는 것과 같은 것이었다. 헤겔의 "절대적 자유"가 스스로의 "절대적 형식(absolute form)"을 가진 것은 바로 '독일인들'이 "기독교 원칙의 담지자"이기 때문이었다.[44] 헤겔은 종교개혁 이후에 유럽의 프로테스탄티즘을 통한 자유의 확대와 세속역사의 진보성을 동일시했다. 그는 "양심의 해방이 없이도 권리와 자유를 얽매는 족쇄가 끊어질 수 있다는 것은 잘못된 원칙"이라고 주장했다. 그 양심이라는 것은 바로 기독교를 의미했다. 즉 "종교개혁(Reformation)없이 혁명은 가능하다는 것"도 잘못된 인식이라고 보았다.[45] 그리피스도 이러한 입장을 가지고 있었다. 그는 기독교의 '자유'를 허용한 일본의 정책 때문에 그리피스는 "가장 선진적인 국가들 사이에 일본이 동일한 위치를 차지할 것"이라고 믿었다.[46] 19세기 말에서 20세기 초의 세기전환기에 수많은 영미지식인들이 그런 인식을 공유하고 있었다.

---

Library, recited in Robert A. Rosenstone, *Mirror in the Shrine*, p.107.

42 그리피스는 일본역사에서 한 장을 할애해서 일본 불교를 설명했다. Griffis, *The Mikado's Empire*, pp.158~175.

43 *Ibid.*, p.569.

44 George W. F. Hegel, *The Philosophy of History*, pp.341~346.

45 *Ibid.*, pp.452~453. 헤겔은 프랑스혁명을 높게 평가했지만 나폴레옹이 독일을 침략해서 독일인들을 억압한 것은 비판적으로 보았다.

46 Griffis, *The Mikado's Empire*, p.578.

## 4. 그리피스의 한국인식과 종교

그리피스는 일본의 한국병합당시의 조선사회를 메이지유신이전과 같은 사회로 보았다. 그렇지만 그는 한국의 근대화는 한국인들에 의해 진행할 수 없는 문제로 보았다. 왜 일본사회가 가능한 것을 한국은 할 수 없다고 보았는가? 이러한 모순을 그는 어떻게 처리할 수 있었는가? 그리피스가 유신 이전에 이미 일본은 내적으로 새로운 근대사회를 만날 준비가 되어있었다고 보았던데 반해 한국은 "그들을 기다리고 이는 거대한 운명을 처리할 수도, 하려고도 하지 않았다고" 단언했다.[47] 이는 전통한국이 사회체제로서의 '봉건제'를 경험하지 못했다는 것과도 관계가 있다.

그리피스가 보기에 전통시대 한국의 대외관계의 가장 큰 문제점은 바로 유교를 통한 중국에 대한 오랜 복속의 문제였다. 그리고 또 다른 문제점은 바로 한반도가 일본에도 전통적으로 조공을 바친 것이었다. 이는 일본 내의 18세기 이래의 고쿠가쿠 전통을 그대로 받아들인 해석이다. 예를 들면 일본 도호쿠[東北]지역의 센다이[仙台] 출신의 18세기 사상가 하야시 시헤이(林子平 : 1738~93)는 그의 『三國通覽圖說』(1785)에서 주변국들의 일본에 대한 조공사실을 기술했다. 이때 삼국은 조선, 에조[蝦夷], 류큐[琉球]를 말하는 것이었다. 그런데 1876년 한국과 강화도조약을 체결한 직후 천황이 동북지역을 시찰하고 막부에서 금지되었던 하야시의 저술이 다시 출간되었다. 아울러 센다이 지역의 그리스정교회를 공식적으로 승인했다. 그리피스는 이러한 사실들을 매우 높게 평가했다.[48]

---

47 Griffis, *Corea : The Hermit Nation*, p.508.

그는 조선의 일본에 대한 조공사실을 자신의 저서에서 매우 강조했다. 특히 어떤 근거에서 주장한지 근거를 밝히지 않으면서 고대 삼국의 한반도가 일본에 조공을 했다고 주장했다.[49] 일본에 대한 조공은 조선시대에도 지속되었는데 예를 들면 정묘호란(1627)과 병자호란(1636~37)을 거친 조선이 경제가 피폐해지자 일본에 조공품을 면제해줄 것을 요청하자 이를 도쿠가와 막부가 받아들였다고 단언했다.[50] 그리고 비록 조공품이라는 단어를 사용하지는 않았지만 1832년에 조선으로부터 "사신이나 선물"이 오지 않게 되어서 전통적인 한일관계가 단절된 것처럼 설명했다.[51]

특히 이러한 조선의 외교관계에 대한 인식, 특히 1832년의 전통적 외교관계의 단절이라는 인식은 후대에도 큰 영향을 미쳤다. 예를 들면 태평양전쟁 발발 이전에 미국 외교사학계의 거두라 할 수 있는 타일러 데넷(Tyler Dennet)은 자신의 저서에서 명확히 "일본은 한국이 중국만 아니라 일본에 1832년까지 조공을 바쳤다는 것을 제외하고는 대륙에 대해 어떠한 요구를 하지 않았다"고 주장하면서 '조공'이라는 단어를 사용했다.[52] 전통한국의 중국과 일본의 대외관계에 대한 서구인들의 편견은 태평양전쟁발발 이후 미 국무부 한국과장을 역임한 조지 맥큔

---

48 Griffis, *The Mikado's Empire*, p.580.

49 제22대 천황인 유우랴쿠[雄略]가 지배할 때(A. D. 457~477; 현대사가들은 456~479년으로 본다)시기에 삼국이 조공을 바치는 것을 거부해서 일본이 한국에 상륙해서 특히 백제를 점령해서 다시 조공을 바치게 했다. Griffis, *Corea : The Hermit Nation*, p.58. 한편 그리피스의 조선관련 저술의 조선명칭은 대부분이 일본어로 표기되어있다. 즉 Korai(고구려), Hiaksai(백제), Shinra(신라)는 대표적인 경우이다.

50 *Ibid.*, p.159.

51 *Ibid.*, p.220.

52 미북장로교 해외선교부 총무였던 아더 브라운(Arthur J. Brown)도 그의 책에서 1832년에 한일 간에 외교관계가 단절되었다고 보았다. Arthur J. Brown, *The Mastery of the Far East*(New york : Charles Scribner's Sons, 1919)(한국기독교역사연구소, 1995 재간), p.116. 브라운은 1903~1929년에 미 북장로교 해외선교부 총무를 지내면서 한국과 관련된 정치적 문제를 일본과 조율했다.

(George M. McCune)에 의해 자세한 비판이 이루어졌다.[53]

한편 19세기 한국의 쇠퇴하는 운명을 만든 장본인들은 바로 중국문화에 젖어있던 양반과 정부 관료라고 보았다. 그는 이들을 "거머리들(leeches)"로 보면서 민중들과 다른 존재로 묘사했다. 지배층은 한국을 위기로 몰아넣은 주범으로 민중들에게 "기생하는(subsisted)" 존재인데 반해 민중들은 "영적으로 굶주리고 목마른 대중"이었다.[54] 물론 한국의 지배층에 대한 그의 신랄한 묘사는 메이지유신당시 천황정부에 대항하는 모든 "봉건일본"의 잔재들에게도 동일하게 적용되는 것이었다. 개항 전의 한국에 대한 평가는 일본 메이지유신에 대한 그의 인식과 관계가 있었던 것이다.

그의 한국관련 저서인 『은둔의 나라 한국』의 마지막이 조미수호통상조약(1882)라는 점은 한반도에서의 미국의 역할을 암시한다. 그러나 사실상 조약체결 후 미국은 조선에 관심을 기울이지 않았으므로 이 책의 독자들이 자연스럽게 조선에서의 일본의 역할을 기대하게 한다고 볼 수 있다.

그리피스에게 한국병합(1910)은 "한국의 역사와 1866년 이래의 세계대세를 조감하면 명확히 인과관계"를 도출할 수 있는 사건이었다. 그리고 그것은 조선이 너무나 오랫동안 "중국인들의 역사와 문학"과 관계되었기 때문이었다.[55] 특히 한국과 일본은 고대에 동일한 인종과 문

53 이에 대해서는 George M. McCune, "Korean Relations with China and Japan, 1900~1864", Unpublished Ph. D. Dissertation in History, University of California at Berkeley, 1941, p.xiii · pp.292. 맥큔과 그의 저작에 대한 분석은 Jong Chol An, "Making Korea distinct : George M. McCune and His Korean Studies", *Seoul Journal of Korean Studies* vol.17, Institute of Korean Studies at SNU, 2004, pp.155~192. 맥큔은 한국의 전통시대 사료를 활용해서 구미 권에서 박사학위를 받은 첫 인물이다. 그의 국무부 내의 활동과 전후 버클리 대학에서의 활동에 대해서는 안종철, 「미국 제도권 한국학의 탄생과 미국의 대한인식 : 조지 M. 맥큔을 중심으로」, 『이태진교수정년기념논총』, 태학사, 2009 참조.

54 Griffis, *Corea : The Hermit Nation*, pp.507~508 · 512.

화를 공유했던 국가이지만 지난 10세기 동안에 서로 멀리 떨어지게 되었다. 그러나 "공통의 요소들(underlying elements)이 표면적인 차이점보다 크기 때문에" 두 국가의 통합의 전망은 밝다고 보았다.[56] 이것은 메이지시기 일본 식민주의자들이 주장한 '동조동근론(同祖同根論)'에 해당하는 것이었다.

그런데 그의 이러한 주장은 물질문명에 대한 것만이 아닌 종교에 대한 독특한 평가와도 관련이 되었다. 그는 조선에서 불교는 "주된 문명화 인자이자 대중문화의 어머니"로 보았다.[57] 즉 불교는 조선의 민간신앙의 핵심이었다. 이에 반해 그는 조선의 무속종교에 대해서 특히, 왕실과 관련이 있는 무속인들에 대해 매우 비판적인 태도를 취했다.[58] 이것은 그가 당시 일본에서 불교의 위상에 대한 높은 평가와도 연관이 있었다.

조선의 유교는 "정신적 진취에 대한 금지이자 사람들의 억압"에 해당하는 것이었다. 그러므로 유교의 불교에 대한 탄압은 민중문화의 억압으로 보았다. 유교는 관직획득이라는 "이기적인 이득이나 하위계층의 복속"을 생의 목표로 하는 것이기 때문에 조선조 내에 한반도의 자원을 개발하는 것을 막았다는 것이다.[59] 그는 이러한 과감한 주장을 통해 종교를 역사의 일원적인 발전과정에 위치지울 수 있었다. 그는 조선의 발전에서 유교를 밀어냄으로써 고대종교-불교-기독교로 이어지는 종교사적 발전이라는 틀을 고수할 수 있었다. 일본에서 유교가 정치논리 이외에는 별반 사회규제논리로서 작동하지 않았기 때문에 일본 유교에 대해 그는

55 *Ibid.*, p.510.
56 *Ibid.*, p.511.
57 *Ibid.* 조선시대에 불교는 민간차원에서 활발하게 성장했지만 국가이념으로서는 상당히 주변화 되어 있었다. 이는 일본불교의 조선전도론과 유사한 입장이었다.
58 *Ibid.*, p.514.
59 Griffis, *Corea : The Hermit Nation*, p.512.

거의 언급을 하지 않았다. 유교교육의 폐해를 지적하면서 조선의 희망은 "새로운 영향력 하에서 새로운 종류의 인간성을 구축하는" 것인데 이는 "기독교 학교와 교회가 (그) 필요를 채우고 있다"고 보았다.[60]

그는 "조선의 삶이 구일본의 거울에 불과"하기 때문에 한국보호국화 시기에 이토 히로부미[伊藤博文]이야 말로 일본에서 동일한 구습을 해결해왔기 때문에 그가 조선인들의 삶을 개선할 수 있는 인물로 보았다. 특히 근대사회에서 일본과 한국이 "남자와 여자가 그러하듯이 서로에게 필요하기" 때문에 "(여자인 조선에 대해) 조언보다는 보다 강한 처방"이 필요하다고 보면서 일본을 젠더상의 남성으로 묘사했다.[61] 그리고 조선의 전통역사의 문제점은 내부적으로는 치유할 수 없는 것으로 보았다.

일본의 한국에서의 모든 시도를 긍정적으로 보면서 한국인들의 관점은 전혀 고려하지 않았으므로 그는 한국인들이 일본에 대해 저항하는 모든 시도를 헛된 것으로 보았다. "성급하게 오판하고 (개혁의) 결과를 참지 못하고" 한국인 살인자가 그의 첫 희생타로 "한국의 가장 좋은 친구"를 선택했다고 보았다. 이는 안중근의 이토암살에 관한 것이다. 안중근은 "뒤에서 총을 쏜" 개인적 원한을 가진 인간으로 그려졌다.[62] 그리고 "소위 의병이라는 반란군들(insurgents)"은 조선인들을 강탈하는 존재에 불과했다.[63] 한국인들의 이러한 행동은 미국에서도 예외가 아니었다. 전명운, 장인환이 한국 외부(外部)의 고문이었던 더함 스티븐스(Durham W. Stevens)를 샌프란시스코에서 암살된 문제에 대해서도 그는 "한국인들이 자국에서 암살에 만족하지 않고 미국을 흑수단(黑手團)과 폭력단(lyncher)의 흉겨운 활동무대로" 만들었다고 비난했다.[64] 이들

60 *Ibid.*, p.516.
61 *Ibid.*, p.513.
62 *Ibid.*, p.518.
63 *Ibid.*, p.516.
64 *Ibid.*, p.517.

은 한국인들의 열망과 관계없이 독자적으로 활동을 한 테러리스트에 불과한 인물로 그려졌다.

하지만 한국을 '보호국화'한 이후 조선 내 일본군들의 행동이 국제적으로 문제가 되자 그는 일본군들의 일부 불미한 행동을 인정했다. 그러나 그는 이를 1907년 7월 한국군 해산에 따른 한국인들의 저항에 따른 불가피한 것으로 보았다. 게다가 반도(叛徒)의 진압으로 1907~1911년에 사망한 인사들이 "이전의 15년 동안 남부지방에서 창궐한 주기적인 무정부상태에서" 죽은 수보다 많이 않을 것이라고 주장했다.[65] 즉 한국정부의 부패와 동학의 활동으로 죽은 사람들 문제가 더 심각한 것이라고 문제의 소재를 바꾸어버렸다.

이러한 관점에서는 『대한매일신보』의 어네스트 배델(Ernest T. Bethell; 한국명 裵說)의 통감부 비판과 뒤 이은 추방사건에서 이 영국인은 "자유라는 이름하에 언론자유를 남용하고 위험한 선동을 한 외국인들" 중의 한 명에 불과했다. 그리피스는 통감부가 당시 영어권 독자들에 대한 선전활동을 위해 발행한 『한국에서의 개혁과 진보 연례보고서(*Annual Reports on Reforms and Progress in Korea)*』의 자료를 전적으로 신뢰했다.

이토는 "평화라는 대의명분을 위해 피를 흘린 존재"였으므로 그리피스는 일본의 '한국병합'으로 가는 길의 모든 책임은 일본의 '개혁정책'을 거부한 한국인들에게 돌렸다. 즉 '한국병합'은 한국 내부의 모순과 더불어 일본의 개혁의 성과를 온순하게 기다리지 못하는 한국인들의 탓이었다. 그리피스는 일본의 '한국병합'은 전통시대 도요토미 히데요시[豊臣秀吉]의 정책, 즉 조선인들의 귀무덤, 도공의 일본 강제 연행 등의 잔인한 정책과 달리 "학교, 병원, 그리고 사법과 재정의 전당(temples)"를 세운다는 의미에서 차별성이 있다고 보았다.[66]

---

65 *Ibid.*

이토에 대한 지지는 상당수의 다른 미국인 지식인들의 경우에서도 확인할 수 있다. 예를 들면 이토 히로부미의 친구로 한국 보호국화를 열렬히 지지했던 미국 예일대학의 교수 조지 래드(George T. Ladd)는 이토의 초청으로 일본과 한국을 몇 달간 방문했다. 이는 한국보호국화와 고종퇴위로 인해 한국인들이 일본의 정책에 저항하고 있었고 미국 선교사들도 일본의 한국정책에 대해 불만을 표현한 상황에서 미국의 지식인을 활용해서 미국 내 여론을 무마하자는 것에 목적이 있었다.[67] 래드는 이토의 욕구를 자신의 책에서 다음과 같이 표현했다.

> 통감으로서 자신의 정부정책에 영향을 미치는 모든 문제에 있어서 그(이토 — 인용자)는 한국인 자신이다. 그는 오랫동안 끔찍이도 잘못 통치되어 온 천 삼백 내지 사백만 명의 헐벗은(wretched) 사람들의 교육적, 경제적 면에서의 복지에 주된 관심을 기울이고 있다 (…중략…) 반복해서 통감은 한국을 돕는 것이 그의 양심과 마음에 있다고 확약한다. 그는 한국인들에게 선한 결과를 가져올 수만 있다면 어떠한 비판과 반대에도 개의치 않을 것이라고 주장한다.[68]

그는 한국인들이 잘못된 악정 하에서 고생을 했을 뿐만 아니라 어떠한 "도덕적 가르침"도 한국인들에게 영향력을 행사하지 못했다고 주장했다.[69] 또한 한국에는 어떤 종교적 제도와 가르침은 뿌리내리지 못했다고 보았다.

---

66 *Ibid.*, p.518.

67 George T. Ladd, *In Korea with Marquis Ito*(London : Longmans, Green & Co., 1908)(한국교회사문헌연구원, 1985 재간), pp.4~5.

68 *Ibid.*, pp.8~9.

69 *Ibid.*, p.390.

> 한국은 수입된 기독교에 필적하는 어떤 종교도 없다. 중국에서 발전된 것과 같이 수준 높은 유교도 없다. 게다가 일본에서 볼 수 있는 것과 같은 개혁된, 내적으로(reflectively) 정교한 불교도 존재하지 않는다. 인도에서처럼 정교한 종교철학이나 복잡한 카스트 제도는 없다.[70]

이러한 상황에서 한국에서 러일전쟁 이후 증가하는 기독교신자의 숫자에 대해 어떠한 설명을 필요로 했다. 여기에 대해 래드는 중요한 것은 "숫자가 아닌 질"인데 한국에서 기독교는 매우 피상적으로 받아들여지고 있다고 보았다. 그는 선교사들이 한국인들의 편을 들면서 일본 통감부의 역할을 무시하고 있다고 보았다. 그가 보기에 통감부는 종교적 각성에 도움이 되는 "물질적, 법적, 그리고 교육적 제도"를 제공해줄 수 있으므로 선교사들이 이러한 "문민통치의 도움(support of the civil arm)"을 무시하지 말아야 한다고 주장했다.[71]

당시 이러한 영미의 일본과의 협조라는 주장에 대해 비판적인 인식을 보여준 이들의 비판적인 인식도 제국주의 그 자체에 대한 평가보다도 한국인들이 앵글로색슨족에 가까울 수 있다는 것에 초점을 맞추고 있다. 특히 일본의 한국 침략에 대해 비판적이었던 호머 헐버트(Homer B. Hulbert)는 한국인들 안에는 "합리성과 감성적 측면이 매우 멋지게(happy) 조화"되어 있다고 주장했다. 그가 보기에 이들 덕목은 "앵글로색슨족을 현재 상태로(what he is) 만든 동일한 조합"이었다.[72] 그러므로

---

70 *Ibid.*, p.391.

71 *Ibid.*, p.394.

72 Homer B. Hulbert, *The Passing of Korea*(New York : Doubleday, Page & Company, 1906)(경인문화사 근세동아세아 서양어 자료총서 44, 2000로 재간), p.31; 안드레 슈미드는 헐버트가 본질적으로 앵글로색슨족의 제국주의 자체를 비판한 사람은 아니라고 보았는데 정당한 지적이라고 생각한다. 안드레 슈미드, 「오리엔탈 식민주의의 도전 : Anglo-American 비판의 한계」, 『역사문제연구』 No.12, 역사비평사, 2004, 156~186쪽.

그것이 가진 함의는 명확했다. 한국인들이 기독교인으로 변화하면 앵글로 색슨족들과 같은 수준이 될 수 있는 것이었다.[73]

래드의 생각은 그리피스의 신념, 즉 선교사와 일본 정부가 합심해서 조선에서 문명적 진보를 이루어낼 수 있다는 것과 그대로 일치한다. 그리피스는 조선에서 기독교 확산의 전망을 낙관적으로 보았다. 그는 "근대문명에 대한 중요한 특징을 멋지게 흡수한 것"이 일본에서도 기독교 선교의 성공에 중요한 토대가 되었다고 해석했다.[74] 일본 당국은 한국에서의 진보에만 신경을 쓸 뿐만 아니라 "선교사와 외국의 박애주의자들에게 모든 격려를 주고 있기에" 그는 일본의 '한국병합'이 선교에 "새로운 환경"을 조성하고 있다고 주장했다.[75]

그럼에도 불구하고 그리피스의 한국인들에 대한 평가는 일관되게 부정적이었다. 그는 한국병합 후 얼마가 지난 1912년에 한국에 온 첫 감리교 선교사였던 헨리 아펜젤러(Henry G. Appenseller)에 대한 전기를 출간했다. 그러나 이 책에 나타난 그의 한국인들에 대한 인식은 선교사들에게서도 비판을 받았다. 즉 일부계층에 국한된 언술을 전체 한국인들에게 적용한다는 것이 무리라는 것이었다. 아펜젤러와 비슷한 시기부터 활동한 호레이스 언더우드(Horace G. Underwood, 한국명 元杜尤, 1859~1916)의 부인은 특히 "자신이 결코 본적이 없는 사람들에 대해 그리피스가 너무 가혹하다고(hard)" 비판했다.[76] 1910년대 그리피스에 대한

---

73 헐버트는 미국에서 이승만의 독립운동을 지지하면서 한국의 "기독교문명국" 건설의 가능성을 일본이 짓밟았다고 주장했다. 그는 이승만의 사설고문단 역할을 한 한미협회(Korean -American Council)의 회원이었다. 안종철, 「미군정 참여 미국선교사·관련 인사들의 활동과 대한민국 정부수립」, 『한국기독교와 역사』, 제30호, 한국기독교역사연구소, 2009, 22~23쪽.

74 Griffis, *The Mikado's Empire*, p.696.

75 Griffis, *Corea : The Hermit Nation*, pp.518~519.

76 William E. Griffis, *Henry G. Appenzeller : A Modern Pioneer in Korea*, New York : Fleming Revell & Co., 1912. 이 책의 번역은 이만열, 『아펜젤러—한국에 온 첫 선교사』(연세

비판은 그의 영향력을 약화시키기에는 너무 때늦은 것이었다.

한국인들에 대한 부정적인 평가에 반해 일본인들에 대해서는 마치 서구의 기사도와 유사한 특성을 가진 인간으로 묘사되었다. 1902년 서울에서 목포로 성서번역자회에 참석차 가던 아펜젤러가 타고 있던 일본배가 다른 일본 배와 충돌해서 사망했다. 이 사건 당시 아펜젤러가 타고 있던 구마가와마루[球磨川丸]는 침몰하고 반대편의 기소가와마루[木曾川丸]는 구마가와마루의 승선원들을 구출해서 인천항으로 돌아왔다. 그런데 이 사건은 당시 구마가와마루의 구조에 대한 미지근한 태도로 사망자가 늘어나서 당시 아펜젤러 가족이 일본법원에 소송을 내서 일본대심원까지 올라가게 되어 더욱 알려졌다.[77] 이에 대해서는 당시 살아남았던 보울비(J. F. Bowlby)와 같은 미국인들은 기소가와마루의 의도적인 구조작업의 태만을 개탄했다. 그러나 이에 대해 그리피스는 기소가와마루가 "우연히 단 하나의 생명이라도 구할까 하여 15시간 동안이나 구조 작업을 폈다는 것은, 1871년에 일본에 있을 때 생명이 티끌같이 값없이 취급되던 것을 본 것과 비교할 때 인간의 생명에 대한 일본인들의 태도에 있어서 획기적인 이정표를 세운 것이나 다름없는 일"이라고 주장했다.[78] 이와 같은 그의 주장은 봉건사회에서 근대사회로 이행한 일본인들이 당연히 기사도정신을 가진 새로운 인간형으로 바뀌었음을 주장하는 것이었다. 이 사건도 그가 미국에서 간접적으로 들은 것에 불과하다.

한편 1910년 무렵 조선인 기독교가 20만 명이었는데 이는 당시 일본

---

대 출판부, 1985)에 들어있다. 이 책에 대한 조선 선교사의 비평은 Lillias H. Underwood, "Henry G. Appenzeller", *Korea Mission Field*, 1912.11, pp.368~372.

77 이 사건에 대해서는 홍승표, 「아펜젤러 조난사건의 진상과 의미」, 『한국기독교와 역사』 31, 2009.9 참조. 결국 구마가와마루의 선장의 과실로 결론이 났고 회사 측은 혐의를 벗었다. 두 배는 같은 회사의 것이다.

78 William E. Griffis, *Henry G. Appenzeller*, pp.278~279.

개신교인의 숫자(15만 정도)를 넘어섰다. 그렇다면 일본의 기독교 선교가 부진하다면 일본의 문명사적 의미는 무엇인가라는 질문이 제기될 수 있었다. 그는 이에 대해 조선이 비록 정치적 주권을 상실했지만 "히브리 땅에서 '유대인들에게 속하는' 구원이 나와서 유럽과 전 세계를 정복한 것"처럼 "기독교 조선"이 "일본의 영적 재생지"가 될 것을 전망했다.[79] 일본제국내 조선의 위치는 이렇듯이 기독교와 관련되어서 물질적인 일본의 문명화 사명과 함께 손잡고 가는 것으로 상정되었던 것이다.

## 5. 맺음말

이상에서 그리피스의 일본에서의 활동과 전통한국에 대한 인식에 대해 살펴보았다. 그의 문명관은 앵글로색슨의 우월성을 기초로 형성된 것이었다. 이에는 그의 개인적 성향, 즉 모험심, 자본추구, 선교에 대한 열정 등이 자리 잡고 있었다. 그는 일본에서 직면한 현실, 즉 메이지정부의 근대화정책을 보고 아시아에서는 앵글로색슨족에 유비될 만한 사람들은 일본인들밖에 없다고 보았다. 당시 그도 일본의 근대사회로의 전환을 목도하면서 '봉건'잔재에 대해 혹독한 비난을 했지만 일본사회의 근대화 역량에 대한 낙관적인 견해는 부분적으로는 전통일본사회의 특징과 역량에 대한 인식으로부터 연유한 것이었다. 즉 역사의 일원적 발전도상에서 일본은 봉건사회에서 근대사회로의 전환기에 있다는 것이었다. 그러나 근대화를 위해서는 근본적으로 서구의 충

79 Griffis, *Corea : The Hermit Nation*, p.520.

격에 의한 일본의 개방과 기독교의 유입이 중요했다.

이에 비해 그는 조선사회를 직접 목도하지 못한 상태에서 과도하게 성급한 평가를 내놓았다. 그가 보기에 봉건으로부터 근대사회로의 역사의 일원론적 발전에 대해서 조선사회를 어디에 위치시킬지 파악할 수 없었다. 왜냐하면 당시 조선은 그가 보기에 중국의 영향을 너무 많이 받았던 사회였기 때문이다. 그러므로 그리피스는 조선사회의 근대사회로의 발전은 서양을 대리한 일본과 기독교 선교사들에 의해서만 이루어질 수 있다고 보았다. 기독교문제 이외에 그는 일본 측의 한국 식민지화에 대한 논리를 그대로 수용하고 있었던 것이다.

그의 문명관과 기독교는 매우 긴밀하게 연결되어 있었기 때문에 일본에서 개신교 선교가 더 이상 진행되지 않을 때에 그의 논리는 일관성을 유지할 수 없었다. 이때 한국의 기독교가 일본의 물질문명의 한계를 보완하는 것이 기대되었다. 그래서 그는 1910년대 한 때 한국의 기독교에 대해 기대하기도 했다. 여기서 일본은 물질문명의 영역에서만 진보적인 것으로 인식되면서 영적인 조선이 일본의 구원에 도움이 되는 존재로 합리화되었다. 이로써 제국일본의 한국지배 구도에 대한 근본적인 질문은 덮을 수 있었다. 즉 그에게는 종교와 문명의 관계가 밀접하게 관련된 것이었지만 그 관계가 안정적인 것이 아니었다. 어쩌면 그에게는 물질문명의 발전이 종교적인 것보다 더 중요한 것, 혹은 상위의 것일 수도 있었다.

# 라이샤워의 동아시아론과 전후 한국학의 배치*

장세진

## 1. 지역연구와 씽크탱크(think tank)

"최근 몇 년간 우리 미국인들은 아시아 국가들과 미국과의 관계에 대해 격렬한 의견 대립을 보여 왔지만, 한 가지 점에서는 일치해왔다. 현재 아시아와의 관계는 전혀 만족스럽지 않다는 것이다 (…중략…) **아시아에서 우리의 타율은 매우 낮다.**" 가장 미국적인 스포츠 중의 하나인 야구의 메타포를 통해 아시아와의 관계를 한마디로 규정하고 있는 이 문구는 바로 1955년 당시 하버드 대학교 극동언어학과(Department of

---

* 이 글은 2012년 7월 20일 상허학회와 인하대 한국학연구소가 공동주최한 학술대회 '고유성의 지정학, 한국(문)학의 학술사적 변동'에서 발표 후 『상허학보』 2012.12에 게재된 논문을 수정한 것임.

Far Eastern Languages)의 일본사 교수로 재직하던 에드윈 라이샤워의 저서 『급구 : 아시아 정책(*Wanted : An Asian Policy*)』의 서두이다.[1] 당시 라이샤워는 집필이나 강연을 통해 아시아 정책의 중요성을 역설하고 있었는데, 이는 물론 아카데미의 통상적 구성원인 교수-학생들을 독자로 상정한 것이었다. 그러나 위 제목에서 단적으로 드러나듯, 이 텍스트는 오히려 미국의 외교 정책을 입안하는 고위 정치인이나 실무 담당 관료들에게 한층 더 적합해 보였다. 한편, 당시 라이샤워는 '민주주의'의 이름으로 아시아에 관한 지식의 대중화를 주장하고 있기도 했다. 전후 미국의 일본 점령 및 중국혁명 그리고 한국전쟁과 같은, 일련의 글로벌한 냉전적 계기들을 거치며 아시아라는 지역에 새롭게 관심을 가지게 된 광범위한 일반 독자들까지도 그는 사실 염두에 두고 있었다.

그러나 보다 엄밀히 말한다면, '극동언어학'이라는 학문 분과의 동료 교수들과 정책 관료들 사이의 독자 구분은 결코 뚜렷할 수 없었다. 태평양전쟁 당시 정보장교로서 미 국무부 특별 보좌관을 지낸 라이샤워 자신의 경력이 이미 입증하듯, 그와 그의 하버드 동료들은 2차세계대전 당시 미군-국무부-정보기관을 오가며 아시아 지역에 관한 언어, 역사, 문화 등의 '정책화된 지식(policy knowledge)' 일체를 제공한, 고도의 훈련된 '두뇌집단(think tank)'이었던 까닭이다.[2] 더욱이 전전 시기 대학-정보기관 사이의 이 밀착된 구도는 전후에는 본격적인 냉전 지역연구로 재편되는데, 이에 따라 협력의 양상은 민간 재단 등의 참여로 인해 한층 견고해진 '군(軍)-산(産)-학(學)' 복합의 트라이앵글을 완성하게 된다. 미국 내 지역연구의 기원에 관해 비판적으로 성찰한 바 있는 브루스 커밍스의 지적처럼, 바야흐로 1950년대의 미국은 "미 · 소 대결 국

1 Edwin O. Reischauer, *Wanted : An Asian Policy*, New York : Alfred A. Knopf, 1955, p.2.
2 Edwin O. Reischauer, *My Life Between Japan and America*, New York : Harper & Row, Publishers, 1986, p.113.

면이 수반한 학술연구의 결정적인 개화기"[3]를 맞이한 셈이었다.

실제로 1955년은 카네기나 포드와 같은 대형 재단들이 '지역연구-동아시아'의 석사과정 프로그램 운영을 위해 거액의 자금을 하버드 문리대학 대학원에 추가 지원한 해이기도 했다. 뿐만 아니라, 이듬해인 1956년에는 미국 최초의 '지역' 조직이었던 전전의 '극동협회(Far Eastern Association)'가 오늘날의 '아시아연구협회(AAS, Association for Asian Studies)'로 재편되는가 하면, 하버드는 1957년 드디어 '동아시아학센터(CEAS, Center for East Asian Studies)'를 발족시켜 현대 중국사 전문가인 존 페어뱅크(John K. Fairbank)를 초대 소장으로 영입하기에 이른다. 페어뱅크 역시 라이샤워와 마찬가지로 전전에서 전후로 이어지는 '군 / 산 / 학' 복합의 씽크탱크형 인재였음은 두말할 필요도 없다.[4] 한 논자의 간명한 요약처럼 이 시기 하버드는 "미국의 글로벌한 전략을 정식화(formulation)하고 이를 수호하는", "냉전대학"의 중심으로 명실공히 거듭나는 중이었다.[5]

한편, '권력 / 지식'의 상시 호환을 극명하게 드러내는 쇼케이스였던 하버드 동아시아학센터가 그 하위 분과로 한국학과 관련된 강좌를 신설하고 한국학 정규 교수직(tenure)을 마련한 것은 센터 개원 바로 1년 뒤인 1958년의 일이었다.[6] '중국-일본-한국'의 삼 분과로 이루

3 브루스 커밍스, 「경계의 해체 — 냉전과 탈냉전 시대의 지역학과 국제학」, 『대학과 제국』, 당대, 2004, 234쪽

4 로널드 슐레스키, 김성규 역, 『하버드대학의 동아시아 연구 — 최근 50년의 발자취』, 현학사, 2008, 30~34쪽. 물론 페어뱅크가 동아시아학 센터(CEAS)를 만들었을 때 참조 모델은 이미 존재했다. 시애틀 소재 워싱턴대학은 1945년 학과 간 연계를 통해 '극동연구소(Far Eastern Institute)'를 설치했고, 1949년에는 '극동 및 러시아연구소(Far Eastern and Russian Institute)'로 명칭을 바꾸게 된다. 컬럼비아 대학도 제도적 설치에 발빠른 편이었는데, 1947년에는 '러시아연구소(Russian Institute)'가, 1949년에는 '동아시아연구소(East Asian Institute)'가 문을 연다.

5 Jeremi Suri, *Henry Kissinger and the American Century*, Cambridge, Mass : Belknap Harvard University Press, 2007, pp.93~103.

6 Edwin O. Reischauer, *Op. Cit.*, 1986, pp.147~148. 라이샤워의 자서전에는 한국학 교수직 설치를 위해 록펠러 재단으로부터 기금을 모으고, 와그너를 영입한 것이 1958년의

어진, 가장 일반적인 현행의 미국 내 동아시아학 모델이 본격적으로 등장한 셈이었다. 그러므로 하버드를 위시해서 미국 대학 내 한국학의 제도적 정착을 이야기하기 위해서는 라이샤워에게로 다시 돌아가지 않을 수 없다. 한국학 교수직 신설을 위해 록펠러 재단으로부터 40만 달러의 기금을 확보한 장본인이자 하버드 동아시아전공교수위원회(Faculty Committee on East Asian Studies) 의장으로서 부의장인 페어뱅크를 끈질기게 설득한 이 역시 예의 라이샤워였던 까닭이다. 더욱이 그는 전전시기 한국과의 우연하고 짧은 인연으로 최초의 한글 로마자 표기법인 '맥쿤-라이샤워(McKune-Reischauer)' 시스템을 개발한 초기 개척자 중 한 사람이기도 했다.

그러나 라이샤워에 주목해야 하는 보다 결정적인 이유는 위와 같은 개별적인 사실들의 단순한 총집합 그 이상인 좀 더 구조적이고 역사적인 맥락에서 찾아져야 할 것으로 판단된다. 전후 미국 내 한국학의 조직이나 컨텐츠 양자 모두를 아우르는 제도적 성립이란 바로 전전과 전후를 관통하는 유(類) 범주로서의 '극동학 / 동아시아학' 전체, 혹은 그 중에서도 특히 일본학과의 구조적인 연동 속에서라야만 충분히 파악될 수 있기 때문이다. 이후 본격적으로 살펴보겠지만, 미국의 전후 일본학이란 형식적으로는 동아시아 지역 연구의 하위범주에 해당되었지만, 실질적으로는 동아시아 국가들(중국－일본－한국) 각각을 아카데미라는 체계적 지식의 장 내 위계화된 장소에 할당하는 '배치'의 원리를 제공한 서사적 구심점이었다. 일찍이 하르투니언이 날카롭게 비판한 바 있듯이, 일본학을 포함하는 전후 미국의 동아시아학은 동시대의 공산화된 현대 중국이라는 냉전 상황을 첨예하게 의식하면서 성립되

---

일로 서술되어 있는 반면, 와그너의 행적을 기록한 국내학자의 다른 텍스트에는 와그너의 한국학 교수 부임이 그가 박사논문을 제출한 1959년으로 나와 있다. 이훈상, 「에드워드 와그너의 조선시대 연구와 이를 둘러싼 논점들」, 『역사비평』 vol.59, 2002.5.

었을 뿐만 아니라, 시간을 소급하여 전전 시기 열강들의 오리엔탈리즘이라는 부(負)의 유산을 많은 부분 그대로 '껴안은 채' 시작되었다.[7] 전후 미국이라는 의사(疑似) 제국의 공간에서 이루어진 전전(식민주의)과 전후(냉전)의 연속성과 접합이라는 이 문제는 사카이 나오키[酒井直樹]의 일관된 화두로도 널리 알려져 있다. 그는 이를 "아시아·태평양전쟁 이후에 태평양을 가로지르며" 만들어졌던, "미국(보편)과 일본(특수) 간의 공범성"으로 명명한 바 있다.[8]

전후 미국 내 한국학의 제도적 성립과 관련하여 이 글에서 살펴보고자 하는 라이샤워는 따라서 당대 글로벌 냉전서사에 내재한 "미-일 트랜스퍼시픽의 공범성"을 가장 문제적으로 드러내는 인물일 수밖에 없다. 선교사의 아들로 도쿄에서 태어나(1910) 학계와 관계를 오가는 전도유망한 일본통으로 성장한 개인사라든지, 1961년 케네디 행정부에 의해 주일(駐日) 대사로 임명되는 그의 경력은 푸코적 의미의 통치성과 관련된 '권력 / 지식'의 테크놀로지를 그 자신의 삶 속에 고스란히 체현한 케이스에 가깝다. 그러나 그의 '트랜스퍼시픽한' 커리어는 단지 개인적인 차원으로 환원되기보다는, 트라우마라고도 불리웠던 중국의 '상실' 이후 미국 사회에 팽배했던 비(非)공산권 아시아와의 소위 '교감의 정치(politics of empathy)' 라는 컨텍스트 없이는 결코 성립되기 어려운 것이었다. 그것은 특히, 여러 아시아 국가 중에서도 근(近) 과거의 교전국이자 인종적 적대감의 집결지였던 일본의 '재발견'이라는 광범위한 사회적 필요와 합의와 접속될 때 비로소 만개할 수 있는 성질의 것이었다.[9]

---

7 해리 하르투니언, 윤영실·서정은 역, 『역사의 요동』, 휴머니스트, 2006.

8 사카이 나오키, 최정욱 역, 『일본, 영상, 미국』, 그린비, 2008, 243쪽.

9 1947년 이후 냉전의 본격적 도래와 함께 미국 사회에서는 기존의 대중적인 아시아 전문가들의 포지션 변화와 함께 명백한 세대교체가 이루어지게 된다. 한국 독자들에게는 널리 알려져 있지 않지만, 제임스 미치너(James A. Michener)나 존 허쉬(John

실제로, 아시아에 관한 이해와 지식의 함양이 민주주의라는 시대정신(Zeitgeist)을 위한 일종의 '실천'으로 간주되던 시대의 한 복판, 라이샤워는 두 명의 동료들과 함께 — 중국사의 페어뱅크, 일본 현대사의 크레이그 — 향후 미국 내 동아시아학 교재의 고전적 '바이블'의 위상을 누리게 될 『동아시아 : 위대한 전통*(East Asia : The Great Tradition)*』(1960), 『동아시아 : 위대한 변용*(East Asia : The Great Transformation)*』(1965) 시리즈를 집필하기 시작한다. 이 책들은 원래 전전인 1939년에 이미 시작되어 1947년 이래 하버드대 교양과목의 일환으로 개설된 아시아학 강좌를 3인 팀 티칭의 형식으로 진행한 내용을 모태로 탄생한 것이었다. 이 글에서는 라이샤워가 학자·외교관으로서 가장 정력적으로 활동하던 1950년대와 1960년대 전반, 그가 발표한 동아시아에 관한 담론들, 그 중에서도 특히 4년의 시차를 두고 국내에 차례로 번역된 『동양문화사』 上, 下(1964~69)의 초판본 텍스트를 중심적인 분석의 대상으로 설정하고자 한다.[10] 『동

Hersey)로 대표되는 차세대 대중적 아시아 전문가들은 두 가지 점에서 전 세대인 펄 벅(Pearl S. Buck)이나 에드가 스노(Edgar Snow), 아그네스 스메들리(Agnes Smadley) 등과 뚜렷하게 구별된다. 첫째, 그들은 '유럽에서의 공산주의 봉쇄(containment)'와 '(비공산권) 아시아에서의 통합'이라는 당시 미국 외교 정책의 기조에 매우 충실한 이들이었다. 실제로, 기행문과 현지 아시아인들과의 인터뷰를 혼합한 형식을 취한 미치너의 『아시아의 목소리*(Voice of Asia)*』는 미국의 국가안전보장회의(National Security Council : NSC)의 정책 목표에 대한, 대중적인 해설 보급판에 준하는 텍스트였다고 해도 과언은 아니다. 둘째, 차세대 전문가들은 대체로 중국보다는 일본을 자신의 글쓰기의 핵심 테마로 삼았다는 점이다. '태평양의 사나이'로 불리운 미치너의 경우, 한국전쟁의 전투를 배경으로 한 소설을 남기기도 했지만 그는 기본적으로 일본을 주축으로 해서 대중적인 아시아 담론을 선도하는 위치였다. 허쉬의 출세작인 『히로시마*(Hiroshima)*』 역시 원폭 이후 구체적인 생존자들 여섯 명의 삶을 추적한, 일본을 대상으로 한 다분히 정서적인 후일담이었다. 차세대 아시아 전문가들은 이처럼 일본에 대한 대중적인 감정을 극적으로 완화·교정하고, 인종적·문화적 차이를 넘어서서 아시아인들과의 소통과 이해에 기반한 교류를 확대, 보급하는 역할을 수행했다. 냉전기 아시아에 대한 대중적 인식의 재편에 관한 이상의 내용은 이동규, 「냉전 초기 미국인들의 동아시아 인식 형성 — 존 허시(John Hersey)와 제임스 미치너(James A. Michener)를 중심으로」, 고려대 석사논문 3장을 참조.

10 전해종·고병익 역, 『동양문화사』 上, 을유문화사, 1964; 전해종·민두기 역, 『동양

양문화사』는 시기적으로는 선사시대부터 근・현대까지를 모두 커버하는데다, 내용적으로는 동북아시아 3국의 자연환경, 지리, 인종, 역사, 정치, 사회, 예술, 교육 및 학문 등에 이르는 제 분야를 총괄하는 방대한 볼륨의 텍스트인 관계로, 『동양문화사』에 접근하는 루트는 국가별, 분야별로 실로 연구자의 수만큼이나 다양한 가지 수를 헤아릴 것으로 예상된다. 그러나 이 글에서는 미국 내 한국학의 제도적 성립이라는 한정된 관심 하에 라이샤워가 단독 집필한 한국 편 부분에 주로 집중하되, 특히 동아시아 삼국에 대한 기술(記述)을 조망하고 통어하는 전체 상위 서사와의 관련성 속에서 살펴보고자 한다.

돌이켜 보건대, 전후 미국의 아시아 담론은 아시아라는 대상 자체에 관한 입장과 태도의 문제이기도 했지만, 궁극적으로는 글로벌 파워로서의 미국이 냉전의 한 복판에서 스스로를 어떻게 정의할까 하는 '자기규정(self-definition)'의 문제와도 직결되어 있는 것이었다. 공산주의의 계속되는 팽창에 홀로 맞서 시종일관 봉쇄 정책을 외치는 국가이기보다 미국은 비록 레토릭의 차원에 머무른다 할지라도 세계의 '평화'와 '안전'을 위해 다른 나라들, 특히 비공산권 아시아 국가들과의 조화로운 '파트너쉽'을 추구하는 쪽으로 스스로를 기획하고 상상하고자 했다.[11]

---

문화사』 下, 을유문화사, 1969. 상하로 나뉘어있던 East Asia 시리즈는 1978년에 *East Asia : Tradition & Transformation* 한권으로 통합되었고, 1989년에는 다시 그 동안의 사회적 변화를 반영하여 한국의 민주화, 중국의 개방이 서술된 세 번째 개정판이 출간된다. 여기에는 중, 일, 한 삼국 이외에 베트남 편이 새롭게 추가된다. John K. Fairbank, Edwin O. Reischauer, Albert M. Craig. *East Asia : tradition & transformation*, Boston : Houghton Mifflin, 1989. 이 개정된 텍스트는 2년 후인 1991년 을유문화사(김한규・전용만・윤병남 역)를 통해 국내에 다시 번역된다.

11 물론 이러한 종류의 '공감의 정치'는 1990년대 후반 이후 냉전에 대한 문화사적인 접근을 시도했던 일군의 비판적 미국 학자들, 특히 크리스티나 클라인에 의해 "냉전 오리엔탈리즘 Cold War Orientalism"이라는 명칭을 부여받기도 했다. Christina Klein, *Cold War Orientalism : Asia in the Middlebrow Imagination 1945~1961*, University of California Press, pp.1~17.

이 과정에서 전후 '무조건 항복(unconditional surrender)'의 접수 대상이었던 일본은 아시아의 파트너로서 새롭게, 그리고 신속하게 그 위상이 재정립될 터였다. 『동양문화사』는 바로 이러한 시대적 요청을 정확히 감지하고 이에 기민하게 부응했던 문제적 텍스트였다.

그러나 라이샤워 『동양문화사』의 위력은 또한 여전히 현재적이기도 하다. 두 가지 점에서 그러한데, 일단 이 교재로 기초적 트레이닝을 시작한 미국의 후속 세대 연구자들은 이 텍스트가 생산해낸 동아시아 담론의 자장 속에서 성장할 수밖에 없었으며, 이들은 이후 '충실한 계승'과 '급진적 비판'이라는 두 극점 사이를 오가며 시기에 따라 다양한 교섭과 변주의 유형들을 풍성하게 만들어냈다.[12] 그러나 이보다 한층 더 의미심장한 사실은 전후 미국 내 동아시아 / 한국학의 기원 장면에서 수월하게 목격할 수 있는 이 스테레오 타입화된 몇 가지 특징들 — 일단 크게 보아 '식민주의적'이며 '냉전적인'이라고 불러두자 — 이 학문의 세계화를 지향하는 비교적 최근의 왕성한 학문적 교류 훨씬 이전에, 한국 지성사의 특정한 지속적인 흐름과 맞물려 우리 내부에 이미 깊숙이 들어와 존재하고 있다는 점이다. 요컨대, 이 글은 '내부화된(embedded) 외부'로서의 한국학이라는 시각에서 전후 미국 내 지역연구와 한국학의 성립이라는 주제를 다루고자 한다.

12 마이클 신, 「미국 내 한국학 계보」, 『역사비평』 vol.59, 2002.

## 2. 부활, 그리고 트랜스퍼시픽의 '권력 / 지식' 네트워크

초판본 『동양문화사』 上의 서문에서 한국 편과 관련하여 가장 먼저 등장하는 서술은 다름아닌 3인 공동 저자들 — 실질적으로는 라이샤워의 것으로 보이는 — 의 특정인에 대한 아낌없는 오마쥬이다. "우리는 특히 본서의 (…중략…) 제 10장 한국에 관한 서술을 가능케 하여주신 세 분에게 감사를 드린다. 동양사 중에서 이 부문의 적절한 개설서가 없기 때문에 우리는 **지나칠 정도로 하타다 다카시〔旗田巍〕 저(著) 『조선사(朝鮮史)』에 의지하였으며**, 서울대학교 이병도 박사와 하버드대학의 와그너 박사의 매우 세밀한 수정을 받았다." '트랜스퍼시픽한 미-일의 공범성'이라는 이 글의 관점에서 보자면 단연 의미심장한 진술일 수밖에 없는데, 실제로 『동양문화사』 上 안의 한국 편은 식민지 마산에서 출생한 재조 일본인 역사학자 하타다 다카시의 문제작 『조선사』(1951)의 대대적인 참조 위에 덧쓰인 것이었다.[13] 그렇다면 하타다의 『조선사』는 과연 어떠한 책인가. 이 글의 분석 대상인 『동양문화사』를 이해하기 위해서라도 『조선사』의 몇 가지 특징은 짚고 넘어갈 필요가 있다. 일단, 널리 알려진 대로 하타다의 저서는 패전 직후 일본에서 한동안 침체해있던 조선사학의 새로운 출발과 재편을 알리는 선구적인 텍스트임이 분명했다.

13 의사였던 하타다의 부친은 오카야마[岡山] 현 출신으로 이 지역은 1905년 이후 현 차원에서 적극적으로 조선 이민을 장려한 현 중의 하나였다. 하타다는 1908년 마산에서 출생, 1925년 부산중학교 졸업 후 도일하기 전까지의 17년 동안을 조선에서 거주했다. 비교적 자유분방한 분위기의 구마모토[熊本] 제 5고등학교 시절 동안 하타다는 사회주의 사상과 조우했고, 도쿄제국대학 문학부 동양사학과에 입학한다. 여기에서 만난 하타다 필생의 스승이 바로 당시 조선과 만주의 고대사를 강의하고 있던 이케우치 히로시[池內宏]였다. 하타다 다카시의 생애와 학문 세계에 대한 자세한 해설로는 고길희, 『하타다 다카시 – 마산에서 태어난 일본인 조선사학자』, 지식산업사, 2005를 참조.

일본인의 조선사 연구의 주력은 고대사에 편중되어 있어, 근대사 연구는 결핍되어 있는데다가 그 고대사 연구라는 것도 문헌 비판, 크로노로지, 지리고증을 특색으로 하는 것이었다. 그것은 낡은 도그마를 타파하는 무기이며, 예전에는 무척이나 진보적인 역할을 한 것은 사실이지만, 새로운 고민들을 간직한 시대에 있어서는 **너무나 비인간적인** 학문이었다. **어떤 사회에, 어떤 인간이 살고 있으며, 어떠한 기쁨과 고민을 안고 살아가고 있는지**를 무시한 채 오로지 하나의 사건이 일어난 위치와 연대를 정확하게 기술하는 것이었다. (…중략…) 지금이야말로 조선사 연구는 새롭게 재출발하는 시기다. **종래의 성과를 이어받음과 동시에, 그것을 넘어서 새로운 조선사를 개척하지 않으면 안 된다.** 무엇보다도 조선 사람들이 걸어 온 조선인의 역사를 연구하지 않으면 안 된다. 현재 고난의 철화(鐵火) 속에 휩쓸려 있는 **조선인의 고뇌를 자기의 고뇌로 삼는 일이 조선사연구의 기점**이라고 생각한다.[14]

동양사의 여러 연구 분야 중에서도 특히 조선사가 근래 쇠락한 원인을 분석하고 새로운 출발을 다짐했던 하타다의 이 유명한 「서문」은 발표 당시 한국과 재일조선인 역사학계로부터 뜨거운 갈채를 받게 만든 요인 중 하나였다.[15] 주로 제국의 지원으로 수행되었던 동양사 / 조선사 연구가 패전 후 국가라는 핵심 '패트런'을 상실했으며, 내적으로는 고답적인 연대기 서술과 고증 절차에 치중해있어 정작 역사 기술의 대상인 조선 민족의(혹은 조선민족으로부터의) 관점은 철저히 결여되어 있다

14 旗田巍, 『朝鮮史』, 岩波書店, 1951, 4~5쪽.

15 만국사를 서양사와 동양사로 분리시켜 가르치던 일본 중등교육 과정에서 동양사학이 대학에 개설된 것은 청일전쟁 이후의 일이라고 한다. 그리고 일본 동양사학의 성립 과정에서, "서양과 동등한 시선으로 동양을 분석하고 실증하기 위한 직접적이고 손쉬운 대상이 바로 '조선사'"였다. 일본 교육 제도 내에서 동양사와 조선사의 관계에 대한 이상의 서술은 박광현, 도면회 · 윤해동 편, 「식민지 조선에서 동양사학은 어떻게 형성되었는가?」, 『역사학의 세기』, 휴머니스트, 2009 참조.

는 것이 1951년 당시 하타다의 진단이었다. 『조선사』 서술을 통해 하타다는 이처럼 전후 일본 사학의 '양심'이라는 시대적 아이콘으로 자리 잡을 수 있었다. 따라서 『조선사』가 이와나미 쇼텐[岩波書店]의 의뢰를 받아 탄생한 일종의 기획 상품이었다는 점, 게다가 이 기획이 일본 출판계가 맞이한 한국전쟁 '특수'의 일환이었다는 사실들조차도 하타다의 학문적 진정성을 심각하게 훼손하지는 못했던 것으로 보인다. 한국전쟁과 함께 경기가 극적으로 되살아났듯이, 이러한 사실들은 다만 조선에 대한 일본인들의 지적 호기심이나 체계적인 앎의 열정이 순식간에 전전 수준으로 복구된 시대 상황을 반영한 정도로 받아들여졌다. 추측컨대, 일본어에 정통했던 라이샤워가 많은 조선 관련 연구서들 가운데서도 특히 하타다의 『조선사』를 주력 레퍼런스로 선택한 정황 역시 전전 식민주의와의 '결별'을 모토로 높이 내건 이 텍스트의 충분한 상징성, 그리고 그 선언적 위상과도 깊이 관련되었을 것이다.

실제로 하타다의 『조선사』는 일반적인 일본 학자들의 텍스트와는 달리 여덟 장으로 이루어진 전체 구성에서 뒤의 두 장을 근과거인 식민통치기와 해방기에 할애했으며, 또한 지금 여기의 숨가쁜 동시대적 현실이었던 한국전쟁까지도 서술의 지평 속에 포함하고 있었다. 식민지 시기 서술을 관통하는 하타다의 시각은 전후의 명성 그대로 눈길을 끌만한 것이었는데, 그는 제국의 식민통치가 수반한 행정의 합리화나 산업화 자체는 인정한 편이었지만, 그 실질적인 혜택은 대부분 기층의 조선인들이 아닌 식민 경영자나 재조 일본인 일반에게 귀속된 것으로 엄격히 구분해서 평가했다. 하타다의 프레임 안에서라면, 병합 직후 근대적 소유권 확립과 행정 합리화를 명분으로 내세운 총독부의 대대적인 토지조사사업은 다수의 농민을 토지라는 물적 기반으로부터 강압적으로 분리해 낸, 폭력으로서의 근대화를 열어젖히는 비극적 시발점으로 규정될 터였다. 그러므로 이후 식민통치기를 기술하는 하타다의 어조는 단연 침통한 것일 수밖에 없었다. 나름의 자족성을 가졌던 조선 경제의 전 부문은 단일 품목인 쌀을 중심으로 재편되고, 공업 부문 역시 정미(精米), 주조(酒造) 등으로 전환되는 등 조선에서 벌어진 일련의 정치적, 경제적 조치들은 궁극적으로는 조그만 외부 변수에도 매우 취약한 종속적인 식민경제의 탄생으로 요약되었다. 중의적 해석의 여지를 두지 않은 채, 하타다는 "**패전 전의 일본인이 백미로 포만감을 느낄 수 있었던 것은 조선 농민의 희생이 있었기 때문**"이라고 쓴다.[16]

다시 한 번 강조하지만, 하타다의 시각이나 『조선사』라는 텍스트가 이 글에서 중요한 이유는 라이샤워 『동양문화사』와의 광범위한 연관성 혹은 상호텍스트성이라는 차원에서다. 비단 식민 통치기 뿐만 아니라 고대 신라나 조선시대와 같은 여타 시기에 관한 하타다의 전반적인 서술 기조는 라이샤워의 『동양문화사』 안에서 거의 대폭적으로 승계되고 있기 때문이다. 유럽 식민주의와의 뚜렷한 차별화가 아시아를 향한 당대 미국 사회의 담론 전략의 한 축이었다면, 전후 일본사학의 양심으로 불리운 하타다의 『조선사』는 분명 신뢰할 만한 전거임에는 틀림없었다. 그러나 엄밀히 말한다면, 하타다의 텍스트는 기실 과거 제국의 유산과 탈식민의 시대정신이 불균질한 비율로 매우 울퉁불퉁하게 혼합되어 있는, 일종의 브리콜라쥬(bricolage) 텍스트였다고 보는 편이 보다 타당할 것이다. 그 자신 재조 일본인이었던 하타다의 『조선사』는 어떤 의미에

16 1930년대 공업화에 대한 하타다의 평가도 일관된 맥락 하에 놓여 있는 것이었다. 하타다에 의하면, 쌀의 재배와 경공업 중심이었던 조선의 경제지도가 확연히 달라진 것은 중일전쟁 발발 이후부터였다. 북선(北鮮)에 수력 발전 기반이 성립되고 동부 만주에서의 철도망의 발달과 함께 함경도 지역에서는 철도, 항만의 건설이 급속하게 추진되었다. 그러나 하타다는 이같은 조선의 공업 발전이 조선인 민족 산업의 발전 근간이 되지 못했다고 평가했으며, 미쓰이[三井], 미쯔비시[三菱], 쓰미토모[住友], 노구치[野口] 등의 대재벌 자본에 의한 기업이 조선 공업의 중핵을 형성했다고 보았다. 간단히 말해, 독점자본주의의 진출에 의해서만 조선의 공업화, 병참기지화가 가능해졌다는 입장이다. 旗田巍, 앞의 책, 214~219쪽.

서는 현장조사(field work)를 수행하는 인류학자들의 작업을 강하게 연상시키는 바가 있다. 이러한 텍스트들은 스테레오 타입화된 식민주의적 멘탈리티를 보이면서도 또 한편으로는 자신이 속한 메트로폴리스의 이해를 초월하는 정치적 지향성(intentionality)을 보인다. 오랜 시간을 함께 보낸 식민지 '원주민'들의 관점과 입장을 오히려 대변하게 되는 심적인 양가성과 복합성, 혹은 일관된 콜로니얼 서사로부터 부분적으로 '탈골된 주관성(fractured subjectivity)'이 빈번하게 출몰하는, 그야말로 문제적 텍스트인 셈이었다.[17]

최근 미쓰이 다카시[三ツ井崇]를 필두로 한 비판적인 일본 역사학 연구자들도 지적하고 있듯이, 하타다의 텍스트는 따라서 '급진적'이면서도 동시에 '전형적'이었다. 특히, 임나가라(任那加羅)로 대표되는 고대 일본의 한반도 지배설, 그리고 조선 왕조 지배계급의 무능과 당파성을 서술하는 부분 등에서 『조선사』는 제국의 소위 타율사관 내러티브를 가진 일본 연구자들의 그것과 크게 다르지 않은 모습을 보인다.[18] 물론, 고대나 전근대에 치중된 일본학자들의 편향된 연구 경향과 그로 인한 일본인들의 현행 조선관을 비판하는 데 하타다가 열성적인 것은 사실이었다. 그러나 다른 한편으로 그는 역사 연구에서 '실증'과 '합리주의'가 가지는 위력에 대해서는 별다른 의심을 가지지 않았던 것으로 보인다. 실제로 1960년대 초반 개최된 '일본에서의 조선연구의 축적을 어떻게 계승할 것인가(日本における朝鮮研究の蓄積をいかに継承するか)'라는 심포지움의 타이틀에서 알 수 있듯이, 전후 연구자들의 핵심 키워드는 바로 전전 연구의 '**계승**' 문제였다. 하타다는 일본인들의 연구가 "문헌비판이나 사

17 인류학의 모델로 일본학자들의 조선에 관한 지식을 설명하고 있는 시도로는 Boudewijn Walraven, The natives next-door : *Ethnology in Colonial Korea, Anthropology and Colonialism in Asia and Oceania*, edited by Jan Van Bremen and Akitoshi Shimizu, RoutledgeCurzon, 1999, p.237.

18 미쓰이 다카시[三ツ井崇], 「전후 일본에서의 조선사학의 개시와 사학사 상(像)－1950~60년대를 중심으로」, 한국사연구, 2011.6.

실 고증의 점에서는 극도로 엄밀했고, 거기에 우리가 계승할 만한 점이 있다는 것은 명확하다"는 인식을 보였다.[19] 여기에는 물론 자명한 사실로서 "사물이 실제로 어떻게 존재했는가 Wie es eigentlich gewesen"를 밝힐 수 있다는 실증주의의 인식론적 전제가 뿌리 깊이 개입되어 있을 터였다. 아울러 논리적으로 연동되는 것이겠지만, 독일의 랑케 사학으로 대표되는 실증주의 아카데미즘을 모델 삼아 성립된 전전 일본의 동양사학이 가진 폭넓은 연구자 풀(pool)과 그들의 학문적 역량, 총괄해서 학술적인 제도 그 자체에 관한 하타다의 신뢰 또한 여전한 것이었다.[20] 그러나 최근 구술사를 기반으로 한 역사학계의 새로운 연구 동향이 시사하듯이, 통치자와 피통치자 사이에는 '사실' 그 자체라기보다는 오히려 '사실'을 둘러싼 양자 간의 기억의 '투쟁'이 놓여 있게 마련이다.[21]

무엇보다, 전전 제국 아카데미와의 이 같은 연속성은 『조선사』가 저술된 시기를 볼 때 보다 확연해진다. 하타다의 텍스트는 물리적 시간으로 보더라도, 제국 일본의 쟁쟁했던 소위 동양사학 연구자들의 저작들을 기반으로 삼아 저술된 텍스트일 수밖에 없었다. 실제로, 하타다가 『조선사』의 각 장과 절의 말미에서 꼼꼼하고 충실하게 그 전거를 밝히고 있는 인용 원전의 저자들은 그저 대략 나열하기만 해도, 시라토리 구라키치[白鳥庫吉], 이케우치 히로시[池內宏], 이마니시 류[今西龍], 스에마

19 이 심포지엄은 1962년부터 64년, 총10회에 걸쳐 일본조선연구소가 개최한 것으로 하타다는 1969년 출판된 『シンポジウム 日本と朝鮮』(東京 : 勁草書房, 7~9쪽)에서 과거 심포의 내용을 포함하는 서술을 하고 있다.

20 랑케의 영향을 받은 루트비히 리스는 1887년 일본에 왔고 그 해 창설된 제국대학 사학과에서 1902년까지 역사학 방법론과 세계사 등 강의와 연습을 담당했다. 일본 역사학과 랑케사학의 관련에 관해서는 고야마 사토시, 「'세계사'의 일본적 점유 – 랑케를 중심으로」, 도면회 · 윤해동 편, 『역사학의 세기 – 20세기 한국과일본의 역사학』, 휴머니스트, 2009.

21 양자 간의 치열한 기억의 투쟁에 대해서는 황호덕, 「회고와 증언, 심문되는 기억의 정치학 – 우방문고 녹음기록, 특히 '十五年戰爭下의 朝鮮統治'를 실마리로 하여, 『한국사연구』, vol.145, 2009.6을 참조.

츠 야스카즈[末松保和], 다카하시 도오루[高橋亨] 등과 같은 거물급의 전전 일본 동양사 / 조선사 연구자들이었다. 뿐만 아니라, 『조선사(朝鮮史)』나 『조선총람(朝鮮總覽)』, 『조선 대공업의 현재와 장래(朝鮮における大工業の將來)』와 같이, 조선총독부나 조선은행 등 식민 통치 기구의 핵심 주체들이 발행한 사료가 하타다의 주요한 일차자료로 대거 활용되기도 했다.

물론 전전 텍스트들을 인용했다는 사실 그 자체보다 더욱 중요한 것은 어떠한 맥락에서 이 선행 레퍼런스들을 활용하고 배치하고 있느냐 하는 점일 것이다. 예컨대 일본이 통치했던 식민지 시기의 경우, 하타다가 전전의 사료와 연구들을 1・2차 자료로서 이용하되 되도록 팩트(fact)만을 추려내어 조선민족의 저항에 대해 그의 선배들과는 매우 다른 서사를 만들어낸 것은 틀림없는 사실이었다. 그럼에도 불구하고 이 대목에서 놓쳐서는 안 될 사실은 하타다의 『조선사』를 매개로 전전 일본 동양사학자 그룹의 전반적인 사유 패러다임과 그 안에서 개진된 한국(Korea)에 관한 통시적 담론들이 전후 태평양을 가로질러 미국의 '동아시아 / 한국학'의 학적 체계 안으로 별다른 저항과 소음 없이 연착륙(soft-landing)할 수 있게 되었다는 점이다. 이러한 '부드러운' 접합이 가능했던 것은, 일차적으로는 라이샤워 스스로 밝혔듯이, 고대부터 현대를 포괄적으로 아우르는 한국에 관한 적절한 영어권 개설 역사서가 부재하는 상황에 기인하는 것이었다. '맥쿤-라이샤워' 시스템의 개발자 중 한 사람인 맥쿤의 유작 *Korea Today*(1950)도 비슷한 시기 출판되기는 했지만, 맥쿤의 저작은 주로 식민지 및 해방 전후 시기 한반도의 정치, 경제적 상황에 초점을 맞춘, 보다 세분화되고 특화된 텍스트였다. 1951년 『조선사』 집필 당시의 하타다 역시 이러한 연구사 부재 상황을 예민하게 의식하고 있었던 듯, 그는 "동양사의 다른 부문에서는 서양인의 연구에 뒤지는 일이 있어도, 조선사는 일본인의 독무대가 된 감이 있다"고 쓰고 있다.[22] 요컨대, 조선사라는 분야는 세계 어느 나라의 연구자보다 전전 일본 동양사학자들에 의해 일찌감치 점유된 독점적 시장이었던 셈이다. 실제로 하타다의 『조선사』는 *A History of Korea*라는 제목으로 1969년 영역되었는데, 미국인 학자들의 손으로 직접 쓰인 한국사 교재가 본격적으로 등장하는 1990년대 이전까지 하타다의 텍스트는 영미권에서 사실상 가장 널리 읽힌, 한국사 전반을 포괄하는 역사서의 위치를 점했다.[23]

한편, '라이샤워-하타다'로 상징되는 전후 트랜스퍼시픽한 미-일의 교류는 단지 텍스트 상의 상호 참조에만 그치는 것은 아니었고, 보다 긴밀한 인적 네트워크를 형성했기에 더욱 문제적이었다. 라이샤워가 서문에서 특별한 헌사를 바쳤던 하타다 다카시 이외에, 『동양문화사』의 사후 감수를 담당한 두 사람인 에드워드 와그너(Edward Wagner)와 이병도 역시 이 트랜스퍼시픽 인맥의 핵심적인 중간 터미널들이었다. 일단 와그너의 경우, 그는 라이샤워가 주도적으로 설치했던 바로 그 하버드 한국학의 초대 교수였다. 와그너와 전전 / 전후 일본을 연결해주는 고리는 바로 경성제대에서 조선유학사를 가르치며 장기간 조선에 거주했던 동경제대 출신의 다카하시 도오루였다.[24] 다카하시는 일본 귀환 후 조선연구 재건의 중

22 旗田巍, 『朝鮮史』, 岩波書店, 4쪽.

23 *A History of Korea*, by Takashi Hatada; translated and edited by Warren W. Smith, Jr. and Benjamin H. Hazard, Santa Barbara, Calif, 1969. 1990년에는 카터 에커트와 이기백, 류영익, 마이클 로빈슨이 공동 저자로 기술한 *Korea : Old and New*(Carter J. Eckert · Ki-Baik Lee · Young Ick Lew, Michael Robinson, Edward W. Wagner, Seoul : Published for the Korea Institute, Harvard University by Ilchokak), 1997년에는 브루스 커밍스의 *Korea's Place*(Bruce Cumings, New York : W. W. Norton)가 출간된다. 물론 이 사이에 한국인들의 역사서가 영어로 번역되기도 했다. 1971년에는 한우근의 『한국사통론』(Han Woo-keun, *The History of Korea*, Translated by Kyong-shik Lee, edited by Grafton K.Mintz, Honolulu, University of Hawaii Press, 1971)이, 1984년에는 에드워드 와그너와 하와이대학의 에드워드 슐츠가 공동으로 이기백의 『한국사신론』을 번역하였다. Ki-Baik Lee; translated by Edward W. Wagner, with Edward J. Shultz, *A new history of Korea*, Seoul, Korea : Ilchokak, Publishers, 1984.

24 한국학계에서 다카하시 도오루는 조선유학 연구자로 널리 알려졌지만, 그는 경성

심 거점이었던 나라[奈良] 소재 텐리[天理] 대학에서 『조선학회』를 이끌며 조선문학・조선어학과의 교수로 재직해 있었는데, 와그너는 바로 이 다카하시 도오루 문하에서 필드워크 개념으로 2년 간 한국사를 수학하며 사제 관계를 형성하게 된다.[25] 『동양문화사』라는 단일 이슈만을 놓고도, 라이샤워・와그너 → 하타다 → 다카하시 도오루로 이어지는 접속의 고리들이 일목요연해지는데, 이 미-일 커넥션은 전후 미국의 동아시아/한국학 → 전후 일본 역사학 → 전전 동경제대 동양사학 및 경성제대 조선학 라인으로 하나의 커다란 원을 그리며 이어지는 인적 네트워크의 연속성 및 순환성을 극명하게 보여주는 것이었다.

그렇다면 마지막으로, 『동양문화사』의 남은 한 명의 감수자였던 이병도는 과연 어떤 고리였을까. 감수를 직접 의뢰받은 라이샤워와의 연결 이외에도 이병도는 에드워드 와그너와도 직통 라인으로 이어졌는데, 이는 와그너가 필드워크를 매개로 나라[奈良]의 다카하시 뿐만 아니라 서울의 이병도와도 겹으로 사제 관계에 놓여 있던 까닭이었다. 널리 알려졌다시피, 해방 직후 식민사학의 대표자로 비판받던 이병도는 1946년 서울대학 교수직 임명 이후에도 학계의 제 일선에 표나게 나서지 못하는 처지였지만, 그를 극적으로 복귀시킨 것은 다름아닌 한국전

---

제대에 최초로 개설된 조선어학・조선문학과의 첫 교수로 부임했으며 학과에서 개설한 '조선문학' 강좌의 담당자이기도 했다. 1927년 당시 다카하시가 구상한 조선문학의 개념과 범위는 "현대 일본 및 서양 문학의 영향을 받지 않은 시대"의, "시문가요의 순문학은 물론이고 고래 조선인의 사상 및 신앙을 표현한 유학 및 불교에 관한 모든 저술, 조선인의 이상적 생활과 당시의 시대상을 표현한 모노가타리, 비사(秘史), 소설류 등을 총괄하는" 것이었다. 다카하시의 문학 개념은 따라서 literature의 번역어로서의 근대적 문학 개념과는 상당한 거리가 있었다. 이상의 내용 및 다카하시가 조선문학 연구자로서 자기동일성을 구축하는 과정에 대한 자세한 설명은 박광현, 「다카하시 도오루와 경성제대 '조선문학' 강좌」, 『韓國文化』 vol.40, 2007.12를 참조.

25 안종철, 「2차 대전 전후 미국 내 일본학의 성립과 한국연구—에드윈 라이샤워를 중심으로」, 인하대 한국학연구소 주최 제10회 동아시아한국학 학술회의 '한국학의 형성과 동아시아' 발표문, 2010.6.

쟁의 발발이었다. 역사학자들의 대거 월북으로 인한 공백과 남한 정부의 공격적인 반공 드라이브 속에서 이병도는 1954년 『진단학회』의 이사장으로 다시 취임하며 학계 중진의 위상을 되찾게 된다. 1960년대 초반에 이르면, 그는 대한민국학술원 회장과 문교부 장관의 자리까지 올라섬으로써 미국 내 동아시아 연구자들과 유사한 '학자 / 관료'의 전형적 유형으로 거듭나게 된다. 뿐만이 아니었다. 이 무렵 이병도는 이미 『사상계』와 같은 교양 잡지에, 텐리대학 『조선학회』 주최의 조선학 학술대회의 내용과 그 의의를 한국 독자들에게 단독으로 리뷰하고 해설하는 위치를 점했다. 국내 역사학계와 일본 조선학계, 그리고 미국 내 한국학계를 왕래하고 연결시키는, 제도권 내 명실상부한 최고 권위자이자 한국사학의 국제적인 에이전시로 이병도는 화려하게 변신했다.[26] 요컨대, 한국전쟁은 태평양을 건너 일본의 하타다 다카시를 매개로, 제국의 전전 동양사학계 인사들 그리고 남한의 이병도로 이어지는 인맥을 전후 미국의 '동아시아 / 한국학'이라는 '이전・확장'된 무대의 주요 배역으로 한꺼번에 다시 불러 모은 셈이었다.

### 3. 중국(학)과 일본(학) – 『동양문화사』의 표층서사와 심층서사

한국 편이 독립된 하나의 장(章)으로 서술되어 있는 『동양문화사』 上권은 전체 14개 장으로 이루어져 있다. 동아시아를 지리적으로 규정하는 서론 격인 첫 장 이외에, 몽고와 명(明), 청(淸) 왕조에 해당하는 중간 3

26 이병도, 「일본 『조선학회』 제12차 대회 보고」, 『사상계』, 1961.12.

개 장(7~9장)을 중국 현대사 전공의 페어뱅크가 쓴 것을 제외하면, 고대와 전근대 시기까지의 중국 및 한국, 일본 3국사가 망라된 도합 10개의 장을 모두 일본사 전공의 라이샤워가 단독 집필했다.[27] 물론 9세기 일본 승려 엔닌[円仁]의 당나라 여행기(『입당구법순례행기(入唐求法巡禮行記)』)에 관한 분석으로 박사학위를 취득한 라이샤워의 경력을 생각한다면,[28] 고대 및 중세 중국사에 관한 그의 지식도 실은 크게 놀랄 일은 아니다. 어쨌든, 주어진 서지 사항을 통해 추론할 수 있는 사실 두 가지는 첫째, 라이샤워나 페어뱅크와 같은 초기 미국의 동아시아학 창설자들이 학문적인 대상으로서의 중국과 일본, 한국을 비교적 자유롭게 넘나들 수 있었다는 점이다. 동아시아 국가 간 '경계 넘기'와 '비교', 그리고 이를 위한 동아시아 2개 이상의 언어 구사 능력은 현재까지도 학위논문을 쓰고자 하는 미국의 동아시아학 연구자들에게 적극적으로 장려되는 덕목이기도 하다. 둘째, 라이샤워라는 동일 필자의 글쓰기라는 사실에서 단적으로 알 수 있듯이, 『동양문화사』의 전체 구성이 '중국학-일본학'의 밀접한 서사적 관련 하에 이루어졌다는 점이다. 이 점은 이 텍스트를 이해하기 위한 핵심 포인트로, 실제로 『동양문화사』는 "동아문명은 그 대부분의 중요한 특질이 중국에서 발생하고 발전하였다"[29]는 최초의 명제 위

27 하권에서는 이 관계가 역전되는데, 라이샤워가 주일대사로 임명되어 하버드를 떠나는 1961년 이후 출간된 하권은 근대 일본에 관한 세 개의 장만을 라이샤워와 크레이그가 나누어 맡고, 나머지 일곱 개의 장은 페어뱅크가 단독 집필했다. 페어뱅크가 하권에서 커버한 내용은 1279년 이후의 중국 및 베트남, 중앙아시아, 근대 한국(상권의 한국 편 서술에 비하면 분량은 극히 적다)에 관한 서술이었다.

28 라이샤워가 한국에 대해 처음 관심을 갖게 된 것은 엔닌의 여행기 속에서 신라가 차지하는 적지 않은 비중 때문이었다고 한다. 엔닌은 당나라에서 신라인들과 함께 숙식하기도 하며, 당시 동해 상권을 장악한 신라의 해상무역자들과 함께 여행을 하기도 했다. 라이샤워가 한글의 로마자를 개발하겠다고 마음먹게 된 것도 엔닌의 일기 속에 자주 등장하는 신라인들의 인명 때문이었다. Edwin O. Reischauer, *Op. Cit.*, 1986, p.69. 엔닌의 여행기는 한국어로도 여러 판본으로 번역되어 있다. E.O 라이샤워, 조성을 역, 『중국 중세사회로의 여행－라이샤워가 풀어 쓴 엔닌의 일기』, 한울, 1991; 엔닌, 신복룡 주역, 『입당구법순례행기』, 선인, 2007 등.

에 구축된 거대서사였다. 중국-일본-한국이라는 삼각 구도의 내적인 서술 편제 역시 후자의 두 국가가 동아시아에 존재하는 중국문명의 의미 있는 '변형태'로 설정됨으로써 가능해진 것이었다. 분량 상으로도, 예컨대 상권에서 중국이 차지하는 비중은 전체 14개 장 중 8장으로, 일본(3장), 한국(1장)에 비해 압도적으로 많다.[30]

그러나 『동양문화사』의 가장 흥미로운 점 중 하나는 동아문명의 시원(始原)으로 보이는 중국이 강조되는 현상이 오히려 표층서사의 차원에 국한되어 있으며, 실질적으로 이 텍스트는 중국문명의 한 변이형에 불과했던 일본이 **"아시아 국가 중에서 왜, 그리고 어떻게 유일하게 근대화에 성공했는가"**라는 질문을 제기하고, 이에 충실히 응답하는 형식을 취하고 있다는 점이다. 『동아시아 : 위대한 전통(*East Asia : The Great Tradition*)』(1960), 『동아시아 : 위대한 변용(*East Asia : The Great Transformation*)』(1965)의 상 · 하권 경계를 가르는 계기란, 다름아닌 근대 서구와의 충격적인 조우였으며, 그 결과 텍스트는 당연한 논리적 귀결로서 이후 근대 동아시아가 어떻게 환골탈태하고 변화했는가를 서술하는, 일종의 '비포(before) / 에프터(after)'의 구성을 취한다. ("갑작스런 변화가 생기게 된 主因은 기술면에서 더욱 발전한 서양제국이 가한 압도적인 군사적 · 경제적 · 정치적 충격에 있다.")[31] 그러므로 이 서사에 따르면, 일본의 역사는 간략히 말해 중국형으로부터의 점진적이고도 가속적인 분리를 밟아 온, 매우 성공적이면서도 그러나 아시아 국가로서는 유일무이한, 마치 기적과도 같은 예외적 유형이었다.

---

29 에드윈 O. 라이샤워 · 존 페어뱅크, 전해종 · 고병익 역, 『동양문화사 上』, 을유문화사, 1964.

30 페어뱅크가 주로 집필한 하권은 근대의 충격에 대한 중국과 일본의 반응을 중심으로 서술되어 있다. 한국 편은 따로 설정되어 있지 않고, 식민정책과 민족주의 편에서 부분적으로 서술되어 있다. 그리고 태평양전쟁 이후 3국의 정세를 설명하는 부분에서 '한국의 분할'이라는 제목 하에 매우 간략하게 다루어지고 있다.

31 에드윈 O. 라이샤워 · 존 페어뱅크, 앞의 책, 867쪽

(공산화된) 현대 중국의 '실패'와 일본의 '성공'은 애초부터 이처럼 날카로운 대조의 틀로 설명되어야 하는 서사 구도 속에 설정되었다.

물론 라이샤워가 『동양문화사』를 통해 제기한 이 질문은 19세기 이래 막스 베버(Marx Weber)의 저 유명한 화두 — "왜 자본주의적 이해관계가 중국이나 인도에서는 동일한 결과를 낳지 못했을까" — 를 주어(일본은)와 술어를 대체하여(왜 근대화에 성공했는가) 계승한 것임에 틀림없었다. 베버가 일련의 종교사회학적 접근을 통해 근대 서구 자본주의의 등장 배경을 에토스(ethos) 혹은 정신(Geist)의 출현에서 설명하고자 했고, 그 해답으로서 프로테스탄티즘(protestantism)에 내재한 금욕과 직업적인 소명의 윤리를 제시했다는 것은 널리 알려진 사실이다. 그렇다면, 라이샤워의 답안은 무엇이었을까. 그가 내놓은 해답은 여러 가지였는데, 일단 섬이라는 일본의 지리적 고립성과 독특한 자국 언어, 그리고 중국인들과 달리 일본 역사를 통해 면면히 이어져 내려온 외래 문명에 대한 특정한 태도 — "유용한 것을 외국으로부터 배울 수 있음을 알고 있는"[32] — 등이 일본의 성공을 설명하는 키워드들로 열거되었다. 그러나 라이샤워의 저작 전반을 살펴본다면 이러한 해답들은 차라리 부수적인 요소들에 가까웠고, 실은 그가 회심에 차 일관되게 제시한 답안은 바로 일본을 중국(아시아적 특수)의 한갓 변이형에서 탈피하게 만들고, 궁극적으로는 서유럽형(보편)의 근사치에 가깝도록 추동한 일본 역사의 성취, 즉 **봉건제도의 확립** 바로 그것이었다.

> **유럽과 일본에서 두 개의 봉건제도가 존재하고 있었다**는 사실은 수많은 흥미있는 비교연구를 가능하게 하는 것입니다 (…중략…) 그 제1요소는 토지

32 페어뱅크 · 라이샤워 · 크레이그, 전해종 · 민두기 역, 『동양문화사』 下, 을유문화사, 1969, 210쪽.

소유법이나 조세법과 같은 **강력한 법령제도**와 함께 **중앙집권적인 정부의 개념**일 것입니다 (…중략…) 제2의 요인으로서는 **개인적 관계**와 개인적 충성심에 기초를 둔 사회제도를 들 수 있습니다 (…중략…) 이러한 두 개의 요소들은 많은 나라의 역사 속의 여러 시대에 존재하였으며 예컨대 육조시대의 중국에서 볼 수 있듯이, 때로는 봉건제도로의 계기가 된 일도 있었습니다만, 그러나 마침내 성숙하기에는 이르지 못했습니다. 이러한 경우 이 **두요소들 사이에서 적절한 균형**이 유지되지 않고 있었던 것 같습니다. 예컨대, 중국에서 볼 수 있었던 바와 같이 **중앙집권 정부로의 경향이 너무 강력하였든가 혹은 또 다른 여러 나라의 경우에서와 같이 부족국가로의 경향이 압도적으로 강력했던 경우**가 그렇습니다.[33]

라이샤워가 파악한 봉건제의 핵심은 **분산적이면서도 동시에 집권적인** 권력의 이중구조, 그리고 봉토(封土)를 매개로 한 로크(John Locke)적 의미에서의 근대적 사회계약 개념이었다. 의미심장한 것은, 라이샤워가 『동양문화사』의 서술 체계 속에서 고대 일본에 붙인 부제 명은 '중국문화의 섭취기'였고, 중세 일본과 근세 도쿠가와 시대의 그것은 각각 '중국형으로터의 이탈'과 '집권적 봉건국가'의 성립이었다는 점이다. 이 내러티브에 따르면, 일본은 최초의 중국 변이 형태로부터 시작해 의미 있는 변주(variation)와 이탈을 거쳐 마침내 중국과는 전혀 이질적일 뿐만 아니라 오히려 유럽과 유사한 유형의 '봉건국가'를 성립할 수 있었다는 것이다. 라이샤워에 의하면, 일본의 '불운'은 따라서 근대의 초입에 잠시 놓여 있었을 뿐이다. 봉건제도의 마지막 국면에서 유럽이 겪었던 것과 같

---

33　라이샤워, 이광섭 역, 『일본근대화론』, 한림신서, 1995, 173쪽. 『일본근대화론』의 원저는 1965년 講談社에서 『日本近代の新しい見方』라는 제목으로 출판되었다. 이 텍스트는 방대한 분량의 『동양문화사』의 내러티브를 매우 압축적으로 보여주고 있다는 점에서 『동양문화사』 자체보다 오히려 더 라이샤워의 근대화론에 대한 입장이 선명하게 표현되어 있다.

은 정치・사회제도의 근대적 재편성 — 이를테면, 종교개혁이나 중상주의의 발흥 — 을 겪어내지 못한 불운, 그래서 근대로의 전환기에 서양 열강들의 변화 속도에 안타깝게 뒤쳐졌다는 불운.

그러나 이러한 서사 안에서라면, 비록 내발적이지는 못했다 하더라도, 봉건제도를 이룩하기 직전까지의 역사적 단계를 착실히 밟았던 일본의 근대는 아시아에서 유례없는 경쟁력을 이미 갖춘 것일 터였다. 다른 아시아 국가들과는 달리 일본은 서구라는 충격을 재빨리 수용하고 근대국가 모드로 전환할 수 있는 내적 사회 구조를 대략 준비하고 있는 상태였다는 것이다. 결과적으로, 『동양문화사』 상・하 권을 관통하는 질문은 베버의 오랜 화두에 대한 좀 더 정교화된 버전으로 보인다. 일본이라는 '예외적 특수' 유형을 경유하여, 근대 초기 서양과의 조우 시기에 초점을 맞춘 형태인 셈이었다. 실제로, 라이샤워는 자문한다. "**근대에 와서 서양과 접촉하게 되었을 때, 그 첫 백 년간 중국은 왜 그렇게 취약하였던가.**"[34] 물론 이 질문은 "일본은 왜 근대 초기 중국과는 전혀 달리 대응하였으며 어떻게 놀랄만한 성공을 거두었는가"라는 문장으로 주어와 술어를 바꾸어 곧장 호환 가능한 것이었다. 이러한 질문과 해답의 방식이 교묘했던 이유는 그것이 기본적으로는 서구의 충격 혹은 침략이라는 외부적 요인을 부정하지 않으면서도, 결과적으로는 오히려 외부의 충격에 **중국과 일본이 각각 어떠한 내적 논리로 대응했는가를 강조하는 내인 중심론으로 전체 서사의 모드 변환을 시도・수행하고 있었기 때문**이다.

이러한 질문 설정과 해답의 방식이 라이샤워 일 개인의 독창적인 작품이 아니었다는 점은 명백하다. 실제로 전후 미국의 사회과학계에서, 특히 로스토우(Walt W. Rostow)로 대표되는 소위 근대화론자들이라 불리

34 에드윈 O. 라이샤워・존 페어뱅크, 앞의 책, 869쪽.

우는 일군의 학자들은 '경제성장'과 '민주주의'라는 서구 근대의 양대 아젠다를 모두 달성해낸(것으로 보이는) 일본의 '예외적' 근대화를 '보편적인' 이론의 수준에서 해명하려는 기획을 가지고 있었다. 아니, 보다 실질적으로 근대화론자들은 일본을 모델로 삼아 미국의 제3세계 정책을 입안하고, 궁극적으로는 국내외의 현실 정치에 적극적으로 개입하고자 한, 그야말로 전형적인 씽크탱크 집단이었다.[35] 라이샤워 본인은 비록 근대화론자라는 호칭 자체를 그리 달가와하지는 않았지만, 1960년 라이샤워 자신도 참석했던 하코네[箱根]의 국제 컨퍼런스에서 많은 학자들이 그를 "근대화이론"의 원조로 지목했던 것만 보아도, 둘 사이의 이론적인 친연성은 실상 명백한 것이었다.[36] 실제로, 라이샤워를 위시한 당대 근대화론자들의 시각에서 보자면, '근대화(modernization)'라는 개념 자체는 근대 일본사를 통해 재발견된 것이나 다름없는 것이었다.[37] 서구의 근대화가 장기간에 걸쳐 진행된 것이었다면, 일본의 경

35 정일준에 의하면, 1950년대와 1960년대 미국에서 출판된 대부분의 근대화 관련 연구서들은 미 정부로부터 연구비 지원을 받는 연구소의 제3세계 연구 프로젝트와 어떠식으로든 연관되어 있었다. MIT 대학에 설치된 「국제문제연구소」는 그 대표적인 경우였는데, 이 연구소는 다양한 분야의 사회과학자들을 끌어모아 공산주의 확장을 저지하기 위한 미국의 마스터플랜을 수립하기 위해 세워졌다. 연구소 창립 기금은 최초에는 포드재단에서 나왔지만, 이후에는 록펠러재단과 카네기재단, 그리고 CIA에서 연구비를 지원했다. 이 「국제문제연구소」에 모인 학자들이 바로 '근대화이론'을 미국의 외교정책으로 정식화한 주역들이었고, 그 중에서도 특히 경제학자 밀리칸(Max Millikan)과 로스토우가 핵심 브레인이었다. 정일준, 「미제국의 제3세계 통치와 근대화이론 : 군산학 복합체와 근대화이론의 탄생」, 『경제와 사회』 vol.57, 2003.2.

36 Edwin O. Reischauer, *Op. Cit.*, 1986, p.155. 라이샤워는 사회과학계에서 사용하는 근대화 개념과는 달리 일본사에서의 그것은 중세 이후 일본에서 일어났던 모든 변화를 지칭하는 보다 느슨하고, 그리고 중립적(neutral)이며 기술적인(descriptive) 용어라고 보았다. 그러나 당시 사회과학계의 근대화이론 역시 역사과학보다는 자연과학을 이상적인 모델로 삼고자 한 지향성 때문에, 자신들의 작업이 '객관적'이고 '가치에서 자유로운(value-free)' 접근 방식이라 자부하고 있었다. 물론, 라이샤워의 이 용어에 대한 거부감에는 비판적인 학자들이 '근대화론자'를 경멸적인 뉘앙스로 사용하고 있었던 사정도 참작할 만하다.

37 *Ibid.*, p.7.

우 단기간에 서구 근대 자본주의의 '계통적' 발생을 되풀이함으로써 오히려 "근대화의 역사적 특징을 보다 명확히 구비"하고, 나아가 이론적 '보편화'의 가능성을 열어준 것으로까지 인식되었다.

무엇보다, 라이샤워의 논의에서 일관되게 목격되는 봉건제도에 대한 강조는 당대 근대화론의 가장 강력한 경쟁서사였던 맑스-레닌주의의 외인론적 제국주의론을 자신의 대타항으로 예민하게 의식한 결과였다. 널리 알려진 대로, 후자의 서사에서 봉건제란 역사 발전 단계 상 자본주의적 생산 양식에 의해 필연적으로 해체·파괴되어야 하는 낡은 패러다임으로서, 후진성을 시사하는 네거티브한 표식에 불과한 것이다. 돌이켜 보건대, 코민테른(Komintern)의 1932년 테제가 전술적으로 일본의 봉건적 유제(遺制)를 강조한 것도 바로 이러한 맥락에서였다.[38] 반면, 『동양문화사』 류의 서사에서 봉건제는 유럽과 일본에만 배타적으로 존재했던 양식으로, 봉건 시기는 그러므로 서구식 근대를 맞이하기 위해서는 반드시 거쳐야 하는 필수 코스였을 뿐 아니라 심지어 그것의 역사 단계상 부재는 근대로 진입하기 위한 입장권을 놓친 심각한 '결여' 혹은 비서구 국가들의 치명적인 '결함' 상태를 의미했다. 근대화론은 또한 이론적 구심점으로서의 맑스의 비중을 자유주의적인 로크로 대체하는 것이기도 했다.

그런데 이 대목에서 시야를 미국이 아닌 캐나다를 포함하는 북미 전체의 일본학 필드로 확장해 본다면, 라이샤워 류의 견해와는 대조적인 입장을 보인 연구자들이 동시대에도 드물지만 존재했다는 사실을 발견하게 된다. 예를 들어, 캐나다 출신의 일본학 연구자였던 허버트 노먼(Egerton Herbert Norman)의 경우가 대표적인데, 실제로 노먼과 라이샤워는 개인사적인 측면에서는 상당한 유사성을 보인 반면, 학문적인 측

38 *Ibid.*, p.168.

면에서는 날카로운 대조를 보이는 당대의 가장 흥미로운 조합이 아닐 수 없었다. 선교사의 2세로 나가노[長野]현에서 태어나 유년 시절을 일본에서 보낸 점이라든지, 이후 유럽과 미국의 대학에서 수학하고 전후 초대 주일(駐日) 캐나다 대사를 지낸 화려한 경력 등은 노먼을 라이샤워와 같은 전형적인 씽크탱크 유형의 인재로 간주하게 만드는 개인사적인 요소임에는 틀림없었다.[39]

그러나 1940년 출판된 노먼의 저작 『일본의 근대국가 성립(日本における近代國家の成立)』의 기본 서사는 라이샤워를 위시한 근대화론자들의 관점에서는 그야말로 '붉은' 것으로 받아들여지기에 부족함이 없었다. 이 텍스트는 맑스주의의 움직일 수 없는 표식으로서 메이지유신의 봉건적인 불완전성을 부각시키고 강조한 것으로 인식되었다. 그러므로 자연스럽게 연동하는 결과이겠지만, 군국주의가 팽배했던 일본의 근(近) 과거 근대에 대한 노먼과 라이샤워의 해석 역시 결정적으로 분기할 수밖에 없었다. 메이지 시기, 자본과 결탁한 군국주의가 일본의 근대 정치라는 장을 구조화했고 그 유산이 1930년대는 물론이고 패전 후인 당대 일본 정치에까지도 승계된다는 노먼의 지적과 달리, 라이샤워에게 일본의 1930년대 군국주의는 기나긴 일본 역사의 일시적인 '일탈' 혹은 잠시의 '비극'에 지나지 않은 것이었다. 그러므로 『동양문화사』 下에서 라이샤워가 집필한 메이지 시기는 각종 대의제와 의회정치의 시도가 다양하게 이루어진, 서구적 의미의 데모크라시의 활기찬 실험장으로 묘사되게 마련이었다. 절차적 민주주의를 향한 일본사의 내적 발전이라는 매끈한 서사로 요약된 메이지 시기의 이러한 전통들이야말로, 라이샤워의 프레임 안에서는, 전후 일본 사회에 미국식 민주주

39 허버트 노먼(1909~1957)의 생애에 대해서는 工藤美代子, 『悲劇の外交官』, 岩波書店, 1991을 참조.

의가 무사히 뿌리내릴 수 있었던 선구적이며 '자생적인' 토양으로 자리매김될 터였다.

노먼과 라이샤워의 '해석'을 둘러싼 내러티브 경쟁의 끝은 어디였을까. 노먼의 텍스트가 1940년대 유럽과 미국의 일본사 연구자들뿐만 아니라, 일본 사회의 봉건적 유제를 지적하는 전후 일본의 비판적, 진보적인 지식인들에게 커다란 영향력을 행사했던 사실은 일본사 연구자들에게는 잘 알려져 있다. 그러나 1950년대에 접어들자, 미국을 휩쓴 매카시즘의 선풍 하에 노먼의 텍스트는 놀라운 정도의 빠른 속도로 학문적인 경원과 시대착오의 대상으로 전환되었다. 맑스주의 써클의 일원이라는 미국 측의 지속적인 비난에 시달리다 외교관 임지인 카이로에서 끝내 자살을 선택한 '학자 / 외교관'으로서의 노먼의 삶은 북미의 '정치 / 아카데미'의 장 전체를 석권했던 당대 반공주의의 노골적인 선정성을 고스란히 드러낸 비극적 케이스임에 틀림없었다. 전전 시기 일본의 강좌파(講座派)에서 많은 부분 전거를 의존하는 것으로 알려진 데다, 맑스-레닌주의 서사의 계승자라는 결정적인 레테르가 붙여진 노먼은, 그러므로 동일한 메이지 시기를 다루고 있는 『동양문화사』 下권의 길고 긴 참고문헌 목록에서도 그 이름을 결코 찾을 수가 없었다.[40] 라이샤워의 완전한 압승이었다.

---

40 노먼의 텍스트가 맑스-레닌주의를 계승하고 있느냐 여부에 대해서는 일본의 학계에서도 논쟁의 여지가 있는 것으로 보인다. 遠山茂樹, 「ノーマン史學の平價の問題」, 『ハーバート・ノーマン人と業績』, 加藤周一編, 岩波書店, 119~120쪽. 그러나 이 글의 관점에서 중요한 것은 맑스-레닌주의 서사와 노먼 텍스트 간의 이론적 정합성 여부가 아니라 당시 북미학계의 풍토 속에서 그가 확실히 좌편향으로 분류되었고 또한 그렇게 널리 알려졌다는 사실이다. 참고로, 노먼의 『日本における近代國家の成立』(1940)은 1947년 일역되었고(時仕通信社), 1943년 저작인 『일본에서의 병사와 농민日本における兵史と農民』도 같은 해인 1947년(白日書院)에 번역되었다. 이외에도 『잊혀진 사상가 안도 쇼에키 忘れられた思想家 安藤昌益』(岩波書店,1950)와 『ノーマン全集』 4券, 岩波書店(1977.4~1978.2)등의 저작이 있다. 특히, 안도 쇼에키를 재발견한 노먼의 텍스트는 국가주의적 사상의 흐름과는 반대에 서 있는 비판적 사상가로서의 안도를 복원하고자

## 4. 위계화된 내러티브와 한국학의 장소(location)

### 1) 한국 혹은 중국의 '슬픈' 변이형

『동양문화사』 전체를 관통하는 내러티브가 위와 같다면, 이 텍스트에서 한국(학)에 할당된 장소(location)는 과연 어디였을까. 라이샤워는 "본서에서 한국 부분은 마땅히 취급되어야 할 정도보다도 더 짧게 취급"[41]된 사실에 양해를 구하는 동시에, 곧이어 일본이나 중국의 경우에 비한다면 한국에 대해선 훨씬 더 자신 만의 정보나 견해가 부족하다는 점을 미리 고백하고 있다. 그러나 『동양문화사』 전체의 내러티브 전개 상 한국(편)에 어떠한 내용이 들어가야 할 것인가는 구조적으로 이미 결정되어 있다고 해도 과언은 아니었다. 서사의 기본 방향은 확고하게 설정되었고, 구체적인 디테일들은 이제 하타다의 『조선사』와 나머지 2차 문헌들 약간의 도움을 받으면 될 일이었다.[42]

---

시도한 것이다. 이런 점에서 보자면, 노먼 역시 일본사에서 민주주의적인 전통을 찾고자 애쓴 것은 사실이었다. 다만, 이때의 민주주의 전통이란 절차적이거나 형식적인 그것이라기보다는 권력에 대한 저항과 비판으로서의 전통을 의미한다. 하르투니언에 의하면, 노먼의 안도 읽기는 마루야마 마사오[丸山眞男]와의 견해와도 충돌하는 것이었다고 한다. 마루야마 마사오는 18세기 이전 일본에서 비판적 전통을 찾는 것은 불가능하다고 주장하는 쪽이었기 때문이다. Harry D. Harootunian, 「曖昧なシルエット(上) : イデオロギ, 知, そして米國における日本學の形成」, 『みすず』 vol.40, 1998.

41 에드윈 O. 라이샤워 · 존 페어뱅크, 『동양문화사』 上, 510쪽.

42 『동양문화사』 上권의 한국편 레퍼런스는 단 세권으로 매우 소략하다. 하타다 다카시의 『조선사』를 제외하면, Shannon McCune, *Korea's Heritage : A regional and Social Geography*, Rutland, Vermont, and Tokyo : Chales E. Tuttls Co, 1956; Cornelius Osgood, *The Koreans and Their Culture*, New York : Ronald Press, 1951; In-sob Zong, *Folk Tales from Korea*, London : Routledge and Kegan Paul, 1952. 페어뱅크가 주도한 하권의 한국 편에 관해서는 레퍼런스가 제법 늘어나 있지만, 적어도 상권의 경우 하타다의 『조선사』의 레퍼런스로서의 위력은 가히 절대적이었다.

실제로 『동양문화사』의 한국 편 부제는 '중국문화의 일 변형'으로서, 한국 편을 관통하는 서사의 중심 포인트는 그러므로 이 나라가 기나긴 역사의 각 단계에서 중국문명이라는 구심점으로부터 얼마나 가까웠는지 혹은 반대로 시기에 따라 얼마나 멀어졌는지를 입증하는 것에 놓이게 될 터였다. 그러나 일본이 궁극적으로는 중국의 영향에서 벗어나 독립된 하나의 문명권을 형성할 수 있었던 것과는 반대로, 한국은 왕조 별로 약간의 편차는 있다 하더라도 어디까지나 중국 문명의 하위 범주를 형성하는 국가에 해당되었다. 물론 삼국시대의 경우, 한반도 남부는 분명 고대 일본과 두드러진 친연성을 보였다고 기술되지만(이 대목에서 하타다 다카시의 『조선사』는 특히 임나가라의 존재에 대해 친절하고도 자세한 설명을 제공하게 된다), 근대에 가까워질수록 한국은 중국형에 가까워졌을 뿐만 아니라 이조시대에는 오히려 **중국보다 더 중국적인** 국가가 되었다는 것이 라이샤워 한국 편의 기본 논지였다.

그렇다면, 라이샤워가 사용한 '중국적'이라는 형용사의 구체적인 의미는 무엇이었을까. 무엇보다, 그것은 유교 논리에 기반한 중앙집권적 관료제화(봉건제와는 상반되는 의미에서의)를 뜻했다. 라이샤워의 기술에 따르면, 관료가 되기 위해 한국의 엘리트들이 한문과 중국의 유교 경전에 능통해야 했음은 두말 할 나위도 없었지만, 그 결과 "성리학의 주자학파가 고전 해석의 유일한 인정된 해석"으로 자리잡기에 이르러, 한국유교는 "중국에서보다도 더 독단적이고 더 엄격화되어 좁은 정통사상에 사로잡히게" 되었다는 것이다.[43] 따라서 이조 관료 사회의 당쟁은 중국 역사 상 가장 당쟁이 심했다는 송대나 명말에 비해서도 한층 더 극심한 것으로 묘사될 터였다. 물론 이 대목에서 이조시기 사림들의 붕당 및 당쟁을 바라보는 기본 프레임과 그에 관한 전전 일본학

43 에드윈 O. 라이샤워 · 존 페어뱅크, 앞의 책, 554쪽.

자들의 충실한 사료와 레퍼런스를 공급한 텍스트는 역시 하타다 다카시의 『조선사』였다. 당쟁을 서술하는 하타다의 어조 자체는 물론 매우 부정적이었지만, 그럼에도 불구하고 라이샤워의 그것과 비교해보면 『조선사』가 한결 더 입체적인 분석을 시도한 것은 분명한 사실이었다. 예컨대, 이조의 당쟁을 고려 시대와 통시적으로 비교하여 그 진일보한 측면을 규명한다든지 혹은 유교 사림(士林)들의 물적 토대가 된 지방의 농장(農莊)을 일종의 경제사적 관점에서 조망한 하타다와 비교한다면, 라이샤워의 당쟁에 관한 전반적 서술은 훨씬 더 정보량이 적으면서도 가치평가에는 적극적이고 단호한 편이었다. 출간이 곧 예정되어 있던 와그너의 박사학위 논문 역시 적어도 이조 편의 기술에 관해서는 라이샤워의 좋은 참조가 되었던 점도 주목할 만하다. 와그너의 논문은 앞서 언급했듯이, 다카하시 도오루와 이병도의 지도를 차례로 받은 바 있는, 바로 이조 전기의 당쟁과 그로 인한 선비들의 사화(士禍)를 주제로 한 것이었다.[44]

한편, 정치제도의 전반적인 중국화(관료화)와 함께 이조의 토지 소유 시스템 역시 매우 '중국적'이었다고 서술되는데, 라이샤워에 의하면,

---

44 라이샤워는 「이조의 당쟁」이라는 절의 말미에서 다음과 같이 와그너에 대한 헌사를 집어넣었다. "이조의 당쟁에 관한 이 구절 및 다음 구절들은 주로 근간될 와그너(Edward W. Wagner)의 저술에 의거하였다." 와그너의 박사논문은 1959년 하버드 대학에 제출되었지만(Edward Wagner, *The literati purges; case studies in the factionalism of the early Yi Dynasty*, Thesis (Ph. D.) Harvard University,1959) 이 논문이 약간의 수정을 거쳐 책으로 출판된 것은 훨씬 더 세월이 흐른 1974년의 일이다(Cambridge : East Asian Research Center : distributed by Harvard University Press). 이 글에서는 1959년 당시 와그너의 박사논문의 서술을 직접 확인하지는 못했고, 대신 1974년 출판본을 입수할 수 있었다. 적어도 1974년판에서 사화에 대한 와그너의 분석은 라이샤워의 『동양문화사』에서의 서술보다는 훨씬 더 상세하고 풍부하다. 참고로 와그너의 석사논문은 한국전쟁 중인 1951년에 쓰였고 일본에서의 소수 민족으로서의 재일조선인들을 테마로 한 것이었다. 라이샤워가 서문을 썼다는 점도 눈여겨 볼만하다. Edward Wagner, *The Korean minority in Japan, 1904～1950*, New York, International Secretariat, Institute of Pacific Relations, 1951.

"관료와 지주(地主)의 동일성은 중국에서보다 한국에서 더 현저"[45]했고, 중국에서보다 한국의 지배계급과 여타 계급의 사회적 격차는 훨씬 두드러지는 엄격한 신분제 사회의 그것이었다. 그러나 중국과 일본의 서술 상 위계가 '선험적으로' 결정되어 있는 상황이라 하더라도, '중국적'인 모든 것이 열등함만을 등가적으로 의미할 리는 없었다. 강력한 중앙집권제가 수반하는 고도의 안정성과 변화의 완만성은 라이샤워가 파악한 중국 사회의 상대적인 이점과 강점이었지만, 그러나 이러한 '중국적' 역량은 아쉽게도 한국, 특히 이조에서는 결코 발현되지 않았던 것으로 기술된다. 왜일까.

라이샤워의 서술로 다시 한 번 돌아가 보면, 한국의 지배계급은 중국과는 달리 왕권 자체는 허약하고 이와 반비례해서 귀족층의 세력은 매우 강한, 철저한 귀족사회의 모습을 보여왔기 때문이다. 라이샤워가 이조 지배계급의 속성을 기술하는 대목에서 참조했던 와그너 역시 이조 전기의 당쟁과 사화에 비상한 관심을 둔 바 있다.[46] 실제로, 와그너가 자신의 박사논문에서 밝히고자 했던 것은 이조 전기의 잦은 사화들이 흔히 한국의 역사학계에서 생각하는 것과 같이, 지리적 ·사회적 배경에 의해 뚜렷이 구분되는 이질적인 세력(사림과 훈구파) 사이의 경쟁이나 다툼이라기보다는 오히려 동질적인 지배 엘리트 집단 내부에서 벌어진, 그때그때 이슈를 둘러싼 갈등의 표출이라는 점이었다. 요컨대, 미약한 왕권을 배경으로 한 지배(양반)계급의 강고함 및 내적 폐쇄성(동일성), 그리고 그 견고한 역사적 지속성 등은 와그너가 박사 논문

45 에드윈 O. 라이샤워 · 존 페어뱅크, 앞의 책, 568쪽.

46 라이샤워는 다음과 같이 쓴다. "중국의 천자(天子)가 지녔던 그런 반(半)종교적 배경을 갖지 못했기 때문에, 신라 · 고려 · 이조의 왕들은 중국의 황제들이 가졌던 독특한 신분을 얻지 못했다. 양반과 하층계급과의 사이에는 넓은 간격이 가로 놓여 있었지마는, 양반과 왕과의 사이에는 이에 비길 만한 간격이 없었으며, 왕은 동료들 가운데서의 최고자(premius inter pares) 이상으로 생각되지 못했다." 위의 책, 549쪽.

이후에 시도한 이조의 족보 데이터 베이스화 작업들에도 여전히 일관되게 담겨있는 주장이었다.[47] 그러므로 이조 지배계급을 묘사하는 라이샤워의 뉘앙스를 되도록 그대로 살린다면, 이들에 의해 장악된 이조 왕조는 중국 사회의 좋은 점을 닮지 못하고, 오히려 나쁜 점은 극대화시킬 수 있는 자연적, 사회적, 정치적 조건들을 '완비한', 매우 "슬픈 상태에 놓여있"[48]는 비운의 케이스일 수밖에 없었다.

> 중국역사의 유리점(有利點)에서 이조를 바라본다면, **이조가 그렇게 오래도록 존속될 수 있었다는 것이 이상하게 보일 것**이다. (…중략…) 이유는 아마 심히 **타락된 관료국가는 중국과 같이 광대한 제국에서보다는 한국과 같은 작은 나라에서 더 오래 유지될 수 있다**는 데 에 있을 것이다. 또 하나의 이유로서는 아마 한국인들은 차용한 **유교적인 충성 관념에 광신적으로 집착되어 있었다**는 것을 들 수 있을 것이다. 그들은 한 왕조가 일단 수립이 되면 중국인들보다 더 충실하게 그 한 왕조에 매어달린다. 이조가 장명(長命)을 갖게 된 더 근본적인 이유는 아마 **만주조(滿洲朝)가 이조를 번속국(藩屬國)으로 받아들이는 데 만족하였다는 사실**에 있을 것이다. (…중략…) 만주족의 야망의 성질상 **명(明)을 타도하려고 하고 있었기 때문**이다.[49]

---

47 와그너는 한국역사학자 송준호와 함께 "와그너-송 문과방목 프로젝트"를 추진해오다가 미처 완성을 지켜보지 못하고, 2001년 세상을 떠났다. 이훈상, 앞의 글. 물론 한 심사자의 지적처럼, 와그너의 사화나 당쟁에 대한 관심이 조선 사회의 낙후성을 곧장 증명하기 위한 수단은 아니었다. 와그너는 이조 시대의 당쟁을 다른 나라의 사례와 비교하여 더 부정적이거나 특수한 어떤 것으로 평가하지는 않았기 때문이다. 더욱이, 와그너는 이조의 유교 엘리트들이 영위했던 간쟁제도 등은 왕조의 지속을 가능하게 한 순 기능적 요소였다는 평가를 내리기도 한다. 그럼에도 불구하고, 라이샤워의 『동양문화사』 내 한국 편의 전체 맥락에서 인용된 와그너는 이조 지배 계급의 무능과 실패로 귀결되는 '내인론'을 뒷받침하는 전거로 배치, 활용된 것으로 보인다.

48 에드윈 O. 라이샤워 · 존 페어뱅크, 앞의 책, 568쪽.

49 위의 책, 567~568쪽.

내인론 내러티브에서 가장 핵심적으로 공략되어야 하는 시기는 바로 서구와의 조우가 본격적으로 이루어지는 근세였으므로, 이조 후기의 '실패' 요인 분석에 라이샤워가 공을 들인 것은 따라서 당연했다. 중국의 경우, 유교적 중앙집권 관료제의 이상을 실현하려고 해도 그 광대한 크기 때문에 오히려 통치가 느슨해지기 쉬웠던 반면, 조선은 작은 사이즈로 인해 오히려 중국보다 더 완강하고 획일적인 관료국가의 통치가 발현되었다는 것이다. 더욱 불행한 것은, 그 속성상 중앙집권적일 수밖에 없는 관료정치가 이조에서는 양반계급의 비대한 성장으로 '귀족화'되어, 정작 근대국가 성립에 필수적인 강력한 왕권 확립 — 메이지 시기의 일본이 그러했던 것처럼 — 으로는 나아가지 못했다는 점이었다. 바로 이 대목이야말로 라이샤워가 이야기하는 "타락된 관료국가"의 핵심이었다. 무엇보다 역설적인 것은 **이조가 중국의 (악화된/슬픈) 변이형으로 고유성을 지닌 채 500여 년이 넘도록 오래 살아남을 수 있었던 요인 역시 궁극적으로는 중국대륙의 정치적 형세라는 외부 변수로부터 발원한다는 점**이었다. 그러므로 라이샤워 한국 편의 마지막 문장이 다음과 같이 끝을 맺는 것은 전혀 이상할 것이 없는, 수미일관한 『동양문화사』 심층 내러티브 구조 상의 필연적인 결과였다. "한국의 경제는 훨씬 뒤떨어졌었고, 정치적 능률은 더 많이 침식되어 있었고, 사회는 더 정체되어 있었으며, 더구나 지적 및 문화적 창조성은 더욱 잠자고 있었다. (…중략…) 한국사에 있어서 극히 쓰라린 1세기의 막이 이렇게 열리게 되는 것이었다."[50]

50 위의 책, 574쪽.

### 2)『조선사』 vs.『동양문화사』

『동양문화사』가 하타다의『조선사』 위에 덧씌워질 수 있었던 이유는 앞서 언급한 대로, 영어권 선행 연구사의 절대 부족이라는 이유도 있었지만, 결국 라이샤워가 구상한 한국 편의 전체 내러티브와 하타다의 서술 기조가 식민주의를 기반으로 삼아 서로 근본적으로 '포옹' 가능한 것이었기 때문이다. 1970년대에 이르러 하타다가『조선사』를 스스로 절판시킨 것도 결국에는 자신의 텍스트에 어쩔 수 없이 각인되어 있는 전전과의 연속성을 인정하면서부터였다고 알려져 있다.[51] 의식적인 전후 텍스트를 표방한 하타다의 텍스트가 일본의 식민 통치에 비판적이었던 사실조차도, 태평양 건너 편『동양문화사』의 저자들로서는 '탈식민'의 에토스 아래 기꺼이 합의할 수 있는 대목이기도 했다. 실제로『동양문화사』 하권에 등장하는 일본의 식민통치에 관한 서술에서, 또 한 명의 저자인 페어뱅크의 어조는 하타다와 비교해도 손색없을 정도의 무척이나 엄격한 것이었다. 전체적인 근대화 지표가 상승했다 해서 조선 농민들의 삶이 나아진 것은 결코 아니라는 점, 일제가 일으킨 전쟁에 휘말려 들어간 조선 민중들이 피폐한 삶을 영위해나갔다는 시각은 하타다와 거의 동일한 것이라 해도 좋았다. ("일본의 세력이 만주에 더욱 확대되어 중국으로까지 진출하게 되자 한국은 한층 더 비참한 모습으로 일본제국에 말려들게 되었다.")[52] 이러한 점에서 본다면, 전후 탈식민의 레토릭과 민주주의에 대한 호소가 여전히 강력하게 잔존하는 분위기 속에서, 적어도『동양문화사』라는 텍스트는 이후 '식민지 근대화론'이라 불리우게 될 서사와는 아직 일정한 거리를 두고 있었던 것으로 보인다. 더욱이 동아시아라는 스펙트럼을 가지고 있던 페어뱅크

---

51 旗田巍,「朝鮮史研究をかえりみて」,『朝鮮史研究會論文集』15, 1978.

52 페어뱅크・라이샤워・크레이그, 앞의 책, 888쪽.

는 대만에서의 직접통치가 성공했던 단 한 번의 경험을, 규모와 역사가 전혀 다른 조선에 그대로 적용한 일본 식민당국의 통치 전략 전반에 대해서 결코 후한 평가를 내리지 않았다. 요컨대, 식민통치기에 관한 하타다의 비판적 서술 기조는 라이샤워의 『동양문화사』 상권에 이어 페어뱅크가 주도적으로 서술한 하권에서 역시 계속되는 것이었다.

그러나 『조선사』와 비교했을 때 『동양문화사』의 서술이 군데군데 미묘하게 달라지거나 강조의 방점이 달리 놓이는 대목들도 필시 없지 않을 터였다. 무엇보다, 식민 통치 하 조선에서의 민족주의 발생을 논하는 대목에서, 『동양문화사』의 저자들은 근대 기독교의 수입과 서양 선교사들이 끼친 영향을 강조하는 것을 잊지 않았다. 페어뱅크에 따르면, 선교사들의 의료, 교육 및 자선사업 활동은 조선 "민족주의를 일깨워 준 자극의 하나"[53]였으며, 그의 서술에서 특히 미국 선교사들의 활약은 두드러졌다. 대부분이 미국인인 300여 명의 프로테스탄트 선교사들과 조선총독부 사이에 존재했던 간헐적인 충돌의 에피소드들 역시 이 시기를 서술할 때 빠지지 않고 등장한 메뉴였다. 의도했건 하지 않았건, 그들 두 그룹의 불화에 대한 서술은 '선'과 '악'이 이미 결정된 싸움을 독자들에게 연상시켰다. 그러나 뭐니뭐니해도, 『조선사』와 『동양문화사』의 가장 흥미로운 서술의 온도 차이는 식민통치 시기보다는 바로 1945년 8월 이후 분단과 한국전쟁으로 이어지는 현재적 상황에 관한 대목에서 보다 빈번하게 발견될 것이었다. 물론 두 텍스트 모두 한반도의 분할과 전쟁이 '해방'과 동시에 시작된 미・소 양 진영의 대립으로부터 야기된 비극적 사건이었다는 점에 대해선 별다른 이견의 여지가 없었다. 그러나 『동양문화사』의 경우 미국의 직접적 교전 상대였던 중국을 특별히 추가 지목하고 있다는 점에서는 확실히 이채로왔다.

---

53 위의 책, 883쪽.

> 지리와 역사의 우연으로 남・북한은 남・북 베트남과 공통성을 갖고 있다. 이 불행하게도 양단된 나라들의 북부들은 **다 같이 중공과 접하고 있으며**, 공업자원들을 더 많이 갖고 있다 (…중략…) 양자에 있어서 다 같이 남부 경제는 보다 농업적이며 공업화가 덜 되어 있다. (…중략…) **옛날에 중국의 지배를 직접 받았던 주요 국가들**이었던 극동과 동남아에 있는 이들 두 개의 변경지역들은 지금은 **중공과 함께 전체주의 체제화를 통한 공업발전 계획을 세우고** 있는 공산세계 속에 끼어들어갔다.[54]

고대 중국 왕조의 지배 경험이 마치 현대 북한과 베트남 공산화의 직접적 원인이라도 되는 듯한 이 서술은 기실 넌센스에 가까워 보인다. 그러나 고대 전제군주의 통치와 현대 공산주의 중국을 전체주의라는 개념을 사용해 직통으로 연결하는 식의 이러한 발언들은 단지 미국뿐만 또 하나의 교전 당사국이었던 남한의 공론장에서도 어렵지 않게 발견되는 일반적인 진술 유형 중의 하나였다. 1950, 60년대 소위 냉전과학이라는 이름 아래 행해진 소련(학)이나 중국(학) 연구는 흔히 이 공산화된 나라들이 아시아적 전제정치(despotism)의 오랜 전통을 갖고 있었다는 전제 아래 출발하는 것이 보통이었다. 이러한 가설이 공산당 일당 독재와의 자연스런 연상 작용을 겨냥한 것임은 물론 두 말할 나위도 없다.

그러므로 『동양문화사』의 톤과 비교해보면, 하타다의 텍스트는 당대

---

54 위의 책, 984쪽. 이 서술은 10장 「새로운 국제세계에서의 극동」 부분에 등장하며 10장은 페어뱅크와 크레이그 두 사람의 공동 집필로 되어 있다. 페어뱅크가 비교적 리버럴하고 현대 중국에 호의적이어서 때로는 반공주의자들로부터 비판을 받았다는 점을 고려하면, 10장의 일본 편을 담당했던 크레이그의 단독 서술로도 생각되지만 전체 내용을 저자 3인이 상호 교정, 감수했다는 서지사항을 그대로 믿는다면 역시 이 서술의 최종적인 책임도 저자 3인에게 돌아갈 것이다. 라이샤워의 경우, 정치적인 입장에서는 당대 미국인들의 대 중국관보다는 몇 걸음 '앞서 간' 편이었다. 그는 자신의 저서를 통해 전략적인 견지에서 중공의 승인과 유엔가입을 비교적 일찍부터 주장하기도 했다. Edwin O. Reischauer, *Op. Cit.*, 1955.

의 진영논리로부터 상대적으로 자유로운 편이었다. 실제로 『조선사』는 공산화된 북선(北鮮)의 정치, 경제 및 사회 제 부문의 전방위적 개혁과 그 성과, 그리고 이에 자신감을 얻어 북한 정권이 주도하는 남북통일운동 추진 사업 등에 훨씬 더 적극적인 호감을 표명하는 쪽이었다.[55] 여기에는 물론 해방 후 통일운동이 식민지 독립운동의 연장선상에 놓여 있다는 생각, 일본의 엄격한 식민통치 아래 과거 피지배 민족의 독립운동이란 필경 지하세력화되고 급진화될 수밖에 없었다는 하타다 자신의 판단이 깊숙이 개입되어 있었다. 실제로, 하타다는 1950년대 후반부터 재일조선인들과 밀접한 네트워크를 형성, '조선사연구회朝鮮史研究會'를 창설하는 주 멤버 중의 하나가 된다. 남북을 불문한 조선인 연구자들과의 학문적, 인간적 교류를 표방한 이 단체는 그러나 실질적으로는 김종국을 비롯한 조총련계 조선인 연구자들이 집결하는 공간이 된다. 잘 알려진 대로, 이후 '조선사연구회'는 전전 동경제대 / 경성제대 출신의 조선사 연구자들과는 또 다른 대안적인 인맥과 연구의 경향을 전후 일본의 학계에서 형성하게 될 터였다.[56]

다시 『동양문화사』의 한국 편으로 돌아와 보면, 하타다의 『조선사』와 비교해 또 하나의 의미 있는 특징을 발견하게 되는데, 이는 '문화사'라는 국내판 번역 타이틀과도 밀접하게 관련되어 있는 대목이기도 하다. (원저 제목에는 '문화사'에 상응하는 어구는 없다) 기본적으로 『조선사』와 마찬가지로, 왕조를 기본 단위로 삼고 있으며 정치, 경제, 사회 중심의 서

55 "이 급격한 개혁은 당연히 커다란 마찰을 불러일으켰고, 북한에서 남한으로 피신하는 사람들이 백만명을 넘었다. 그러나 반대파가 생기는 가운데서도 개혁 조치를 통해 해방된 사람들을 자신의 편으로 삼아 이들을 강력한 권력 하에 집결시킬 수 있었다. 커다란 정치력에 의해, 경제, 문화 각 부문의 계획적인 재건이 급속도로 진행되었다." 旗田巍, 앞의 책, 245쪽.

56 예컨대, 이 써클의 일원이었던 비판적인 재일조선인 연구자들, 그리고 조선 사회의 내재적 발전 가능성을 탐색한 가지무라 히데키[梶村秀樹]와 같은 이들이 대표적이다. 고길희, 앞의 책, 135~142쪽 참조.

술 편제를 취하고 있는 『동양문화사』는 그럼에도 불구하고 각 왕조의 말미에 해당 시기의 문화적·예술적 성취들을 꼬박꼬박 첨가하고 있는 점이 눈에 띈다. 예를 들어, 고구려의 벽화라든지 중국을 경유해 들어온 신라 시대 불교와 관련된 다양한 예술 작품들, 그리고 이조 시대의 풍속화들이 사진 도판을 곁들여 한국의 문화유산이라는 상위 개념 하에 영어권 독자들에게 소개되었다. 이는 비단 한국 편에만 해당되는 기획은 아니었고 중국과 일본 편에도 일관된 특징으로서, 근대 정치사가 주력이 된 하권보다는 상권의 두드러진 특색이기도 했다.

일찍이 월러스틴은 전후 미국의 소위 **온건한 민족주의 운동**에 대한 지원을 비판적으로 분석한 바 있는데, 그것은 "정치적 독립을 추구하지만, 초국적 투자의 가능성을 포함하여 그 나라를 세계 경제 생산 과정에 통합하는 것을 인정할(심지어 확대할) 용의가 있는 운동" 일반을 가리키는 것이었다.[57] 이 온건한 민족주의 운동은 적어도 '반공'과 '서구화'라는 대 전제에 부합하는 범위 내에서라면, 각 국가의 민족 문화 진작에도 상당히 적극적이었다. 2차 대전 종식 후 세계 자본주의 발전의 기본 단위로 설정된 민족-국가, 그리고 그 정체성(identity)의 표식으로 받아들여진 민족문화 진흥 사업에 실제로 미국은 상당한 후원을 한 것으로 알려져 있다.[58] 물론, 『동양문화사』라는 제목 자체는 국내에서 번역과 기획, 그리고 출판 과정 속에서 붙여진 것이니만큼, 당시 국내 대학에서의 교양강의나 역사 교재 및 독서시장에서의 일반적인 룰과

---

57 이매뉴얼 월러스틴, 강문구 역, 『자유주의 이후』, 당대, 1996, 255쪽

58 남한에서도 이 시기 민족 문화 진흥과 관련된 미국의 지원을 다각도에서 수혜했다. 대표적으로는 민족의 이념 교양 잡지를 표방한 『사상계』사가 미국 측으로부터 받은 용지 공급이나 박정희 시대의 정치적 배려 등을 들 수 있다. 『사상계』사는 또한 『역사학보』나 『진단학보』, 『국어국문학』까지 총괄적으로 발행함으로써, 남한 민족 문화계의 산실이 된다. 10주기 추모문집 간행위원회 편, 『장준하 문집 3권—사상계지 수난사』, 사상, 1985.

예상수요 등의 요인들과 복합적으로 관련이 있으리라 추측된다. 그러나 그렇다고는 해도, 원저자들의 '문화'에 대한 일관된 기획과 '배려'는 당시 미국의 제3세계 정책 구상, 그리고 그 안에서 지역연구(Area Studies)가 차지하는 위상이라는 보다 상위의 차원과 필시 연동되어 있는 것으로 보인다.

'문화사'라는 어휘와 관련하여 한 가지만 더 덧붙이자면, 문학은 『동양문화사』가 커버할 수 있는 문화의 범주에 적극적으로 포함되지는 않았다. 물론 일본 편의 경우에는 '근대일본문학'이라는 독립된 제명(題名)의 절이 삽입되어 있었을 뿐만 아니라 나쓰메 소세키[夏目漱石]의 텍스트들이 꽤 자세하게 소개되어 있었다. 참고문헌 목록에도 좋은 소설의 예로서 다니자키 준이치로[谷崎潤一郎], 다자이 오사무[太宰治]와 가와바타 야스나리[川端康成] 등 쟁쟁한 근대 일본 작가들의 이름이 실려 있으며, 특히 이들 텍스트의 영역본 가이드 라인까지도 친절하게 제시되어 있었다. 흥미로운 것은 일본과 달리, 중국의 경우에는 루쉰[魯迅], 라오서[老舍], 마오둔[茅盾] 등 근대 문학인들의 이름과 영역작품들이 레퍼런스로 기재된 정도에 그쳤으며, 그에 비해 한국의 경우 문학에 대한 언급은 아예 누락되어 있었다는 점이다. 그 대신 문학 레퍼런스의 빈 자리를 차지한 것은 한국전쟁과 북한 사회에 관한 영어권 저자들의 신간 연구서들이었다.[59]

당대 지역연구, 특히 동아시아학에서 문학이 차지했던 위계화된 장소(location)를 단적으로 보여주는 예인 셈인데, 짧은 시간 안에 정책화되기 적합한 어학, 지리, 역사, 정치 등의 지식에 비하면, 문학이라는 장은 영어권 연구자들에게 훨씬 진입 장벽이 높을 수밖에 없었다. 해

59 David Rees, *Korea; The Limited War*, New York : St. Martins Press, 1964; W.D. Reeve, *The Republic of Korea : A Political and Economic Study*, London : Oxford University Press, 1963; R.A. Scalapino, *North Korea Today*, New York : Praeger, 1963.

당 민족 언어에 대한 장기간에 걸친 고도의 숙련된 훈련과 텍스트 내 감각적으로 육화되어 있는 복합적인 문화 맥락을 파악하는 일은 외국인 연구자로서 간단하게 감당할 수 있는 미션은 결코 아니었기 때문이다. 당시 지역연구 패러다임에서 문학이란 필드는 제공하는 정보 자체의 질적 가치는 높은 것으로 인식되었지만, 그것을 획득하기 위한 시간과 노력의 투입량은 보유 가치를 상쇄하고도 남을 만큼 부담스러운 요소였다. 동아시아 지역연구에서 본격적인 문학 연구자들이 등장하기 위해서는 좀 더 시간이 필요했다.

### 3) 권력의 지식, 지식의 권력 - 라이샤워와 한일협정

시간을 거슬러 태평양전쟁이 아직 끝나기 3년 전인 1942년 무렵으로 되돌아가보자. 하버드대학에서 갓 학위를 취득한 신진의 동아시아 연구자 라이샤워는 미국무성의 고위 관료들, 그리고 당시 주일대사였던 조셉 그루(Joseph Grew)가 아마도 열람하게 될 이떤 메모를 작성하고 있다. 하버드대학 극동언어학부 전임강사라는 타이틀 하에서였다. 후지타니 다카시(Fujitani Takashi)에 의해 뒤늦게 발견된 이 메모는 라이샤워와 당시 동아시아 지역연구가 상징하는 "지식 생산의 정치학"을 극명하게 보여주는 예인데,[60] 아직 신출내기에 불과했던 그가 대담하게 주장한 것은 종전 후를 미리 예측하고 "전후의 평화에 승리(winning the peace)"할 수 있는 일본 통치의 마스터플랜을 시급히 마련해야 한다는 것이었다. 라이샤워 구상의 핵심은 두 가지였는데, 하나는 이후 이른

60 후지타니 다카시, 「ライシャワーの傀儡天皇制構想」, 『世界』, 岩波書店, vol.672, 2000. 후지타니의 글은 실천문학에서 라이샤워 메모 전문과 함께 번역되었다. 임성모 역, 「라이샤워의 괴뢰천황제 구상」, 『실천문학』, vol.61, 2001.2.

바 상징천황제로 불리우게 될 천황제 시스템의 존속이라는 이슈였다. 물론 메모에서 라이샤워가 사용한 용어는 정확히 천황 히로히토[裕仁]를 수반으로 하는 '괴뢰정권(puppet regime)'의 구상이었다. ("전후의 사상전에서 천황을 유용한 동맹자나 괴뢰로 유지하려면, **우리는 그를 지금 진행 중인 전쟁에 의해 더럽혀지지 않게 해야 한다.** 다시 말해서, 우리는 그가 미국 국민에게 아시아의 히틀러나 무솔리니 같은 존재, 또는 일본판 전체주의를 형상화한 인물로 비춰지도록 해서는 안 된다.")[61] 라이샤워의 두 번째 주장은 일본계 미국인을 전시 중 지원병으로 동원하는 것이 대(對) 일본 혹은 대 아시아 프로파간다 전략 상 매우 유리할 것이라는 점이었다. 이 메모가 행간 사이에 노골적인 인종주의적 언어를 사용하고 있는 것은 물론 사실이었다. 그러나 일본 천황에 명백하도록 적대적이었던 미국의 미디어 환경이나 일본계 미국인들에 대한 인종차별이 공공연하던 당시를 생각한다면, 라이샤워의 전략은 가히 전후의 몇 단계를 미리 '앞서 간' 플랜이었던 셈이다. 직업적인 관료도 아니었고 서른을 갓 넘긴 라이샤워의 구상이 정책 결정 과정에서 얼마나 영향력을 행사했는지 확언하기는 물론 어렵다. 그러나 중요한 것은, 후지타니의 지적 그대로, 전후 일본의 역사가 그가 구상한 윤곽대로 착실하게 진행되었다는 점이다

라이샤워가 아시아에 대한 일개 정책 제안자에서 실질적인 정책 입안 및 집행자의 위치로 완전히 이동하는 것은 그로부터 약 20년의 세월이 지난 1961년 3월, 그가 케네디 행정부의 주일(駐日)대사로 임명되면서였다. 선교사 2세로서의 출생에서부터 제도권 아카데미에서의 학문적 단련, 미국 정부와 군 정보기관에서의 근무 및 유력 가문 출신인 일본

61 "그가 제창했던 일본계 미국인 부대도 1943년 2월 1일 루스벨트 대통령이 일본계 미국인 부대의 창설을 명령함으로써 현실화되었다 (…중략…) 1944년 1월 이후 일본계 미국인에게도 징병 자격이 부여되었으며, 전후에는 라이샤워의 제안대로 그들 역시 일본 점령군에 참여하였다." 후지타니, 위의 글, 2001.2.

여성과의 결혼[62]까지 라이샤워는 그야말로 씽크탱크형 인재가 취하는 전형적인 인생을 살았을 뿐 아니라 오히려 그러한 패턴 자체를 선행 창조한 케이스였다. 그러나 그의 삶 가운데서도, 1961년부터 66년에 걸친 그의 주일대사 경력은 '권력 / 지식'의 호환성을 최고조의 형태로 보여주는 것이었다. 학자인데다 일본인 아내라는 조건은 일견 대사직 수행에 불리하게 보이기도 했지만, 라이샤워의 전격적 기용은 기실 1960년 일본에서의 안보투쟁으로 미일관계가 소원해져 있던 상황을 돌파하기 위한 케네디 정권의 국면 전환용 카드였다. 특히, 한국과 관련하여 그의 대사 경력이 중요한 것은 주일 일본대사로서 그가 맡았던 핵심적인 소명 중의 하나가 바로 한일국교 정상화 문제였기 때문이다.[63]

잘 알려져 있다시피, 한일국교 정상화는 한일 당사국보다는 오히려 미국이 적극적으로 추진한 안건이었다. 군사적 경쟁 보다는 국민국가 단위의 본격적인 경제 개발 경쟁 국면으로 어느덧 이동한 세계 냉전 기상도의 변화와 함께 미국으로서는 새로운 아시아 정책의 구상과 실

---

62 라이샤워는 첫부인 아드리안 단톤(Adrienne Danton)과 사별한 후 1년 뒤인 1956년에 마츠카타 하루[松方春]와 결혼했다. 그녀는 메이지 시기 수상과 재무상을 역임했던 마츠카타 마사요시[松方正義]의 손녀딸로 일본 정계의 영향력 있는 귀족 가문 출신이었다. 그녀와의 결혼을 주선했던 것은 다름아닌 미국의 대중적인 문필가이며 일본통이었던 제임스 미치너였다. 마츠카타 가문과의 결합은 그의 주일대사 경력에서 일본 정치가들과의 인맥 형성에 커다란 플러스 요인으로 작용했던 것으로 보인다. Edwin O. Reischauer, *Op. Cit.*, 1986, pp.140～143.

63 논자에 따라서는 케네디 행정부의 아시아 전역에 걸친 정책 수립 일반에서 라이샤워가 실질적으로 행사한 영향력은 그리 대단하지 않았다고 평가한다. 라이샤워는 일종의 '얼굴 마담'역할이었다는 것이다. 동등한 파트너 쉽을 강조하면서도, 미국과 일본의 관계는 군사 기지 이슈와 같은 데서 알 수 있듯이 명백하게 불균등한 것이었기에, 라이샤워의 친일본적인 이미지가 오히려 요긴했다는 것이다. 라이샤워의 대중적 친화력은 일본의 보수 정치가들에게 역시 유용했다고 한다. 일본의 대미의존성을 공공연하게 드러내지 않아도 좋았기 때문이다. 그러나 이러한 상대적으로 낮은 평가에도 불구하고, 공통적인 것은 한일국교 정상화와 오키나와 반환 두 가지 문제에서만큼은 라이샤워가 강력한 영향력을 행사했다는 점이다. Kenneth B. Pyle, "Japan and the United States : An Unnatural Intimacy", *Journal of Japanese Studies*, 2011, vol.37-2.

행이 적극적으로 요청되던 시기였다. 일본이 과거 식민지였던 아시아 국가들과 하나 둘씩 교역을 재개하고 소위 네오대동아 공영권의 온전한 부활을 목전에 둔 시점에서, 1951년부터 줄곧 회담만을 거듭해 온 한일 양국 간의 국교 정상화는 따라서 미국으로서는 반드시 관철시켜야 할 숙원의 프로젝트였다. 아카데미에서 줄곧 근대화이론을 설파해 왔으며 현행 대(對) 아시아정책의 문제점들을 비판해 온, 당대의 지일파이자 상대적인 지한파이기도 했던 라이샤워는 이 회심의 사업에 둘도 없는 적임자로 보였다. 실제로 한일회담의 한국 측 대표였던 유진오는 라이샤워의 지인이기도 해서 그의 주일대사 임명 뉴스를 접한 후 "당신이 오신다는 소식은 저에게는 마치 '아무도 없는 텅 빈 계곡에서 들려오는 사람의 발자국 소리와 같이 들립니다'"라며 극진한 환영사를 보내기도 했다.[64] 양국 사이의 첨예한 재산청구권 논쟁, 재일조선인의 법적 지위와 선박 반환 및 배타적 경계 수역 설정 문제 등 민감한 정치적, 경제적 현안들[65]을 처리하는 과정에서 라이샤워가 맡았던 역할은 양국의 미래를 걱정하고 조언해주는 호의적인 조정자 혹은 중개자의 그것이었다. 한국과 한국민들을 향한 라이샤워의 일관된 전언은 따라서 "한일관계의 정상화가 극동에서 가장 긴요한 문제"라는 것, "한국은 장래의 경제 발전을 위하여 일본과의 관계에 크게 의존하지 않으면 안"되며, 수많은 어려움에도 불구하고 자신은 "한일협상을 낙관"한다는 것이었다.[66]

물론 5·16 쿠데타 이후 라이샤워가 추진한 한일 협상의 파트너는 이후 독재 정권으로 바뀌게 된다. 전후 미국 민주주의의 전략적인 전

64 *Ibid.*, p.167.
65 김영미, 「유진오의 일본 출장 보고서와 협상 준비」, 『일본공간』 창간호, 2007.
66 「한국의 경제 발전 대일의존 불가피」, 『조선일보』, 1962.6.24; 「한일협상 낙관」, 『조선일보』, 1963.7.26.

파자였던 라이샤워가 이 사실에 대해 유감스러워한 것은 분명했다.[67] 그러나 한일협정이 결국 식민통치의 직접적인 희생자 개개인들에 대한 위로와 보상이라기보다 실질적으로는 몇몇 재벌과 대기업을 위한 경제 발전 자금 확보라는 형태로 가닥을 잡은 것은 그러한 형식이야말로 미국과 한국, 일본 삼국 정부가 합의할 수 있는 형태였기 때문이다. 배상금을 제공하는 대신 과거 식민 지배의 역사를 일체 인정하지 않는 조건으로 이루어진 이 협정은 일본 정부에게도, 경제개발에 정권의 사활과 정당성 모두를 건 남한의 박정희 정권에게도, 그리고 반공에 기초한 근대화론을 신봉하는 미국 정부 모두에게도 받아들여질 만한 것이었다. 『조선사』의 하타다 다카시가 1960년대 한일협정의 국면에서 재일조선인들과 연대하여 현행 조건 하에서의 협정 반대 운동을 벌였던 것을 환기한다면, 주일대사로서의 라이샤워의 행보는 날카로운 대조를 보이는 것임에 틀림없었다. 그러나 '예외적 특수'로서의 일본을 아시아·아프리카의 '보편적' 모델로 이론화하고자 했던 라이샤워의 학문적·정치적 기획에서 보자면, 이러한 결말은 기실 놀라운 것은 아니었다. 일본의 아시아 침략과 그로 인한 구(舊) 식민지 및 식민지인들의 문제는 결국 일본 역사에 자체적으로 내재한 근대화 내러티브의 한갓 방계 서사에 국한될 것이었다.

67 Edwin O. Reischauer, *Op. Cit.*, 1986, p.252; 「인내만이 민주주의를 지킨다 : 에드윈 O. 라이샤워, 김준엽, 이만갑 대담」, 『사상계』, 1960.12.

## 5. 에필로그—타자의 목소리, 비판의 새로운 전통을 위하여

이 글에서는 라이샤워가 동아시아에 관한 담론 전반을 활발히 주도하면서 그의 하버드 동료들과 함께 동아시아 개설서인 『동양문화사』 上・下를 집필・출간한 1950년대와 1960년대 전반에 걸친 시기를 중점적으로 살펴보았다. 이 시기는 다음과 같은 점에서 주목할 필요가 있다. 이 시간대는 일단 라이샤워와 하타다가 전전 식민주의라는 공통의 인식 기반에서 출발한 시기임이 분명했지만, 동시에 전혀 다른 방향으로 분기해나가는 시기라는 점이다. 앞에서 이미 언급한 대로, 하타다는 시간이 흐를수록 1951년의 『조선사』가 견지하고 있던 전전과의 연속성을 뚜렷이 의식하게 되고 결국 이 텍스트 자체를 스스로 철회하기에 이른다. 이후 하타다가 비단 학문적인 차원에서뿐만 아니라 패전 후 일본 사회의 최대 마이너리티 집단인 재일조선인들의 문제에도 발언하며 개입하는 등 이전 시기와는 전혀 다른 적극적이며 비판적인 현실 참여의 방향으로 나아가게 된다는 점은 잘 알려져 있는 사실이다.

반면, 라이샤워의 경우 이 시기 하타다와는 또 다른 의미에서 현실 정치에 점점 더 깊숙이 연루되어가는 중이었다. 그리고 두 사람의 차이는 1965년 한일협정의 국면에 이르러, 결코 원점으로 되돌릴 수 없을 정도의 최대치를 빚어낸다. 두 사람의 입장이 이렇게 분기하는 까닭은 일차적으로 연구자 개인의 성향이라든지 혹은 두 사람이 이 시기에 각자 처한 학자로서의 상황의 차이가 누적되어 만들어진 결과로 볼 수 있을 것이다. 그러나 보다 거시적이고 역사적인 관점에서 보자면, 두 사람의 상이한 입장은 결국 전후 일본과 미국이라는 두 나라의 포지션의 차이에서 비롯된 것이며 그 결과 각각 경청하고 수용할 수 있는 타자성의 진폭을 반영하고 있는 것으로 보인다. 타자의 목소리에 대한 수용은 하타다와 같은 역사학자 개인의 윤리적인 차원으로 오롯이 환원될 수 있는 성질의 것은 아니기 때문이다. 내셔널 히스토리라는 서사에 타자성이 의미있는 균열을 일으키게 되는 것은 결국 기존 역사 전체의 방향성과 의미를 되돌이켜볼 수밖에 없는 총체적 성찰과 반성의 국면에 이르러서이다. 그 계기는 일본의 경우, 일차적으로는 전무후무한 강도의 원폭에 의한 패전이라는, 무섭도록 물질적이며 동시에 정신적인 경험(Erfahrung)에 의해 강제된 것이었다. 또한 1960년의 대대적인 안보투쟁이 말해주듯, 패전의 여파는 시간이 흐른다고 해서 사라지는 것은 아니었다. 요컨대, 승자와 패자로서의 미국과 일본의 차이는 일본의 맹렬한 경제적 성장과 재빠른 부활을 감안한다 해도 명백한 것이었다.

그러나 미국은 달랐다. 미국은 유례없는 그들 자신의 세기를 맞이했을 뿐만 아니라, 2차 대전 직후에는 냉전 진영의 전 지구적 수장으로서 더욱더 승승장구하고 있는 중이었다. 적어도 베트남전쟁에서의 전면적 개입과 참담한 패전 이전까지 미국은 본격적인 의미에서 자국사 반성을 위한 전면적 계기나 혹은 타자에 의한 응시를 경험하지 못했다고 해도 과언은 아니었다. 이러한 맥락에서 보자면, 이 글은 베트남전쟁 이전 시기까지 미국의 초기 지역연구의 현황에 대한 서술에 해당된다. 돌이켜보면, 라이샤워 스스로도 베트남에 대한 군사적 개입에 대해 적극적인 반대 의사를 품었던 것은 또한 사실이었다. 분단으로 끝나버린 한국전쟁의 쓰라린 전철을 밟아 인도차이나 지역에 또다시 무력으로 대응하는 것은 전략적으로도 전혀 미국에 유리하지 않다는 것이 1950년대 중반부터 이미 라이샤워가 제기한 일관된 주장이었지만, 끝내 그는 주일대사라는 신분이 요구하는 참전 논리에 공식적으로 가담하게 된다.

라이샤워 개인의 경우는 그러했지만, 베트남전쟁을 계기로 미국의 아카데미 전반이 반전무드에 휩싸이고 특히 냉전적 지역연구의 산실이었던 동아시아학 필드에서 이제까지의 연구 경향을 발본적으로 반성하고 새로운 비판의 전통을 세우려는 움직임이 싹트기 시작한 것은 분명 적지 않은 수확이었다. 실제로, 하르투니언이나 커밍스와 같은 차세대 동아시아 연구자들은 이론과 실천 모두에서 스스로를 1세대 연구자와 차별화면서 등장했다. 그들은 기존의 동아시아연구가 결코 지역 위주가 아닌 국가 단위로 연구되어왔다는 점을 내부에서부터 통렬히 누설하고 비판했으며, 근대화론과 '크레믈린론'을 넘어서서 유럽의 비판 이론의 급진적 전통과 지성적 자원들을 지역연구의 장에 적극적으로 공급하고자 했다.[68] 2세대 연구자들의 실질적인 성과나 1세대 연구자들과의 차이에 대해서는 별도의 본격적인 논의가 필요하겠지만,[69] 그들이 베트남전쟁과 그로 인해 야기된 대학가의 각종 시위와 사건들 속에서 동아시아 연구자로서의 자신의 정체성을 정립하고 학문적 토양을 일구어 나간 점은 틀림없었다.

미국 지역연구의 역사적 기원과 한국학의 배치라는 주제를 마무리하면서, 중국의 지성 루쉰이 만주사변 이후 겪었던 매우 일상적이지만 의미심장한 경험 하나를 소개하고 싶다. 루쉰은 한 에세이에서 자신의 어린 아들이 일본인 사진관에서 사진을 찍고 오면, 개구쟁이티가 연연한 것이 꼭 일본 아이 같았지만, 중국인 사진관에서 사진을 찍었을 때는 주눅이 들대로 든 것이 영락없는 중국인 아이 같았다는 일화를 소개한다.[70] 중일전쟁이라는 역사적 무대를 배경으로, 온순함과 활달함이라는 정서(affection)의 문제를 이처럼 국가적으로 배분하는 방식은 일

---

68 대담(對談) 브루스 커밍스와 해리 하루투니언, 「미국 아시아학의 비판적 검토」, 『역사비평』, vol.54, 2001.

69 미국인 학자들의 본격적인 연구 성과를 토대로 쓰인 1990년대의 대표적인 두 가지 동아시아 개설서(카터 에커트와 브루스 커밍스의 작업)를 분석, 비교한 성과로는 박태균, 「미국의 한국사 교재 분석」, 『역사비평』, vol.59, 2002.

70 루쉰, 이욱연 역, 「내 '반동' 자식을 보며」, 『아침 꽃을 저녁에 줍다』, 창, 1991.

단 매우 흥미롭다. 그러나 이런 차이는 어디서 나오는 것일까 곰곰이 자문하던 루쉰의 답은 이 글의 맥락에서라면 한층 더 주목할 만하다. "차이는 사진사에게 근본 원인이 있다. 세우거나 앉히거나 하며 포즈를 취하게 하는 자세에서부터 두 나라 사진사는 다른 것이다 (…중략…) 아이는 그 표정이 끊임없이 변한다 (…중략…) 온순하고 주눅이 든 순간 셔터를 누르면 중국 아이 모습이 되고, 활달하고 응석을 부리는 순간에 찍으면 일본 아이 모습이 되는 것이다." 이 에피소드는 대상(아이)의 동일성이 문제라기보다는, 대상을 관찰하는 렌즈(사진사)의 차이에 따라 대상 자체가 전혀 다르게 포착된다는 점, 사진사가 구성하는 역사적, 문화적 맥락(context)에 따라 대상이 발산하는 아우라(aura)가 완전히 다르게 산출된다는 점을 재치있게 이야기한다. 그런 면에서 보자면, 루쉰의 이 사진관 비유는 전후 지역연구의 기원에서부터 오늘날에 이르기까지, 대상과 기술 주체의 관계를 가장 손쉬우면서도 적확하게 파악한 메타포 중의 하나로 기억되지 않을까.

## 第1부_ 전후 일본의 한국학과 자이니치〔在日〕

### 전후(戰後) 일본에서의 조선사학의 개시와 사학사(史學史)상(像) ——— 미쓰이 다카시
1950~60년대를 중심으로

『朝鮮史硏究會會報』.
『朝鮮硏究月報』/『朝鮮硏究』.
『朝鮮學報』.
『朝鮮學會々報』.

金容燮,「日本・韓國에 있어서의 韓國史敍述」,『歷史學報』31, 역사학회, 1966.
도면회,「국사는 어떻게 구성되었는가?－한국 근대역사학의 창출과 통사체계의 확립」,『역사학의 세기－20세기 한국과 일본의 역사학』(도면회・윤해동 편), 휴머니스트, 2009.
미쓰이 다카시,「'일선동조론(日鮮同祖論)'의 학문적 기반에 관한 시론－한국병합 전후를 중심으로」,『한국문화』33, 서울대 한국문화연구소, 2004.
__________,「일본의 동양사학은 어떻게 형성되었는가?－시라토리 구라키치(白鳥庫吉)의 역사학」,『역사학의 세기－20세기 한국과 일본의 역사학』(도면회・윤해동 편), 휴머니스트, 2009.
박광현,「식민지 조선에서 동양사학은 어떻게 형성되었는가?－경성제국대학 안의 '동양사학'」『역사학의 세기－20세기 한국과 일본의 역사학』(도면회・윤해동 편), 휴머니스트, 2009

高吉嬉,『'在朝日本人二世'のアイデンティティ形成－旗田巍と朝鮮・日本』, 東京：桐書房, 2001.
高吉嬉,「'在朝日本人二世'旗田巍における內なる朝鮮」,『季刊日本思想史』76, 日本思想史懇話會, 2010.
宮田節子,「解說－穗積眞六郎先生と「錄音記錄」(未公開資料 朝鮮總督府關係者 錄音記錄(一) 十五年戰爭下の朝鮮統治)」『東洋文化硏究』2, 學習院大學 東洋文化硏究所, 2000.
宮田節子,「朝鮮史硏究會のあゆみ－朝鮮史硏究會の創設から一九七〇年まで」,『朝鮮史硏究會論文集』48, 朝鮮史硏究會, 2010.
旗田巍,『朝鮮史』, 東京 : 岩波書店, 1951.
______,「朝鮮史硏究會の步み」,『朝鮮史硏究會論文集』1, 朝鮮史硏究會, 1965.
______,「日本における朝鮮史硏究の傳統」,『シンポジウム 日本と朝鮮』, 東京 : 勁草書房, 1969.
______,「朝鮮史硏究をかえりみて」,『朝鮮史硏究會論文集』15, 朝鮮史硏究會, 1978,
朴慶植,「開國と甲午農民戰爭」,『歷史學硏究』特輯號, 歷史學硏究會, 1953.
山邊健太郞,「日本帝國主義の朝鮮侵略と朝鮮人民の反抗鬪爭」,『歷史學硏究』특집호, 歷史學硏究會, 1953.
石母田正,『歷史と民族の發見 : 歷史學の課題と方法』, 東京 : 岩波書店, 1952.
成田龍一・道場親信・鳥羽耕史・池田雅人,「戰後民衆精神史」,『現代思想』35-17, 青土社, 2007.
永島廣紀,「日本統治期の朝鮮における'史學'と'史料'の位相」,『歷史學硏究』795, 歷史學硏究會, 2004.
李達憲,「日本に於ける朝鮮史硏究についての所感」,『歷史學硏究』特輯號, 歷史學硏究會, 1953.
長森美信,「戰後日本における朝鮮中近世史硏究－一九七〇年代までの高麗・朝鮮時代史硏究を中心に」,『朝鮮史硏究會論文集』48, 朝鮮史硏究會, 2010.
井上直樹,「戰後日本の朝鮮古代史硏究と末松保和・旗田巍」,『朝鮮史硏究會論文集』48, 朝鮮史硏究會, 2010.
中山正善,「卷頭言」,『朝鮮學報』1, 朝鮮學會, 1951.
中塚明,「關西部會草創のころ」,『朝鮮史硏究會會報』100, 朝鮮史硏究會, 1990.
青山公亮, 「日本に於ける朝鮮史學の今昔(私の朝鮮史硏究－第一回)」『朝鮮史硏究會會報』4, 朝鮮史硏究會, 1962.
村山正雄,「「朝鮮史硏究會」の創立」,『朝鮮史硏究會會報』100, 朝鮮史硏究會, 1990.
許南麒,「朝鮮の民謠と民話」,『歷史學硏究』特輯號, 歷史學硏究會, 1953.

『民主朝鮮』, 『前衛』, 『新日本文學』, 『歷史評論』, 『歷史學硏究』, 『日本新聞』.
宮本百合子, 『宮本百合子全集』 第六卷, 新日本出版社, 1979.
許南麒, 『朝鮮冬物語』, 朝日書房, 1949.
關鑑子 編, 『青年歌集 第一篇』, 音樂運動社, 1951.
ソ連における日本人捕虜の生活体験を記録する會 編, 『捕虜体験記 1(歴史・總集篇)』, 狛江 : ソ連における日本人捕虜の生活体験を記録する會, 1998.
『ドキュメンタリー 朝鮮の子』, 小川町シネクラブ, 2003, VHS.

김찬정, 박성태 외역, 『재일 한국인 백년사』, 제이앤씨, 2010.
도노무라 마사루, 김인덕・신유원 역, 『재일조선인 사회의 역사학적 연구』, 논형, 2010.
미쓰이 다카시(三ツ井崇), 「전후(戰後) 일본에서의 조선사학의 개시와 사학사(史學史)상(像)」, 『韓國史硏究』 153, 2011.
임경화, 「북한 노래의 탄생－사회주의체제 형성기 인민가요 성립 고찰」, 『北韓硏究學會報』 15-2, 2011.
최덕효, 「해방의 기쁨과 두려움－재일조선인의 경험으로 본 일본 탈제국의 민족적 불안」, 『경계, 언어, 문화－디아스포라의 언어와 문화』, 부산대 인문한국 제5회 국제학술대회 자료집, 2012.
히라노 겐, 『일본 쇼와문학사』, 동국대 출판부, 2001.

安藤次郎, 『アリランの歌』, 朝日書房, 1953.
石母田正, 『歷史と民族の發見』, 岩波書店, 1952.
井上頼豊 편, 『うたごえよ翼ひろげて』, 新日本出版社, 1978.
林光澈, 『朝鮮歷史讀本』, 白揚社, 1949.
小熊英二, 『'民主'と'愛國' : 戰後日本のナショナリズムと公共性』, 新曜社, 2002.
小熊英二・姜尙中, 『在日一世の記憶』, 集英社, 2008.
金時鐘, 「人々のなかで」, 『現代思想』 35-17, 青土社, 2007.
高榮蘭, 『『戰後』というイデオロギー : 歷史 / 記憶 / 文化』, 藤原書店, 2010.
坂崎武彦 편, 『動く繪の作家 荒井英郎』, 講談社出版サービスセンター, 1993

竹前榮治, 『占領戰後史』, 岩波書店, 2002.
朝鮮史硏究會 編, 『朝鮮史硏究入門』, 名古屋大學出版會, 2011.
朝鮮歷史硏究會 역, 『朝鮮民族解放鬪爭史』, 三一書房, 1952.
ヂンダレ硏究會 편, 『「在日」と50年代文化運動 : 幻の詩誌『ヂンダレ』『カリオン』を讀む』, 人文書院, 2008.
鳥羽耕史, 『1950年代 : 『記錄』の時代』, 河出書房新社, 2010.
中根隆行, 『'朝鮮' 表象の文化誌 : 近代日本と他者をめぐる知の植民地化』, 新曜社, 2004.
朴慶植, 『解放後在日朝鮮人運動史』, 三一書房, 1989.
朴春日, 『近代日本文學における朝鮮像』, 未來社, 1985.
旗田巍, 『朝鮮史』, 岩波書店, 1951.
旗田巍, 「朝鮮史硏究をかえりみて」, 『朝鮮史硏究會論文集』 15, 1978.
村井淳志, 「國民的歷史學運動と歷史敎育」, 『敎育科學硏究』 4, 1985.
文京洙, 「戰後日本社會と在日朝鮮人 3 : 日本共產党と在日朝鮮人」, 『ほるもん文化』 9, 新幹社, 2000.
山根俊郎, 『カラスよ屍を見て啼くな : 朝鮮の人民解放歌謠』, 長征社, 1990.
吉岡吉典, 「日、朝、中三國人民連帶の伝統」, 『アジア・アフリカ講座 朝鮮』, 勁草書房, 1964.

Curtis Anderson Gayle, *Marxist History and Postwar Japanese Nationalism*, Routledge, 2002.
E. Taylor Atkins, "The Dual Career of "Arirang" : The Korean Resistance Anthem That Became a Japanese Pop Hit," *The Journal of Asian Studies* vol.66, no.3, 2007.

## 제2부_ 연변의 한국학과 조선족

### 연변에서의 조선족 역사 연구동향 ———————— 김춘선

강룡범, 『近代中朝日三國對間島朝鮮人的政策硏究』, 흑룡강성조선민족출판사, 2000.
고영일, 『중국조선족사연구』, 연변대 출판사, 1986.
권 철, 『중국조선족문학사』, 연변인민출판사, 1990.
金春善, 『延邊地區朝鮮族社會的形成硏究』, 吉林人民出版社, 2001.

김 양,『압록강류역의 조선민족과 반일투쟁』, 요녕민족출판사, 2001.
김동화,『연변청년운동사』, 연변인민출판사, 1988.
_____,『연변여성운동사』, 연변인민출판사, 1992.
김성호,『동만항일혁명투쟁특수성연구』, 흑룡강조선민족출판사, 2006.
김창국,『동북항일근거지사연구』, 연변인민출판사, 1992.
김철수,『연변항일사적지연구』, 연변인민출판사, 2001.
김춘선 주필,『중국조선족통사』 상 · 중 · 하, 연변인민출판사, 2010.
리광인,『인물조선족항일투쟁사』 1~4권, 한국학술정보, 2005.
박경수,『연변농업경제사』, 연변인민출판사, 1987.
박경휘,『조선족민속사연구』, 요녕민족출판사, 1988.
손춘일,『해방전 동북조선족 토지관계사 연구』 상 · 하, 길림인민출판사, 2001.
양소전 · 김춘선 외,『중국조선족혁명투쟁사』, 2007.
楊昭全,『關內地區朝鮮人反日獨立運動資料彙編』 상 · 하, 遼寧民族出版社, 1987.
楊昭全 · 李哲煥 편,『東北地區朝鮮人革命鬪爭資料彙編』, 遼寧民族出版社, 1992.
연변대 교육학 심리학연구실 편,『중국조선족교육사』, 동북조선민족교육출판사, 1991.
조선족간사편찬조 편,『朝鮮族簡史』(내부간행), 1962.
姜龍範,「遼寧省盖縣陣屯鄉朴家溝村朝鮮族社會歷史調査」,『朝鮮族研究論叢』 1, 延邊大學出版社, 1987.
姜龍范,「東北地區朝鮮族獨立運動史研究中的几个問題」,『延邊大學學報』, 1990, 3期.
姜龍范 · 崔永哲,「"日韓合幷"与間島朝鮮人的國籍問題－兼論中日兩國在朝鮮人國籍問題上的政策紛爭」,『東疆學刊』, 1999, 4期.
金基鳳,「三十年代初延邊地區抗日斗爭与延邊戰場上的中日友誼」,『延邊大學學報』, 1990, 3期.
金万錫 · 李根全,「魚浪村十三勇士」,『吉林革命英烈』, 吉林人民出版社, 1982.
金元石,「關於朝鮮族歷史上限的起點問題」, 黑龍江朝鮮民族出版社, 1989.
_____,「魚浪村13勇士」,『民族團結』, 1992, 5期.
金東和,「試論二十世紀初延邊地區的"三 · 一"運動」,『延邊大學學報』, 1979, 2期.
_____,「"五 · 四"運動在延邊」,『延邊大學學報』, 1981, 1~2期.
_____,「東滿青年義勇軍始末」,『延邊大學學報』, 1987, 2~3期.
_____,「"三 · 一三"延邊青年學生的反日示威運動」,『延邊歷史研究』 3, 延邊歷史研究所, 1988.
_____,「早期共産主義青年團体在延邊的建立与朝鮮族青年學生的反日斗爭」,『朝鮮學研究』 2, 1990.

______, 「1920年日帝的“討伐”陰謀与“琿春事件”」, 『延邊大學學報』, 1992, 3期.
金昌國, 「一支最早的朝鮮族抗日武裝的建立与發展」, 『延邊大學學報』, 1982, 3期.
______, 「“九·一八” 事變前后朝鮮族在東北建立抗日武裝中的作用」(1~2), 『延邊大學學報』, 1987.
______, 「南滿抗日游擊根据地探討」, 『延邊大學學報』, 1989, 2~3期.
______, 「論東北抗日根据地的建立」, 『延邊大學學報』, 1990, 3期.
______, 「長白抗日游擊根据地概述」, 『中國朝鮮族歷史研究論叢』 2, 延邊歷史研究所, 1992.
金昌浩, 「朝鮮青年參加广州起義初析」, 『中國朝鮮族歷史研究論叢』 2, 延邊歷史研究所, 1992.
金哲洙·金仲河, 「論日帝的“庚申年大討伐”」, 『龍井三·一三反日運動八十周年紀念文集』, 延邊人民出版社, 1999.
金春善, 「淺談東滿抗日民族統一戰線的特点及其歷史作用」, 『延邊歷史研究』 1, 延邊歷史研究所, 1986.
______, 「“15万元奪取事件”研究」, 『龍井三·一三反日運動八十周年紀念文集』, 延邊人民出版社, 1999.
김춘선 외, 『연변지역 안중근의사 항일활동유적지 조사보고서』, 독립기념관, 2005.
李　云, 「三十年代東滿抗日游擊根据地問題的探討」, 『中國朝鮮族歷史研究論叢』 1, 延邊歷史研究所, 1987.
______, 「藥水洞人民的革命斗爭」, 『中國朝鮮族歷史研究論叢』 1, 延邊歷史研究所, 1987.
李光仁, 「關于東北人民革命軍第二軍第一獨立師創建細考」, 『延邊歷史研究』 3, 延邊歷史研究所, 1988.
李成洙, 「論20年代中國東北地區朝鮮反日獨立運動的几个特点」, 『朝鮮學韓國學研究論叢』 5, 延邊大學朝鮮問題研究所, 1997.
李昌役, 「三十年代初在滿朝共党員加入中共情況綜述」, 『延邊社會科學』, 1988, 3期.
李圣德, 「三十年代初期東滿反帝反封建運動」, 『中國朝鮮族歷史研究論叢』 2, 延邊歷史研究所, 1992.
文虎甲, 「小汪清抗日游擊根据地的始末」, 『中國朝鮮族歷史研究論叢』 1, 延邊歷史研究所, 1987.
______, 「汪清縣游擊隊的建立發展及其反日斗爭」, 『延邊歷史研究』 3, 延邊歷史研究所, 1988.
朴京才, 「明末清初遼東地區的朝鮮人與中國朝鮮族歷史上限」, 『中國朝鮮民族遷入史論文集』, 黑龍江朝鮮民族出版社, 1989.
______, 「試論朝鮮義勇隊的建立与發展」, 『中國朝鮮族歷史研究論叢』 2, 延邊歷史研究所, 1992.

______, 「試論延吉道尹公署制止“3・13”反日運動的社會背景」, 『中國朝鮮族史研究』 2, 延邊歷史研究所, 1994.

______, 「東滿(延邊)地區“紅五月斗爭”的動因初探」, 『中國朝鮮族史研究』 2, 延邊歷史研究所, 1994.

______, 「試論延吉道尹公署制止“3・13”反日運動的社會背景」, 『中國朝鮮族史研究』 2, 延邊歷史研究所, 1994.

朴今海, 「1919年延邊的三・一三運動和五・四比較研究」, 『龍井三・一三反日運動八十周年紀念文集』, 延邊人民出版社, 1999.

박금해, 「일본의 동북조선인에 대한 식민주의 교육정책 연구」, 연변대 박사논문, 2007.

朴吉春, 「從『東三省政略』看近代朝鮮族入籍問題」, 『延邊大學學報』, 1989, 2～3期.

朴美玉, 「淺析琿春事件」, 『中國朝鮮族歷史研究論叢』 2, 延邊歷史研究所, 1992.

朴昌昱, 「試論中國朝鮮族的遷入及其歷史上限問題」, 『朝鮮族研究論叢』 1, 延邊大學出版社, 1987.

______, 「論國民會 : 以1919～1920年國民會的歷史作用爲主」, 『朝鮮族研究論叢』 3, 延邊大學民族研究所, 1991.

______, 「論20年代東北朝鮮族反日民族主義陣線的統一運動」, 『中國朝鮮族史研究』 1, 延邊歷史研究所, 1993.

______, 「論本世紀20年代到30年代東北朝鮮族資産階級民族主義者的反日民族運動」, 『朝鮮族研究論叢』 4, 延邊大學民族研究所, 1995.

朴昌昱・李敬愛, 「再論間島國民會」, 『龍井三・一三反日運動八十周年紀念文集』, 延邊人民出版社, 1999.

潘龍海, 「關於中國朝鮮族歷史上限問題管見」, 『中國朝鮮族遷入史論文集』, 黑龍江朝鮮民族出版社, 1989.

方　香, 「“九・一八”事變前在朝鮮族問題上的中日矛盾及其影響」, 『朝鮮族研究論叢』 4, 延邊大學民族研究所, 1995.

白　哲, 「朝鮮共産党及其滿洲總局的始末」, 『中國朝鮮族歷史研究論叢』 2, 延邊歷史研究所, 1992.

範　日, 「中國朝鮮族歷史上限新探」, 『朝鮮族研究論叢』 2, 延邊大學出版社, 1989.

孫春日, 「遼寧省本溪縣朴堡朴氏朝鮮族社會歷史調査」, 『朝鮮族研究論叢』 1, 延邊大學出版社, 1987.

______, 「試論延邊朝鮮族集居區的形成」, 『朝鮮族研究論叢』 2, 연변대 출판사, 1989.

______, 「中國 朝鮮族 歷史의 上限과 遼寧・河北의 朴氏人들」, 『梨花史學研究』 20・21 合輯, 梨花史學研究所, 1993.
申鉉武・金鳳珏・崔洪彬, 「東滿抗日軍事游擊根据地發展概況」, 『延邊大學學報』, 1982, 3期.
安華春, 「試論"3・13"反日運動的特点」, 『中國朝鮮族史研究』 1, 延邊歷史研究所, 1993.
安華春・金相國, 「有關三・一三反日運動的性質与特点的研究」, 『龍井三・一三反日運動八十周年紀念文集』, 延邊人民出版社, 1999.
安華春・田象程, 「略述一九四五年八月蘇軍在延邊對日作戰經過」, 『延邊歷史研究』 3, 延邊歷史研究所, 1988.
安華春, 「略述東北朝鮮族的遷入」, 『中國朝鮮族遷入史論文集』, 黑龍江朝鮮民族出版社, 1989.
安將元, 「論龍井三・一三反日運動」, 『龍井三・一三反日運動八十周年紀念文集』, 延邊人民出版社, 1999.
王 健, 「朝鮮獨立軍史話」, 『延大研究生論文集』, 1984.
______, 「1901～1919年間朝鮮獨立軍在中國東北地區的反日武裝活動」, 『朝鮮史研究』, 1985.
王 霖, 「論朝鮮族在東北抗日戰爭中的作用及其歷史地位」, 『中國朝鮮族歷史研究論叢』 2, 延邊歷史研究所, 1992.
王承禮, 「中國朝鮮族史研究中的若干問題」, 『中國朝鮮族遷入史論文集』, 黑龍江朝鮮民族出版社, 1989.
劉秉虎, 「河北省青龍縣朴氏朝鮮族社會歷史調查」, 『朝鮮族研究論叢』 1, 延邊大學出版社, 1987.
劉鳳翥, 「關於朝鮮民族史研究中的幾个問題」, 『中國朝鮮族遷入史論文集』, 黑龍江朝鮮民族出版社, 1989.
仕熙俊, 「1919～1920年延邊地區朝鮮族民族主義反日武裝斗爭研究」, 『龍井三・一三反日運動八十周年紀念文集』, 延邊人民出版社, 1999.
정광일, 「일위시기 동북조선족 "집단부락" 연구」, 연변대 박사논문, 2010년.
趙明哲, 「略述明末清初遷入河北省的朴氏朝鮮族的同化問題」, 『中國朝鮮族遷入史論文集』, 黑龍江朝鮮民族出版社, 1989.
朱永暾, 「抗日戰爭時期和龍縣朝鮮族婦女斗爭簡述」, 『延邊社會科學』, 1987, 2期.
千壽山・洪景蓮, 「"九・一八"事變前東北三省朝鮮人的入籍情況」, 『朝鮮族研究論叢』 4, 延邊大學民族研究所, 1995.
崔峰龍, 「試論"紅五月斗爭"的背景及若干特点」, 『中國朝鮮族史研究』 2, 延邊歷史研究所, 1994.
崔鳳春, 「黃埔軍校与朝鮮民族」, 『中國朝鮮族史研究』 1, 延邊歷史研究所, 1993.
______, 「論20年代"義烈團"的革命活動」, 『中國朝鮮族史研究』 2, 延邊歷史研究所, 1994.

______,「朝鮮義勇隊史論」,『朝鮮族研究論叢』4, 延邊大學民族研究所, 1995.
崔洪彬,「二十世紀初中國東北地區的反日民族獨立運動」,『朝鮮族研究論叢』3, 延邊大學民族研究所, 1991.
______,「淺談中國共產党与朝鮮獨立運動」,『朝鮮學 : 韓國學叢書』2, 中國社會科學出版社, 1995.
______,「淺談抗日戰爭時期中國共產党對朝鮮獨立運動的援助」,『朝鮮族研究論叢』4, 延邊大學民族研究所, 1995.
______,「論有關鳳梧洞戰斗的几个問題」,『龍井三・一三反日運動八十周年紀念文集』, 延邊人民出版社, 1999.
崔厚擇,「評東北朝鮮民族主義反日團体的"民族"自治運動」,『延邊大學學報』, 1999, 4期.
崔錦哲,「抗日時期的中共汪清縣委」,『延邊歷史研究』3, 延邊歷史研究所, 1988.
沈平平,「略述朝鮮族人民對抗日戰爭事業的杰出貢獻」,『延邊大學學報』, 1991, 4期.
팽회빈,「봉계군벌의 동북조선인에 대한 정책 연구」, 연변대 박사논문, 2010.
玄 松,「間島國民會」,『中國朝鮮族歷史研究論叢』2, 延邊歷史研究所, 1992.
황윤호,「조선공산주의자들의 "이중사명" 연구」, 연변대 박사논문, 2012.
孫春日,「論東北朝鮮反日獨立運動基地的創建」,『延邊大學學報』, 1990, 4期.
______,「朝鮮族人民反日斗爭和臨江日本設領事件」,『朝鮮族研究論叢』4, 延邊大學民族研究所, 1995.
______,「民國時期東北朝鮮族"双重國籍"問題的始末」,『東疆學刊』, 2000, 3期.
______,「僞滿洲國國籍法的難産与在滿朝鮮人的國籍問題」,『東疆學刊』, 2001, 2期.
______,「論僞滿時期日本對无籍朝鮮人的救濟措施」,『延邊大學學報』, 2001, 4期.
孫春日・朴興鎭,「清代越界朝鮮人編入華籍之爭与中國國籍法的制定」,『延邊大學學報』, 2000, 2期.
權 立,「論朝鮮族人民對于抗戰的貢獻」,『朝鮮族研究論叢』1, 延邊大學民族研究所, 1987.
______,「試論中國朝鮮族在歷史上的法律地位問題」,『朝鮮族研究論叢』2, 延邊人民出版社, 1989.
______,「中國朝鮮族在歷史上的法律地位」,『朝鮮學研究』2, 1990.
______,「中國抗日戰爭中朝鮮族的貢獻(1～2)」,『民族團結』, 1991, 2～3期.
______,「論本世紀30年代前半期東滿抗日游擊根据地的肅反運動」,『中國朝鮮族史研究』3, 延邊歷史研究所, 1996.
______,「朝鮮革命軍和"佃農將軍"梁瑞鳳反日武裝」,『中國朝鮮族史研究』3, 延邊歷史研究所, 1996.
權立・李洪錫, 「試論中國朝鮮族在歷史上的社會地位問題」, 『中國朝鮮族史研究』 4, 延邊歷史研究所, 2001.
蘇 文, 「二十年代之東北"三府"析」, 『中國朝鮮族歷史研究論叢』 2, 延邊歷史研究所, 1992.
許松岩, 「論青山里戰役」, 『龍井三・一三反日運動八十周年紀念文集』, 延邊人民出版社, 1999.
許永吉・安英南, 「論20世紀10年代中國延邊地區反日民族獨立運動」, 『龍井三・一三反日運動八十周年紀念文集』, 延邊人民出版社, 1999.
許慶昌・崔澤仁, 「中共滿洲省委1930年大批吸收朝鮮族共産党員概述」, 『遼宁党史通訊』, 1987, 5期.
趙 剛, 「解放前東北朝鮮族國籍問題探究」, 『延邊大學學報』, 2001, 1期.
車成琶, 「"3・13"義士考証」, 『中國朝鮮族史研究』 1, 延邊歷史研究所, 1993.
魯德山, 「汪淸縣游擊隊略考」, 『中國朝鮮族歷史研究論叢』 1, 延邊歷史研究所, 1987.
______, 「論三十年代初期東滿的蘇維埃運動」, 『中國朝鮮族歷史研究論叢』 2, 延邊歷史研究所, 1992.
黃有福, 「正義府研究」, 『朝鮮學研究』, 民族出版社, 1992.
黃龍國, 「一九三零年延邊紅五月斗爭」(1~2), 『延邊大學學報』, 1980.
______, 「關于東滿抗日游擊根据地建設的几个問題」, 『延邊大學學報』, 1988, 3期.
______, 「關于朝鮮革命軍的歷史」, 『朝鮮族研究論叢』 3, 延邊大學民族研究所, 1991.
______, 「關于朝鮮革命軍反日根据地問題研究」, 『中國朝鮮族史研究』 2, 延邊歷史研究所, 1994

**재만조선인 항일투쟁사 서술과 '중국 조선족'의 탄생 ———————— 염인호**

軍政部顧問部, 『滿洲共産匪の研究』, 1937.
김성호, 『1930년대 연변 민생단사건 연구』, 백산자료원, 1998.
김춘선 주필, 『중국 조선족 통사』, 연길 : 연변인민출판사, 2009.
김춘선, 「재만한인의 국적문제」, 중국해양대 해외한국학 중핵대학 사업단 편, 『귀환과 전쟁, 그리고 근대 동아시아인의 삶』, 경진, 2011.
김태국, 「연변조선족자치주의 성립과 조선족 사회의 변천(1949~1965)」, 『연변 조선족 사회의 과거와 현재』, 고구려연구재단, 2006.
류준수, 「조선족 인민들 속에서」, 『승리』, 북경 : 민족출판사.

리희일, 「숨차게 걸어온 길」, 북경 : 민족출판사, 1997.
朴文一・孫東植 主編, 『延邊大學校史(1949~2004)』, 延邊大學出版社, 2004.
박종철, 「1960년대 북한과 중국 : 긴장된 동맹」, 『한국사회』 제10집 2호, 2009.
박창욱・강만길, 「중국 연변, 민족해방운동사 연구의 고민과 과제」, 『역사비평』 26, 1994.
孫春日, 「朴昌昱教授對中國朝鮮族歷史研究的卓越貢獻」, 『中國朝鮮族歷史諸問題研究』, 延邊大學校出版部, 2008.
양소전 외, 『중국 조선족 혁명투쟁사』, 연길 : 연변인민출판사, 2009.
연변당사학회 편, 『연변 사십년 기사』, 연길 : 연변인민출판사, 1989.
염인호, 「중국 연변문화대혁명과 주덕해의 실각」, 『한국독립운동사연구』 25, 2005.
______, 『또 하나의 한국전쟁－만주 조선인의 '조국'과 전쟁』, 역사비평사, 2010.
오태호, 『풍랑』, 북경 : 민족출판사, 1993.1.
오홍엽, 『중국 신장』, 친디루스, 2009.
王　柯, 『20世紀中國の國家建設と'民族'』, 東京大學出版會, 2006.
이명영, 『재만한인공산주의운동연구』, 성균관대 출판부, 1975.
張政烺 等著, 『五天年來的中朝友好關係』, 北京 : 開明書館, 1951.10.
정판룡, 『고향 떠나 50년』, 북경 : 민족출판사, 2000.
조선족략사 편찬조, 『조선족략사』, 연길 : 연변인민출판사, 1986.
중공 연변주위 조직부 외편, 『중국공산당 연변조선족자치주 조직사』, 연변인민출판사, 1991.
中國科學院民族研究所, 『朝鮮族簡史(初稿)』 長春 : 吉林少數民族社會歷史調查組, 1964.

## 제3부_ 한국학과 베트남, 베트남의 한국학

### 김영건(金永鍵)의 한국대외관계사에 대한 인식과 해방 직후 활동 ———— 안종철

『조선일보』, 『동아일보』, 『매일신보』, 『서울신문』.

김기원, 『미군정기의 경제구조－귀속기업체의 처리와 노동자 자주관리운동을 중심으로』, 푸른산, 1990.
김영건, 「安南普陀山名考」, 『진단학보』 10, 진단학회, 1939.

______ 譯, 「第7～13世紀의 南海帝國(죠르즈 쌔대-스)」, 『진단학보』 15, 진단학회, 1947.
______, 『語錄－1942～1944年의 遺書』, 서울 : 白楊堂, 1947.
______, 『朝鮮開化秘譚』, 正音社, 1947.
______, 『黎明期의 朝鮮』, 正音社, 1948.
______, 『文化와 評論』, 서울출판사, 1948.
김윤식, 「해방공간의 문학－지식인 작가의 문제점을 중심으로」, 『해방전후사의 인식』 2, 한길사, 2006(1985).
류대영, 『개화기 조선과 미국 선교사－제국주의 침략, 개화자강, 그리고 미국 선교사』, 한국기독교역사연구소, 2004.
류영익, 「서양인에 의한 한국학의 효시」, 『한국사시민강좌』 34, 일조각, 2004.
브루스 커밍스 외, 『분단전후의 현대사』, 일월서각, 1983.
關英子(세키 에이코), 「군정하에 있어서 한국인의 교육재건 노력」, 『해방 후 한국의 교육개혁－미군정기를 중심으로』, 사단법인 한국연구원, 1987.
오기영, 『민족의 비원－자유조국을 위하여』, 성균관대 출판부, 2002.
윤대영, 「1930～40년대 김영건의 인생 역정과 베트남연구」, 『동남아시아연구』 19-3, 한국동남아시아학회, 2009.
이영호, 「국호영문표기, Corea에서 Korea로의 전환과 의미」, 『역사와 현실』 58, 한국역사연구회, 2005.
임형택 · 민충환 편, 『해방전후－이태준 단편선』, 창작과비평사, 1992.

Cumings, Bruce., *The Origins of the Korean War : Liberation and the Emergence of Separate Regimes 1945～1947*, Princeton, NJ : Princeton University Press, 1981.
Underwood, Horace H., "Occidental Literature on Korea," *Transactions of the Korea Branch of the Royal Asiatic Society*, Vol.30, 1931.

**베트남의 한국학 연구 현황과 한국학 교육 ———————— 남미혜**

Lê Đăng Hoan, 「베트남에서의 한국 문학 연구 현황과 과제」, 『한국어와 문화』 5, 2009.
Lý Kính Hiền, 「베트남에서의 인문 한국학」, 『한국학연구』 16, 인하대, 2007.
남미혜, 「베트남 북부 하노이소재 대학 한국학교육의 현황과 과제－국립하노이 인문사회대, 외국어대, 하노이대학을 중심으로」, 『한국문화연구』 19, 이화여대, 2010.
송정남, 「베트남의 한국학」, 『한국국제지역학논총』 2, 2003.
이영호, 「한국학 연구의 동향과 '동아시아 한국학'」, 『한국학연구』 15, 인하대, 2006.
이미혜, 「베트남 지역 한국어 현지화 교재 개발을 위한 기초 연구」, 『한국어교육』 20-2, 2009.
조명숙, 「베트남에서 한국어교육 현황」, 『이중언어학회지』19, 2001.
______, 「베트남의 한국어교육」, 『한국어교육론3』, 한국문화사, 2005.
______, 「베트남 한국학 현황」, 한국국제교류재단 백서, Korea Foundation 홈페이지, 2007.
하민탄, 「베트남에서의 한국학 현황 및 전망」, 『한국학연구』 15, 인하대, 2006.
하인숙, 「베트남 남부지역의 한국어교육 현황」, 『동남아시아연구』 19-3, 2009.
Phạm Hồng Thái, 「Nghiên cứu Hàn Quốc tại Việt Nam qua Tạp chí Nghiên cứu Đông Bắc Á」,『Developing Korean Studies in Vietnam』, 한국학중앙연구원-국립하노이 인문사회대학교 공동개최 학술대회 자료집, 2010.

**베트남의 한국어 교육 현황과 발전방 ──────── 양지선 · 박동희**

김기태 외, 「베트남에서의 한국 연구 현황과 문제점」,『동남아 연구』 7, 한국외대 동남아연구소, 1998.
남미혜, 「베트남 북부 하노이 소재 대학 한국학교육의 현황과 과제」, 『한국문화연구』 19, 이화여대 한국문화연구원, 2010.
박영순, 『한국어교육학의 현황과 과제』, 한국문화사, 2002.
이미혜, 「베트남 지역 한국어 현지화 교재 개발을 위한 기초 연구」, 『한국어교육』 20-2, 국제한국어교육학회, 2008.
이안나, 「동아시아한국학 교육의 현황과 문제」, 『한국학연구』 17, 인하대 한국학연구소, 2007.
조명숙, 「베트남에서의 한국어 교육 현황」, 『이중언어학』 19, 이중언어학회, 2001.
지창선, 「한국어 교육과 한국학 발전을 위한 전망과 조건」, 『한국국제교류재단 소식지』, 2012.6.
하민탄, 「베트남에서의 한국학현황 및 전망」, 『한국학연구』 15, 인하대 한국학연구소, 2006.
하인숙, 「베트남 남부지역의 한국어 교육현황」, 『동남아시아 연구』 19-3, 한국동남아학회, 2009.

## 제4부_ 러시아와 중앙아시아의 한국학

**계봉우의 조선학과 시가 연구 ──────────────── 임경화**

소련 시대 민족문화 창출 과정 분석을 중심으로


『北愚 桂奉瑀 資料集(1)-『꿈속의 꿈』·『조선문학사』』, 독립기념관 한국독립운동사 연구소, 1996.

『秘左翼右翼宣傳歌調』, 內務省警保局圖書課, 1934.

『선봉』, 선봉사, 1923~1937.

『이·웨·쓰딸린 저작집』 제7권, 모쓰크바: 외국문서적출판사, 1956.

게봉우, 나쓰꼬브 교열, 『(청년학교 제이학년용)고려어 교과서』 이권 상편·삼권 상편, 원동국립출판부, 1932.

게봉우, 『게봉우 시집』, 1947.

______, 『조선말의 되어진 법』, 1955.

______, 『朝鮮文法』, 1948.

______, 『朝鮮歷史』 卷之三, 1952.

______, 『과학의 원수』, 학민사, 1999.

계봉우 문서(리력서, 노래가사 모음, 서간문), 독립기념관 소장.

연해도교육부 편, 『(로력학교 용 새독본)붉은 아이』 제1권 제2편·제2권, 블라디보스토크, 1924~1927.

朝鮮總督府, 『昭和五年 朝鮮國勢調査報告 全鮮編 第一卷 結果表』, 1934.

미쓰이 다카시, 임경화 외역, 『식민지 조선의 언어 지배 구조-조선어 규범화 문제를 중심으로』, 소명출판, 2013.

반병율, 「재로한인(在露韓人) 강제이주(强制移住) 이전(以前)의 한인사회(韓人社會)의 동향(動向) (1923~1937)」, 『한국독립운동사연구』 11, 1997.

배은경, 「초기 소비에트 사회 건설과 한인 사회의 재편」, 『러시아·중앙아시아 한인의 역사』 (상), 국사편찬위원회, 2008.

설성경·유영대, 『북한의 고전문학』, 고려원, 1990.

와다 하루키, 「연해주로 강제이주된 중앙아시아의 조선족-집단정착촌에서 농업을 개시」, 『극동문제』 248, 극동문제연구소, 1999.

조규익, 「桂奉瑀 『조선문학사』의 의미와 가치」, 『국어국문학』 155, 국어국문학회, 2010.
趙東杰, 「北愚 桂奉瑀의 생애 및 연보와 著述」, 『한국학논총』 19, 국민대 한국학연구소, 1997.
趙潤濟, 『韓國文學史』, 東國文化社, 1963.
주요한, 「노래를 지으시려는 이에게」, 『朝鮮文壇』, 1924.10~12.
최남선, 「朝鮮國民文學으로의 時調」, 『朝鮮文壇』, 1926.5.

岡奈津子, 「ロシア極東の朝鮮人 : ソビエト民族政策と强制移住」, 『スラヴ研究』 45, 1998.
和田春樹, 「ロシア領極東の朝鮮人一八六三～一九三七」, 『社會科學研究』 40-6, 東京大學社會科學研究所, 1989.

Аносов С., Корей цы в Уссурий ском крае, Хабаровск-Владивосток, 1928.
Marina Frolova-Walker, "National in Form, Socialist in Content : Musical Nation-Building in the Soviet Republics," *Journal of the American Musicological Society*, vol.51, no.2, 1998.

## 제5부_ 구미의 동아시아 인식과 한국학

### 윌리엄 그리피스(William E. Griffis)의 일본과 한국인식, 1876~1910 —— 안종철

고정휴, 『이승만과 한국독립운동』, 연세대 출판부, 2004.
류대영, 『미국종교사』, 청년사, 2007.
신형식, 「일제 초기 미국 선교사의 한국관 : Griffis의 『Corea, the Hermit Nation』을 중심으로」, 『일본 식민지 지배초기의 사회분석』 I, 이화여대 한국문화연구원, 1987.
안드레 슈미드, 「오리엔탈 식민주의의 도전 : Anglo-American 비판의 한계」, 『역사문제연구』 No.12, 역사비평사, 2004.
안종철, 「미군정 참여 미국선교사·관련 인사들의 활동과 대한민국 정부수립」, 『한국기독교와 역사』 제30호, 한국기독교역사연구소, 2009.
_____, 「미국 제도권 한국학의 탄생과 미국의 대한인식－조지 M. 맥큔을 중심으로」, 『이태진교수정년기념논총』, 태학사, 2009.

야스마루 요시오[安丸良夫], 이원범 역, 『천황제 국가의 성립과 신흥종교』, 소화, 2002.
이병도, 「讀書偶感」, 『학지광』 15, 1918.3.
정성화, 「W. 그리피스 『은자의 나라 한국』-그리피스의 한국관을 중심으로」, 연세대 현대한국학연구소 편, 『해외한국학평론』 창간호, 혜안, 2000.
홍승표, 「아펜젤러 조난사건의 진상과 의미」, 『한국기독교와 역사』 31, 2009.9.

Arthur J. Brown, *The Mastery of the Far East*, New york : Charles Scribner's Sons, 1919(한국기독교역사연구소 1995 재간).
Edward Beauchamp, *An American Teacher in Early Meiji Japan*, Honolulu : University of Hawaii Press, 1976.
George T. Ladd, *In Korea with Marquis Ito*, London : Longmans, Green & Co, 1908(한국교회사문헌연구원, 1985 재간).
George W. F. Hegel(trans. by J. Sibree & new intro. by C. J. Friedrich), *The Philosophy of History,* New York : Dover Publication, Inc, 1956.
Homer B. Hulbert, *The Passing of Korea*, New York : Doubleday, Page & Company, 1906 (근세동아세아서양어자료총서 44, 경인문화사, 2000).
Robert A. Rosenstone, *Mirror in the Shrine : American Encounters with Meiji Japan*, Cambridge, MA & London, England : Harvard University Press, 1988.
William E. Griffis, *The Mikado's Empire*, New york : Harper & Brothers, 1887(근세동아세아서양어자료총서 29, 경인문화사, 2000).
______________, *Henry G. Appenzeller : A Modern Pioneer in Korea*, New York : Fleming Revell & Co., 1912.
______________, *Corea : The Hermit Nation*, New york : AMS Press, 1913

"Address by Rev. W. E. Griffis"(1927.4.11), *Transactions of the Korea Branch of the Royal Asiatic Society* Vol.17, 1927.
Ardath W. Burks & Jerome Cooperman, "The William Elliot Griffis Collection", *The Journal of Asian Studies*, 20/1, 1960.11.
George M. McCune, "Korean relations with China and Japan, 1900～1864", Unpublished Ph. D. Dissertation in History, University of California at Berkeley, 1941.
Jong Chol An, "Making Korea distinct : George M. McCune and His Korean Studies", *Seoul*

*Journal of Korean Studies*, Vol.17, 2004.

Lillias H. Underwood, "Henry G. Appenzeller", *Korea Mission Field*, 1912.11.

Shannon McCune, "American Image of Korea in 1882 : A Bibliographical Sketch", in Tae-hwan Kwak ed., *US-Korean Relations 1882～1982*, Kyungnam University Press, 1982.

Yi Tae-jin, "Was Korea Really a Hermit nation?", *Korea Journal* 38-4, Winter 1998.

The President to Ambassador Ben C. Limb, 1954.11.25, 국사편찬위원회 이승만서한철, http://www.history.go.kr/url.jsp?ID=NIKH.DB-le_006_2520 (검색일 2009.5.18)

**라이샤워의 동아시아론과 전후 한국학의 배치 —————— 장세진**

대담(對談) 브루스 커밍스와 해리 하루투니언, 「미국 아시아학의 비판적 검토」, 『역사비평』 vol.54, 2001.

에드윈 O. 라이샤워, 이광섭 역, 『일본근대화론』, 한림신서, 1995.

에드윈 O. 라이샤워 · 존 페어뱅크, 전해종 · 고병익 역, 『동양문화사』 上, 을유문화사, 1964.

페어뱅크 · 라이샤워 · 크레이그, 전해종 · 민두기 역, 『동양문화사 』 下, 을유문화사, 1969.

旗田巍, 『朝鮮史』, 岩波書店, 1951

Edwin O. Reischauer, ***Wanted : An Asian Policy***, New York : Alfred A. Knopf, 1955.

__________, *My Life Between Japan and America*, New York : Harper & Row, Publishers, 1986.

고길희, 『하타다 다카시－마산에서 태어난 일본인 조선사학자』, 지식산업사, 2005.

고야마 사토시, 「'세계사'의 일본적 점유 : 랑케를 중심으로」, 도면회 · 윤해동 편, 『역사학의 세기－20세기 한국과일본의 역사학』, 휴머니스트, 2009.

김영미, 「유진오의 일본 출장 보고서와 협상 준비」, 『일본공간』 창간호, 2007.

로널드 슐레스키, 김성규 역, 『하버드대학의 동아시아 연구 : 최근 50년의 발자취』, 현학사, 2008.

마이클 신, 「미국 내 한국학 계보」, 『역사비평』, vol.59, 2002.
미쓰이 다카시, 「전후 일본에서의 조선사학의 개시와 사학사 상(像)－1950～60년대를 중심으로」, 『한국사연구』, 2011.6.
박광현, 「다카하시 도오루와 경성제대 '조선문학' 강좌」, 『韓國文化』 vol.40, 2007.12.
______, 「식민지 조선에서 동양사학은 어떻게 형성되었는가?」, 도면회 · 윤해동 편, 『역사학의 세기』, 휴머니스트, 2009.
박태균, 「미국의 한국사 교재 분석」, 『역사비평』 vol.59, 2002.
브루스 커밍스, 「경계의 해체－냉전과 탈냉전 시대의 지역학과 국제학」, 『대학과 제국』, 당대, 2004.
사카이 나오키, 최정욱 역, 『일본, 영상, 미국』, 그린비, 2008.
안종철, 「2차 대전 전후 미국 내 일본학의 성립과 한국연구－에드윈 라이샤워를 중심으로」, 인하대 한국학연구소 주최 제10회 동아시아한국학 학술회의 '한국학의 형성과 동아시아' 발표문, 2010.6.
이동규, 「냉전 초기 미국인들의 동아시아 인식 형성－존 허시(John Hersey)와 제임스 미치너(James A. Michener)를 중심으로」, 고려대 석사논문.
이매뉴얼 월러스틴, 강문구 역, 『자유주의 이후』, 당대, 1996.
이훈상, 「에드워드 와그너의 조선시대 연구와 이를 둘러싼 논점들」, 『역사비평』 vol.59, 2002.5.
정일준, 「미제국의 제3세계 통치와 근대화이론－군산학 복합체와 근대화이론의 탄생」, 『경제와 사회』 vol.57, 2003.2.
해리 하르투니언, 윤영실 · 서정은 역, 『역사의 요동』, 휴머니스트, 2006.
황호덕, 「회고와 증언, 심문되는 기억의 정치학－우방문고 녹음기록, 특히 '十五年戰爭下의 朝鮮統治'를 실마리로 하여」, 『한국사연구』 vol.145, 2009.6.
후지다니 다카시, 임성모 역, 「라이샤워의 괴뢰천황제 구상」, 『실천문학』 vol.61, 2001.2.

工藤美代子, 『悲劇の外交官』, 岩波書店, 1991
旗田巍 編, 『日本と朝鮮:シンポジウム』, 東京 : 勁草書房, 1969.
旗田巍, 「朝鮮史研究をかえりみて」, 『朝鮮史研究會論文集』 15, 1978.

Boudewijn Walraven, *The natives next-door : Ethnology in Colonial Korea, Anthropology and Colonialism in Asia and Oceania*, edited by Jan Van Bremen and Akitoshi Shimizu,

RoutledgeCurzon, 1999.

Christina Klein, *Cold War Orientalism : Asia in the middlebrow Imagination 1945～1961*, University of California Press.

Edward Wagner, *The literati purges ; political conflict in early Yi Korea*, Cambridge : East Asian Research Center : distributed by Harvard University Press, 1974.

Harry D. Harootunian, 「曖昧なシルエット(上) : イデオロギ, 知, そして米國における日本學の形成」, 『みすず』 vol.40, 1998.

Jeremi Suri, *Henry Kissinger and the American Century*, Cambridge, Mass : Belknap Harvard University Press, 2007.

Kenneth B. Pyle, "Japan and the United States : An Unnatural Intimacy", *Journal of Japanese Studies* vol.37-2, 2011.

**류준필**(柳浚弼, Ryu, Jun-pil)은 인하대 한국학연구소 HK교수로 재직하고 있으며, 전공은 한국문학사이다. 주요 논저로 『근대계몽기 지식개념의 수용과 그 변용』(공저), 『동아시아 인식지평과 실천공간』(공저), 『아시아라는 사유공간』(공역) 등이 있다.

**김종준**(金鍾俊, Kim, Jong-jun)은 인하대 한국학연구소 HK연구교수로 재직하고 있으며, 전공은 한국 근대사, 사회사이다. 주요 논저로 『일진회의 문명화론과 친일 활동』(신구문화사, 2010), 「한말 '민권' 용례와 분기 양상」(『역사교육』 121, 2012), 「일제 시기 '역사의 과학화' 논쟁과 역사학계 '관학아카데미즘'의 문제」(『한국사학보』 49, 2012) 등이 있다.

**미쓰이 다카시**(三ツ井崇, Mitsui, Takashi)는 일본 도쿄대(東京大學) 대학원 총합문화연구과 준교수로 재직하고 있으며, 한국 근현대사를 전공하고 있다. 주요 논저로 『역사학의 세기－20세기 한국과 일본의 역사학』(도면회 · 윤해동 편, 휴머니스트, 2009, 공저), 『朝鮮植民地支配と言語』(東京 : 明石書店, 2010), 『식민지 조선의 언어 지배 구조－조선어 규범화 문제를 중심으로』(임경화 · 고영진 역, 소명출판, 2013) 등이 있다.

**임경화**(林慶花, Lim, Kyoung-hwa)는 인하대 한국학연구소 HK연구교수로 재직하고 있으며, 일본 근현대 문학운동사를 전공하고 있다. 주요 논저로 「民族の歌としての〈アリラン〉の創出」(朝鮮半島のことばと社會, 明石書店, 2009), 「북한 노래의 탄생－사회주의체제 형성기 인민가요 성립 고찰」(北韓硏究學會報 15－2, 2011) 등이 있다.

**김춘선**(金春善, Jin, Chun-shan)은 연변대 민족역사연구소 소장으로 재직하고 있으며, 중국조선족 역사를 전공하고 있다. 주요 논저로 『延邊地區朝鮮族社會的形成硏究』(吉林人民出版社, 2001), 『연변지역 안중근의사 항일활동유적지 조사보고서』(독립기념관, 2005, 공저), 『중국조선족통사』 상 · 중 · 하(연변인민출판사, 2010) 등이 있다.

**염인호**(廉仁鎬, Yeom, In-ho)는 서울시립대 국사학과 교수로 재직하고 있으며, 한국 현대사를 전공하고 있다. 주요 논저로 『김원봉연구』(창작과비평사, 1993), 『조선의용군의 독립운동』(나남, 2001), 『또 하나의 한국전쟁－만주 조선인의 '조국'과 전쟁』(역사비평사, 2010) 등이 있다.

**안종철**(安鍾哲, An, Jong-chol)은 인하대 한국학연구소 HK연구교수를 역임했으며, 한국 근현대사, 한미관계사를 전공하고 있다. 주요 논저로 「미국 제도권 한국학의 탄생과 미국의 대한인식-조지 M. 맥큔을 중심으로」, 「해방 전후 아더 번스(Arthur C. Bunce)의 활동과 미국의 대한정책」 등이 있다.

**남미혜**(南美惠, Nam, Mi-hye)는 이화여대 사학과 강사로 재직하고 있으며, 조선시대 사회경제사를 전공하고 있다. 주요 논저로 『조선 중기 예학 사상과 일상 문화-주자가례를 중심으로』(이화여대 출판부, 2008, 공저), 『조선시대 양잠업 연구』(지식산업사, 2009) 등이 있다.

**양지선**(楊智善, Yang, Ji-sun)은 달랏국립대 한국어학과 객원교수로 재직하고 있으며, 한국어학을 전공하고 있다. 주요 논저로 「한국어교육에서의 민속극 활용 방안 연구-탈춤을 중심으로」(『정신문화연구』 제33권 제4호, 2010), 「의사소통의 민족지학 방법론을 활용한 한국어 문화교육-단편드라마 활용을 중심으로」(『한국어교육』 제22권 제3호, 2011), 「외국인학습자에 따른 한국문화 인식 조사-학문목적과 직업목적 학습자를 중심으로」(『한국언어문화학』 제9권 제1호, 2012) 등이 있다.

**박벨라 보리소브나**(Pak, Vella Borisovna)는 러시아과학아카데미 동방학연구소 책임연구원으로 재직하고 있으며, 한・러 정치사를 전공하고 있다. 주요 논저로 「러시아 공사관에서의 375일」(『한국정치외교사논총』 제18권 1호, 1998), 『러시아 외교와 한국 1860~1888(Russian Deplomacy and Korea. 1860-1888)』(Moscow and St.-Petersberg, 1998), 『역사속의 한국과 러시아 상호 인식과 이해』(선인, 2013, 공저) 등이 있다.

**장세진**(張世眞, Chang, Sei-jin)은 한림대 한림과학원 HK교수로 재직하고 있으며, 해방 이후 한국문학, 문화를 전공하고 있다. 주요 논저로 『냉전문화론』(너머북스, 2010, 역서), 『상상된 아메리카』(푸른역사, 2012), 『슬픈 아시아』(푸른역사, 2012), 『냉전과 혁명의 시대, 그리고 사상계』(소명출판, 2012, 공저) 등이 있다.